中央党校（国家行政学院）
离退休人员科研成果资助出版项目

U0960429

马克思主义经济理论研究

陈文通 著

人民东方出版传媒
People's Oriental Publishing & Media
東方出版社
The Oriental Press

图书在版编目（CIP）数据

马克思主义经济理论研究 / 陈文通著 .-- 北京 :
东方出版社，2022.3
ISBN 978-7-5207-1425-9

Ⅰ.①马…　Ⅱ.①陈…　Ⅲ.①马克思主义政治经济学
—研究　Ⅳ.① F0-0

中国版本图书馆 CIP 数据核字（2022）第 010349 号

马克思主义经济理论研究
（ MAKESIZHUYI JINGJI LILUN YANJIU ）

责任编辑： 张晓雪　韩封三祝
出　　版： 东方出版社
发　　行： 人民东方出版传媒有限公司
地　　址： 北京市西城区北三环中路 6 号
邮　　编： 100120
印　　刷： 北京汇林印务有限公司
版　　次： 2022 年 3 月第 1 版
印　　次： 2022 年 3 月北京第 1 次印刷
开　　本： 787 毫米 ×1092 毫米　1/16
印　　张： 23.5
字　　数： 350 千字
书　　号： ISBN 978-7-5207-1425-9
定　　价： 86.00 元
发行电话：（010）85924738

目录

深入研究和正确理解马克思的劳动价值论*

——兼与董德刚教授商榷

我国经济理论界围绕劳动价值论展开的争论，几乎是西方国家一二百年前争论的重现。在历史的和现实的争论中，不赞成马克思劳动价值论的观点五花八门，但影响最大的是“全要素价值论”和“效用价值论”。董德刚教授的《从单一要素价值论到系统价值论》（简称“董文”）是一篇新作。文章将马克思的劳动价值论称为“单一要素价值论”，而把自己对价值理论的“创新”称为“系统价值论”。这篇文章力图把“全要素价值论”和“效用价值论”综合起来。本来，前两年的争论已经冷却下来了，现在看来，争论还不能不继续下去，这有助于深入研究和正确理解马克思的劳动价值论。从以往的争论和董文的观点来看，问题的关键是如何正确认识几个重要关系。

一、经济价值和非经济价值的关系

在谈论价值的源泉时，有些人总是把不同的价值概念混同起来或搅在一起。经常遇到的观点是，把商品的经济价值和使用价值（效用）混为一谈；有的人甚至离开商品形式谈论价值，把不同意义的价值概念等

---

* 载《中共中央党校学报》2006 年第 2 期。

同起来，把商品的价值和人的行为结果所产生的作用、贡献等（例如，科学发现的价值，理论思想的价值，艺术的价值，文物的价值，历史人物的价值等）等同起来。在董文的“系统价值论”公式中，商品价值＝（劳动＋资产）×商品效用，在这里，效用不仅成了价值的一个要素，不仅作为价值的内涵，而且是使价值成倍增长的系数。我们暂时撇开这一公式是否能够成立不论，仅仅就使用价值或效用价值来说，已经不属于经济价值了。必须明确，在政治经济学中，无论是在古典经济学那里，还是在马克思的经济理论那里，价值始终是指“商品的价值”或“经济价值”。

经济学上的价值是作为交换价值基础的价值，是社会劳动的一种特殊社会形式。马克思指出：“商品价值体现的是人类劳动本身，是一般人类劳动的耗费。”[①]“人们使他们的劳动产品彼此当作价值发生关系，不是因为在他们看来这些物只是同种的人类劳动的物质外壳。恰恰相反，他们在交换中使他们的各种产品作为价值彼此相等，也就是使他们的各种劳动作为人类劳动而彼此相等。……后来科学发现，劳动产品作为价值，只是生产它们时所耗费的人类劳动的物的表现，这一发现在人类发展史上划了一个时代，但它决没有消除劳动的社会性质的物的外观。”[②]马克思还十分明确地指出：“价值。纯粹归结为劳动量；作为劳动尺度的时间。使用价值（无论是主观上把它看作劳动的有用性，或者客观上把它看作产品的有用性）在这里仅仅表现为价值的物质前提，这种前提暂时完全退出经济的形式规定。价值本身除了劳动本身没有别的任何‘物质’。”[③]可见，就价值的实体和物质内容来说，价值就是凝结在商品中的人类抽象的、一般的社会劳动，是客体化的、物化的社会劳动。但是，价值是特定的经济关系——包括社会分工、所有制形式（这二者不过是同一个问题的两个方面）、生产方式在内的经济关系——的产物，价值所体现的是经济的形式规定性，

---

① 《资本论》第1卷，人民出版社2004年版，第57页。

② 《资本论》第1卷，人民出版社2004年版，第91页。

③ 《马克思恩格斯书信选集》，人民出版社1962年版，第102页。

而不是物本身的规定性。现在不少人离开经济关系谈论价值，是完全不正确的，也是没有意义的。其实，研究价值的本质和源泉，就是为了揭示以价值形式的充分发展为基础的资本主义生产方式的秘密，即揭示剩余价值的来源。价值作为抽象劳动，是看不见、摸不着的，只有借助于抽象力才能揭示出来。诚然，价值可以通过一定的形式——价值形式——表现出来，其中，货币形式是价值形式发展的完成形态。但是，价值形式只能够相对地而不是绝对地表现价值量的大小。

二、社会劳动的价值形式和非价值形式的关系

肯定商品价值是劳动创造的，决不意味着，在任何情况下的劳动都采取价值形式，任何形式的劳动都创造价值。然而在有些学者看来，不仅任何生产要素都创造价值，而且任何劳动都创造价值，只有创造价值的劳动才是有意义的必要的劳动。董文一方面不赞成劳动是商品价值的惟一源泉，把劳动仅仅说成是价值形成的“客体因素”之一，另一方面又认为，农民在土地上耕作的劳动、所有者的“经营管理劳动”都参加价值的创造。这是不确切的。

首先，经济学上的价值，只存在于把产品作为商品来生产的经济形式中，只存在于商品交换中。在产品不是作为商品来生产的场合，劳动并不表现为价值。我国现阶段的农民，就大多数人来说还不是完全的商品生产者，甚至基本上还不是商品生产者。因此，农民生产的农产品或大或小的一部分，并不是商品，产品中的劳动也就不表现为价值（虽然可以用价值形式来计量）。产品表现为商品（尤其是商品成为普遍的形式），从而劳动表现为价值，只存在于人类社会的一定发展阶段上。根据马克思的观点，这个阶段就是人类社会的第二阶段——物的依赖关系阶段（我国目前也处于这个阶段）。在这个阶段，社会生产的典型形式是资本主义形式。在人类社会的第一阶段——从原始公社到封建社会，自然经济和人的依赖

关系占统治地位，商品交换和商品生产只是附属形式和补充形式。在各种不同形式的共同体内部，在农工合一、自给自足、不依赖于外界的个体生产者（自然经济体系）那里，生产都是以直接使用价值为目的的，产品都不表现为商品，劳动和经济关系都不需要用价值来表现。在马克思看来，劳动表现为价值，人们之间的关系表现为价值关系，不过表明作为生产目的的仍然是物质财富（货币是这种财富的抽象形式），而不是人本身的自由全面发展。一旦人的自由全面发展（从而自由时间）成为目的本身，劳动就没有必要表现为价值了。但是，作为价值物质内容的社会劳动以及社会劳动按比例分配的规律仍然存在，也就是说，价值规律将回归到社会劳动按比例分配规律，而价值规律不过是社会劳动按比例分配规律的特殊表现形式。马克思曾经指出："要想得到和各种不同的需要量相适应的产品量，就要付出各种不同的和数量上一定的社会总劳动量。这种按一定比例分配社会劳动的必要性，决不可能被社会生产的一定形式所取消，而只能改变它的表现形式，这是不言而喻的。自然规律是根本不能取消的。在不同的历史条件下能够发生变化的，只是这些规律借以表现的形式。而在社会劳动的联系体现为个人劳动产品的私人交换的社会制度下，这种按比例的分工劳动所借以实现的形式，正是这些产品的交换价值。"① 恩格斯也指出："现在的价值是商品生产的价值，但随着商品生产不再存在，价值也就'变了'，就是说，价值本身还存在，只是形式改变了。实际上，经济价值这个为商品生产所特有的范畴，将同商品生产一起消失……就象它在商品生产以前并不存在一样。劳动同产品的关系，无论在商品生产以前或以后，都不用价值形式来表现。"②

其次，在商品生产条件下，并不是所有的劳动职能都创造价值，创造价值的劳动仅仅是参与商品生产的"总体劳动"的各种职能。例如：看守机器（工具机）的真正工人，提供动力的工人，运送原料和产品的辅助工

① 《马克思恩格斯书信选集》，人民出版社 1962 年版，第 223 页。
② 《马克思恩格斯全集》第 36 卷，人民出版社 1975 年版，第 210 页。

人，检验产品的工人，维护和维修机器设备的工人，清洁工，工程师，作为指挥者的管理人员，等等。在采取资本主义生产方式的企业中，产业资本家所执行的职能主要有三种：第一种是作为劳动者执行“总体劳动”的某种职能；第二种是作为资本的人格化执行所有者和企业主的职能；第三种是作为商品流通的当事人执行纯粹的流通职能。实际上，第一种和第二种职能往往是结合在一起的，这就是管理、指挥和监督的职能。这种劳动具有二重性；相应地，在人格化的形式上也具有二重身份。资本家只要是作为劳动者执行职能，不管什么具体职能，都参与价值的创造；但是，只要是作为资本的人格化执行职能，就不参与价值的创造。马克思说，剥削也需要花费劳动；纯粹作为资本家从事的劳动是一种“剥削劳动”。这种所谓劳动的果实就是资本的果实，即剩余价值。至于第三种职能，由于不参与产品的生产，因而不参与价值的创造。所有纯粹流通过程的职能，不管是附属的还是独立的，都不创造价值。因此，不能认为所有者和企业主的所有劳动都创造价值。

三、商品价值和个别企业实现的价值的关系

包括个别老资格的经济学教授都认为，商品的价值同劳动生产率呈正比。这同马克思的结论恰恰相反。董文也说：“使用先进的生产工具通常也会大大提高实物劳动生产率……更多的商品意味着更多的价值。”这种看法的错误在于，把商品本身的价值和个别企业以社会市场价值为基础通过交换实现的价值额混淆起来了。生产同种商品的企业的劳动生产率可以不同，因而商品的个别价值不同，但它们只要是按照由社会市场价值决定的同一市场价格出售（这里撇开价格对价值的偏离），那么，那些劳动生产率高出平均水平、从而商品个别价值低于市场价值的企业，自然要获得一定的超额利润。反映在实现的价值总额上，自然要大于按个别价值衡量的价值总额。但是，这并不意味着单个商品的社会价值增大了。相反，个

别企业劳动生产率的提高，总是相应降低单个商品的个别价值；至于企业商品个别价值的总额是否增加，与企业劳动生产率完全无关。同样，整个社会某种商品社会劳动生产率的提高，也总是相应降低单个商品的社会价值；而这种商品的社会总价值是否增加，同样与社会劳动生产率完全无关。必须明确，劳动生产率所影响的，仅仅是使用价值量，而不是价值量；在总劳动量（劳动时间）不变时，如果由于劳动生产率的提高而使商品的数量增加了，那么，这不过是把一个不变的价值量分摊到更多的商品上。此外，这种看法的错误可能还在于，对价值和价格（包括 GDP 形式上的价格）的混淆。（这一点下面还要单独说明）

四、价值和价值表现的关系

在不少人那里，完全把价值和价值表现（交换价值，价格）混为一谈，他们所谈论的价值，实际上是价格（这里我们撇开利润向平均利润、价值向生产价格的转化）。董文说："所谓价值，就是各种商品之间的相对比价。""价值是价格的抽象。""关于自然资源没有价值的观点也是非科学的。……自然资源的'稀缺'和'有用'，而不论它们是否包含劳动，都使人们不能不承认它们是有价值的。"董文显然没有把价值和交换价值、价值和价格、作为价值表现的价格和与价值无关的虚幻的价格区别开来。

首先，商品的价值和作为商品之间"相对比价"的交换价值是不同的，交换价值是不同使用价值相交换的量的比例，是价值的表现形式，而价值是交换价值的基础。价值所体现的是某种商品所包含的劳动量，交换价值所体现的是不同商品所包含的劳动量的比例。

其次，价格作为交换价值的货币形式，不过是价值的货币表现，而价值是价格的基础和依据，是隐藏在价格背后的东西。在价值和价格之间固然存在着同一性和一致性，但不是由价格引出价值，而是由价值引出价格；价值不是价格的抽象，从价格抽象出来的是平均价格或理论价格。

再次，在实际的商品交换中，价格和价值的不一致是经常的，而二者的一致则是偶然的。这首先是因为，供给（生产）和需求（消费）是由盲目的自然规律调节的；其次是因为，统一的商品市场和市场价格的形成是一个长期的、持续的过程。因此，不仅在质的方面应当把价格和价值区别开来，而且在量的方面也应当把二者区别开来。

最后，不是任何价格形式都是价值的货币表现。随着商品生产和价值形式的发展，一切具有明确所有权（或者垄断权）的使用价值都存在商品化的趋势，非劳动物品和物质（处女地、自然资源等）也可以具有交换价值，因而可以有一个用货币表现的价格。既然这些东西最初没有加进任何劳动，有的甚至是通过非经济的手段不费分文取得的，那么，这种价格就不可能以价值为基础，而是完全取决于对当事者的利益（例如资本增殖）所起的作用以及供求关系。这种价格是虚幻的价格，是不合理的价值表现，同作为价值的货币表现的价格相比有本质的区别。这种情况马克思早就注意到了。他指出，“价格形式不仅可能引起价值量和价格之间即价值量和它自身的货币表现之间的量的不一致，而且能够包藏一个质的矛盾，以致货币虽然只是商品的价值形式，但价格可以完全不是价值的表现。有些东西本身并不是商品，例如良心、名誉等，但是也可以被它们的占有者出卖以换取金钱，并通过它们的价格，取得商品的形式。因此，没有价值的东西在形式上可以具有价格。在这里，价格表现是虚幻的，就像数学中的某些数量（例如 0/0——引者注）一样。另一方面，虚幻的价格形式——如未开垦的土地的价格，这种土地没有价值，因为没有人类劳动对象化在里面——又能掩盖实在的价值关系或由此派生的关系”。[①] 为此，我们在考察价值规定和价值决定的时候，应当撇开价格形式，特别是虚幻的价格形式。

① 《资本论》第 1 卷，人民出版社 2004 年版，第 123 页。

五、价值形成和商品效用（使用价值）的关系

把使用价值和经济价值混为一谈，或者把使用价值作为价值的形成要素，是“效用价值论”的基本观点。董文也持这样的观点。董文说：“商品究竟有着怎样的价值，决不仅仅取决于生产它消耗了多少劳动和材料，同时甚至更重要的是取决于它对使用者有多大用处，从而促使人们愿意付多少货币量购买它。”董文认为，“效用”和“劳动”两种因素都是“决定商品价值的东西”。“商品的价值，既取决于商品本身所包含的劳动和资产，也取决于它对消费者的效用，是客体因素和主体因素的统一。”“倘若一种商品的效用很大，即使它的生产成本不高，也具有较高的价值。”“效用价值论”并不是新观点，董文的“创新”之处在于，一方面概括了一个体现“系统价值论”的公式，表明价值和劳动、资产、效用的关系；另一方面把这三个因素归结为客体因素和主体因素。前面已经提到，董文的公式是：商品价值 =（劳动 + 资产）× 商品效用。公式的含义是：“商品价值是由客体因素（劳动和资产）与主体因素共同决定的，而不是由劳动这个单一的生产要素构成的。商品价值与这些要素的大小呈正比。”在这里，效用是作为“主体因素”起作用的（在公式中是作为乘数起作用的），而劳动则是作为客体因素之一起作用。这种见解是完全不正确的。这里我们首先考察价值形成和效用的关系。

在经济学中，效用既不属于经济价值，也不是决定这种经济价值的一个要素。“二重性”原理不会对“效用价值论”提供任何帮助。首先，使用价值是商品的一个因素，而不是价值的一个因素。在研究经济形式时，我们可以到处发现“二重性”：一重是生产的一般物质内容；另一重是生产的一定社会形式，或经济形式。例如，商品有二重性，或两个因素——使用价值和价值。其中，效用或使用价值是价值的物质承担者。但是，一旦我们进入单独考察价值，使用价值就仅仅是价值的前提，在价值中不包含任何使用价值的成分和因素。其次，价值量的大小与效用的大小没有任何关系。就一定量的同种商品来说，在不同的情况下，或者对于不同的人

来说，可以有完全不同的效用，但是，只要是在同样的生产条件下生产出来的，花费同样多的社会劳动，其价值都是相同的。当然，价格可以是不同的。在特殊的情况下，一枚金戒指只能换一块贴饼子，但不能因此说一块贴饼子的价值等于一枚金戒指。就不同的商品来说，各种不同的效用（例如，吃、穿、住、用、行等效用）是根本无法从量的方面互相比较的。例如，面包、夹克衫、住房、青霉素、手机、汽车、等等，哪一个效用相对更大？而它们的效用跟价值又是什么关系？是根本回答不上来的。实际上，面包和手机的价值量与它们的效用完全没有关系，是由对象化在其中的社会劳动决定的；不同商品价值量的差别所反映的，不是效用的差别，而是内在的劳动量的差别。当然会有这样的情况，当我急需某种短缺的商品时，我愿意出高价购买；如果更多的人都急需这种商品而抢购，价格就会被抬高。但这不过是由于购买者之间的竞争拉高了价格而已，价值本身并没有改变。而且，由于价值规律的作用，这种商品的供给迟早必然会增加，价格还会回到原来的水平上。这个水平就是由背后的价值决定的。

董文运用逻辑学中的个别和一般相互关系的原理，力图从不同的效用中抽象出一个像“一般劳动”那样的“一般效用”，其数量大小的计量“由市场来实现”。事实上，根本不存在什么“一般效用”，更谈不上“计量”。董文所谓“由市场来实现”的“一般效用”，不过是商品的价格或销售额。这个价值额所反映的，不是“一般效用”，而是一般劳动。在这里，作者在方法论上犯了双重错误：一方面，用价格说明价值，这是一种颠倒；另一方面，先把效用看作价值的要素，再用价值形式表现效用，这是一种循环论证。

董文为了论证“效用”是比劳动更重要的商品价值的“决定性”因素，引证了恩格斯早期（1844 年）著作《政治经济学批判大纲》中的一段话。但是，对这一段话并没有做出恰当的解读。这段话的意思是：（1）价值的概念。价值所体现的是生产费用和效用之间的比较关系（就如同说经济效益是投入和产出的关系一样）。（2）价值的作用。价值有两个作用：首先用于确定某种物品是否应当生产，只有在效用能够抵偿生产费用的情况下才应当生产；其次运用价值进行交换，价值是交换的基础。在两种物品生产费用相等的前提下，效用是确定它们“比较价值”的决定性因素。但是，在不存在私有制的条件下，价值只用于解决生产问题。(3)效用的决定。既然私有制和商品交换是前提，那么，物品的效用既不是由当事人的意见(主观感觉)决定，也不是单纯由物品本身所固有的实际效用决定，还需要由自由的交换决定。因此，这里存在着物品固有效用和效用的决定之间的对立，以及效用的决定和交换者的自由之间的对立。应当指出，上述恩格斯关于价值的论述，还不能认为是成熟、确切和定型的。在这里，他还没有把商品的价值和广义的“价值”(劳动时间)、价值和使用价值、价值和交换价值(价格)、劳动耗费和生产费用等严格区分开来。首先，所谓“效用抵偿生产费用”，有两种可能的情况：如果是商品生产(假定是资本主义商品生产)，那么生产费用就是生产上耗费的劳动力和生产资料的购买价格(成本价格)，而效用就只能是出售商品的价值额，而不是使用价值，否则，就谈不到费用对效用的“抵偿”；如果是非商品生产(假定是共同体)，那么生产费用就是生产上耗费的全部劳动，这些劳动也客体化在一定的劳动产品(生产资料和生活资料)中，而效用就是直接满足社会需要(社会规模的使用价值)的能力和程度。前者是价值形式的抵偿，后者是劳动时间或者实物形式的抵偿。在前者那里，价值规律起作用；在后者那里，按比例分配社会劳动规律起作用。其次，所谓“效用是确定物品比较价值的决定性因素”，如果是在商品交换的范围内讲的，只能作这样的理解：一定的生产资料和劳动(作为生产费用)，用于何种商品的生产才能产生更大的交换价值，取决于所产生的效用。在这里，“效用”只能是上面所说的第一种情况，即采取了价值形式的效用，或者经济效益，表现为出售商品的价值额(价格总额)。但这样一来，“效用”就不是物品的有用性；而“效用决定比较价值”不过是一个同义反复。由上可见，以恩格斯的上述论述论证“效用决定价值”是不恰当的，也是没有任何帮助的。我们注意到，同样是1844年发表的《神圣家族》一文，就讲得比较明确，那里说：“在直接的物质生产领域中，某物品是否应当生产的问题即物品的价值问题的解决，本质上取决于生产该物品所需要的劳动时间。因为社会是否有时间来实现真正人类的发展，就是以这种时间的多寡为转移的。”[①] 恩格斯更加成熟的理论认识体现在后来的著作中，除了前面（在第二个问题中）已经引证的论述外，还有《反杜林论》中的有关论述，那里指出：“价值概念是商品生产的经济条件的最一般的、因而也是最广泛的表现。……价值是私人产品中所包含的社会劳动的表现，在这里已经存在着社会劳动和同一产品中所包含的私人劳动这二者之间出现差别的可能性。”[②] 可见，恩格斯的见解同马克思是完全一致的。

六、价值形成和生产的物质要素的关系

生产的物的要素（生产资料，资本的物质形式）是否创造价值，是关于劳动价值论的争论中的一个焦点。其中，具有代表性的观点是“生产要素价值论”和“物化劳动价值论”。董文也同样认为，马克思的劳动价值论是从商品的两个因素到价值的惟一源泉，“存在着一个巨大的逻辑上的跳跃”，是不合理的。他感到不能理解的是，既然商品是由劳动和“资产”结合而成的，那么，为什么商品“只剩下了‘劳动产品这个属性’”，而“完全舍弃掉自然资源或物质资料”；为什么商品价值只归结为抽象的一般劳动，而不包括同样可以抽象出来的“一般资源”？在董文的商品价值的公式中，劳动和资产是两个并列的要素，二者可以互相替代；而效用则是一个正的系数，即乘数、倍数。董文说：“商品本来是由一定的劳动和相应的自然资源或物质资料（本文统称为资产，即生产的物质条件）结合而成的，……商品价值是抽象劳动和一般资源的统一，丢掉其中任何一个部分都是片面的。”例如，“好地会带来更多的价值，或者，土地本身的增

① 《马克思恩格斯全集》第2卷，人民出版社1957年版，第62页。
② 《马克思恩格斯选集》第3卷，人民出版社1995年版，第661页。

殖作用不可否认。”“许多劳动工具特别是‘机器人’可以代替人的部分劳动，发挥着同劳动相似的作用，二者具有一定的等价性。”不能认为，“人的劳动可以创造价值，而代替人的劳动的那些劳动资料就只能转移价值”。因此，“资本在商品价值的形成中具有不可忽视的作用”。董文把马克思的劳动价值论称为“单一要素价值论”，而把他的“创新”价值论称为“系统价值论”，并说，“如果我们的经济学理论仍然像过去一样，只知一味地高扬劳动的作用而贬低资产的作用，那就只会破坏我国经济的发展，不啻是亡党亡国的经济学”。针对上述见解，这里只指出以下几点：

第一，必须把“商品体”和商品体中的价值区别开来。作为商品体，马克思既没有舍弃商品中的自然物质，也没有舍弃商品的使用价值。他说，“种种商品体，是自然物质和劳动这两种要素的结合”。①商品有两个因素：使用价值和价值（价值实体，价值量）②。但是，从商品的社会属性和商品生产者的角度看问题，商品只是物化的劳动——劳动产品，只是价值的化身。所谓“资产”的作用，如果作为物来考察，只是以劳动资料作用于劳动对象，从而改变原有的物质形态，而与价值形式没有关系；如果是作为价值来考察，已经把耗费的部分（C）转移到新商品的价值中了。因此，马克思撇开使用价值考察商品，并将其视为“劳动产品”，是完全正确和科学的；相反，如果把商品叫做“劳动和资产的共同产品”，则是不正确和不科学的。马克思从对商品的两个因素的考察转向对价值实体的考察，是完全合乎逻辑的；而董文从商品体的两种要素，跳到商品价值的“两个源泉”，是真正的逻辑跳跃。应当明确，马克思考察商品，不是为了考察商品的使用价值（对使用价值的考察属于商品学的任务），而是考察商品的价值，并通过对商品价值的考察，揭示生产的社会形式的性质和经济运动的规律性。

第二，抽象出作为价值源泉的“一般资源”是不科学的。董文与“一

① 《资本论》第1卷，人民出版社2004年版，第56页。
② 《资本论》第1卷，人民出版社2004年版，第47页。

般劳动”相对应，一方面从效用中抽象出“一般效用”，另一方面又从自然资源中抽象出“一般资源”，构成他的“系统价值”的三个要素。这种“一般资源”同样是根本不存在的。劳动之所以可以归结为一般劳动，是因为劳动具有二重性——具体劳动和抽象劳动，撇开劳动的具体形式，都是人的体力和智力的耗费。因此，如果以简单劳动为单位和尺度，那么劳动量就可以归结为劳动时间。但是自然资源本身都是具体的、特殊的、不同质的，除了原子量、分子量以外，在它们之间没有共同的东西，连化学元素、分子式和物质结构都是各不相同的，根本不可能抽象出一个“一般资源”。董文说“一般资源”可以“通过市场来实现”，那不过是指自然资源的市场价格。说来说去，所谓“一般资源”对价值的作用，不过是旧价值的转移，而不是创造价值的源泉。（关于这一点后面还要单独说明。）这里还应当指出，在这个“一般资源”的价格中包括两个性质不同的部分：一部分是没有价值的自然物质的虚幻价格，是资源所有权在经济上的实现；另一部分是开发资源时已经加进的社会劳动的物化。

第三，在价值的创造上物的要素不能代替人的要素。在一般生产过程中，在一定限度内，人的要素和物的要素可以“代替”，比如机器可以代替人力。一般来说，随着技术构成的提高，所需要的活劳动将有所减少，这一点将会反映在资本的价值构成上。但是，这种“代替”只对使用价值的生产起作用，这不过是劳动生产力提高的表现。人和物两种生产要素作为资本要素（可变资本和不变资本），在交换中都表现为一定的货币额，因而在价格形式上具有“等价性”。但是，在价值创造这一点上，二者是不能代替的，机器不可能代替劳动创造价值，因而没有任何的“等价性”。因此，“系统价值论”或“多要素价值论”是不科学的。

第四，劳动价值论丝毫不贬低生产资料的作用。确认包括自然资源在内的生产资料不创造价值，并不意味着它们在生产中不重要，生产资料是生产的物的要素。同样，确认劳动是价值的惟一源泉，既不是片面高扬劳动的作用，也不是对价值形式的崇拜。至于资源性产品定价过低，这与坚持劳动价值论毫无关系。自然资源的价格从来不是由价值决定的。所谓承认资源有“价值”，无非是默认它的虚幻价格，并且尽可能由供求关系来调节。但是在存在资源垄断权的情况下，这种虚幻的价格有可能大幅度上涨（目前国际石油价格就是这样）。

七、价值创造和价值再现的关系

在不少学者那里，没有把价值创造和价值再现区别开来，以至于得出了“物化劳动创造价值”的结论。董文说：“从商品价值的形成和增殖来看，……劳动创造价值离不开一定的生产条件，……其中，资产（包括生产资料等各种有形资产以及无形资产）的作用不容否定。”这是一种很含糊的说法。应当指出，把“资产”等同于“生产条件”是不恰当的。生产条件就是生产的物质条件，无非是劳动资料、劳动对象以及自然力，不一定采取价值形式；但是，资产不仅是具有一定价值额的财产，而且包括生产资料和消费资料。撇开这一点不论，这里不仅没有把价值形成（创造）和价值增殖区别开来，也没有把价值创造和价值再现区别开来。创造价值的过程和一般劳动过程是同一个过程，因此，劳动创造价值当然离不开生产条件。不仅如此，生产条件的价值也会按其消耗和磨损的程度，以不同方式转移到新产品中去，并构成商品价值的一部分。全部商品价值都是已经物化的劳动，但可以区分为两个部分：一部分是转移的旧价值，是原有价值的再现；另一部分是新创造、新加进的价值。用公式来表示，商品价值 W = C+(V+M)。其中，(V+M) 是活劳动新创造的价值；而 C 则是生产条件价值的转移，是旧价值的再现。这两个部分价值都是劳动创造的，都已经是物化的劳动，但是，只有 (V+M) 这一部分是现在劳动创造的。可见，我们必须把过去劳动和现在劳动、价值再现和价值创造、旧价值和新价值区别开来。在生产过程开始以前，物化劳动已经作为价值形式存在，不再成为价值的源泉；成为价值源泉的只有活劳动。不管生产条件多么先进，多么智能化，物的生产条件本身都不创造任何新价值；生产条件只起提高劳动生产率的作用。如果社会必要劳动量不变（在劳动强度不变时，劳动时间不变），所创造的价值也不变。如果说公式中的“资产”对价值的作用仅仅是旧价值的转移，那是正确的；但如果把“资产”看作创造新价值的一个要素，那就不正确。当然，正如前面已经谈到的，从个别企业的角度看问题，如果由于生产资料的革新而提高了劳动生产率，企业在按照市场价值出售商品时，就可以实现较多的价值额。

八、价值创造和资本增殖的关系

一些学者把价值创造和资本增殖等同起来，好像对个别资本增殖起作用的因素，也是创造价值的因素。董文也有这种等同。例如，把非劳动要素（“好地”“先进的生产工具”“机器”等等）对资本增殖的作用看作创造价值。这种观点最受所有者和企业主的赞赏。资本的增殖就是预付资本的增加额，就是剩余价值。就社会总体来说，资本的增殖归根到底来源于价值的创造，增殖的价值不过是剩余价值的总和。因此，资本的增殖归根到底不是来源于资本自身，而是来源于劳动；没有活劳动，充其量能够保持原有的资本价值。不过，就个别资本来说，资本增殖和价值创造是完全可以不一致的，增殖的价值既可以大于也可以小于本企业的活劳动创造的剩余价值。这种情况既与不同生产部门的资本有机构成有关，也同企业以劳动生产率为基础的竞争力有关。价值的创造，无论是个别价值还是社会价值，无论是个别企业的价值还是社会总价值，都来源于劳动；但是，个别资本的价值增殖，并不仅仅同本企业使用的劳动有关，还与非劳动要素有关；不仅与自身创造的价值有关，还与在市场上实现的价值有关。以“好地”“先进的生产工具”“机器”等形式存在的资本，可以在个别资本的增殖中发挥作用，并且可以是非常大的作用。这种作用的集中表现就是提高劳动生产率，在市场竞争和商品交换中，可以实现更多的价值，可以在必要劳动价值不变的情况下获得更多的剩余价值；或者说，在利润的平均化和利润的再分配中获得更大的份额。但是，非劳动要素（土地，工具，机器等等）并没有创造价值，它们所起的作用是为个别企业主创造更多的使用价值，降低商品的个别价值；当按照市场价值决定的市场价格出售时，可以从社会已经创造的剩余价值或利润中“创造”出一个较大的份额。实际上，每个个别资本和个别企业越是力图通过提高劳动生产率获得更多的利润（剩余价值），单个商品的价值越是趋向减少（但不一定表现在价格上）。

九、价值创造和价值分配的关系

在一些学者那里，用对新创造的价值进行分配和再分配的结果，反过来论证创造价值的源泉；认为参与分配的主体就是创造价值的主体，所得份额的多少就是对价值创造贡献的大小。董文也是这样认为的。董文说，“中共中央反复强调‘按劳动、资本等生产要素贡献分配’论。……‘按生产要素贡献分配’，显然是以默认各种生产要素对商品价值都有一定贡献为前提的，而同只承认劳动是价值惟一源泉的观点有明显的差别”。如果认为“资本等物的要素，仅仅对使用价值的增加有贡献，而对价值增殖无作用，那么，它们就没有资格要求分配”。显然，董文既没有搞清楚价值创造和价值增殖的关系，也没有搞清楚价值创造和价值分配的关系。应当指出：第一，中央文献从来没有“默认”各种生产要素都创造价值，从来没有说过劳动不是价值的惟一源泉，尽管人们对文献的表述和内容有不同的解读。第二，所谓“按生产要素贡献分配”的表述不够确切，这是因为，参与分配的主体不是生产要素，分配的依据也不是要素本身对价值创造的贡献。确切的表述应当是：各种生产要素的所有者（例如资本所有者，劳动力的所有者，土地的所有者，等等），凭借对生产要素的所有权及其对个别资本增殖的“贡献”进行分配。在这种分配方式中，劳动和所有权的分离是既定的前提，如前所说，对资本增殖的“贡献”和对价值创造的贡献是虽有联系但又不同的两个问题。第三，价值的创造和价值的分配同样是虽有联系但又是不同的两个问题。价值的分配只能以已经创造的或者已经实现的价值为前提，这是二者的联系。但是，价值的创造所涉及的是价值决定和价值源泉的问题，仅仅同劳动的耗费有关；而价值的分配完全依生产方式的性质为转移。同样是商品生产者，如果是个体劳动者或者劳动者共同体，那么，全部价值（关键是剩余价值）都由劳动者占有；如果是资本家（采取资本主义生产方式），那么，全部价值将在不同生产要素的所有者之间进行分配。首先在产业资本家和雇佣工人之间分配，工人得到作为必要劳动价值的工资，产业资本家得到全部剩余价值或利润。如果企业或多或少以借入资本和租入土地为前提，那么，剩余价值还将在企业主和货币资本家（或者银行）、土地所有者等等之间进行分配，全部剩余价值或利润被分割为企业主收入、资本利息和地租。很显然，资本并不创造价值。不变资本的价值将按照损耗的程度转移到新产品中去，这一部分仍然属于所有者；但是除此之外，资本的所有者还可以凭借资本所有权占有剩余价值。至于能够占有多少，不仅取决于劳动，还取决于资本的“贡献”。资本可以通过利用劳动的一般社会力（社会结合劳动中的分工和协作，作为机器体系的固定资本，科学，自然力，等等），来提高劳动的生产力，在竞争中处于优势地位，从而获得更多的利润（剩余价值）。当然，就这种生产方式来说，资本“有理由”把自己说成是生产者和价值的创造者。本来，生产力就是劳动的生产力，然而在资本主义生产方式中，劳动的生产力却表现为“资本的生产力”。既然如此，似乎全部价值都是资本创造的。然而这不过是一种颠倒了的表现。

十、两种不同意义社会必要劳动时间的关系

既然商品价值是由社会必要劳动时间决定的，那么，必然涉及对“社会必要劳动时间”的理解。马克思将社会必要劳动时间区别为“两种意

义”。第一种意义是就单个商品的价值决定而言，价值不是由个别劳动时间决定，而是由社会平均的、必要劳动时间决定，同时也是由中等的、具有决定意义的生产条件的个别劳动时间决定。第二种意义是就同一种商品价值总量的决定而言，在社会劳动总量已定时，它所占的比例是由社会需要（即社会规模的使用价值）决定的。在这里，决定该种价值总量的仍然是总劳动时间，而不是社会需要（使用价值）本身。当然，社会规模的使用价值仍然是前提，正如物的有用性是单个商品价值的前提一样。董文以“社会必要劳动Ⅱ”来说明“社会需求对于商品价值的决定性作用”，是似是而非的。如果是上面所说的意思，那就是正确的；但如果把社会需求（效用）看作决定商品价值的一个系数或乘数，那就完全不正确了。董文断言，马克思之所以在《资本论》第三卷中讲到“社会必要劳动Ⅱ”，是因为他在第一卷中只讲到“社会必要劳动Ⅰ”，而后来“意识到了忽略社会需求是个重要缺陷”。由此看来，作者还没有理解马克思的方法。在第一卷中，马克思是在最抽象的意义上考察价值决定的，假定全部商品都是符合需要的，即都能够出售。但是在第三卷，由抽象上升到具体的时候，开始假定的前提必须在这里加以说明。马克思是这样讲的：“事实上价值规律所影响的不是个别商品或物品，而总是各个特殊的因分工而互相独立的社会生产领域的总产品；因此，不仅在每个商品上只使用必要的劳动时间，而且在社会总劳动时间中，也只把必要的比例量使用在不同类的商品上。这是因为条件仍然是使用价值。但是，如果说个别商品的使用价值取决于该商品是否满足一种需要，那么，社会产品量的使用价值就取决于这个量是否符合社会对每种特殊产品的量上一定的需要，从而劳动是否根据这种量上一定的社会需要按比例地分配在不同的生产领域。……在这里，社会需要，即社会规模的使用价值，对于社会总劳动时间分别用在各个特殊生产领域的份额来说，是有决定意义的。但这不过是已经在单个商品上表现出来的同一规律，也就是：商品的使用价值是商品的交换价值的前提，从而也是商品的价值的前提。……可见，只有当全部产品是按必要的比例生产时，它们才能卖出去。社会劳动时间可分别用在各个特殊生产领域的份额的这个数量界限，不过是价值规律本身进一步展开的表现，虽然必要劳动时间在这里包含着另一种意义。为了满足社会需要，只有如许多的劳动时间才是必要的。在这里界限是由于使用价值才产生的。社会在既定生产条件下，只能把它的总劳动时间中如许多的劳动时间用在这样一种产品上。”[①] 从这里可以清楚地看到，所谓社会需要的“决定意义”，既不是作为增大价值的系数起作用并决定单个商品价值量的大小，也不是决定全部商品的价值总额，而是，一方面作为交换价值的前提，另一方面作为按比例分配社会劳动的根据。

十一、劳动者和所有者（资产者）的关系

在一些论著中，完全混淆了劳动者和所有者的作用和地位。董文同样认为，“劳动者与所有者的区分，是根据他们是物质生产中的劳动和资产两类要素的提供者作出的”。因此，“既要尊重劳动和劳动者，也要重视资产和所有者”。的确，在多种所有制形式并存和市场经济条件下，所有者（资产者）和企业主的重要作用是毋庸置疑的，马克思甚至将工业资本家称为“工业司令官”。但问题是，董文的这种说法完全回避了劳动者和所有者在这种生产方式中的地位和关系，回避了所有者对剩余劳动的占有；好像劳动者和所有者是合作伙伴关系，是优势互补关系，是经济平等的关系。但实际上并非如此。诚然，在实践中，劳动者和所有者并不到处是非此即彼的。但是，在商品生产成为普遍形式的社会中，如果少数人的基本身份是所有者（资产者）、企业主、大股东，而大多数人的基本身份则是雇佣劳动者，那么很显然，他们处在不同的经济地位上，前者处于支配地位，后者处于被支配地位。他们在结合起来以前，劳动者和生产资料、劳动和所有权在一定程度上是分离的；而二者的结合则采取了资本和雇佣劳

---

① 《资本论》第3卷，人民出版社2004年版，第716－717页。

动的形式，劳动者必须在工资以外为所有者和企业主提供剩余劳动。董文说，“在当代中国，劳动者与所有者已经不是过去那种截然对立的关系，而是交叉关系：几乎所有的劳动者都拥有或多或少公有的以及个人的资产，而绝大部分所有者都从事着一定形式的劳动”。的确，我国现在的经济制度同旧中国以及西方国家的经济制度相比，有一定质的区别，根本的区别是公有资产占优势。但是必须看到，这种区别既没有根本消除资本和雇佣劳动的关系，也没有消除由此带来的经济上的分化。在我国的所有制结构中，私人资本和外国资本已经占有相当大的比重，雇佣劳动是不言而喻的；而就公有资产来说，除了采取共同体形式（例如河南省的南街村）的以外，劳动同公有资产（尤其是国有资产）的所有权事实上是分离的，所有进入劳动力市场的劳动者都表现为雇佣劳动者（国资委的领导同志告诉我们，所谓“合同劳动”就是雇佣劳动）。即使在采取共同体形式的企业中，同样是本身的联合劳动和外来的雇佣劳动并存（南街村亦不例外）。一部分劳动者确有一些个人财产，但其中的绝大部分属于消费资料和消费基金（当前的或未来的）；即使一部分个人财产有可能用于（或转化为）生产条件和资本，但只要资本额达不到一定的量，那么，他就不可能成为一个经济上独立的业主或以股息红利为基本生活来源的资产者，他的基本身份就仍然是雇佣劳动者。这一点也适合农民。如果一个农民用一半以上的时间外出打工，并成为他的主要生活来源，那么，他的基本身份也是雇佣劳动者。无论是在外国还是在中国，一个劳动者成为雇佣劳动者，完全不必“一无所有”，一个人成为所有者和企业主，也不必完全不参加劳动。

十二、个人财产的增加与剥削的关系

一些人提出，按照劳动价值论，资本不仅不创造价值，而且资本贡献的回报还要看作剥削；这样一来，不仅不能调动资本所有者投资的积极性，而且，经济越发展、财富越增加，剥削者也越多。董文也持这样的看法。董文说，“随着经济的发展，劳动者个人占有的财产会越来越多，在满足即期消费之余，人们必然会把一部分财产作为投资，享有它所带来的回报，……如果认为一切投资回报都是剥削，那么，就会得出我国经济愈发展，剥削者和剥削现象也愈来愈多的荒唐结论”。看来，撇开其他方面，作者显然没有搞清楚马克思的经济理论所说的剥削的经济含义。剥削总是同一定的经济制度和生产方式相联系的，它所表明的是一定的经济关系。剥削有不同的历史形式，现在所说的剥削，一般是指资本（资本家不过是资本的人格化）对雇佣劳动的剥削。如果劳动同所有权是分离的，生产的物质条件采取了资本的形式，劳动采取了雇佣劳动的形式，那么，劳动者就必须向资本的所有者和企业主提供剩余劳动。这就是现代的经济上的剥削。在我国，只要存在这种关系，也同样存在剥削。对于这一点，在经济学理论上我们完全不必回避。的确，随着生产力的发展，劳动者个人的财产会越来越多，但是，剥削是否会越来越多，与财产的增加本身没有必然联系。第一，就整个社会来说，虽然劳动者个人财产的绝对量会不断增加，但用作投资的比例不一定越来越大，这可以从储蓄率或投资率反映出来。目前，全世界的储蓄率和投资率都在 23% 左右。2003 年，我国城镇居民家庭储蓄率为 23.1%，农村居民家庭储蓄率仅为 8.5%。即使是尚未消费的收入，也不一定转化为投资。第二，有较大投资能力的劳动者始终是少数，多数人的储蓄只是延迟消费和防备风险而已。这从银行的调查分析可以看出来。多年以来，我国 70%—80% 的储蓄存款仅仅来自 20%—30% 的家庭；而且，基尼系数越大，这种状况越是突出。第三，虽然任何利息都来源于剩余价值，但是，不能把任何形态、任何数量的利息都看作剥削收入。其中，雇佣劳动者（就基本身份而言）的储蓄或购买股票的收入，并不属于剥削收入；否则他就不再是雇佣劳动者。实际上，雇佣劳动者从银行得到的利息，本质上是他们自己的劳动提供的，只不过经过了曲折的再分配过程。关于资本主义社会工人储蓄的性质，马克思曾经指出：“关于储蓄银行，连经济学家们也承认，它们的真正目的并不是财富，而只是更有目的的分配开支，使工人在年老或生病、发生危机等情况下，不会成为贫民院、国家的负担，或者行乞（一句话，负担要落在工人阶级自己身上，而决不要落在资本家身上，不要依赖资本家的钱袋度日），也就是为资本家而节约，减少他们为此支出的生产费用。”[①]“如果工人真的用禁欲的方法进行了储蓄，从而为流氓无产阶级、小偷等等（这些人会与需求成比例地增加）积累了奖金，而且，如果工人的积蓄超过了官方储蓄银行贮金柜的容纳量，——这种官方储蓄银行付给工人最低利息，以便让资本家从工人的存款中赚取巨额利息，或者让国家吃掉这些存款，这样，工人只是加强了自己敌人的力量和他自己的依附地位，——那么，工人要能保存这些积蓄并使它们带来收入，就只有把它们存入一般银行等等，这样一来，在繁荣时期工人放弃了一切生活享受，从而增加了资本的力量，而以后在危机时期工人又会失去自己的存款；可见，不管怎样，工人都不是为自己节约，而是为资本节约。”[②]马克思的这些论述也可以用于分析我国居民的储蓄，虽然阶级关系有所不同。在计划经济时代，居民储蓄是“支援国家建设”，现在，居民储蓄大多不具有资本增殖的性质。所以，我们既不要否定资本对雇佣劳动的剥削，也不要把居民的少量资产收入和资本增殖混为一谈。

---

① 《马克思恩格斯全集》第 46 卷（上册），人民出版社 1979 年版，第 244 页。

② 《马克思恩格斯全集》第 46 卷（上册），人民出版社 1979 年版，第 246-247 页。

如何认识股份公司的经济性质*

问题的提出

在我国，股份公司不仅是国有大中型企业改革的主要形式，而且也是民营企业发展壮大所趋向的基本形式。然而，理论界对股份公司的经济性质却持有大不相同的看法。有的学者把国有企业的股份制改革看作“私有化潜行”，而有的学者则把股份公司看作“新公有制”。在这里，我们着重考察后一种观点。

有的文章说，根据马克思和恩格斯的论述，“作为社会主义的经济基础的公有制”，应当是“社会所有制和共同占有基础上重建个人所有制”。这里没有讲是什么样的“社会主义”。如果指的是马克思主义创始人所说的社会主义，这个说法是正确的；但是，如果指的是我国现阶段的社会主义，这个说法就不正确了。

问题还在于，这篇文章对“社会所有制”和“个人所有制”作了如下解释：“适合这两种含义的所有制形式就是股份制，它不是私有，而是社会所有，股民持有股权又是个人所有。”不仅“国家控股的股份公司，是公有的社会所有制”，而且“国家不控股，或不参股的股份企业也是公有的社会所有制”；“再进一步讲”，“资本主义的股份制也是社会所有制”。文章断言，“马、恩对资本主义的股份制早有定性，认为它是社会所有

* 载《中共中央党校学报》2006年第2期。

制”。因此认为：“股份制一方面是社会所有制，另一方面又是在共同占有基础上的个人所有制，股份制将二者结合起来。我们党将股份制明确为公有制主要实现形式。这样，要以公有制为主体的问题也就明确了，占主体地位的公有制不是原来的国家所有制，而是股份制。”文章把股份制看作是“社会主义公有制新的形式”，而这样的社会主义则是“崭新的社会主义”。[①]

这篇文章的上述观点多少代表了一部分学者的见解。这种观点既涉及对马克思主义创始人基本经济理论的理解，也涉及对我国现阶段基本经济制度的认识。因此，我们必须从理论和实践的结合上搞清楚。问题的核心是股份公司的经济性质。但是，既然这种观点把股份公司看作是马克思所说的社会所有制和共同占有基础上的个人所有制，看作是“社会主义公有制新的形式”，看作是“把市场经济引进到社会主义”的所有制基础，那么，我们就不能孤立地考察股份公司的经济性质了，而必须把社会主义公有制、社会所有制、生产社会化（社会性）、个人所有制等范畴也进行一番考察。

一、马克思所说的社会主义公有制是公有制的最高形式

马克思主义创始人所说的社会主义——科学社会主义，不过是共产主义的同义语。因此，他所说的社会主义公有制，同时就是共产主义公有制。

（一）社会主义社会是劳动者的真正的共同体

马克思主义创始人所说的社会主义，是每个社会成员都能够实现自由全面发展的“真正的共同体”[②]，是国家本身已经“不存在”了的社会“共

① 何伟：《坚持改革应正确界定三个概念》，《学习时报》2006年11月20日。
② 《马克思恩格斯选集》第1卷，人民出版社1995年版，第119页。

同体”[①]，是全社会的“自由人联合体”[②]。这种共同体有一个不可缺少的前提，就是继承了资本主义生产方式所创造的高度发达的生产力和一切文明成果。

这种社会主义的共同体有三个突出的特征：首先，它是全体社会成员和劳动者的自由人联合体，因而不同于其他各种类型的共同体——国家形态的、虚幻的、冒充的共同体；古代狭小范围的、孤立封闭的部落共同体；包含对立关系的形式上的共同体（例如，奴隶主庄园，资本家的现代工厂等）。其次，它不存在固定的社会分工，不存在阶级关系，不存在依赖关系——人的依赖关系和物的依赖关系，不和国家的行政权力相联系。再次，它与其说是“社会主义”的，倒不如说是共产主义的。这一方面是因为，社会主义一开始就是形形色色的；另一方面是因为，问题的实质不在于它具有“社会”性质，而在于它是全社会的劳动者自由联合的产物，在于实行共同生产（“共产”）。

（二）社会主义社会实行全部生产资料共同所有（财产公有，财产共有）

所有制是“劳动对它的客观条件的关系”[③]，是劳动“对生产条件的一定关系”[④]。这种关系绝不仅仅是对生产资料的归属关系，而是体现了一定的生产方式和财产占有关系。现在人们一讲到所有制就只是公有制和私有制，而且把公有制等同于社会主义。其实，马克思从来没有把所有制形式仅仅区别为私有制和公有制，而是一方面归结为各种历史形式的私有制和公有制，另一方面归结为劳动者（生产者）同劳动的客观条件的不同关系——二者的统一和分离，以及统一的不同形式和分离的不同程度。

一切形式的公有制都有一个共同点，“就是一定的东西即生产资料由一定的集团共同所有和共同使用”。[⑤] 如果把共同所有和共同使用合为一体，

---

① 《马克思恩格斯选集》第 3 卷，人民出版社 1995 年版，第 324－325 页。
② 《资本论》第 1 卷，人民出版社 2004 年版，第 96－97 页。
③ 《马克思恩格斯全集》第 46 卷（上册），人民出版社 1979 年版，第 511 页。
④ 《马克思恩格斯全集》第 46 卷（下册），人民出版社 1980 年版，第 105 页。
⑤ 《马克思恩格斯选集》第 4 卷，人民出版社 1995 年版，第 442 页。

那就是共同生产——“共产”。就这个意义来说，公有制的实质是“共产”——共同生产，公有制是私有制的对立物。许多人讲公有制只讲共同所有，而不讲共同使用和共同生产。这样，就包含了“所有”和“使用”分离的可能性。而一旦分离开来，生产方式就要改变了，公有制就处于解体过程了。

以上所说同样适合于社会主义公有制。共产主义的宗旨是“废除私有制”，实行“财产公有”①或“财产共有”②。而且，全部生产资料都要公有。社会主义社会“同现存制度的具有决定意义的差别当然在于，在实行全部生产资料公有制（先是单个国家实行）的基础上组织生产”。③

（三）社会主义公有制是回复到古代类型公有制的最高形式

不同历史形式的公有制，体现的是不同的生产方式、经济关系和经济时代。社会主义的公有制体现的是一个划时代的经济关系。马克思认为，社会主义的所有制不是一般的公有制或一般的“共产”，而是在资产阶级创造的巨大成就的基础上，“回复到古代类型的公有制”④，“回复到‘古代’类型集体所有制和集体生产的高级形式”⑤。这里的“集体”是“社会”的同义语。就公有制的类型来说，是古代原始共同体类型的；就公有制的历史形态来说，是公有制的最高形式。就是说，这种最高形式的公有制是同现代生产力、现代生产方式、现代社会组织相联系的。毫无疑问，这种公有制和局部共同体、集体所有制、国家所有制等有质的区别。如果说公有制是私有制的对立物，那么，社会主义公有制则是资本主义私有制的直接对立物。

马克思所说的“回复”，包含两个“否定之否定”：一个是生产资料的“公有制—私有制—公有制”；另一个是劳动和所有权的“统一—分

① 《马克思恩格斯选集》第 4 卷，人民出版社 1995 年版，第 530 页。
② 《马克思恩格斯选集》第 1 卷，人民出版社 1995 年版，第 237-238 页。
③ 《马克思恩格斯选集》第 4 卷，人民出版社 1995 年版，第 693 页。
④ 《马克思恩格斯选集》第 3 卷，人民出版社 1995 年版，第 763 页。
⑤ 《马克思恩格斯选集》第 3 卷，人民出版社 1995 年版，第 766-767 页。

离一统一”。[①] 在前者那里，私有制包括个体私有制和资本主义私有制两种不同形式；在后者那里，原有的统一包含原始共产主义和小家庭农业两种形式。这两个否定之否定是对所有幼稚的和对立的所有制形式的否定，表现为一个螺旋式上升的过程。

二、社会所有制就是生产资料的社会直接占有

“社会所有制”是马克思用来表现社会主义公有制的特殊范畴。我们要根据马克思和恩格斯的论述搞清楚“社会所有制”的本来含义。

（一）社会所有制是对个体私有制的否定之否定

“社会所有制”这个经济范畴是马克思在《资本论》中正式提出来的。他指出：“从资本主义生产方式产生的资本主义占有方式，从而资本主义的私有制，是对个人的、以自己劳动为基础的私有制的第一个否定。但资本主义生产由于自然过程的必然性，造成了对自身的否定。这是否定的否定。这种否定不是重新建立私有制，而是在资本主义时代的成就的基础上，也就是说，在协作和对土地及靠劳动本身生产的生产资料的共同占有的基础上，重新建立个人所有制。”“以个人自己劳动为基础的分散的私有制转化为资本主义私有制，同事实上已经以社会的生产经营为基础的资本主义所有制转化为社会所有制比较起来，自然是一个长久得多、艰苦得多、困难得多的过程。前者是少数掠夺者剥夺人民群众，后者是人民群众剥夺少数掠夺者。”[②] “重新建立个人所有制”和由“资本主义所有制转化为社会所有制”是同一个过程，所形成的关系包括两个方面：对土地和其他生产资料的共同占有；实行协作劳动（联合劳动）。在这里，“社会所有制”是对个体私有制的否定之否定（第三个否定之否定），简单地概括就

---

① 《马克思恩格斯全集》第 26 卷，人民出版社 1974 年版，第 465－466 页。

② 《资本论》第 1 卷，人民出版社 2004 年版，第 874－875 页。

是："个体私有制—资本主义私有制—社会所有制（个人所有制）"。

正确地理解社会所有制，不能对"社会"一词望文生义，不能把所有包含"社会"的概念（例如，文章列举的社会生产，社会资本，社会财富，社会企业，社会管理，等等）都等同于社会所有制。生产的社会化（socialization）、社会性（sociality）本身不等于社会所有制 (social system of ownership)，而只是社会所有制的物质前提。实际上，在资本主义生产方式中，生产已经实现了社会化，生产方式实际上已经成为"集体生产方式"。[①] 但是，社会所有制作为公有制的最高形式，是生产方式和占有关系的根本变革，是对私有制、小生产方式和雇佣劳动的彻底否定。一方面是直接否定了资本主义私有制和雇佣劳动；另一方面是（通过资本主义生产方式）间接否定了个体私有制和落后的生产方式。

（二）社会所有制实行生产资料共同占有和集体生产方式

前面对社会主义公有制所说的话，都适合社会所有制。所有制的本质是劳动者和生产资料结合的社会方式。"不论生产的社会的形式如何，劳动者和生产资料始终是生产的因素。但是，二者在彼此分离的情况下只在可能性上是生产因素。凡要进行生产，它们就必须结合起来。实行这种结合的特殊方式和方法，使社会结构区分为各个不同的经济时期。"[②] 社会所有制既是所有制的一种特殊形式，也是劳动者和生产资料结合的一种特殊方式。

社会所有制作为一种特殊的所有制形式或占有方式，只能是生产者"共同占有"，或者"公共占有"，同时也就是"集体占有"。马克思指出："工人只有在成了他们的劳动资料的占有者时才能自由；这可以采取个体方式或集体方式；个体占有方式正在被经济的发展所消除，而且将日益被消除；所以，剩下的只是共同占有方式，等等。"[③] "社会主义的任务，不如

① 《马克思恩格斯选集》第 3 卷，人民出版社 1995 年版，第 341–342 页。
② 《资本论》第 2 卷，人民出版社 2004 年版，第 44 页。
③ 《马克思恩格斯选集》第 4 卷，人民出版社 1995 年版，第 645 页。

说仅仅在于把生产资料转交给生产者公共占有。”[①] 这里所说的“个体方式”就是劳动者个人和家庭占有或所有，形成个体经济；而“集体方式”就是整个社会的劳动者集体占有或共同占有，每个人都以共同体为中介保持着对生产条件的占有权。共同占有（公共占有）或集体占有是相对于个人占有、资本家占有而言的。在共同占有的关系中，至少包括以下内容：第一，生产资料所有权是统一的整体，不能被分割，因而排除了私人占有和以股份制形式保持私人股权的可能性；第二，所有成员对生产资料的利用都拥有同等的权利，这既排除了占有关系的差别，也排除了剥削劳动的可能性；第三，劳动和所有权是统一的，排除了生产资料出租、借贷和转化为资本等等的可能性。集体的占有方式决定了“集体的生产方式”[②]，即共同生产和联合劳动。其实，共同占有和共同生产（从而联合劳动）不过是同一关系的两个层次。

（三）社会所有制的实质是生产资料由社会直接占有

生产资料的共同占有（公共占有）或集体占有，是一切公有制的共同特征，仅仅这一点还不能把不同形式的公有制区别开来。能够把社会主义公有制同其他公有制区别开来的，是“生产资料归社会所有”[③]，也就是“社会直接占有”[④]。一种所有制形式之所以成为社会所有制，就是因为生产资料归社会所有。这里所说的“社会”，不是以依赖关系为基础的共同体，也不是作为广义社会的国家，而是“纯粹由工人组成的整个社会”。[⑤] 在这里，作为所有或占有主体的是由劳动者（从而社会成员）组成的社会。

作为社会所有和社会直接占有，直接导致下述关系：第一，排除了个人和集团所有（占有）的可能性，即不存在地区之间、部门之间在所有和占有关系上的差别。第二，“个人的劳动不再经过迂回曲折的道路，而是

① 《马克思恩格斯选集》第 4 卷，人民出版社 1995 年版，第 492 页。
② 《马克思恩格斯选集》第 3 卷，人民出版社 1995 年版，第 341－342 页。
③ 《马克思恩格斯选集》第 4 卷，人民出版社 1995 年版，第 508－509 页。
④ 《马克思恩格斯选集》第 3 卷，人民出版社 1995 年版，第 630 页。
⑤ 《马克思恩格斯选集》第 3 卷，人民出版社 1995 年版，第 151－152 页。

直接作为总劳动的组成部分存在着”[①]，“商品生产就将被消除”。第三，“社会生产内部的无政府状态将为有计划的自觉的组织所代替。个体生存斗争停止了。”[②]第四，“由工人组成的整个社会成为他们劳动的总产品的所有者”，并对社会总产品统一分配。[③]总之，社会所有制意味着，不存在独立的产权主体，消灭资本和雇佣劳动，消除商品生产和市场竞争，消除生产的无政府状态。可见，“将市场经济引入社会主义”是一个不正确的说法。在我国现阶段的社会主义条件下，本来就存在市场经济的所有制基础，是根本不需要从外部“引进”的，因为社会主义本身是不够格的；而在社会所有制中，根本不存在市场经济的所有制基础。

不管人们对社会所有制的最终实现是否表示怀疑，我们只能根据马克思主义创始人的论述理解社会所有制。

三、社会化、社会性和社会所有制是不同的概念

马克思在考察资本主义生产方式时，经常使用诸如“生产的社会性质”“社会化的劳动”“生产的社会性”等概念，但它们和社会所有制完全是两回事。

（一）劳动和生产的社会性质是指劳动和生产的社会结合

首先需要指出，在马克思的著作中，“生产的社会性质”在两种意义上使用：一种是指“生产的社会形式”的性质，即不同性质的社会生产；另一种是指生产是在社会结合、社会联系、互相依赖中进行的。前者的重点在“性质”上；后者的重点在“社会”上。与我们考察的主题相关的是后者。

关于劳动、生产、生产力的社会性质，从而社会化、社会性，马克思

---

① 《马克思恩格斯选集》第3卷，人民出版社1995年版，第303—304页。
② 《马克思恩格斯选集》第3卷，人民出版社1995年版，第633—634页。
③ 《马克思恩格斯选集》第3卷，人民出版社1995年版，第151—152页。

和恩格斯有多种不同的表达方式，但其含义是相同或者相近的。例如：劳动的社会性质，劳动的共同性，劳动的社会结合；劳动的社会化，社会化的劳动，社会的劳动；直接社会化的劳动，共同的劳动，共同的生产等。一旦人们不再是孤立封闭和自给自足地生产，他们的劳动就具有社会性质——直接的社会性质或间接的社会性质。

劳动的直接社会性质就是“劳动的共同性”。[①] 如果人们是在共同生产过程中交换劳动，劳动就直接表现为社会劳动。劳动的直接社会性质是以“劳动的社会结合”为前提的。[②] 在一切生产阶段上和不同的生产方式中（例如原始人的劳动，奴隶劳动，雇佣劳动等），都可以实行劳动的社会结合；在简单协作、工场手工业、机器工厂等场合，劳动都具有社会性质。劳动的直接社会性质既可以存在于一个社会化的生产单位内部（无论是雇佣劳动，还是联合劳动），也可以存在于整个社会之中。

劳动的间接社会性质是指互相依赖的私人生产者的劳动以市场为中介所具有的社会性质。如果产品采取商品的形式，即以商品和价值的形式交换劳动，那么，劳动所具有的社会性质就是间接的社会性质。这种社会性质体现了私人生产者的个别劳动同社会总劳动的社会关系。

（二）劳动的社会化是劳动的社会性质在现代生产力条件下的表现

在不同的生产力和不同的生产方式中，劳动的社会性质其广度和程度都有很大的不同。在现代生产力和现代生产方式中，劳动的社会性质达到最广泛和最高的程度，这就是劳动的社会化。劳动的社会化是劳动的社会性质在现代生产力条件下的发展形式。一方面，劳动的社会化以“土地和其他生产资料的进一步转化为社会地使用的，即公共的生产资料”为前提。[③] 另一方面，劳动的社会化以现代的生产方式为基础。社会化的劳动生产力，“由于协作、工场内部的分工、机器的运用，以及为了一定的目

① 《马克思恩格斯全集》第46卷（下册），人民出版社1980年版，第378页。
② 《资本论》第3卷，人民出版社2004年版，第93页。
③ 《资本论》第1卷，人民出版社2004年版，第873–874页。

的而把生产过程转化为自然科学、力学、化学等等的自觉的运用，转化为工艺学等等的自觉的运用”。而“只有这种社会化劳动能够把人类发展的一般成果，例如数学等，运用到直接生产过程中去”。[①] 马克思把劳动的一般社会性质（即劳动的社会结合）称为“共同劳动”，而把“一切科学劳动，一切发现，一切发明”称为“一般劳动”。他认为，“应当把一般劳动和共同劳动区别开来”。[②]

由于劳动的社会化，生产力也社会化了，从而表现为“社会的劳动生产力，或直接社会的、社会化的（共同的）劳动的生产力”[③]。所谓生产力的社会性质，就是“生产已经成为社会的活动”。[④] 劳动的生产力是否具有社会性质，以及在多大程度上具有社会性质，是同发挥“一般社会力”作用的程度相联系的。按照马克思的观点，所谓一般社会力，是指超越于单个劳动者劳动能力的力量，主要来自两个方面：一方面是由劳动的社会结合——主要是社会分工和协作——产生的力量；另一方面是借助自然科学充分利用自然力产生的力量。[⑤]

四、个人所有制是联合起来的社会个人的所有制

个人所有制是马克思提出来的，它的含义只能到马克思的有关论述中去寻找。任何想当然的解释都是不科学的。

（一）马克思的个人所有制是以一切私有制被消灭为前提的

个人所有制是和社会所有制同时提出的（见本文第二个问题所引证的马克思的论述）。马克思所说的个人所有制，是对个体私有制（最初形式

---

① 《马克思恩格斯全集》第 49 卷，人民出版社 1982 年版，第 84 页。
② 《资本论》第 3 卷，人民出版社 2004 年版，第 118—119 页。
③ 《马克思恩格斯全集》第 49 卷，人民出版社 1982 年版，第 83 页。
④ 《马克思恩格斯选集》第 3 卷，人民出版社 1995 年版，第 758 页。
⑤ 《资本论》第 3 卷，人民出版社 2004 年版，第 96 页。

的个人所有制）否定之否定的产物。第一次否定是资本主义私有制对以自己劳动为基础的个体私有制的否定，第二次否定是社会主义公有制对资本主义私有制的否定。经过两次否定，回复到个人所有制；但不是作为私有制的个人所有制，而是以公有制为基础的个人所有制。可见，个人所有制是以私有制的彻底消灭为前提的，在个人所有制的含义中，根本不包含个人对生产资料的独立的所有权。后面的考察将表明，如果把以私人所有权为基础的股份公司看作是马克思所说的个人所有制，是完全不正确的。

（二）马克思的个人所有制是以社会共同体为中介实现的

德国教授杜林不理解个人所有制的含义，在他看来，既是“社会所有”，又是“个人所有”，似乎是矛盾的和混乱的。对此，恩格斯的解释是，“靠剥夺剥夺者建立起来的状态，被称为以土地和靠劳动本身生产的生产资料的社会所有制为基础的个人所有制的恢复。……社会所有制涉及土地和其他生产资料，个人所有制涉及产品，那就是涉及消费品”[①]。恩格斯的解释虽然驳斥了杜林的错误观点，但并不准确。其实，政治经济学所讲的所有制，历来是生产资料的所有制，所涉及的是生产者和生产资料的关系。无论是社会所有制还是个人所有制，都是就生产者和生产资料的关系来说的，二者不过是从不同角度来看的同一种关系。马克思所说的个人所有制，不过是社会所有制或共同占有在社会成员（生产者）身上的体现。在这里，个人所有不是对社会所有的否定，而是对个人不能所有甚至一无所有的否定。但是，个人所有不是以私有制的形式实现的，而是以社会共同体为中介并以共同体成员的身份实现的；个人所有寓于社会所有之中。在生产社会化的条件下，个体私有制已经不可能存在了，但并不否定个人所有。然而，只有实现了社会所有或共同占有，劳动者才能真正实现个人所有。共同所有和共同生产不仅排除了个人独立的支配权，而且排除了私人所有权；不仅排除了人们对生产条件的不平等占有，而且排除了以任何

① 《马克思恩格斯选集》第3卷，人民出版社1995年版，第473页。

形式分割占有的可能性。但是在股份公司那里，私人所有权是既定的前提，不仅存在占有关系（股权）的不平等，而且可以以价值形式分割占有。

这里需要明确两点：第一，重建的个人所有制和最初的个人所有制有质的区别。区别不仅仅表现在生产方式上，而且表现在财产占有上。在个体私有制那里，对生产资料的占有存在很大的差别；而在重建的个人所有制那里，人们的权力是同等的。第二，“共同占有”不过是公有制的同义语。但在股份公司中，根本不存在共同占有。股东之间是资本联合的关系；而股东和其他员工（包括经理）的关系是雇主和雇员、所有者和雇佣劳动者的关系（即使劳动者持有一点股票，也不属于共同占有）。

（三）马克思的个人所有制是联合起来的社会个人的所有制

在《资本论》的手稿中，马克思对个人所有制有更加完整的表述。他说，“在资本主义生产方式下出现的情况是，资本家即非工人是这大量社会生产资料的所有者。实际上，在对工人的关系方面，他决不代表他们的联合，不代表他们的社会团结。因此，这一对立形式一旦消除，结果就会是他们社会地占有而不是作为各个私的个人占有这些生产资料。资本主义所有制只是生产资料的这种公有制的对立的表现，即单个人对生产条件的所有制（从而对产品的所有制，因为产品不断转化为生产条件）遭到否定的对立的表现。同时可以看出，这种转化要求物质生产力达到一定的发展阶段。……西斯蒙第为之痛哭的所有制和劳动的这种分离，是生产条件的所有制转化为公有制的必要过渡阶段。如果单个工人作为单独的人要再恢复对生产条件的所有制，那只有将生产力和大规模劳动发展分离开来才有可能。资本家对这种劳动的异己的所有制，只有通过他的所有制改造为非孤立的单个人的所有制，也就是改造为联合起来的社会个人的所有制，才可能被消灭”。[①] 可见，个人所有制是“非孤立的单个人的所有制”，是“联合起来的社会个人的所有制”，是以“社会地占有”或“公有制”为前提的。

① 《马克思恩格斯全集》第 48 卷，人民出版社 1985 年版，第 21 页。

“联合起来的社会个人的所有制”是对个体私有制的否定之否定，包含三个关键词：联合，社会，个人。在个体私有制那里，只有“劳动者个人所有”，而没有“劳动者的联合”和“社会所有”；在资本主义私有制那里，只有“占有方式的社会化”，而没有“劳动者的联合”和“劳动者个人所有”。

五、股份公司既不是社会所有制也不是个人所有制

马克思和恩格斯对股份公司有不少论述，但和他们所说的社会所有制和个人所有制完全是两回事。

（一）股份公司不是一种独立的所有制形式

有些学者把股份公司看作一种和私有制、公有制并列的独立的所有制形式，是完全不正确的。除了有意曲解以外，主要是存在对两个概念的误解。

一个是对“社会化”的误解。马克思指出，在股份公司中，资本取得了“社会资本”的形式，而与私人资本相对立；相应地，企业表现为社会企业，而与私人企业相对立。恩格斯也指出，股份公司具有“社会化的形式”。“由股份公司经营的资本主义生产，已经不再是私人生产”，在托拉斯那里，“不仅没有了私人生产，而且也没有了无计划性”。如果据此把“社会资本”等同于“公有财产”，把“没有了私人生产”等同于“没有了私有制”，显然是误解和断章取义。马克思所说的“社会资本”，是指“直接联合起来的个人的资本”[①]。就是说，资本仍然属于个人所有，只是以股份的形式联合起来而已。而恩格斯所说的“私人生产”，是指“由单个企业家所经营的生产”[②]，即业主制企业的生产；“没有了私人生产”就是没有

---

① 《资本论》第3卷，人民出版社2004年版，第494页。
② 《马克思恩格斯选集》第4卷，人民出版社1995年版，第408页。

了“由单个企业家所经营的生产”，而不是没有了私有制。股份公司“是一种没有私有财产控制的私人生产”。[①]就是说，股份公司不是由个别资本家控制，而是由联合起来的资本家——股东会、董事会——控制，但是没有改变私人生产的性质。

另一个是对“混合所有制企业”的误解。所谓混合所有制企业，是指同一企业包含多种所有制或多元产权主体。股份公司和业主制、合伙制、合作制企业相比，是“新的企业形式”，但不是“新的所有制形式”。按照十五大报告的说法，股份公司“是现代企业的一种资本组织形式”[②]。这种情况就像金属元素和合金的关系一样。合金是金属元素存在的一种形式，而不是一种新的元素。马克思认为，股份公司不过是资本的一种“形式”[③]，是“资产阶级社会的最新形式之一”。[④]股份公司的主要作用在于，把“资本溶合起来”[⑤]，以扩大经营规模。股份公司作为最新形式，是私人资本和社会资本、单个资本和一般资本“对立的统一形式”[⑥]。“恰恰是各资本作为单个资本而相互作用，才使它们作为一般资本而确立起来，并使各单个资本的表面独立性和独立存在被扬弃。这种扬弃在更大的程度上表现在信用中。这种扬弃的最高形式，同时也就是资本在它的最适当形式中的最终确立，就是股份资本。”[⑦]然而，尽管“在股份制度内，已经存在着社会生产资料借以表现为个人财产的旧形式的对立面；但是，这种向股份公司形式的转化本身，还是局限在资本主义界限之内；因此，这种转化并没有克服财富作为社会财富的性质和作为私人财富的性质之间的对立，而只是在新的形态上发展了这种对立”。[⑧]既然股份公司不是一种独立的所有制形式，自然也就不可能成为一种新的公有制形式。

---

① 《资本论》第3卷，人民出版社2004年版，第497页。
② 《中国共产党第十五次全国代表大会文件汇编》，人民出版社1997年版，第22页。
③ 《马克思恩格斯全集》第46卷（下册），人民出版社1980年版，第23—24页。
④ 《马克思恩格斯全集》第46卷（上册），人民出版社1979年版，第46页。
⑤ 《资本论》第1卷，人民出版社2004年版，第723页。
⑥ 《马克思恩格斯全集》第46卷（上册），人民出版社1979年版，第105页。
⑦ 《马克思恩格斯全集》第46卷（下册），人民出版社1980年版，第167页。
⑧ 《资本论》第3卷，人民出版社2004年版，第498—499页。

（二）作为资本组织形式的股份公司是联合的资本家（结合资本家）

由多个资本所有者组成股份公司以后，资本的性质并没有改变。马克思指出，“资本主义经营本质上就是私人经营，即使由联合的资本家代替单个资本家，也是如此”。[①]在股份公司那里，资本仍然是资本，作为人格化资本的资本家仍然是资本家，只不过不再是“单个资本家”，而是“结合资本家”。[②]这里所说的“私人经营”，是指企业主仍然是私人；但私人不再是单个人，而是一伙人。这种股权关系完全反映在公司利润的分配上。“就利润来说，不同的资本家在这里彼此只是作为一个股份公司的股东发生关系，……因此，对不同的资本家来说，他们的各份利润之所以有差别，只是因为每个人投在总企业中的资本量不等，因为每个人在总企业中的入股比例不等，因为每个人持有的股票数不等。”[③]

有些学者认为，中央文献已经确认“股份制是公有制”或者“股份制是公有制实现形式”。其实这至少是一种误解。十五大报告指出，“公有制不仅包括国有经济和集体经济，还包括混合所有制经济中的国有成分和集体成分”。“股份制是现代企业的一种资本组织形式”。“不能笼统地说股份制是公有还是私有，关键看控股权掌握在谁手中。国家和集体控股，具有明显的公有性”[④]。十六大报告指出，“积极推行股份制，发展混合所有制经济”。[⑤]十六届三中全会《决定》指出，“大力发展国有资本、集体资本和非公有资本等参股的混合所有制经济，实现投资主体多元化，使股份制成为公有制的主要实现形式”。[⑥]很显然，股份公司是“混合所有制经济”，或者说是混合型企业，是“一种资本组织形式”，而不是一种独立的所有制形式，更不是一种新的公有制形式。只有其中的“国有成分和集体

---

① 《资本论》第2卷，人民出版社2004年版，第272页。
② 《资本论》第1卷，人民出版社2004年版，第388页。
③ 《资本论》第3卷，人民出版社2004年版，第178页。
④ 《中国共产党第十五次全国代表大会文件汇编》，人民出版社1997年版，第22—23页。
⑤ 《中国共产党第十六次全国代表大会文件汇编》，人民出版社2002年版，第26页。
⑥ 《中共中央关于完善社会主义市场经济体制若干问题的决定》，人民出版社2003年版，第14页。

成分”才体现公有性质。当股份公司中有公有成分时，它就成为公有制的一种实现形式，正如当它有私有成分时就成为私有制的实现形式一样。但是，不包含任何公有成分的股份公司，不能叫作公有制的实现形式，更不能说成公有制。

（三）股份公司并没有改变生产力的资本属性

既然股份资本仍然是资本，那么，股份公司内部就不可能消除资本和雇佣劳动的对立。恩格斯指出，个人经营的企业“无论转化为股份公司，还是转化为国家财产，都没有消除生产力的资本属性。在股份公司的场合，这一点是十分明显的”。[①] 即使是杜林设计的“经济公社”，“生产是完全依照从前的样式进行的，只是公社代替了资本家而已”。[②] 这是因为，尽管公社的生产资料是属于社会所有的，它们只能通过商业公社交换商品，但公社拥有独占的财产权，仍然是商品生产者，生产仍然由价值规律调节，劳动者之间存在竞争关系（虽然只是为了挤进富裕的公社而竞争）。因此，公社和劳动者的关系，仍然如同资本家和雇佣劳动者的关系一样。

在现代市场经济中，许多雇佣劳动者也可能购买一点股票，从而成为某个或者某几个股份公司的股东。但是，在股份公司中，人们的基本身份可以分为两种：一种是雇佣劳动者，他们主要依靠工资收入（而不是资本收入），维持一般的甚至低水平的生活；另一种是资本所有者和企业主，他们主要依靠资本提供的剩余价值（不管采取何种具体形式），保持高水平的甚至富豪的生活。至于那些高级雇员和“打工皇帝”，一方面，他们的人数比较少；另一方面，他们的高收入总是要转化为资本，从而逐渐归入资本所有者和企业主队伍。在所谓的公众公司中，就股东数量来说普通居民是主体，而就股权份额来说高收入者是主体。因此，股份公司主要是富人的俱乐部。在我国的情况下，只要公司不是由公有制股东组成或者控

① 《马克思恩格斯选集》第3卷，人民出版社1995年版，第629页。
② 《马克思恩格斯选集》第3卷，人民出版社1995年版，第639－640页。

股，只要是私人股份公司，那么，上述分析就是同样适合的。一旦国有企业改造成为股份公司，劳动和所有权相分离，从而劳动变成合同劳动（劳动者既可以被解雇，也可以失业），那么，公司中就表现为资本和雇佣劳动的关系。

从以上分析可以得出三点简单结论：第一，股份公司根本不是马克思所讲的社会所有制和个人所有制，也不是什么新公有制；第二，股份公司作为一种企业形式，既可以成为私人财产所有权实现的形式，也可以成为公有资产所有权实现的形式，但私人股份公司不是公有制的实现形式；第三，私人股份公司作为资本的组织形式，没有改变资本和雇佣劳动的关系。

为什么一些学者把股份制（股份公司）说成是马克思所说的社会所有制和个人所有制（社会主义公有制）呢？从理论上讲，主要原因有二：一是没有把中国特色社会主义及其初级阶段的历史定位搞清楚，把这种特殊历史形态的社会主义（属于人类社会第二阶段）和马克思所说的社会主义（属于人类社会第三阶段）混为一谈；二是没有把股份公司的经济性质搞清楚，把资本、企业的社会化等同于社会主义公有制。股份公司是资本的联合，是商品生产普遍化、价值形式充分发展的产物，它的存在是以产权独立、劳动和所有权的分离为前提的。股份公司是私有制和雇佣劳动转向社会所有制和联合劳动的过渡点，但它本身并不是社会主义公有制。从实践上讲，良苦的用心在于顺利推进国有企业的股份制改造。大量的国有企业应当改制为股份公司，但这必然导致国有企业的部分退出和非国有资本的部分进入（国际社会称为“私有化”），从而遇到了很大的阻力。如果把股份公司说成是社会主义公有制，既不会影响公有制为主体，也不会损及社会主义性质。但这在理论上是不科学的，也是无济于事的。我们必须明确以下两点：第一，中国特色社会主义初级阶段和马克思所说的社会主义社会处在不同的发展阶段上，研究和论证我国现阶段的经济关系不必直接从马克思的论述中寻找理论根据；第二，经济范畴和经济理论不过是对现实经济关系的抽象，绝不能为了推进改革或者适应某种需要而对马克思提出的经济范畴和理论观点作出削足适履的解释。

马克思的危机理论没有过时*

马克思的经济危机理论以“两个伟大发现”为基础，科学地分析和阐明了资本主义经济危机的必然性、实质、根源和后果。有的学者竟认为，“马克思并没有系统地阐述过自己的经济危机理论”。[①] 这至少是一种误解。其实，马克思的四大卷《资本论》及其手稿，在揭示资本主义经济运动规律、批判资产阶级政治经济学的同时，也在系统地考察和阐述资本主义的经济危机——危机借以产生的经济形式和一般可能性；危机的经济实质和表现形式；危机借以产生的内在矛盾和自身限制；危机带来的后果和资本主义的历史性质。其中，最集中、最精彩的部分是《资本论》第三卷第三篇第十五章和《剩余价值理论》(《资本论》第四卷)第二册第十七章。有些学者以第二次世界大战以后“情况变化”为理由，认为马克思的危机理论已经过时了，甚至怀疑或否定马克思的危机理论。为此，我们有必要重温马克思的危机理论，并以此为指导，深入分析处于不同发展道路上的市场经济发生经济危机的经济原因和特点。可以肯定的是：只要发生经济危机的经济条件仍然存在，马克思的危机理论就不会过时。

---

* 载《中国特色社会主义研究》2009 年第 3 期。

① 鲁克俭:《“文本研究”与“理论发展”的分工与互补》,《理论视野》2009 年第 4 期。

一、不同的经济体制可以发生不同类型的经济危机

长期以来，政治经济学所说的经济危机，仅仅是资本主义的经济危机。但是，实践证明，走上社会主义道路的后发展国家，无论是传统的社会主义道路，还是中国特色的社会主义道路，都有发生经济危机的可能性，从而呈现不同类型的经济危机。

马克思所考察的经济危机仅仅限于资本主义经济危机。马克思的危机理论认为，经济危机是资本主义的生产力和生产关系内在矛盾的产物；无论是在资本主义社会之前，还是在它之后，都不会发生这种经济危机。不言而喻，作为资本主义生产方式对立物的共产主义（社会主义）生产方式，不会发生经济危机。马克思的论断是正确的。不过，这里所说的“社会主义”，并不包括实践中的后发展国家社会主义。正是因为，在马克思的科学社会主义理论中，尽管探索了落后国家（特别是以土地公有为基础的落后国家）走不同发展道路的可能性，但并不认为，落后国家可以直接建立社会主义制度。

马克思所考察的经济危机，不是以比例失调为基础的危机（这种危机是资产阶级经济学家所承认的），而是资本主义生产方式特有的危机，即由资本主义生产方式本身产生出来的危机。他指出，有些部门可能生产过多，因此另一些部门则可能生产过少；所以，局部的危机可能由于生产比例失调而发生。但是生产的合乎比例，始终只是在竞争基础上生产比例失调的结果。这种生产比例失调的一般形式，既可能是固定资本的生产过剩，也可能是流动资本的生产过剩。“可是我们这里谈的，不是以生产的比例失调为基础的危机，就是说，不是以社会劳动在各生产领域之间的分配比例失调为基础的危机。”① 由于这种比例失调而引起的市场价值的提高或降低，造成资本从一个生产领域抽出并转入另一个生产领域，造成资本从一个领域向另一个领域的转移。可是，这种平衡本身已经包含着：它是

---

① 《剩余价值理论》第2册，人民出版社1975年版，第595页。

以平衡的对立面为前提的，因此它本身可能包含危机，危机本身可能成为平衡的一种形式。

马克思所考察的经济危机是资本周期循环的一个阶段。资本主义的经济危机，是以生产过剩为先导和特征性标志的经济危机，是资本周期性循环的一个阶段。在马克思那个时代，有些资产阶级经济学家承认会发生资本过剩，但否认商品过剩和生产过剩。当代不少西方经济学家承认会发生生产过剩，承认会发生衰退、萧条、低迷，承认石油危机、金融危机，但并不认为资本主义经济本身有问题，或者至多把经济危机看作是金融危机造成的结果。其实，对于经济危机的认识，最重要的是经济事实本身。马克思指出："资本主义的生产总是要经过一定的周期性循环。它要经过消沉、逐渐活跃、繁荣、生产过剩、危机和停滞等阶段。"①这就是说，资本主义的经济危机是资本周期性循环的一个阶段，起始于生产过剩，导致经济停滞和消沉。恩格斯曾经描绘了经济危机发生时的各种现象，并概括了不断反复的周期性过程。他指出，自从1825年第一次普遍危机爆发以来，整个工商业世界的生产和交换，差不多每隔十年就要出轨一次。主要表现是："交易停顿，市场盈溢，产品大量滞销积压，银根奇紧，信用停止，工厂停工，工人群众因为他们生产的生活资料过多而缺乏生活资料，破产相继发生，拍卖纷至沓来。停滞状态持续几年，生产力和产品被大量浪费和破坏，直到最后，大批积压的商品以或多或少压低了的价格卖出，生产和交换又逐渐恢复运转。……如此反复不已。"②"在危机时期，对借贷资本的需求达到了最高限度，与此同时，利息率也达到了最高限度；利润率几乎没有了，与此同时，对产业资本的需求也几乎没有了。在这个时期，每个人借钱都只是为了支付，为了结清已经欠下的债务。"③现在，经济危机的表现和过去相比，基本上是一样的；只不过，由于信息和技术条件的改善，以及跨国经营的发展，企业按订单生产成为主要的形式。因此，市场

---

① 《马克思恩格斯选集》第2卷，人民出版社1995年版，第91页。
② 《马克思恩格斯选集》第3卷，人民出版社1995年版，第626页。
③ 《资本论》第3卷，人民出版社2004年版，第580页。

盈溢和商品积压更多地为产能过剩所取代。

后发展国家社会主义也有发生经济危机的可能性。以斯大林的经济理论为代表的传统社会主义经济理论，肯定和坚持了马克思的危机理论。但是，当时并没有把两种不同历史形态的社会主义区别开来，没有把后发展国家社会主义初级阶段和共产主义社会第一阶段区别开来。因此认为，后发展国家社会主义初级阶段同样不会发生经济危机。当然，仅就特定意义的经济危机——资本主义经济危机——来说，在计划经济体制条件下，的确不会发生经济危机。但是，自从人类社会第二阶段（物的依赖关系阶段）出现了特殊的发展道路——社会主义道路——以后，在社会主义道路本身又区分为传统社会主义道路和中国特色社会主义道路以后，把资本主义经济危机看作危机的唯一形式就不符合实际了。事实上，如果我们把经济危机的具体形式、形成原因和它的经济内容区别开来，如果我们抛开危机的具体形式，那么，剩下来的经济内容就是：社会生产联系的断裂，生产和消费的对立，社会再生产的停滞和社会生产力的破坏。如果我们用危机的本质内容来衡量和判断问题，就不难得出结论，在实行计划经济体制的社会主义国家，也会发生经济危机。危机的具体表现是：劳动生产率低下，重大比例关系失调，基本产业结构扭曲，社会消费品奇缺，隐性通货膨胀严重。这种比例失调不同于商品生产普遍化条件下的比例失调，因为它不能通过市场机制、企业竞争和资本的自由转移而恢复平衡。由此造成的后果也不是产品积压、企业破产、银行倒闭、工人失业，而是生活必需品严重短缺、老百姓普遍挨饿、国家财政入不敷出、国民经济处于停滞状态，乃至处于崩溃的边缘。只要出现了这样的问题，就是发生了经济危机。不过，这是不同于资本主义经济危机的另一种形式的危机。如果进一步考察我们就会发现，在后发展国家社会主义条件下，不仅在传统的计划经济体制下会发生经济危机，在社会主义市场经济条件下也会发生经济危机。可见，在人类社会第二阶段，经济危机是不能完全避免的。只是由于发展道路不同，经济体制和经济形式不同，可以发生不同类型的经济危机。主要有三种类型：资本主义的经济危机；传统社会主义道路计划经济体制下的经济危机；中国特色社会主义道路市场经济体制下的经济危机。

从马克思主义的观点看问题，危机最终会导致资本主义生产方式被新的生产方式所代替。但是，对于资本主义生产方式和市场经济形式来说，对于人类社会第二阶段的历史任务来说，经济危机的作用并不是纯消极的。经济危机既是淘汰落后——落后的企业、落后的技术、落后的产品——的社会方式，也是挤出泡沫、揭穿假象、轻装前进的客观需要，是资本主义经济起死回生的自救机制。资本主义经济就是在反复发生的危机中发展的。

二、不同类型的经济危机以不同的经济形式为基础

上述三种不同类型的经济危机，归根到底都是由不同经济制度和生产方式的内在矛盾造成的；但是，不同的生产方式又是以不同经济形式为基础的。没有一定的经济形式作基础，任何形式的经济危机都不可能发生。这里所说的经济形式，是指实现经济联系、交换劳动及其产品以及资源配置的社会形式。所谓计划经济和市场经济，就是不同的经济形式。

经济危机的一般可能性包含在商品货币关系和资本形态变化中。马克思对于资本主义经济危机的成因作了不同层次的分析。他认为，经济危机的根源是资本主义生产方式的基本矛盾和内在限制。但是，一方面，资本和资本主义生产方式是建立在商品、货币、价值形式的基础之上的；另一方面，这些经济形式本身就包含一系列内在矛盾，从而包含了危机的一般可能性。马克思指出，“商品内在的使用价值和价值的对立，私人劳动同时必须表现为直接社会劳动的对立，特殊的具体的劳动同时只是当作抽象的一般的劳动的对立，物的人格化和人格的物化的对立，——这种内在的矛盾在商品形态变化的对立中取得发展了的运动形式。因此，这些形式包含着危机的可能性，但仅仅是可能性。”[①] “危机的一般可能性在资本的形态

① 《资本论》第1卷，人民出版社2004年版，第135页。

变化过程本身就存在，并且是双重的。如果货币执行流通手段的职能，危机的可能性就包含在买和卖的分离中。如果货币执行支付手段的职能，货币在两个不同的时刻分别起价值尺度和价值实现的作用，——危机的可能性就包含在这两个时刻的分离中。”仅仅因为一些商品生产者在一定的时间内只卖不买，另外一些商品生产者的商品就卖不出去；仅仅由于有些债务人不能支付到期的债务，信用链条就会中断，就会影响到债权人的资本周转和再生产。于是危机就会发生。“危机就是强制地使已经独立的因素恢复统一，并且强制地使实质上统一的因素变为独立的东西。”[①]但是，危机的一般可能性还不是危机的原因。现实危机只能从资本主义生产的现实运动、竞争和信用中引出。不言而喻，如果不采取商品、货币、价值形式，也就不会发生资本主义的经济危机。但这些经济形式本身只是经济危机的基础和载体，而不是经济根源；简单商品生产不会发生经济危机。

传统计划经济体制下的危机以国家垄断和行政控制为基础。在传统的计划经济体制下，商品交换主要存在于国家和城乡集体经济单位之间，其中主要是国有企业生产的工业品和农业合作社生产的农产品之间的交换。在其他场合，形式上的货币执行的是近似劳动券的职能，以这种货币为媒介的交换并不是真正的商品交换，而是公有制经济内部分配关系的延伸。即使在商品交换的场合，价格也不是完全由价值决定和供求关系调节的。既然计划经济体制不是以商品、货币、价值形式为基础，那么，它也就不会发生资本主义的经济危机。但是，这种经济体制是以国家垄断和以行政手段配置资源为基础的，只要国家的指导方针和经济政策违背了客观经济规律，同样会发生经济危机。本来，刚刚走上社会主义道路的落后国家，不具备实行计划经济的条件；不仅不具备信息和技术条件，也不具备共同利益关系条件。所谓的计划经济不过是在特殊条件下任何国家都可以实行的国家垄断和行政控制。如果主观意志违背了客观规律——为了使我国更符合社会主义的概念而不断提高公有化的程度，为了显示“社会主

---

① 《剩余价值理论》第2册，人民出版社1975年版，第586－587页。

义制度的优越性”而以速度为中心，为了提高经济增长的速度而长期实行低工资、低收入、低消费、高积累、国民收入分配过度向工业和城市倾斜的政策，那么，经济危机就是不可避免的了。可见，计划经济体制下的经济危机，不是以本来意义的计划经济为基础，而是以国家垄断和行政控制为基础（虽然国家垄断和行政控制并不必然导致经济危机，就像商品生产和价值形式并不必然导致经济危机一样）。如果说第一种形式的经济危机以商品生产的自然规律为基础，那么，第二种形式的经济危机则是以违背这种自然规律为基础。这种形式的经济危机，并不包括在马克思的危机理论中，但包括在马克思的广义的经济危机理论中。如果生产关系显著地不适应生产力的要求，就会发生经济危机。

社会主义市场经济条件下的危机以双重关系为基础。在社会主义市场经济条件下，也和一般的市场经济一样，商品、货币、价值形式是既定的前提和基础，而且它们同样采取了资本的运动形式，遵循资本的运动规律。因此，不仅同样存在发生经济危机的一般可能性，而且存在发生第一种类型经济危机的现实条件。因此，后面马克思关于经济危机根源的论述，在一定程度上也适合于社会主义市场经济。除此之外，只要计划经济时代形成的以速度为中心的发展方式没有发生根本性的转变，只要非科学发展方式借以产生的体制基础没有发生根本转变，经济危机的发生就不仅仅同商品、货币、价值形式有关，不仅同资本的运动形式有关，而且同违背经济规律的行为和非科学发展的体制基础有关（关于这一点，留待后面作进一步的分析）。因此，社会主义市场经济条件下的经济危机，以双重经济关系为基础。

三、经济危机是资本主义生产方式的矛盾和限制造成的

如前所说，资本主义的经济危机以商品、货币、价值形式为基础，但只有在资本主义的商品生产条件下，经济危机的可能性才会变为现实。马

克思认为，资本主义的经济危机根源于资本主义生产方式的基本矛盾。

经济危机是生产关系同生产力不相适应的表现。在马克思之前，小资产阶级经济学家西斯蒙第就深刻地感觉到，资本主义生产是自相矛盾的：一方面，它的形式（即它的生产关系）促使生产力和财富不受拘束地发展；另一方面，这种关系又受到一定条件的限制，生产力愈发展，这种关系所固有的使用价值和交换价值、商品和货币、买和卖、生产和消费、资本和雇佣劳动等等之间的矛盾就愈扩大。“他特别感觉到了这样一个基本矛盾：一方面是生产力的无限制的发展和财富的增加——同时财富由商品构成并且必须转化为货币；另一方面，作为前一方面的基础，生产者群众却局限在生活必需品的范围内。因此，在西斯蒙第看来，危机并不象李嘉图所认为的那样是偶然的，而是内在矛盾的广泛的定期的根本爆发。”[①]西斯蒙第的见解是正确的，但他没有提出解决问题的科学思路。他经常迟疑不决的是：是国家应该控制生产力，使之适应生产关系，还是应该控制生产关系，使之适应生产力呢？在这个问题上，他或者力图把社会拉向倒退；或者企图通过调节收入分配的办法来制服矛盾。

马克思指出，资本本身在其历史发展中所造成的生产力的发展，在达到一定点以后，就会不是造成而是消除资本的自行增殖。超过一定点，生产力的发展就变成对资本的一种限制，资本关系就变成对劳动生产力发展的一种限制。“社会的生产发展同它的现存的生产关系之间日益增长的不相适应，通过尖锐的矛盾、危机、痉挛表现出来。”[②]资本主义生产方式在对立的形式上扬弃了私有财产和私人劳动，而且形成了世界市场。“在资本主义生产方式内发展着的、与人口相比惊人巨大的生产力，以及虽然不是与此按同一比例的、比人口增加快得多的资本价值（不仅是它的物质实体）的增加，同这个惊人巨大的生产力为之服务的、与财富的增长相比变得越来越狭小的基础相矛盾，同这个不断膨胀的资本的价值增殖的条件相

① 《剩余价值理论》第 3 册，人民出版社 1975 年版，第 55 页。
② 《马克思恩格斯全集》第 46 卷（下册），人民出版社 1980 年版，第 268 页。

矛盾。危机就是这样发生的。”[①] 总之，“资产阶级生产的一切矛盾，在普遍的世界市场危机中集中地暴露出来，而在局部的（按内容和范围来说是局部的）危机中只是分散地、孤立地、片面地暴露出来。”[②]

经济危机是资本和劳动两种对抗因素发生冲突的周期性表现。马克思指出，在资本主义生产方式中，资本和劳动这两种互相对抗的因素同时发生互相对抗的作用。这些不同的影响，时而主要在空间上并行地发生作用，时而主要在时间上相继地发生作用。“各种互相对抗的因素之间的冲突周期性地在危机中表现出来。危机永远只是现有矛盾的暂时的暴力的解决，永远只是使已经破坏的平衡得到瞬间恢复的暴力的爆发。”[③]

经济危机基于资本主义生产的目的和手段的矛盾。马克思指出，资本主义生产方式的矛盾在于：一方面，资本主义生产方式包含着绝对发展生产力的趋势，而不管价值及其中包含的剩余价值如何，也不管资本主义生产借以进行的社会关系如何；而另一方面，它的目的是保存现有资本价值和最大限度地增殖资本价值。它的独特性质是，把现有的资本价值用作最大可能地增殖这个价值的手段；而它用来达到这个目的的方法却包含着：降低利润率，使现有资本贬值，靠牺牲已经生产出来的生产力来发展劳动生产力。[④]

经济危机根源于生产力和消费关系的狭隘基础的矛盾。马克思指出：“进行直接剥削的条件和实现这种剥削的条件，不是一回事。二者不仅在时间和地点上是分开的，而且在概念上也是分开的。前者只受社会生产力的限制，后者受不同生产部门的比例关系和社会消费力的限制。”但是，首先，社会消费力既不是取决于绝对的生产力，也不是取决于绝对的消费力，而是取决于以对抗性的分配关系为基础的消费力；这种分配关系，使社会上大多数人的消费缩小到只能在相当狭小的界限以内变动的最低限

① 《资本论》第 3 卷，人民出版社 2004 年版，第 296 页。
② 《剩余价值理论》第 2 册，人民出版社 1975 年版，第 610 页。
③ 《资本论》第 3 卷，人民出版社 2004 年版，第 277 页。
④ 《资本论》第 3 卷，人民出版社 2004 年版，第 278 页。

度。其次，这个社会消费力还受到追求积累的欲望、扩大资本和扩大剩余价值生产规模的欲望的限制。这是资本主义生产的规律，它是由生产方法本身的不断革命，由总是和这种革命联系在一起的现有资本的贬值，由普遍的竞争斗争以及仅仅为了保存自身和避免灭亡而改进生产和扩大生产规模的必要性决定的。“生产力越发展，它就越和消费关系的狭隘基础发生冲突。”① “一切现实的危机的最后原因，总是群众的贫穷和他们的消费受到限制，而与此相对比的是，资本主义生产竭力发展生产力，好像只有社会的绝对的消费能力才是生产力发展的界限。”② “生产过剩的起因恰好在于：人民群众所消费的东西，永远也不可能大于必要生活资料的平均数量，因此人民群众的消费不是随着劳动生产率的提高而相应的增长。”③

生产力绝对发展和资本关系的冲突必然导致生产相对过剩。马克思指出，所有否认显而易见的生产过剩现象的意见，都可以归结为一点，就是否认这种独特的资本主义生产方式对生产力发展的限制。但是，“这种资本主义生产方式的矛盾正好在于它的这种趋势：使生产力绝对发展，而这种发展和资本在其中运动、并且只能在其中运动的独特的生产条件不断发生冲突”。生活资料和现有的人口相比不是生产得太多了，而是相反。要使大量人口能够体面地、像人一样地生活，生活资料还是生产得太少了。同样，对于人口中有劳动能力的那部分人的就业来说，生产资料生产得不是太多了，而是相反。“要使劳动资料和生活资料作为按一定的利润率剥削工人的手段起作用，劳动资料和生活资料就周期地生产得太多了。”“不是财富生产得太多了。而是资本主义的、对立的形式上的财富，周期地生产得太多了。”④ “资本的生产过剩无非是，为了发财而生产的东西过多了，或者说，不是用作收入进行消费，而是用来获得盈利、进行积累的那部分产品太多了”；这部分产品不是用来满足它的所有者的私人需要，而是用

① 《资本论》第3卷，人民出版社2004年版，第272－273页。
② 《资本论》第3卷，人民出版社2004年版，第548页。
③ 《剩余价值理论》第2册，人民出版社1975年版，第535页。
④ 《资本论》第3卷，人民出版社2004年版，第286－287页。

来为它的所有者提供抽象的社会财富即货币，提供更大的支配别人劳动的权力——资本，或者说，扩大这个权力。生产过剩“是以资本的一般生产规律为条件：按照生产力的发展程度（也就是按照用一定量资本剥削最大量劳动的可能性）进行生产，而不考虑市场的现有界限或有支付能力的需要的现有界限”。[①]

对世界市场和对外贸易的依赖包含着危机的可能性。马克思指出，如果剩余产品的实物形式只能用于不变资本，或者相反，不能用于不变资本，那么，就会出现不变资本或者不能进入不变资本的流动资本的生产过剩。但是，“通过对外贸易，某国内以原料、半成品、辅助材料和机器形式存在的剩余产品部分，可以转化为别国中以［个人］消费品形式存在的剩余产品形式。因此，对外贸易消除了这种限制。所以，对外贸易是资本主义生产所必需的，因为这种生产是按照本身的生产资料的规模行事的，而不问某一定需要的满足情况如何”。交换价值对生产的统治，在单个人面前表现为这样：他的生产既不以他自己的需要为根据，也不直接满足他自己的需要；他生产的商品只有转化为货币以后，才能转化为他本人的使用价值。但是，“整个国家的生产既不是用它的直接需要，也不是用扩大生产所必需的各种生产要素的分配来衡量。因此，再生产过程并不取决于同一国家内相互适应的等价物的生产，而是取决于这些等价物在别国市场上的生产，取决于世界市场吸收这些等价物的力量和取决于世界市场的扩大。这样，就产生了越来越大的失调的可能性，从而也就是危机的可能性”。[②]

资本周转的周期是周期性经济危机的物质基础。经济危机的周期性与固定资本的周期性更新有关，但仅仅是它的物质基础。马克思指出，“有一点是很清楚的：这种由一些互相连结的周转组成的长达若干年的周期（资本被它的固定组成部分束缚在这种周期之内），为周期性的危机造成

---

① 《剩余价值理论》第2册，人民出版社1975年版，第610页。
② 《马克思恩格斯全集》第48卷，人民出版社1985年版，第147页。

了物质基础。在周期性的危机中，营业要依次通过松弛、中等活跃、急剧上升和危机这几个时期。虽然资本投入的那段期间是极不相同和极不一致的，但危机总是大规模新投资的起点。因此，就整个社会考察，危机又或多或少地是下一个周转周期的新的物质基础。”[①]

四、商人资本和信用制度是加剧经济危机的重要因素

从发生第一次经济危机以来的所有经济危机，都是世界性的，至少是主要市场经济国家互相联系地同时发生的。之所以如此，是因为商人资本和信用制度是导致经济危机的两个重要因素和经济杠杆。

商人资本独立运动所创造的虚假需求和繁荣导致经济危机。马克思指出，由于再生产过程中的商品资本独立化为商人资本或商业资本，因此，“除了由于商品性质造成的 W—G 和 G—W（W 和 G 分别代表商品和货币 —— 引者注）的分离以外，这里将会创造出一种虚假的需求。尽管商人资本的运动独立化了，它始终只是产业资本在流通领域内的运动。但是，由于商人资本的独立化，它的运动在一定界限内就不受再生产过程的限制，因此，甚至还会驱使再生产过程越出它的各种限制。内部的依赖性和外部的独立性会使商人资本达到这样一点：内部联系要通过暴力即通过一次危机来恢复”。在某一个看不见的点上，商品堆起来卖不出去了；或者是一切生产者和中间商人的存货逐渐变得过多了。这时，强制拍卖，为支付而进行的出售开始了。于是崩溃爆发了，它一下子就结束了虚假的繁荣。[②] 商人资本在创造虚假的需求的同时，也创造虚假的繁荣。商品资本 W’一旦卖出，转化为货币，就可以再转化为劳动过程的再生产过程的各种现实因素。因此，W’是由最后的消费者购买，还是由想转卖的商人购

① 《资本论》第 2 卷，人民出版社 2004 年版，第 207 页。
② 《资本论》第 3 卷，人民出版社 2004 年版，第 339—340 页。

买，这都没有什么直接的影响。资本主义生产所生产出的商品量的多少，取决于这种生产的规模和不断扩大生产规模的需要，而不取决于需求和供给、待满足的需要的预定范围。“在大量生产中，直接购买者除了别的产业资本家外，只能是大商人。在一定的界限内，尽管再生产过程生产出的商品还没有实际进入个人消费或生产消费，再生产过程还可以按相同的或扩大的规模进行。商品的消费不进入这个商品从中出来的资本循环。……产品只要卖出，在资本主义生产者看来，一切就都正常。他所代表的资本价值的循环就不会中断。”随着资本再生产过程的扩大，不仅生产资料的生产消费会扩大，工人的个人消费也可能扩大。这样，剩余价值的生产，从而资本家的个人消费，可以增长起来。“整个再生产过程可以处在非常繁荣的状态中，但商品的一大部分只是表面上进入消费，实际上是堆积在转卖者的手中没有卖掉，事实上仍然留在市场上。这时，商品的潮流一浪一浪涌来，最后终于发现，以前涌入的潮流只是表面上被消费吞没。商品资本在市场上互相争夺位置。后涌入的商品，为了卖掉只好降低价格出售。以前涌入的商品还没有变成现金，支付期限却已经到来。商品持有者不得不宣告无力支付，或者为了支付不得不给价就卖。这种出售同需求的实际状况绝对无关。同它有关的，只是支付的需求，只是把商品转化为货币的绝对必要。于是危机爆发了。它不是表现在消费需求，即个人消费需求的直接缩减上，而是表现在资本对资本的交换，即资本再生产过程的缩减上。”① 诚然，商人资本本身不会单独制造经济危机，甚至在一定限度内，还会推迟危机爆发的时间，掩盖已经存在的危机。但是，商人资本可以加剧生产过剩的程度，扩大生产过剩的范围，可以把较小的周期较短的危机积累为较大的周期较长的危机。

信用制度是突破资本内在限制加剧经济危机的重要杠杆。资本主义的生产力，总是受到资本积累和集中（积聚）程度的限制；商品的销售状况总是受到货币资本的规模和流动性的限制；消费者的消费能力总是受到有

---

① 《资本论》第2卷，人民出版社2004年版，第89页。

货币支付能力的购买力的限制。但是，在一定限度内，商业信用可以突破这些限制。马克思指出，“在生产过剩、信用制度等上，资本主义生产力图突破它本身的界限，超过自己的限度进行生产。一方面，它有这种冲动；另一方面，它只能忍受与有利润地使用现有资本相适应的生产。由此就产生了危机，它同时不断驱使资本主义生产突破自己的界限，迫使资本主义生产飞速地达到——就生产力的发展来说——它在自己的界限内只能非常缓慢地达到的水平”。① “如果说信用制度表现为生产过剩和商业过度投机的主要杠杆，那只是因为按性质来说具有弹性的再生产过程，在这里被强化到了极限。”它所以会被强化，是因为很大一部分社会资本为社会资本的非所有者（股份公司的职业经理）使用，这种人办起事来和那种亲自执行职能、小心谨慎地权衡私人资本的界限的所有者完全不同。这不过表明：“建立在资本主义生产的对立性质基础上的资本增殖，只容许现实的自由的发展达到一定的限度，因而，它事实上为生产造成了一种内在的、但会不断被信用制度打破的束缚和限制。因此，信用制度加速了生产力的物质上的发展和世界市场的形成；使这二者作为新生产形式的物质基础发展到一定的高度，是资本主义生产方式的历史使命。同时，信用加速了这种矛盾的暴力的爆发，即危机，因而促进了旧生产方式解体的各要素。”②

五、信用危机和货币危机不过是经济危机的表现

如前所说，经济危机的实质是，相对于由资本主义生产方式和分配方式所决定的就业状况和消费能力来说，生产能力太大了，生产的东西太多了，即所谓生产相对过剩。但是，生产过剩不在社会表面上，而且只是事后才被发现。因此，经济危机差不多总是首先表现为信用危机和货币危

① 《剩余价值理论》第3册，人民出版社1975年版，第130页。
② 《资本论》第3卷，人民出版社2004年版，第500页。

机。但是，它们只是经济危机的表面现象。

信用制度不仅孕育危机而且加剧已经发生的危机。本来，消费能力是产业资本再生产的界限。但是，信用制度（包括虚假信用）不仅可以使产业资本最大限度地突破这一界限，而且还可以扩大消费本身的界限。“信用的最大限度，等于产业资本的最充分的运用，也就是等于产业资本的再生产能力不顾消费界限而达到极度紧张。这些消费界限也会因再生产过程本身的紧张而扩大：一方面这种紧张会增加工人和资本家收入的消费，另一方面这种紧张和生产消费的紧张是一回事。”但是，“只要再生产过程的这种扩大受到破坏，或者哪怕是再生产过程的正常紧张状态受到破坏，信用就会减少。通过信用来获得商品就比较困难。要求现金支付，对赊售小心谨慎，是产业周期中紧接着崩溃之后的那个阶段所特有的现象。”于是，危机发生了。在危机中，因为每个人都要卖而卖不出去，但是为了支付，又必须设法卖出去，所以，正是在这个信用最缺乏（并且就银行家的信用来说，贴现率也最高）的时刻，不是闲置的寻找出路的资本，而是滞留在自身的再生产过程内的资本的数量也最大。这时，由于再生产过程的停滞，已经投入的资本实际上大量地闲置不用。工厂停工，原料堆积，制成的产品作为商品充斥市场。这时候，不是缺乏生产资本，而是生产资本过剩了。无论是就正常的、但是暂时紧缩的再生产规模来说，还是就已经萎缩的消费来说，都是如此。①

经济危机一旦发生，与现实危机相独立的货币危机不可避免。马克思指出：“在危机时期，对借贷资本的需求达到了最高限度，与此同时，利息率也达到了最高限度；利润率几乎没有了，与此同时，对产业资本的需求也几乎没有了。在这个时期，每个人借钱都只是为了支付，为了结清已经欠下的债务。”②“一旦劳动的社会性质表现为商品的货币存在，从而表现为一个处于现实生产之外的东西，货币危机——与现实危机相独立的货币危机，或作为现实危机尖锐化表现的货币危机——就是不可避免

① 《资本论》第3卷，人民出版社2004年版，第546－547页。
② 《资本论》第3卷，人民出版社2004年版，第580页。

的。另一方面很清楚，只要一个银行的信用没有动摇，这个银行在这样的情况下通过增加信用货币就会缓和恐慌，但通过收缩信用货币就会加剧恐慌。”[①]但是，这并不意味着一定要求用金属货币来结算。全部现代产业史都表明，如果国内的生产已经组织起来，国内就不再需要使用金属货币了；只有当国际贸易平衡暂时遭到破坏时，才要求用金属来结算国际贸易。

现实买卖的扩大远远超过社会需要的限度是信用危机和货币危机的基础。马克思指出：“在再生产过程的全部联系都是以信用制度为基础的生产制度中，只要信用突然停止，只要现金支付才有效，危机显然就会发生，对支付手段的激烈追求必然会出现。所以乍看起来，好像整个危机只表现为信用危机和货币危机。而且，事实上问题只是在于汇票能否兑换为货币。但是这种汇票多数是代表现实买卖的，而这种现实买卖的扩大远远超过社会需要的限度这一事实，归根到底是整个危机的基础。不过，除此以外，这种汇票中也有惊人巨大的数额，代表那种现在已经败露和垮台的纯粹投机营业；其次，代表利用别人的资本进行的已告失败的投机；最后，还代表已经跌价或根本卖不出去的商品资本，或者永远不会实现的资本回流。这种强行扩大再生产过程的全部人为体系，当然不会因为有一家像英格兰银行这样的银行，用它的纸券，给一切投机者以他们所缺少的资本，并把全部已经跌价的商品按原来的名义价值购买进来，就可以医治好。”[②]既然如此，所有放松银根、增加货币供给、扩大贷款规模的做法，都只是治标不治本。

六、当前的金融危机是经济关系扭曲和金融制度畸变的结果

资本主义生产在其不断发展中，必然地会发生一定的变化，但是，资本主义生产方式本身并没有发生根本的变化。因此，马克思的危机理论没

① 《资本论》第3卷，人民出版社2004年版，第585页。
② 《资本论》第3卷，人民出版社2004年版，第555页。

有过时。不过，对当前发生的全球金融危机进行深度分析就会发现，资本主义的经济危机表现出一定新的特点。这些新的特点不过是资本关系极度扭曲、金融制度和货币体系严重畸变的结果。

马克思的危机理论没有过时。无论是从理论上讲，还是从实践上看，马克思的危机理论都没有过时。从理论上讲，到目前为止，尽管发达国家在生产力的要素结构、资本的组织形式、经济的全球化程度、国家参与社会经济的方式等方面发生了许多显著的变化，但资本主义生产方式的基本特征——资本和雇佣劳动的关系；以剩余价值为直接目的——没有发生根本的变化；资本主义生产的内在矛盾和自身限制并没有缓解和弱化，有时候反而更加强化和尖锐化了。这就更加说明了马克思的危机理论的正确性。从实践上讲，世界上所有的工业化国家和新兴工业化国家，都在魔法般地生产数量庞大的商品，都力图把国内远远吸收不了的商品推向国际市场，都在为了争夺市场份额和发现新的市场而到处奔波；但是另一方面，这些国家工人阶级和劳动大众的劳动报酬，始终跟不上劳动生产率的提高，大多保持在维持劳动力再生产的水平上，对他们之中的大多数人来说，享受资料和发展资料仍然是可望而不可即的奢侈品。不仅如此，随着技术构成和资本有机构成的不断提高，失业率一直保持在较高的水平上。不仅从事简单劳动的劳动者会失业，白领工人和具有高学历的毕业生也会被抛入失业大军。这里凸显了生产目的和实现手段、生产能力和消费能力、资本和劳动、生产力和生产关系之间的矛盾和冲突。2008 年突如其来爆发的全球金融危机，就是这些矛盾持续积累的结果。正因为马克思的危机理论没有过时，在百年一遇的经济危机发生以后，人们自然而然地想到了马克思和他的理论遗产《资本论》。诚然，二战以后经济危机的表现形式和严重程度确有一些变化，但是，这并不是因为发生经济危机的经济条件已经不存在了，也不是因为马克思的危机理论失灵了，而是因为：一方面，发达国家高收入阶层（包括资产阶级化了的无产阶级）的高消费、奢侈消费、借贷消费和社会保障制度的完善等等，使居民消费占国内生产总值的比重有所提高；而进入和平发展时期的落后国家，也开始大量购买发达国家先进的产品和技术，从而部分地减低了发达国家生产过剩的压力。另一方面，发达国家和新兴工业化国家普遍地连续实施扩张性的财政政策和货币政策，以政府的需求部分地代替居民的需求，以货币供给造成的虚假购买力部分地代替居民消费力的不足。这样一来，周期性的经济危机就变成了持续的高位运行和表面上的繁荣。但是，这不过是早该发生的轻度危机变成延后发生的重度危机，把有规律性的危机变成规律不明显的危机，把本来是自然发生的危机变成了人为干预下的危机。

当前爆发的全球金融危机本质上是世界性的经济危机。流行的看法是，这一次危机是金融危机；只是当金融危机影响和波及企业和产业时才表现为经济危机。这不仅颠倒了因果关系，而且把表面现象当成了本质。以美国次贷危机为导火线的经济危机，表面上看是单纯的金融问题，好像只是金融机构债权不能收回、造成大量不良资产、银行发生支付危机、金融机构之间拆借困难、银行面临破产境地、一家银行的破产殃及作为债权人的其他银行和企业等；但是，金融危机的背后则是经济危机。是经济危机导致金融危机，而不是金融危机引起经济危机。其实，就是一百年以前发生的经济危机，也是从流通领域和信用关系上表现出来，表面上总是表现为信用危机和货币危机。但是，并不因此就否定经济危机，或者颠倒经济危机和金融危机之间的关系。当然，金融危机毕竟有它的相对独立性；危机一旦发生，银根一旦全面缩紧，就很快从两方面反作用于企业和产业：一方面是购买力的普遍降低；一方面是流动资本的缺乏。而由此造成的失业率的上升，又会进一步降低购买力。美国次贷危机的背景是：生产相对过剩从而生产和消费的内在矛盾越来越具有世界性质，发达国家和新兴工业化国家都竭力把这种内在矛盾推向国际市场和国际社会；美国表面上是为了改善中低收入家庭的住房问题，而实际上是把房地产业作为扩大内需和拉动经济增长的支柱产业；为了扩大普通居民对住房的购买力，而向他们提供具有很大风险的购房贷款——次级贷款；次级贷款形成的不良资产被包装捆绑成优良资产向全世界出售，以致造成国际性的金融隐患；一旦大量次级贷款不能收回，潜在的金融危机就浮上水面了。可见，正如有的学者正确地指出的那样，"美国次贷危机具有内生性，而金融监管的弱化和宏观调控政策的失误只是加速该危机发生的外生因素"。不过，尽管利润率下降的趋势是对资本主义生产的威胁，但内生的根本性因素，不能归结为"经济增长进程中长期资本边际效率递减的周期性规律"，[①] 而是生产的相对过剩，而生产相对过剩的经济根源则是资本主义生产方式的内在矛盾和自身限制。

当前发生的全球金融危机有其过去少有或没有的特殊原因。如果说资本主义生产方式的内在矛盾和自身限制是发生经济危机的根本原因的话，那么，这一次全球金融危机毕竟有它的特殊原因。这就是：第二次世界大战以后，西方国家的市场经济关系发生了严重扭曲，金融制度和货币体系发生了一系列畸变。主要的是：（1）真正的货币（贵金属，主要是黄金）被单纯的价值符号（纸币）所取代，纸币的发行完全变成了任意的事情，变成了政府和货币当局的政策偏好和主观意志；（2）同样是纸币的美元成为最主要的国际储备货币，对美国来说，美元既是本币，又是国际储备货币；（3）作为国际货币的外汇储备以双重的身份存在：一方面以国际货币的形式存在于国际市场，另一方面以外汇占款的形式存在于国内市场，它们都同时执行货币的职能，从而形成双倍的购买力；（4）以信用制度和股份公司为基础的虚拟资本不仅无限扩张，不仅形成越来越庞大的虚假资本，而且越来越成为现实资本的主宰者，二者的关系被颠倒了；（5）金融市场上的金融衍生产品层出不穷和花样翻新，不仅可以发挥四两拨千斤的杠杆效应，而且可以成为纯粹投机和诈骗的工具，从而孕育和掩盖了巨大的金融风险；（6）没有实际交换价值（价值物）作抵押的信用贷款越来越多，可以形成规模巨大的虚假购买力和投资力；（7）长期实施以凯恩斯的宏观经济理论为依据的扩张性的经济政策，以货币供给和政府需求代替居民的

---

① 李江涛：《美国次贷危机的内生性及其对中国经济的影响》，《国家行政学院学报》2009年第2期。

消费需求，使经济增长越来越同最终的消费需求相脱离；（8）全球的金融管理完全操纵在几个发达国家手里，特别是美国手里，而主要权力掌握在华尔街的大亨和高参手里；等等。所有这些特殊原因都包含在资本关系之中，因而都不是对马克思的危机理论的否定，而是这一理论在实践中的展开和延伸。这种扭曲和畸变总的来说是资本主义生产方式发展演变的结果，但是不容忽视的是，人格化的资本和人格化资本的代理人也起了很大的作用。因此，在寻找危机原因的时候，人们把矛头指向西方国家、特别是美国经济制度和经济政策的制定者们，不是没有道理的。正因为如此，如果说根源于资本主义生产方式本身的经济危机是不可避免的话，那么，由市场经济关系的人为扭曲和金融货币制度人为畸变造成的金融危机，在一定限度内是可以防止和避免的。防止和避免的根本途径就是，在资本主义生产方式和市场经济的框架内，恢复商品、货币、价值形式的权威，避免虚假货币、空头信用、虚拟资本、诈骗工具对经济活动的干扰，建立不受个别大国操纵的新的金融秩序和经济秩序。

我国陷入经济危机之中也有其自身的特殊原因。在我国现阶段，无论是相对孤立发生的经济危机，还是受到国际金融危机的冲击，都有自身的原因。相对孤立发生的经济危机，主要是由我国特殊的原因造成的，都是我国所处的发展阶段、现行发展方式和经济体制的产物。这种经济危机都是从全国性的投资过热开始的，都得到了政府机构的极大推动和金融系统的极大支持。投资过热进而转化为经济过热，房地产价格和股市指数成为过热的主要晴雨表。经济过热总是导致乱占耕地、环境恶化、资源紧缺、通货膨胀，经济泡沫越来越多。抑制经济过热的力量和支撑经济过热的力量严重不成比例。能够抑制这种过热的主要力量，一方面来自广大居民对物价上涨、货币贬值怨声载道的压力，另一方面来自自然界和自然规律对我们的惩罚。但是，抑制经济过热同样会支付可观的代价。在中央政府不得不进行宏观调控、采取适度从紧的经济政策时，又会造成产能过剩、房地产价格和股市低迷、失业率上升、银行不良资产增加、财政收入减少，等等。因此，总是遭到不少地方政府、信贷银行、房地产开发商、利益集团、过热受益者的反对和抵制。结果，每一次宏观调控都难以使经济运行恢复正常，从而变成持续的带病运行，即所谓“高位运行”。无论是处于膨胀阶段，还是处在收缩阶段，经济运行都处于不正常状态。生产过剩迫使企业竭力扩大外国市场，对外依存度越来越大。但是，只要国际社会没有爆发严重的经济危机，“高位运行”状态就可以持续下去。问题是，如果正当实施从紧的经济政策时发生了国际金融危机（1998 年和 2008 年都是如此），一瞬间出口大量减少，以至于内部从紧的效应和外部冲击的作用叠加在一起，那么，外向型产业就会首当其冲地陷入困境，进而传导到经济链条的其他企业和产业。因此，我国受国际金融危机冲击的程度，不仅取决于这一危机本身严重的程度，而且取决于我国自身的特殊原因。我国的“投资饥饿症”和经济过热的发生，有其深刻的认识根源和体制根源。在认识方面，我们把社会主义制度的优越性归结为高速增长，而不是以科技创新和科学管理为基础的劳动生产率的提高，因此，以速度为中心的非科学发展方式在我国长期处于支配地位，所有的经济政策——国民收入分配政策，资源配置政策，投资政策，基本产业政策，城乡政策，调控政策，等等——几乎都是以速度为转移的。在体制方面，基本问题是政府在市场经济中的角色定位不合理，政府机构本身越来越具有特殊的经济利益；而政府不合理的定位总是和社会主义初级阶段不准确的历史定位密切相关。因此，要避免再度发生严重的经济危机，减低外部金融危机对我国的冲击，就必须实现经济体制和发展方式的根本性转变。在当前，以扩张性的经济政策扩大国内需求是必要的；但是我们必须瞻前顾后，政策力度必须适当，必须作成果和代价、投入和产出的比较，尤其不能为了摆脱眼前的困境而“病急乱投医”，以致给以后带来更多的问题困难。

文稿片断

如何认识当前的经济形势

判断是否走出危机、是否走出经济周期的谷底，是否开始复苏，主要以什么作标志？人们一般看重的是投资、工业生产、国内生产总值的增长率、失业率以及股市的状态。这无疑是正确的。为此，我们必须搞清楚经济危机是怎样产生的。这一次全球金融危机本质上是经济危机，是资本主义生产方式和市场经济形式内在矛盾不断积累和发展的必然结果。但危机的形成有不同层次的原因：首先，抛开计划经济体制下特殊类型的危机不论，经济危机的一般可能性来自商品、货币和价值形式的内在矛盾。只有在这种经济形式中，才会发生买和卖不平衡、到期不能支付货款的问题；只有这种经济形式才构成资本主义生产方式的前提和基础。其次，经济危机的一般经济基础是资本主义生产方式的内在矛盾——目的和手段的矛盾，即以剩余价值或利润为直接目的同以提高劳动生产率为手段的矛盾；生产力的无限扩张能力和消费能力被生产关系限制在狭小范围的矛盾。再次，经济危机的广度和深度同信用制度、商业资本的独立化和经济全球化发展的程度密切相关。信用制度和银行体系，以及由此产生的虚拟资本、金融衍生工具，一方面把生产能力扩大到极点，另一方面制造虚假需求和虚假繁荣。信用制度是生产过剩和商业过度投机的主要杠杆，而商业资本的独立化不断创造虚假的需求。市场经济关系的扭曲和金融体系货币制度的畸变，也是以信用制度为基础的。最后，政府持续不断的扩张性经济政策，起到了推波助澜和掩盖矛盾的作用。

载《中国特色社会主义研究》2009年第3期

马克思的虚拟资本理论仍有重要的现实意义*

自从当前这次百年一遇的全球金融危机爆发以来，“实体经济”和“虚拟经济”便成为两个热门概念。实体经济是指现实的经济体系和经济运动本身；而虚拟经济不过是虚拟资本的独立运动。在现代市场经济条件下，由于生产要素采取了资本的形式，现实经济的运动便采取了资本运动的形式。因此，考察现实经济就必须考察资本的运动。但是，在发达的信用制度条件下，在借贷关系和金融活动的形式上，进而在当事人的意识中，在实际资本之外产生了虚拟资本。因此，实体经济和虚拟经济的关系，本质上是实际资本和虚拟资本的关系。为此，我们有必要搞清楚：什么是虚拟资本，虚拟资本产生和存在的经济条件是什么，虚拟资本对现实资本可以发生什么样的作用和影响，我们应当如何对待虚拟资本？到目前为止，资产阶级政治经济学始终未能科学说明虚拟资本这个范畴。真正比较系统地考察和科学地说明了“虚拟资本”这个范畴的是马克思。① 为此，我们需要重温马克思的虚拟资本理论。

---

* 载《经济纵横》2009 年第 12 期。

① 马克思在《资本论》第 3 卷的“生息资本”部分，专门考察了虚拟资本。相关的章节主要是：“信用和虚拟资本”“银行资本的组成部分”“货币资本和现实资本”“信用制度下的流通手段”。此外，在《资本论》手稿（资本的流通过程）和《剩余价值理论》（危机理论）中，也曾经谈到虚拟资本。

一、考察虚拟资本的不同层次和角度

“虚拟资本”实际上是“虚拟的货币资本”的简称，起初是银行业的用语。马克思从不同层次和不同角度考察了虚拟资本。

（一）在生息资本的抽象层次上考察虚拟资本

马克思首先从生息资本的本性出发考察了虚拟资本。生息资本不同于产业资本。生息资本是这样一种资本，它不经过生产过程和任何中间环节，就可以使一定的价值额增殖。在生息资本的场合，货币作为特别的商品变成了资本。这里所发生的是借贷关系，而不是买卖关系。因此，生息资本也就是借贷资本。生息资本所强调的是资本运动的出发点和落脚点；借贷资本所强调的是经济关系的借贷性质。马克思指出，“生息资本的形式造成这样的结果：每一个确定的和有规则的货币收入都表现为一个资本的利息，而不论这种收入是不是由一个资本生出。货币收入首先转化为利息，有了利息，然后得出产生这个货币收入的资本。同样，有了生息资本，每个价值额只要不作为收入花掉，都会表现为资本，也就是都会表现为本金，而同它能够生出的可能的或现实的利息相对立”。[①] 因此，“这总是一种纯粹幻想的观念”。马克思以国债和工资为例作了具体说明。在国债的场合，国家对借入资本每年要付给自己的债权人以一定量的利息。在这个场合，债权人不能要求债务人宣布解除契约，而只能卖掉他的债权，即他的所有权证书。资本本身已经由国家花掉了，耗费了。它已经不存在。对于国家的债权人来说，“这种资本，即把国家付款看成是自己的幼仔（利息）的资本，是幻想的虚拟的资本”。这不仅是说贷给国家的金额已经不再存在；这个金额从来不是要作为资本支出的，不是要作为资本投下的，而只有作为资本投下，它才能转化为一个自行保存的价值。“不管这种交易反复进行多少次，国债的资本仍然是纯粹的虚拟资本；一旦

① 《资本论》第 3 卷，人民出版社 2004 年版，第 526 页。

债券不能卖出，这个资本的假象就会消失。”在工资的场合，“工资被看成是利息，因而劳动力被看成是提供这种利息的资本”。资本家们思考方式的错乱在这里达到了顶点，资本的增殖不是用劳动力的被剥削来说明，相反，劳动力的生产性质却用劳动力本身是这样一种神秘的东西即生息资本来说明。马克思指出：“人们把虚拟资本的形成叫作资本化。人们把每一个有规则的会反复取得的收入按平均利息率来计算，把它算作是按这个利息率贷出的一个资本会提供的收益，这样就把这个收入资本化了；……因此，和资本的现实增殖过程的一切联系就彻底消灭干净了。资本是一个自行增殖的自动机的观念就牢固地树立起来了。”[①]可见，随着生息资本的出现，必然产生泛资本化的观念，人们必然把本来不属于资本的东西看作资本，把收入看作是资本的利息。

（二）在信用制度的一般层次上考察虚拟资本

信用制度是在借贷关系的基础上形成的。马克思在信用制度及其信用工具（信用货币）的范围内，主要考察了商业信用和银行信用。在那个时代，真正的信用货币不是以货币流通（金属货币或国家纸币）为基础，而是以票据流通为基础。而正是票据流通为虚拟资本的产生提供了基础。“随着生息资本和信用制度的发展，一切资本好像都会增加一倍，有时甚至增加两倍，因为有各种方式使同一资本，甚至同一债权在各种不同的人手里以各种不同的形式出现。这种‘货币资本’的最大部分纯粹是虚拟的。”“正如在这种信用制度下一切东西都会增加一倍和两倍，以至变为纯粹幻想的怪物一样，人们以为终究可以从里面抓到一点实在东西的‘准备金’也是如此。”[②]其表现形式主要是：一是信用膨胀。贷放作为真正的商业信用，是通过票据的贴现、不同形式的贷款（直接贷款或抵押贷款）、存款透支等方式进行的。银行家提供的信用，可以采取不同的形式：向其他银行签发汇票、支票；开立同样的信用账户；拥有钞票发行权的银行发

---

① 《资本论》第 3 卷，人民出版社 2004 年版，第 526—529 页。

② 《资本论》第 3 卷，人民出版社 2004 年版，第 533—535 页。

行本行的银行券。诱人的高额利润，使人们远远超出自有流动资金所许可的范围来进行过度的扩充活动；之所以成为可能，是因为他们可以容易和便宜地利用信用。于是就产生了为换取贷款而实行大量委托销售的制度。结果就必然造成市场商品大量过剩和崩溃。在当年英国对东印度的贸易上，人们已经不再是因为购买了商品而签发汇票，而是为了能够签发可以贴现、可以换成现钱的汇票而购买商品。这是一种贸易上的欺诈行为，是“制造虚拟资本的方法”。由于实业家已经把他们的资本从他们的营业转移到铁路方面去，但还是想维持原有的营业规模，因而信用就“过度膨胀”了。① 二是人为制造的融通票据。随着资本主义生产方式的发展，信用制度的自然基础也在扩大。在这里，商品不是为取得货币而卖，而是为取得定期支付的票据而卖，而货币只是充当支付手段。马克思把这种支付凭据概括为汇票这个总的范畴。真正的信用货币不是以货币流通为基础，而是以汇票流通为基础。要判断票据有多少是来自实际的营业，有多少是人为地制造的融通票据，这是不可能的。所谓融通票据，就是人们在一张流通的汇票到期以前又签发另一张代替它的汇票。这样，“通过单纯流通手段的制造，就创造出虚拟资本”。② 三是对已经贴现过的票据的再贴现。当银行家凭票据经纪人已经贴现过一次的汇票，贷款给这个票据经纪人时，他事实上为这种汇票进行了再贴现；而银行家用来为票据经纪人的汇票进行再贴现的货币，又被票据经纪人用来再贴现新的汇票。很显然，“膨胀了的虚假信用，是由融通汇票和空头信用制造出来的”。③ 总之，以资本增殖为目的的生产方式，必然造成生产的相对过剩；为这种生产方式服务的信用制度，必然发生信用膨胀，从而人为地制造出虚拟资本。

（三）在银行资本层次上考察虚拟资本

在马克思那个时代，除了金或银行券以外，有价证券是银行资本的

① 《资本论》第 3 卷，人民出版社 2004 年版，第 454－467 页。
② 《资本论》第 3 卷，人民出版社 2004 年版，第 450－451 页。
③ 《资本论》第 3 卷，人民出版社 2004 年版，第 563 页。

重要组成部分之一。而有价证券作为所有权证书属于虚拟资本。马克思指出，当“英格兰银行不用它的地库内的金属贮藏作准备金而发行银行券时，它创造了一些价值符号，它们不仅是流通手段，而且对英格兰银行来说，它们还按没有准备金的银行券的票面总额，形成了追加的——虽然是虚拟的——资本。并且这一追加的资本，会为它提供追加的利润”。[①] 在资本主义生产发达的国家，银行的准备金总是表示贮藏货币的平均量，而这种贮藏货币的一部分本身又是自身没有任何价值的证券，只是对金的支取凭证。因此，“银行家资本的最大部分纯粹是虚拟的，是由债权（汇票）、国债券（它代表过去的资本）和股票（对未来收益的支取凭证）构成的”。[②] 在这里，银行家保险箱内的这些证券，即使是对收益的可靠支取凭证（例如国债券），或者说现实资本的所有权证书（例如股票），它们所代表的资本的货币价值也完全是虚拟的，是不以它们至少部分地代表的现实资本的价值为转移的；既然它们只是代表取得收益的要求权，并不是代表资本，那么，取得同一收益的要求权就会表现在不断变动的虚拟货币资本上。此外，这种虚拟的银行家资本，大部分不是代表他自己的资本，而是代表公众在他那里存入的资本（不论有没有利息）。这就是说，银行是信用制度充分发展的金融形式，既然信用膨胀不可避免，银行资本中包含大量的虚拟资本，就是题中应有之义了。

（四）在货币资本的形式上考察虚拟资本

这在货币形式上考察虚拟资本，也就是在货币资本和现实资本相互关系的层次上考察虚拟资本。马克思从货币资本和现实资本的关系上进一步考察了生息资本，目的在于搞清楚：真正货币资本的积累在何种程度上是现实资本积累（扩大再生产）的标志；借贷资本不足（货币紧迫）在何种程度上反映出现实资本的不足，以及在何种程度上反映出与货币本身（流

① 《资本论》第3卷，人民出版社2004年版，第614页。
② 《资本论》第3卷，人民出版社2004年版，第532页。

通手段）的不足相一致。这一考察涉及虚拟的货币资本。马克思把货币资本和货币财产积累的特有形式，归结为对劳动的所有权要求的积累。他指出，国债资本的积累，不过是表明国家债权人阶级的增加，这个阶级有权把税收中的一定数额预先划归自己所有。连债务积累也能表现为资本积累这一事实，清楚地表明那种在信用制度中发生的颠倒现象已经达到完成的地步。“这些为原来借入的并且早已用掉的资本而发行的债券，这些代表已经消灭的资本的纸制复本，在它们是可卖商品，因而可以再转化为资本的情况下，对它们的所有者来说，就作为资本执行职能。”① 同样，公用事业、铁路、矿山等的所有权证书，事实上是现实资本的证书。但有了这种证书，并不能去支配这个资本。这个资本是不能提取的。有了这种证书，只是在法律上有权索取这个资本应该获得的一部分剩余价值。但是，这种证书也就成为现实资本的纸制复本，正如提货单在货物之外，和货物同时具有价值一样。它们成为并不存在的资本的名义代表。这是因为现实资本存在于这种复本之外，并且不会由于这种复本的转手而改变所有者。但是，“作为纸制复本，这些证券只是幻想的，它们的价值额的涨落，和它们有权代表的现实资本的价值变动完全无关，尽管它们可以作为商品来买卖，因而可以作为资本价值来流通”。② “即使在债券——有价证券——不像国债那样代表纯粹幻想的资本的地方，这种证券的资本价值也纯粹是幻想的。”③ 由信用制度产生出联合的资本（股份公司）。这种债券（股票）被当作代表这种资本的所有权证书。铁路、采矿、轮船等公司的股票代表现实资本，也就是代表在这些企业中投入的并执行职能的资本，或者说，代表股东所预付的、在这些企业中作为资本来用的货币额。这里决不排除股票也只是一种欺诈的东西。但是，这个资本不能有双重存在：一次是作为所有权证书即股票的资本价值，另一次是作为在这些企业中实际已经投入或将要投入的资本。它只存在于后一种形式，股票不过是对这个资本所

① 《资本论》第3卷，人民出版社2004年版，第540页。
② 《资本论》第3卷，人民出版社2004年版，第541页。
③ 《资本论》第3卷，人民出版社2004年版，第529页。

实现的剩余价值的一个相应部分的所有权证书。他还说，“即使假定借贷资本存在的形式，只是现实货币即金或银的形式，只是以自己的物质充当价值尺度的商品的形式，那么，这个货币资本的相当大的一部分也必然只是虚拟的，也就是说，完全像价值符号一样，只是价值的权利证书。当货币在资本循环中执行职能时，它虽然会暂时成为货币资本，但它不会转化为借贷货币资本，而是或者换成生产资本的要素，或者在实现收入时作为流通手段付出去，因此，不可能为它的持有者转化为借贷资本。但是当它转化为借贷资本，并且同一货币反复代表借贷资本时，很清楚，它只是在一点上作为金属货币存在，而在所有其他点上，它只是以资本索取权的形式存在。按照假定，这种索取权的积累是由现实积累，也就是由商品资本等等的价值转化为货币而产生的；虽然如此，这种索取权或权利证书本身的积累，既不同于它由以产生的现实积累，也不同于以贷放的货币为中介而实现的未来积累（新的生产过程）”。[①] 概括地说就是，货币资本的积累不等于现实资本的积累，而一切所有权证书，充其量不过是现实资本的纸制复本（至于所谓国债资本，同资本积累毫无关系）；即使是资本循环中的真正的货币资本，也不是全部执行资本的职能，因而它的一部分也只是虚拟的。

二、虚拟资本的含义实质和特点

认识虚拟资本，首先应当搞清楚虚拟资本的含义、经济实质和特点。

（一）虚拟资本的不同情况和含义

什么是虚拟资本？《〈资本论〉辞典》说：虚拟资本是“能够定期带来收入的以有价证券形式存在的资本”。[②] 根据前面的考察，这个定义是不

① 《资本论》第 3 卷，人民出版社 2004 年版，第 575－576 页。
② 宋涛：《〈资本论〉辞典》，山东人民出版社 1988 年版，第 646 页。

全面和不确切的。首先，虚拟资本有多重含义，这里所说的仅仅是其中的一种含义。其次，对虚拟资本的认识重在经济实质，而这里恰恰没有说明虚拟资本的实质。再次，虚拟资本根本不是“资本”；“以有价证券形式存在的资本”不过是资本的所有权证书，而不是资本本身。

根据马克思的考察，虚拟资本有一个共同点，这就是，它们根本不是实际的资本，是非资本、假资本、伪资本、虚无的资本。但是，从“虚拟”的不同含义来说，虚拟资本可以归结为以下四种不同的情况：

第一，虚幻的资本。收入的资本化是典型的虚幻资本。这种意义的虚拟资本的特点在于，它是幻想的资本，头脑想象的资本。这种虚拟资本对于资本的循环和经济运动没有任何直接影响。

第二，虚无的资本。空头支票，票据的再贴现，都属于虚无的资本。这种意义的虚拟资本就是人为制造的虚假信用或信用膨胀，是资本价值的泡沫。这种虚拟资本可以以货币资本的形式出现，可以增大购买力，从而产生虚假的需求和虚假的繁荣。

第三，虚假的资本。没有准备金的银行券，以所有权证书充当银行准备金，都属于虚假（不真实）的资本。这种意义的虚拟资本的特点是，以价值符号假冒或冒充资本金。这种虚拟资本可以给人以假象，似乎银行资本金是充裕的。

第四，资本的证书。人们持有的股份公司的股票和企业债券，都属于资本的证书，或者说是资本的影像。这种意义的虚拟资本是现实资本的纸制复本，即资本的所有权证书。这种虚拟资本不可能作为现实的资本来使用，但它的独立运动可以对现实资本的运动产生不同程度的影响。

如果进一步考察“虚拟资本”究竟虚拟在何处，即考察“虚拟”的对象，那么，虚拟资本可以归结为三种不同的情况：第一种，资本本身是虚拟的（虚幻的资本）。资本的虚拟性质不在于它没有价值，而是这种价值不具有资本属性。第二种，资本价值是虚拟的（虚无的资本和虚假的资本）。资本的虚拟性质在于没有价值，它仅仅是价值符号，或者仅仅是价值泡沫。既然没有价值，资本也就成了没有内容的单纯形式。第三种，资本的实体是虚拟的（资本的影像）。资本的虚拟性质在于它不是以商品货币为基础的资本本身，而是资本所有权的证书，就像纸的相片一样。充其量它只是证明实际资本的存在。

（二）虚拟资本的经济实质

马克思并没有给虚拟资本下定义，也没有对虚拟资本概念作出概括。但从他的论述中，可以得出以下关于虚拟资本实质的认识：

虚拟资本是和现实资本相对立的范畴。这里所说的“现实资本”，不是再生产过程中的全部资本，而只是指执行资本职能的商品资本和生产资本，即商品形态的资本和生产过程的资本（作为不变资本的生产资料和作为可变资本的劳动力）。也就是说，不包括货币形式的资本。这是因为：第一，货币在资本循环过程中并不始终执行资本的职能，它可以执行单纯的商品和货币的职能；第二，货币资本的积累仅仅是现实资本积累的前提，而它本身并不一定是现实资本积累（即规模扩大的再生产）的标志；第三，货币资本本身可以以货币索取权的形式存在，因而也可以是虚拟的。

虚拟资本是资本主义经济关系的外在表现。虚拟资本是从资本主义生产方式产生出来的，单纯的商品生产、价值形式和货币交换不会产生虚拟资本。虚拟资本是资本主义生产方式发展到一定程度的产物。假如现代生息资本（而不是高利贷资本）和信用制度还没有形成，假如货币本身还没有作为商品而成为资本，假如不存在借贷关系，假如不存在商业信用和银行信用，那么，虚拟资本是不可能存在的。但是。虚拟资本不是现实的资本主义关系本身，而是资本主义经济关系的外在表现。

虚拟资本是资本职能的自我膨胀和资本概念的自我延伸。作为没有价值、没有实体的虚拟资本，是资本职能的自我膨胀，一方面扩大资本的作用，一方面力图掩盖由于这种扩大导致的消极后果。作为不具有资本属性的虚拟资本，是资本概念的自我延伸，它把一切从属于它的经济关系都表现为资本关系。

因此，概括地说，虚拟资本是从资本主义生产方式本身及其生息资本形式衍生出来的、和现实资本相对立的范畴，是资本职能的自我膨胀和资本概念的自我延伸。

（三）虚拟资本价值的独特运动和决定方法

马克思指出，虚拟资本不同于现实资本或实际资本本身；作为所有权证书，“这种虚拟资本有它的独特的运动”。[①] “这些所有权证书——不仅是国债券，而且是股票——的价值的独立运动，加深了这样一种假象，好像除了它们能够有权索取的资本或权益之外，它们还形成现实资本。这就是说，它们已经成为商品，而这些商品的价格有独特的运动和决定方法。它们的市场价值，在现实资本的价值不发生变化（即使它的价值已增殖）时，会和它们的名义价值具有不同的决定方法。”[②] 一方面，它们的市场价值，会随着它们有权索取的收益的大小和可靠程度而发生变化。另一方面，这种证券的市场价值部分地有投机的性质，因为它不是由现实的收入决定的，而是由预期得到的、预先计算的收入决定的。但是，假定现实资本的增殖不变，或者假定像国债那样，资本已不存在，年收益已经由法律规定，并且又有充分保证，那么，这种证券的价格就和利息率成反比。它的价值始终只是资本化的收益，也就是一个幻想的资本按现有利息率计算可得的收益。因此，在货币市场紧迫的时候，这种有价证券的价格会双重跌落：第一，是因为利息率提高，第二，是因为这种有价证券大量投入市场，以便实现为货币。而且，不管是在国债券的场合（在这种场合，证券可以保证它的持有者取得不变的收益），还是在企业股票的场合（在这种场合，证券代表现实资本的增殖，因而会因为再生产过程的扰乱而受到影响），这种价格跌落的现象都是会发生的。只是在后一种场合，除了上述贬值以外，还会加上进一步贬值。但是，一旦货币危机的风暴过去，只

---

① 《资本论》第 3 卷，人民出版社 2004 年版，第 527 页。
② 《资本论》第 3 卷，人民出版社 2004 年版，第 529－530 页。

要这种证券代表的不是一个破产的或欺诈性质的企业，它们就会回升到它们以前的水平。它们在危机中的贬值，会作为货币财产集中的一个有力的手段来发生作用。“只要这种证券的贬值或增殖同它们所代表的现实资本的价值变动无关，一国的财富在这种贬值或增殖以后，和在此以前是一样的。”“只要这种贬值不表示生产以及铁路和运河运输的实际停滞，不表示已开始经营的企业的停闭，不表示资本在毫无价值的企业上的白白浪费，一个国家就决不会因为名义货币资本这种肥皂泡的破裂而减少分文。”“所有这些证券实际上都只是代表已积累的对于未来生产的索取权或权利证书，它们的货币价值或资本价值，或者像国债那样不代表任何资本，或者完全不决定于它们所代表的现实资本的价值。”[①]如果说，在危机中和一般地说在营业停滞时期，商品资本代表可能的货币资本那种属性，将会大大丧失，那么，“虚拟资本，生息的证券，就它们本身作为货币资本在证券交易所内进行流通而言，也是如此。它们的价格随着利息的提高而下降。其次，它们的价格还会由于信用的普遍缺乏而下降，这种信用的缺乏迫使证券所有者在市场上大量抛售这种证券，以便获得货币。最后，就股票来说，它的价格下降，部分地是由于股票有权要求的收入减少了，部分地是由于它们代表的往往是那种带有欺诈性质的企业。在危机时期，这种虚拟的货币资本大大减少，从而它的所有者凭它在市场上获得货币的力量也大大减少。这些有价证券的行情的下降，虽然和它们所代表的现实资本无关，但是和它们的所有者的支付能力关系极大”。[②]

由上可见，第一，虚拟资本市场价值（确切地说是价格）的独特运动和决定方法就在于：有价证券（所有权证书）的贬值或增殖，同它们所代表的现实资本的价值变动无关，它的价值始终只是资本化的收益。它的价值不是由现实的收入决定的，而是由预期得到的、预先计算的收入决定的，因而和利息率的变动成反比。第二，虚拟资本的价值变动直接受到货币供给的影响。由于上述的原因，在发生货币危机从而货币市场紧迫的时

① 《资本论》第3卷，人民出版社2004年版，第531页。

② 《资本论》第3卷，人民出版社2004年版，第558－559页。

候，这种有价证券就会贬值，价格就会跌落；而危机一旦过去，价格就会恢复到先前的水平。第三，虚拟资本的贬值不会减少社会的实际财富。同样由于上述的原因，国家的实际财富不会因为有价证券价值泡沫的破裂而减少。第四，虚拟资本的市场价值之所以会有独特的运动和决定方法，是因为所有权证书本身成了一种特殊的商品（具有一定使用价值的非商品的商品化）；而所有权证书的独立存在表明，在生息资本的场合，货币作为资本成了一种特殊的商品。

三、虚拟资本形成的经济根源和作用

认识虚拟资本，还应当搞清楚虚拟资本形成的经济根源和它在经济运行中的作用。

（一）货币流通和证券交易本身不形成虚拟资本

虚拟资本是怎样形成的呢？有学者认为，“虚拟资本主要有两种基本形式”：一种是“信用形式上的虚拟资本”，主要有期票、汇票、银行券、国债券和各种形式的抵押贷款等，“同一笔货币被反复使用便产生虚拟资本”；另一种是“收入资本化形式上的虚拟资本”，主要由股票、债券构成，以资本所有权证书的形式进入流通，“同一张所有权证书反复交易就形成纯粹的虚拟资本”，这也是通常意义上的典型的虚拟资本。在马克思之后的现代市场经济中，股指期货、外汇期货，以及“各种形式的证券化资产”等则是由股票、外汇交易、期权交易等衍生出来的，可以说“是虚拟资本的虚拟资本”。①

应当指出，把虚拟资本归结为“两种基本形式”，是不妥当的。“收入资本化”和由各种信用形式（金融形式）产生的虚拟资本，不是虚拟资

① 王天义：《马克思的虚拟资本理论及其当代价值》，《学习时报》2009 年 8 月 24 日。

本两种形式的区别，而是“虚拟”的含义和对象的差别。“收入”本质上不是资本，和资本没有任何关系，连资本的形式也没有。其他各种金融形式则和资本有关，而“虚拟”就在于有名无实。如前所说，就“虚拟”的含义来说，虚拟资本有四种不同的情况；就“虚拟”的对象来说，有三种不同的情况。把虚拟资本形成的原因归结为“货币的反复使用”（货币流通）和“所有权证书的反复交易”（证券交易），是不正确的。货币流通和证券交易本身不管反复多少次，都不会形成虚拟资本。虚拟资本的形成是同收入资本化、货币资本融通、银行券发行、银行准备金、股票和债券的发行等相联系的。应当指出，首先，信用形式——期票、汇票、银行券和各种形式的抵押贷款等，具有形成虚拟资本的可能性，但不一定形成虚拟资本。其中，期票、汇票属于商业票据，它们本身并不是虚拟资本，只有在它们是空头支票而且被贴现和再贴现的情况下，才成为虚拟资本；银行券可以代替金货币流通，它本身也不是虚拟资本，只有在银行券不代表金和不能兑换金的情况下，才成为虚拟资本；抵押贷款是一种银行信用形式，抵押贷款是否会制造虚拟资本，关键在于抵押物是否具有现实的交换价值以及交换价值之大小，如果抵押物是不能转变为货币的商品，抵押贷款就制造了虚拟资本。总之，只有在签发空头支票、发行没有金作准备的银行券、以价值符号冒充准备金、贷款的抵押物缺少甚至没有价值的情况下，才形成虚拟资本。即使在信用形式上人为制造了虚拟资本，它们也不属于同一种类型的虚拟资本。其次，同一笔货币被反复使用不会产生虚拟资本。货币可以有两种身份：作为货币的货币，它的反复使用无非是充当流通手段和支付手段，不会形成虚拟资本。作为资本的货币，在借贷关系或信用关系中，有可能形成虚拟资本，但同是否“反复使用”没有必然联系。反复使用未必形成虚拟资本，一次使用照样会形成虚拟资本。再次，所有权证书本身就是虚拟资本，与是否“反复转手”没有关系。同一张所有权证书反复交易不是形成新的虚拟资本，而是虚拟资本在不同的所有者之间转手。最后，金融衍生产品作为保证金交易，产生不同程度的杠杆效应，因而可以多倍放大交易量。这种交易形式本身就伴随着制造虚拟资本，并有可能带来很大的金融风险。交易的对象（广义的商品）可以是虚拟资本（股票，债券），但也可以是利率、汇率和商品等。和传统的虚拟资本相比，这是一种新的虚拟资本，但不是“虚拟资本的虚拟资本”。

（二）虚拟资本形成的经济根源

从现象上来看，虚拟资本似乎是是人为制造出来的；其实不然，虚拟资本是资本主义生产方式的必然产物，制造虚拟资本的人不过是这种经济关系的人格化。具体地说，虚拟资本的形成在于以下四个方面的经济因素：

第一，虚拟资本是商品生产普遍化、商品生产发展到资本主义商品生产的条件下，使用价值和交换价值、商品和货币、货币和货币符号、资本所有权和经济所有权发生分离的产物。虚拟资本的前提和基础是虚拟的价值，因此，只有在以交换价值为目的的生产方式中，才会出现同使用价值相分离的交换价值。虚拟资本总是同资本的货币形式和货币流通相联系，因此，只有在货币同商品相分离并形成独立的货币流通的情况下，才有可能形成虚拟资本。虚拟资本的一部分不过是本身没有价值的价值符号（例如纸币），因此，只有在真正的货币和货币的价值符号相分离的情况下，这种虚拟资本才有可能形成。虚拟资本的大部分不过是资本的所有权证书，因此，只有在资本的法律所有权和经济所有权、资本的法律所有者和经济所有者、资本所有者和产业经营者相分离的情况下，这种虚拟资本才有可能产生。虚拟资本的一部分不过是空头支票，因此，只有在生息资本、信用制度和银行资本已经形成，并成为资本运动不可缺少的形式时，这种虚拟资本才有可能产生。

第二，虚拟资本是实现资本主义生产目的不可缺少的形式。资本主义生产方式的决定动机和直接目的是剩余价值，凡是有利于提高剩余价值率、增加剩余价值总量的方法和手段，都会加以充分利用。除了不断以新的生产方式提高劳动生产率以外，还最大限度地节约资本、缩短流通时间、加速资本循环、增加资本积累和扩大再生产。为达此目的，在自有资本有限的情况下，只有借助于信用制度和银行信贷，向社会发行股票和债券。产业资本和借贷资本在资本增殖的驱动下，不仅在证券形式上形成大量虚拟资本，而且通过信用膨胀或虚假信用制造大量虚拟资本。

第三，虚拟资本是缓和资本主义生产方式内在矛盾和应对危机的产物。资本主义生产方式的内在矛盾（基本矛盾）是生产目的和生产手段、生产能力和消费能力的矛盾，生产相对过剩是它的主要特征和常态。为了保持再生产能够持续进行，不仅要求有独立的商业体系，而且要求借助信用制度和银行信贷制造虚假的购买力和虚假的市场繁荣，掩盖事实上已经存在经济危机。这个过程同时就是制造虚拟资本的过程。虚拟资本既是资本主义市场经济的润滑剂，也是过剩产品的吸收器。在经济危机从而货币危机已经爆发的情况下，所有证券形式的虚拟资本都会大大贬值，从而减少了原有虚拟资本的价值量。这时候，为了防止陷入深度经济衰退而实施的扩张性的经济政策，无论是银行信用的膨胀还是纸币的超经济发行，实际上都是在制造新的虚拟资本。

第四，虚拟资本是资本主义生产方式处于支配地位条件下，经济关系泛资本化的表现。资本主义生产方式是人类社会现阶段（物的依赖关系阶段）一种普照的光，本来不属于资本的关系也力图用资本的形式表现自己。例如，在个体生产者那里，特别是在庸俗经济学那里，也把个体生产者自己的生产资料看作资本，把已经耗费的部分看作是资本成本，把补偿自己劳动力再生产的部分看作是工资，把自己提供给自己的剩余劳动看作是剩余价值或利润。不仅如此，人们还把各种有规则的收入看作是按照市场利息率衡量的资本的利息。这就是所谓“收入的资本化”。与此相联系，庸俗经济学还把雇佣劳动者的劳动能力看作是“人力资本”。马克思指出，“劳动力根本不是资本；工人不是资本家，虽然他把一种商品即他自己的皮带到市场上去”。[①]“我们应当分清：劳动力，在工人手中，是商品，不是资本，并且在工人能不断地反复出卖它的时候，它构成工人的收入；在它卖掉之后，在资本家手中，在生产过程本身中，它执行资本的职能。劳

① 《资本论》第2卷，人民出版社2004年版，第231页。

动力在这里起双重作用：在工人手中，它是按价值出卖的商品；在购买它的资本家手中，它是生产价值和使用价值的力。”①

（三）虚拟资本在资本主义生产方式中的作用

虚拟资本既是资本主义生产方式的必然产物，也是维持资本主义生产方式所必需的。虚拟资本之所以产生，就是因为它对资本主义生产方式起着举足轻重的作用。虚拟资本可以缩短流通时间，制造虚拟的购买力，扩充现实资本的规模，虚拟资本价值的独立运动可以引导现实资本循着社会需要的方向流动转移和重新配置。

首先，以信用制度为基础的虚拟资本，可以最大限度地缩短流通时间。马克思指出：“流通时间表现为起限制作用的、消极的原则。因此，资本的必然趋势是没有流通时间的流通，而这种趋势又是资本的信用和信用业务的基本规定。另一方面，信用也是这样的一种形式，在这种形式中资本极力使自己区别于个别资本，或者说，个别资本极力使自己表现为区别于自己的数量界限的资本。但是，资本在这上面能够取得的最高成就，一方面是虚拟资本，另一方面，信用仅仅表现为积聚的新要素，即各个资本被个别实行集中的资本消灭的新要素。”② 在这里，虚拟资本作为资本在信用制度上取得的最高成就之一，不仅通过各种信用形式缩短了流通时间，而且，在商业资本的形式上制造了虚假的购买力和虚假的繁荣。

其次，虚拟资本可以扩充资本的规模、制造虚拟的资本购买力和加速资本循环。资本主义生产的一般特征是经常性的生产过剩，以致酿成严重的经济危机。缓解危机的权宜之计就是实现扩张性的财政政策和货币政策，加大对公共产品和基础设施的投资。这一政策的核心是扩大财政赤字、增加信用放款和纸币的供给。因此，这一政策的实质是发挥虚拟资本的作用。由于虚拟资本的作用，不仅扩大了社会总需求，而且扩大了资本

① 《资本论》第 2 卷，人民出版社 2004 年版，第 422 页。

② 《马克思恩格斯全集》第 46 卷（下册），人民出版社 1980 年版，第 169 页。

规模。对于个别企业来说，在生产过剩的情况下，大量的产业资本凝固在商品资本的形式上，已经形成的固定资本的一部分也处于闲置状态，缺乏流动资本成为生命攸关的事情。这样，资本循环就难以为继了。但是，膨胀的信用、空头的汇票、滥发的纸币，可以增加产业资本的流动资本，使资本循环得以继续。

再次，虚拟资本价值的独立运动可以诱导现实资本的合理转移和有效配置。在证券市场上，股票和债券价格的趋势性变动，既可以反映个别公司的经营状况，也可以反映某种产品或产业同市场需要相适应的程度。因此，虚拟资本价值的独立运动也和商品市场价格的变动一样，可以诱导现实资本朝着符合社会需要的方向转移和配置。此外，危机引起的资本的破坏，固然缩小了产业资本的规模，但不会破坏资本的使用价值。因此，无论是部分交换价值的消灭，还是虚拟资本的跌价，都反而可以有利于新的再生产。马克思指出："危机所引起的资本的破坏意味着价值量的贬低，这种贬低妨碍价值量以后按同一规模作为资本更新自己的再生产过程。……社会的名义资本，也就是现存资本的交换价值，有很大一部分永远消灭了，虽然由于不殃及使用价值，这种消灭正好可以大大促进新的再生产。这同时也是货币所有者靠牺牲产业家而发财致富的时期。至于纯粹的虚拟资本（公债券，股票等）的跌价，只要它不导致国家和股份公司的破产，不因此而动摇持有这类证券的产业资本家的信用，从而不阻碍再生产，那末这种跌价就只是财富从一些人的手里转移到另一些人的手里，总的来说对再生产起着有利的影响，因为那些用廉价把这些股票或证券弄到手的暴发户大多数比原来的所有者更有事业心。"①

（四）虚拟资本使经济危机以颠倒的形式表现出来

马克思指出，在再生产过程的全部联系都是以信用为基础的生产制度中，只要信用突然停止，只有现金支付才有效，危机显然就会发生，对

---

①《剩余价值理论》第2册，人民出版社1975年版，第565-566页。

支付手段的激烈追求必然会出现。所以乍看起来，好像整个危机只表现为信用危机和货币危机。而且，事实上问题只是在于汇票能否兑换为货币。"但是这种汇票多数是代表现实买卖的，而这种现实买卖的扩大远远超过社会需要的限度这一事实，归根到底是整个危机的基础。不过，除此以外，这种汇票中也有惊人巨大的数额，代表那种现在已经败露和垮台的纯粹投机营业；其次，代表利用别人的资本进行的已告失败的投机；最后，还代表已经跌价或根本卖不出去的商品资本，或者永远不会实现的资本回流。这种强行扩大再生产过程的全部人为体系，当然不会因为有一家像英格兰银行这样的银行，用它的纸券，给一切投机者以他们所缺少的资本，并把全部已经跌价的商品按原来的名义价值购买进来，就可以医治好。并且，在这里，一切都以颠倒的形式表现出来，因为在这个纸券的世界里，在任何地方显现出来的都不是现实价格和它的现实要素，而只是金银条块、硬币、银行券、汇票、有价证券。"[①] 可见，信用危机和货币危机仅仅是经济危机的表面现象。经济危机的实质不是因为缺少货币，能否摆脱危机不在于汇票能否兑换为货币；问题的实质是，社会生产的扩大和现实买卖的扩大，远远超过了社会需要。汇票的巨大部分是虚拟资本，它所代表的是纯粹的商业投机和卖不出去的商品资本，甚至是永远不能实现的资本回流。由于虚拟资本的存在，经济危机以颠倒的形式表现出来。

由于货币形式和金融制度的变化，虚拟资本的形式也发生了某些变化。但是，马克思的虚拟资本理论没有过时。虚拟资本的存在完全取决于客观的经济条件：商品生产普遍化，资本和雇佣劳动的关系处于支配地位，表现为"现代市场经济"的经济形式。我国现阶段同样存在这样的经济条件，因此，虚拟资本必然合乎规律地存在和起作用。根据历史经验，为了防止虚拟资本的泛滥，并把它的消极作用降低到最低程度，政府对金融实行严格的监管和调控是非常必要的。

---

① 《资本论》第 3 卷，人民出版社 2004 年版，第 555 页。

关于马克思经济理论的几个重要问题*

——兼评《现代马克思主义政治经济学的四大理论假设》

一、“超越马克思经济学”的实质是融合两种对立的经济理论

以苏联为代表的传统社会主义道路及其经济体制，超出了落后国家现实的经济条件，也超越了人类社会必经的第二阶段——物的依赖关系阶段。因此，对其进行根本性变革是大势所趋。但在国内外某些学者和政治家看来，超阶段的理论根源来自马克思的经济理论和科学社会主义。因此，马克思的经济理论逐渐受到冷落和否定；即使是那些坚持马克思经济理论的学者也不能理直气壮。在这个问题上，理论界有四种流行的观点：一是教条主义地坚持马克思主义，力图把被“左”的思想曲解的马克思经济理论运用于中国特色社会主义，把改革看作是背离马克思主义；二是宣布马克思主义是“乌托邦”式的空想，力图以西方经济学取代马克思的经济理论；三是在改革的名义下，对马克思的经济范畴和经济理论作出削足适履的歪曲解释，以适应后发展国家社会主义的现实关系；四是在创新马克思主义政治经济学的名义下，一方面和马克思的经济理论保持距离，一方面向西方经济学靠拢，力图把马克思的经济理论和西方经济学融合起来，以得到西方经济学家的“承认”。程恩富教授的《现代马克思主义政治经济学的四大理论假设》（简称程文）是第四种观点的典型代表。

---

* 载《政治经济学评论》2010年第2期。

（一）反映经济规律的历史科学不属于“理论假设”

程文认为，出于“同现代西方主流经济学对话或论战”的需要，也为了得到资产阶级经济学家的“承认”，马克思主义经济学的基本原理“不妨也可称之为理论假设”。程文把西方经济学的理论假设归结为四个：“生产三要素创造价值论”“完全自私经济人论”“资源有限与需求无限论”“公平与效率高低反向变动论”。与此相对应，程文的“四大理论假设”是：“新的活劳动创造价值论”“利己和利他经济人论”“资源和需要双约束论”“公平与效率互促同向变动论”。[①]很显然，程文不仅混淆了不同层次、不同性质的假定或假设，而且混淆了理论假设和反映经济规律的历史科学的区别。

马克思的经济理论（以马克思主义创始人命名的政治经济学）作为历史科学不是理论假设，而是对现实经济关系的规律性认识和科学抽象。程文没有把现实经济前提和假设条件、科学结论和理论假说区别开来。马克思在分析资本主义生产方式的时候，有一些必要的假设条件，但假设条件不同于理论假设。马克思也提出过理论假设或假说（例如“自由人联合体”），但提出的许多重要经济范畴和揭示的经济运动规律，都不是理论假设，而是科学的结论。马克思的“两个伟大发现”和许多重要论断，都是规律性的认识。

马克思的经济理论不是演绎和逻辑推理的结果，而是从普遍的和反复出现的历史事实中科学揭示和抽象出来的。程文没有把研究方法和科学结论区别开来。任何科学的经济理论——经济范畴和经济规律，都不过是对现实经济关系的抽象。科学的抽象当然需要借助于唯物辩证法和逻辑学，但单纯的演绎和逻辑推理不可能产生科学理论，而且是同唯物史观相背离的。马克思的重要经济理论观点绝不是演绎和逻辑推理的结果，而是从普遍的和反复出现的经济事实中抽象出来的。自从实证科学已经产生和唯物主义历史观确立以来，单纯依靠头脑构思理论的时代（像思辨哲学那

---

① 程恩富：《现代马克思主义政治经济学的四大理论假设》，《中国社会科学》2007年第1期。

样）就成为历史了。

在“现代马克思主义政治经济学”的名义下，把“四大理论假设”作为理论前提是缺乏科学性的。程文的“四大理论假设”，就涉及的内容来说是重要的，而且确有一些独到见解和正确观点，但把自己的学术观点视为“马克思主义政治经济学的理论假设”，实属不当。应当指出：我们既不能把客观存在的现实前提和科学结论说成假设；也不能把假设的东西作为理论前提。作为马克思经济理论前提的，是现实的物质条件和经济关系；而这些条件和关系又是历史的产物。资本主义生产的前提，是“已往历史发展的产物，结果，是许多经济变革的总结，要以其他社会生产关系的灭亡和社会劳动的生产力的一定发展为前提。”① 我们从理论上考察现代市场经济——无论是资本主义国家的还是我国的，都不需要假设额外的前提，而是以客观事实为根据；而一旦从对客观事实的分析中得出规律性的认识，那就不再是“理论假设”了，而是科学结论了。科学结论不能宣布为“终极真理”，但不能和理论假设混为一谈。

（二）马克思经济理论和西方经济学的原则分歧是不可能“通约”的

程文说，“假设的不同显示出理论经济学的不同派别和体系”。“现代马克思主义政治经济学和现代西方主流经济学”有“相互吸收与通约的一面……从而呈现为不同的现代理论经济学的范式”。② 可见，程文不仅模糊了马克思的经济理论和资产阶级政治经济学（特别是庸俗经济学）的原则区别，而且实际上贬低了马克思的经济理论。既然如此，所谓“现代马克思主义政治经济学”还能属于“马克思主义政治经济学”吗？

马克思的经济理论是作为资产阶级政治经济学的对立物出现的。马克思的经济理论也有自己的理论前提，这就是资产阶级古典政治经济学。但是，前者是对后者系统批判的产物，马克思的《资本论》就叫作《政

---

① 《马克思恩格斯全集》第 47 卷，人民出版社 1979 年版，第 36 页。

② 程恩富：《现代马克思主义政治经济学的四大理论假设》，2007 年 1 月 29 日，见 http://www.wyzxwk.com/Article/Sichao/2009/09/12685.html。

治经济学批判》。马克思指出，“只要政治经济学是资产阶级的政治经济学，……那就只有在阶级斗争处于潜伏状态或只是在个别的现象上表现出来的时候，它还能够是科学”。[①] 马克思的经济理论（《资本论》）是“工人阶级政治经济学”或“劳动的政治经济学”；与之相对立的是“资产阶级政治经济学”或“财产的政治经济学”[②]。恩格斯也指出，《资本论》“一开始就以系统地概括经济科学的全部复杂内容，并且在联系中阐述资产阶级生产和资产阶级交换的规律为目的。既然经济学家无非是这些规律的代言人和辩护人，那么，这种阐述同时也就是对全部经济学文献的批判”。[③]

马克思的经济理论在科学性和阶级性方面和西方经济学有原则区别。现代西方经济学对于市场经济理论的研究更加深化和系统化，有不少内容可供我们吸收借鉴。但是，它更多的是描述市场经济的表面现象和一般联系，其基本观点是古典经济学解体和庸俗化产物的变种；在对现实经济关系及其发展趋势的认识方面，充斥着非历史的、浅薄的、辩护论的观点。这一点集中表现在对剩余价值来源的认识和对经济危机根源的解释上。因此，在一系列根本观点上，马克思的经济理论和现代西方经济学是不可能相互吸收和通约的。有一些关于“社会主义市场经济”的论著，没有揭示出后发展国家社会主义初级阶段经济运动的特殊规律，而是在现代西方经济学的内容上贴上“社会主义”的标签。如果这也叫作“吸收”和“通约”的话，不仅不是理论上的进步，而且会造成混乱。

马克思的经济理论和现代西方经济学决不能作为学术派别相提并论。从总体上讲，马克思的经济理论和现代西方经济学之间的差别，不是什么不同“理论范式”的差别，而是根本观点的差别；它们之间的关系不是不同学术派别和体系的关系，而是科学和不科学的关系。马克思认为，资本主义生产方式确实起过非常革命的作用，是迄今为止最有利于生产力发展

---

① 《资本论》第 1 卷，人民出版社 2004 年版，第 16 页。
② 《马克思恩格斯选集》第 2 卷，人民出版社 1995 年版，第 605 页。
③ 《马克思恩格斯选集》第 2 卷，人民出版社 1995 年版，第 40 页。

的形式，是人类社会发展的必经阶段；但是，它毕竟是一种对立的生产方式，自身包含着一系列的矛盾和限制，因而是一种历史的生产方式。而在西方主流经济学看来，资本主义生产方式不仅是最合理、最美好的，而且是永恒的。程文把它们二者作为不同的学术派别相提并论，完全抹杀了它们的本质区别和对立性质。

（三）“超越马克思经济学”的庸俗观点不属于“马克思主义政治经济学”

程文提出，要创立“后现代经济学”，即“创新的现代马克思主义政治经济学”。这种“现代马克思主义政治经济学，力图既超越马克思经济学和苏联经济学，又超越现代西方经济学，因而具有后现代经济学的性质。”[①] 我们将其概括为“三个超越”。“后现代经济学”这一称谓，意味着政治经济学进入了一个崭新的阶段；而“超越”自然是超脱、跨越和高于之意。超越苏联经济学和现代西方经济学还有可能（至于是否真的做到则另当别论）；但如果讲“超越马克思经济学”，就必须以事实为根据。到现在为止，历史还没有向我们提供可以在总体上超越马克思经济学的事实和论据；相反，在百年一遇的世界金融危机面前，人们仍然想起一个半世纪前马克思的《资本论》。

修正现代西方经济学的“四个理论假设”不是“超越马克思经济学”。程文认为，现代西方经济学的“四个理论假设”是远离现实的、不科学的、片面的、属于具体层面的，因而有针对性地提出了自己的“四大理论假设”。其实，程文不过是对西方经济学的理论假设作了某些修正和补充；而这种修正和补充根本说不上是对马克思经济学的超越。后面的分析将表明，“四大理论假设”中的不少观点背离了马克思科学的经济理论。

不符合马克思经济理论的观点不能称之为“马克思主义政治经济学”。马克思主义是发展的。问题在于，在一些学者那里，“发展马克思主义”显然被滥用了；在“发展”的名义下，任意修改马克思的基本理论，并把

---

① 程恩富：《现代马克思主义政治经济学的四大理论假设》，2007 年 1 月 29 日，见 http://www.wyzxwk.com/Article/Sichao/2009/09/12685.html。

自己的观点强加于马克思。程文的所谓“超越马克思经济学”就是这样。在程文看来，马克思的经济理论和现代西方经济学都属于不同的“学术派别”，它们都有局限性和不足，彼此各执一端，“相互排斥”。它们应当各“退一步”，“相互吸收”。但是，既然程文的“四大理论假设”已经达到了“三个超越”的最高境界，又何必称之为“现代马克思主义政治经济学”呢？凡是不属于马克思的观点，都不应当贴上“马克思主义”的标签。马克思早就警告过那些把“马克思主义”当作套语和标签的所谓“马克思主义者”：“我只知道我自己不是马克思主义者。”①

下面我们会看到，程文的“四个理论假设”是怎样“超越马克思经济学”的。

二、“新的活劳动创造价值假设”部分偏离了科学的劳动价值论

随着体制改革的深入进行，有些学者为了给改革提供基础的理论依据，力图在价值理论上有所突破。一时间，各种观点百花齐放：“发展”者有之，“创新”者有之，否定者亦有之。程文一方面坚持“活劳动是价值的唯一源泉”；但另一方面又对“活劳动”本身以及价值和劳动生产率的关系作出了不同于马克思的“新”解释，并构成程文的第一个理论假设——“新的活劳动创造价值假设”。其实，程文的“创新”不仅没有新意，而且部分地偏离了科学的劳动价值论。

（一）活劳动创造价值的论断不能随意扩展到“一切社会经济部门”

程文说，“新的活劳动创造价值假设”不仅没有否定马克思的“活劳动创造价值假设”，而且恰恰是把它“扩展到一切社会经济部门后所形成的必然结论”。程文的“扩展”主要包括三个方面：一是生产精神商品的

① 《马克思恩格斯选集》第4卷，人民出版社1995年版，第691页。

劳动同样创造价值；二是生产性私营企业主的经营管理活动创造价值；三是由劳动的主观条件变动引起的劳动生产率的变动与价值量的变动是正向变动。[①]对这些含混不清、似是而非的观点必须加以分析和澄清。

马克思从未否认服务商品具有价值，但服务的价值和服务价值的来源是两个不同的问题。程文说，“应当突破价值创造仅限于物质劳动的理念”，生产“精神商品”的劳动或“服务劳动”也应当包括在内。[②]这里先谈服务劳动。马克思历来认为，市场上的商品除了有形的物质产品以外，还有各种“服务”。服务同样具有使用价值；由于提供服务需要生产费用，因而同样有交换价值。之所以把具有特殊使用价值的劳动称为“服务”，是因为这种劳动不是作为物，而是作为活动提供服务的。[③]因此，确认服务具有价值根本不属于理论上的“突破”。但是，承认服务“有交换价值”是一回事，服务的交换价值从何而来又是另一回事。由于各类“服务”具有不同的性质，其价值的来源不能一概而论。随着社会分工的发展而出现的一般生活服务的价值，不管以何种经营方式出现，都是由提供服务的劳动者创造的。但是，有些所谓服务的提供者并不“创造”价值，他们的收入归根到底来自生产工人已经创造的剩余价值。马克思指出，“现在只有两个起点：资本家和工人。所有第三种人，或者是为这两个阶级服务，从他们那里得到货币作为报酬，或者是不为他们服务，而在地租、利息等形式上成为剩余价值的共有者”。[④]“一切不直接参加再生产的社会成员，不管劳动与否，首先只能从首先得到产品的那几个阶级，即生产工人、产业资本家和土地所有者的手中，取得自己在年商品产品中的份额，即取得自己的消费资料。就这一点说，他们的收入在物质上是由（生产工人的）工资、利润和地租派生出来的，因此，和那些原始的收入相对而言，表现为派生的收入。但是另一方面，在这个意义上的派生收入的接受人，是靠他

① 程恩富：《现代马克思主义政治经济学的四大理论假设》，《中国社会科学》2007年第1期。
② 程恩富：《现代马克思主义政治经济学的四大理论假设》，《中国社会科学》2007年第1期。
③ 《剩余价值理论》第1册，人民出版社1975年版，第435、149页。
④ 《资本论》第2卷，人民出版社2004年版，第368－369页。

们作为国王、牧师、教授、娼妓、士兵等的社会职能来取得这种收入的，因此他们可以把自己的这种职能看作是他们的收入的原始源泉。”[①] 可见，服务和服务价值的来源有两种不同的情况：一种是真正的劳动服务，其价值是服务提供者（劳动者）自己创造的；另一种不过是以“服务”形式出现的各种社会职能，其“价值”不过是派生收入的转化形式，归根到底来自已经存在的剩余价值。程文把一切“服务劳动”都看作创造价值的劳动是不恰当的。

精神生产和物质生产是两种不同性质的生产，其价值具有不同的含义。在程文看来，“为市场提供精神商品的教育、社会科学、自然科学、文化艺术、广播电视、新闻出版、图书馆、博物馆等领域”，“包括讲课、表演等”，都是“创造价值的生产性劳动”。[②] 显而易见，这里完全混淆了不同性质的生产和服务。马克思指出，“在精神生产中，表现为生产劳动的是另一种劳动，但斯密没有考察它。……要研究精神生产和物质生产之间的联系，首先必须把这种物质生产本身不是当作一般范畴来考察，而是从一定的历史的形式来考察。例如，与资本主义生产方式相适应的精神生产，就和中世纪生产方式相适应的精神生产不同”。[③] 在程文所说的产品或服务中，有些不是作为商品提供的，更不是以赢利为目的的，因而也就用不上经济学中的价值范畴。在市场经济条件下，有些精神产品或服务采取了商品的形式，甚至成为资本的特殊投资领域，但它们的市场价格和精神产品本身的价值几乎没有关系，例如图书就是这样，图书的价格既不取决于作者思想的价值，也不取决于作者耗费的劳动的价值。另外，有些所谓的精神商品是不能由劳动再生产的，价值理论在这里也是不适用的。马克思指出，“必须牢牢记住，那些本身没有任何价值，即不是劳动产品的东西（如土地），或者至少不能由劳动再生产的东西（如古董，某些名家的艺术品等等）的价格，可以由一些结合在一起的非常偶然的情况来决定。

① 《资本论》第2卷，人民出版社2004年版，第412-413页。
② 程恩富：《现代马克思主义政治经济学的四大理论假设》，《中国社会科学》2007年第1期。
③ 《马克思恩格斯全集》第26卷第1册，人民出版社1972年版，第295-296页。

要出售一件东西，惟一需要的条件是，它可以被独占，并且可以让渡”。[①]这里的价格是同价值无关的虚拟价格。

劳动力商品属于特殊商品，不能和一般商品混为一谈。以劳动力是商品为理由，把“医疗、卫生、体育、保健等等”部门的劳动统统看作是创造价值的劳动，是不恰当的。的确，在资本主义生产方式中，劳动力作为商品具有价值。马克思就指出，“整个‘商品’世界可以分为两大部分：第一，劳动能力；第二，不同于劳动能力本身的商品”。[②]但是，一方面，劳动力商品毕竟是一种特殊商品，在政治经济学中，劳动力商品的价值并不包含在社会商品总价值之内，或者说，它是以再生产劳动力的生活资料的价值包括在其中的；另一方面，创造劳动力商品价值的劳动（除了程文所说之外，还应当包括受精、怀孕等等的“劳动”），也从来不和创造一般商品价值的劳动混为一谈。马克思指出，学校教师的服务和医生的服务是训练、保持劳动能力，使劳动能力改变形态等等的，这些服务应加入劳动能力的生产费用或再生产费用。但是，“医生和教师的劳动不直接创造用来支付他们报酬的基金，尽管他们的劳动加入一般说来是创造一切价值的那个基金的生产费用，即加入劳动能力的生产费用”。[③]如果把“医疗、卫生、体育、保健等等”部门的劳动统统视为创造价值的劳动，那就会为这样一种谬论——把一切人的活动都看作生产性劳动，从而看作创造价值的劳动——大开方便之门。

作为资本人格化的私营企业主的经营管理活动不创造价值。程文一方面承认私营企业主的经营管理活动“具有两重性”；另一方面又认为“是创造价值的”。[④]这是自相矛盾。资本家的经营劳动和指挥监督劳动是有区别的。经营劳动无论是作为买卖商品的活动还是纯粹作为资本家的活动，都不创造价值。资本家的指挥监督劳动（即所谓管理劳动）则具有

① 《资本论》第3卷，人民出版社2004年版，第714页。

② 《剩余价值理论》第1册，人民出版社1975年版，第159页。

③ 《剩余价值理论》第1册，人民出版社1975年版，第159-160页。

④ 程恩富：《现代马克思主义政治经济学的四大理论假设》，《中国社会科学》2007年第1期。

两重性：一方面来自生产的社会性质；另一方面来自生产的资本主义性质。作为前者，这种劳动是企业总体结合劳动的组成部分，自然参与价值创造；作为后者，属于“剥削劳动”，不仅不创造价值，而且其耗费只能从剩余价值中扣除。因此，不能因为“两种职能交织在一起”，就统统看作创造价值的劳动。马克思指出，“在以后的整个研究中，我们决不把资本家也许自己所干的劳动算作产品价值的组成部分。如果资本家的劳动是单纯的劳动，那么它同［劳动和资本家之间的］关系本身毫不相干，资本家在这种场合就不是作为资本家，不是作为纯粹的资本的人格化，资本的化身发挥作用。但是，如果它是一种由资本本身所特有的职能，因而是由资本主义生产方式本身产生的劳动，那么，我们以后将专门把它作为监督劳动而加以更详细的研究”。[①]“剥削劳动是要花费劳动的。就资本主义企业主所从事的劳动仅仅由于资本和劳动对立才成为必要这一点来说，这种劳动加入他的监工（工业军士）的费用，并且已经算在工资项下，这种情况跟奴隶监工和监工所用的鞭子的费用算在奴隶主的生产费用中完全一样。这种费用跟大部分商业费用完全一样，属于资本主义生产的非生产费用。”[②]

（二）社会劳动生产率的任何提高都不会增加商品价值

程文说，由于“马克思在阐述商品价值量与劳动生产率变化规律时舍掉了劳动的主观条件对劳动生产率的影响作用，……所以就得出了商品价值量与劳动生产率反相变化规律”，“引起劳动生产率变化的重要因素是科技的进步，而它会引致劳动复杂程度、熟练程度和强度的提高，进而增大商品的价值量，并由此增大社会价值总量”，“如果劳动生产率变动是由劳动的主观条件变动引起的，劳动客观条件没有变动，那么，劳动生产率与价值量变动是正向变动”。[③]这个很容易把读者搞糊涂的结论是不正确的。

---

① 《马克思恩格斯全集》第 47 卷，人民出版社 1979 年版，第 101 页。

② 《剩余价值理论》第 3 册，人民出版社 1975 年版，第 392 页。

③ 程恩富：《现代马克思主义政治经济学的四大理论假设》，《中国社会科学》2007 年第 1 期。

劳动生产率的任何变化都与商品价值的变化成反比。马克思指出，“商品生产的一般规律是：劳动生产率和劳动的价值创造成反比”。[①]既然是一般规律，就是毫无例外的。“生产力当然始终是有用的、具体的劳动的生产力，它事实上只决定有目的的生产活动在一定时间内的效率。因此，有用劳动成为较富或较贫的产品源泉与有用劳动的生产力的提高或降低成正比。相反地，生产力的变化本身丝毫也不会影响表现为价值的劳动。既然生产力属于劳动的具体有用形式，它自然不再能同抽去了具体有用形式的劳动有关。因此，不管生产力发生了什么变化，同一劳动在同样的时间内提供的价值量总是相同的。但它在同样的时间内提供的使用价值量是不同的：生产力提高时就多些，生产力降低时就少些。因此，那种能提高劳动成效从而增加劳动所提供的使用价值量的生产力变化，如果会缩减生产这个使用价值量所必需的劳动时间的总和，就会减少这个增大了的总量的价值量。反之亦然”。[②]“劳动的不同生产率，不论它是劳动的不同自然条件的后果，还是劳动的不同社会条件的后果，还是不同技术条件的后果，都丝毫不会改变商品价值等于物化在商品中的劳动量这一论点。”[③]“正是这种劳动生产率的不同造成这样的情况：同量劳动有时表现为较小的商品总量，有时表现为较大的商品总量，因而这个商品总量的每一部分包含的已耗费的劳动的绝对量，有时较多，有时较少，也就是说，与此相应，它有时有较大价值，有时有较小价值。”[④]但是，“与此相反，剩余价值则取决于劳动生产率”。[⑤]可见，劳动生产率的变化无论是由客观条件还是主观条件引起的，都不会影响它与商品价值量的关系。在这个问题上，我们一方面要把商品的使用价值和价值区别开来，另一方面要把剩余价值和价值区别开来。

---

① 《资本论》第2卷，人民出版社2004年版，第168页。
② 《资本论》第1卷，人民出版社2004年版，第59－60页。
③ 《剩余价值理论》第2册，人民出版社1975年版，第292页。
④ 《剩余价值理论》第2册，人民出版社1975年版，第293页。
⑤ 《马克思恩格斯全集》第47卷，人民出版社1979年版，第277页。

劳动生产率和价值量的关系与劳动的复杂程度无关。程文认为：如果劳动生产率的提高是由于劳动复杂程度、熟练程度和强度的提高引起的，商品的价值量就和劳动生产率的提高呈正相关关系。这是一种糊涂观点。第一，把复杂劳动简化为简单劳动，以简单劳动作为劳动量的计量单位，是劳动的质的差别化为量的差别的过程，是考察商品价值量的前提。商品交换正是以这种简化为前提的；而事实上，商品交换本身已经包含了这种简化的社会过程。马克思说，“比社会的平均劳动较高级、较复杂的劳动，是这样一种劳动力的表现，这种劳动力比普通劳动力需要较高的教育费用，它的生产要花费较多的劳动时间，因此它具有较高的价值。既然这种劳动力的价值较高，它也就表现为较高级的劳动，也就在同样长的时间内对象化较多的价值”。[①]“比较复杂的劳动只是自乘的或不如说多倍的简单劳动，因此，少量的复杂劳动等于多量的简单劳动。经验证明，这种简化是经常进行的。一个商品可能是最复杂的劳动的产品，但是它的价值使它与简单劳动的产品相等，因而本身只表示一定量的简单劳动。”[②]“各种劳动的产品只要确立为价值，这种简化实际上就实现了。”[③]第二，劳动生产率的差别所反映的是等量劳动所生产的同一种使用价值量的差别（这和市场经济统计中的劳动生产率有区别）。这里的“等量劳动”是抽象劳动，是劳动的量的耗费，不涉及复杂劳动和简单劳动的区分。而生产的产品一定是同一种使用价值，否则将无法衡量劳动生产率的差别。第三，复杂程度不同的劳动和劳动生产率的关系是各不相同的。当复杂程度不同的劳动协作生产同一种产品时，它们都只作为“总体结合劳动”的组成部分起作用，而不表现为不同的劳动生产率，或者说，劳动生产率的计算已经以复杂劳动化为简单劳动为前提了。当复杂程度不同的劳动分别在不同企业生产不同的商品时，只是归结为不同的价值量，其劳动生产率的差别是无法比较的。

---

① 《资本论》第1卷，人民出版社2004年版，第230页。
② 《资本论》第1卷，人民出版社2004年版，第58页。
③ 《马克思恩格斯全集》第46卷（下册），人民出版社1980年版，第376页。

劳动生产率的提高总是使商品中包含的劳动总量减少。程文说，“由于劳动复杂程度、熟练程度和强度的提高而引起的劳动生产率的提高是主要的，因而长期来看商品的价值总量和社会价值总量会具有一种向上变动的趋势，而不是不变”。[①] 这种因果关系和结论是不能成立的。劳动生产率的差别是由多种因素决定的。马克思指出：“除了各个人的先天的能力和后天获得的生产技能的区别，劳动生产力主要应当取决于：首先，劳动的自然条件，如土地的肥沃程度、矿山的丰富程度等等；其次，劳动的社会力的日益改进，引起这种改进的是：大规模的生产，资本的积聚，劳动的联合，分工，机器，改良的方法，化学力和其他自然力的应用，利用交通和运输工具而达到时间和空间的缩短，以及其他各种发明，科学就是靠这些发明来驱使自然力为劳动服务，劳动的社会性质或协作性质也由于这些发明而得以发展。”[②] 这就是说，提高劳动生产率的主要因素是自然条件和劳动的一般社会力（劳动的社会结合，科学及其对自然力的利用）。在市场经济和资本主义生产方式条件下，科学同劳动相分离，简单劳动和复杂劳动两极分化。在直接生产过程中，大量的是简单劳动，而从事科学研究和技术开发的劳动则处于生产过程之外。大量的科研成果和技术专利是作为商品进入生产过程的，只是作为过去劳动、对象化劳动、死劳动发挥作用。随着劳动资料的革命和技术构成的提高，生产过程中不仅直接劳动的份额越来越少，而且劳动趋向简单化。马克思指出：“[由于使用机器]，从事各种不同形式活动的比较复杂的劳动被消灭了，代替它的是简单的机器劳动。所谓简单的机器劳动，我们指的是应由看管工作机的人来完成的辅助作业。……劳动力由于分工而达到的专业化被消灭了，于是劳动力贬值，……[由于使用机器]，更加简单的劳动代替了以前的简单劳动，尽管后者是专业化了的并在专业方面（即使它是多么微不足道）达到高超的程度。”[③] 机器生产从而使劳动生产率的提高对商品价值的影响是双重的。

① 程恩富：《现代马克思主义政治经济学的四大理论假设》，《中国社会科学》2007年第1期。
② 《马克思恩格斯选集》第2卷，人民出版社1995年版，第71页。
③ 《马克思恩格斯全集》第47卷，人民出版社1979年版，第520—521页。

马克思指出："商品的价值，取决于加入商品的总劳动时间，即过去劳动的时间和活劳动的时间。劳动生产率的提高正是在于：活劳动的份额减少，过去劳动的份额增加，但结果是商品中包含的劳动总量减少；因而，所减少的活劳动大于所增加的过去劳动。""因此，加入商品的劳动总量的这种减少，好像是劳动生产力提高的主要标志，无论在什么社会条件下进行生产都一样。"① 总之，劳动生产率的提高总是导致商品中包含的劳动总量从而价值总量的减少。在这里，科学价值的贬值也是一个重要因素，它可以相对减少所增加的过去劳动。马克思指出："对脑力劳动的产物——科学——的估价，总是比它的价值低得多，因为再生产科学所必要的劳动时间，同最初生产科学所需要的劳动时间是无法相比的，例如学生在一小时内就能学会二项式定理。"②

（三）生产要素作为财富之源和活劳动作为价值源泉是两个不同的问题

程文在"新的活劳动创造价值假设"的基础上，又提出了"全要素财富说"和"按贡分配形质说"。程文认为"'全要素财富说'与'活劳动价值说'不仅不矛盾，而且是相辅相成的，共同构成了关于创造商品和财富的完整理论"，并认为二者存在"内在联系"。③ 其实，把各种生产要素参与财富即使用价值的生产和活劳动创造价值"内在地"联系在一起，纯粹是一种误导。

作为使用价值的财富的生产和作为价值的社会劳动的凝结是两个不同的问题。它们之间根本不是"相辅相成"的关系，也不存在"内在联系"。使用价值的生产完全不必以价值形式为前提，而价值本身与使用价值的性质和数量完全无关，使用价值仅仅是价值的物质承担者。庸俗的价值理论正是力图在价值和使用价值之间建立起"内在联系"的。马克思指出："商品作为价值是社会的量，因而，和它们作为'物'的'属性'是

① 《资本论》第3卷，人民出版社2004年版，第290页。
② 《剩余价值理论》第1册，人民出版社1975年版，第377页。
③ 程恩富：《现代马克思主义政治经济学的四大理论假设》，《中国社会科学》2007年第1期。

绝对不同的。……产品作为商品的交换，是劳动的交换以及每个人的劳动对其他人的劳动的依存性的一定形式，是社会劳动或者说社会生产的一定方式。”①“商品所以有价值，一般说，物所以有价值，仅仅由于它们是人的劳动的表现——不是因为它们本身是物，而是因为它们是社会劳动的化身。”②“价值是商品的社会关系，是商品的经济上的质。”③“劳动就其创造交换价值来说只是劳动的一定社会形式（要它把实际劳动化为一定的社会形式），在这种形式中，劳动时间是价值量的唯一尺度。”④

把价值的创造和使用价值的生产联系在一起，并不能创造出新的理论。程文之所以硬把“全要素财富说”和“活劳动价值说”“内在联系”在一起，是为了给“按贡分配形质说”提供理论前提。一方面，首先从“全要素财富说”和“活劳动价值说”的“内在联系”中引出按生产要素（贡献）分配；再从按生产要素（贡献）分配中引出“市场型按劳分配”，进而引出所谓“按贡分配形质说”。下面我们将会看到，这种主观臆造的“内在联系”是无济于事的。

（四）分配方式既同生产的要素无关也同价值的源泉无关

在程文看来，我国当前的分配制度和分配政策，“是由‘新的活劳动创造价值假设’，以及与此有关的‘全要素财富说’、‘多产权分配说’和‘按贡献分配形质说’必然推出的政策思想”。⑤其实，分配方式既同参与物质财富生产的要素无关，也同价值的源泉无关。

按生产要素分配作为资本主义的分配方式根本不包含按劳分配。程文说，“我们经常从狭义上把按劳分配从按生产要素分配中独立出来”。“马克思在《资本论》中全面系统地论述了生产要素的多种产权状态与生产成

---

① 《剩余价值理论》第3册，人民出版社1975年版，第139页。

② 《剩余价值理论》第3册，人民出版社1975年版，第198页。

③ 《马克思恩格斯全集》第46卷（上册），人民出版社1979年版，第84页。

④ 《马克思恩格斯全集》第47卷，人民出版社1979年版，第83页。

⑤ 程恩富：《现代马克思主义政治经济学的四大理论假设》，《中国社会科学》2007年第1期。

果的多种分配状态及其相互关系，这启发我们可以从国民收入初次分配的角度提炼出‘多产权分配说’，即多种产权关系决定了按资和按劳等多种分配方式。”[①]“‘按贡分配’归根到底可以分解为劳动所得或按劳分配与资本所得或按资分配。”[②]这是明显的误解，从马克思对资本主义生产方式的论述中根本“提炼”不出多种分配方式。实际上，“分配关系和分配方式只是表现为生产要素的背面”。[③]“分配关系只不过是从另一个角度来看的生产关系。”[④]“按劳分配”和“劳动所得”是两个不同的概念，劳动所得存在于完全不同的生产方式。按劳分配和按资分配所体现的是两种不同的生产方式，资本主义生产方式中根本不包含按劳分配。“按资分配”不过是按生产要素所有权分配在资本所有权上的体现。按生产要素分配本质上是资本主义生产方式在分配方式上的表现，它既不是按资分配和按劳分配的结合，也不可能分解为这两种分配方式。

所谓“市场型按劳分配”不过是以雇佣劳动形式参与分配。程文认为：“市场型按劳分配首先表明的是要视劳动力同其他生产要素一样，可凭借自身的所有权参与分配，其次才表明要根据劳动力的实际有效支出或贡献，即有效劳动的数量和质量，来具体确定可分配的价值量或金额。”“在现阶段我国社会主义市场经济运行中，劳动价值论同市场型按劳分配有了一定的联系，……从宽泛的意义上说，公有制范围内的工资既是劳动力价值或价格的转化形式，也是市场型按劳分配的实现形式。”[⑤]“与计划经济相比，在市场经济条件下，等量劳动要求获得等量报酬这一按劳分配的基本内涵未变，所改变的只是实现按劳分配的形式和途径。……按劳分配市场化，即由劳动力市场形成的劳动力价格的转化形式——工资，是劳动者与企业在市场上通过双向选择签订劳动合同的基础，因而是实现按劳分配的

---

① 程恩富：《现代马克思主义政治经济学的四大理论假设》，《中国社会科学》2007年第1期。
② 程恩富：《现代马克思主义政治经济学的四大理论假设》，《中国社会科学》2007年第1期。
③ 《马克思恩格斯全集》第46卷（上册），人民出版社1979年版，第32页。
④ 《剩余价值理论》第3册，人民出版社1975年版，第55页。
⑤ 程恩富：《现代马克思主义政治经济学的四大理论假设》，《中国社会科学》2007年第1期。

前提条件和方式；……”[①] 这充分说明，程文根本没有搞清楚什么是按劳分配，什么是按要素所有权分配，完全混淆了劳动所得（劳动收入）和按劳分配的区别。按劳分配是以劳动者共同体——生产条件共同所有和联合劳动——为基础的。局部范围的按劳分配主体（劳动者共同体）可以是一个商品生产者，因而他们的劳动对外表现为价值。但是，在共同体的内部，是劳动直接交换的关系。在市场经济条件下，除了真正的共同体和个体生产者以外，劳动和所有权是分离的，劳动力作为商品进入市场并在社会范围内流动，劳动采取了雇佣劳动的形式，劳动力的价值或价格表现为工资（它只是全部价值的一部分）。这种分配方式是按要素所有权分配，而不是什么“市场型按劳分配”。工资是劳动收入，但不是按劳分配收入。

所谓“按贡分配形质说”没有表明分配方式的性质。程文说，“按生产要素贡献分配的表现形式，是按生产要素所有者在自身创造财富和价值过程中的具体贡献来分配的，而其经济实质则是按生产要素所有者在要素创造财富和活劳动创造价值过程中所贡献或提供的要素数量及其产权关系来分配的。这就是按生产要素贡献分配的形式与实质，……可简称为‘按贡分配形质说’”。[②] 简单地概括无非就是：按要素所有者的贡献分配是形式，而按要素贡献（或数量）及其产权关系分配是实质。其实，这种“形式”和“实质”的区别是根本不存在的，“按生产要素贡献分配”这种概括就是不科学的。如果“贡献”是指付出，那么，进入生产过程的所有要素——资本、土地、劳动等等——都作出了贡献；如果“贡献”是指价值创造和价值增殖，那么，只有活劳动才具有这种能力。“贡献”的主体可以有两种解释：一种是要素本身；另一种是要素所有者。程文的所谓“按贡分配形质说”在认识上毫无进展，要害是没有讲清楚这种分配方式的性质。通常所谓“按生产要素分配”，不过是“生产要素所有者凭借要素所有权及要素对资本增殖的贡献分配”的简化说法。其中，要素所有权是所有者参与分配的经济理由，而要素对资本增殖的贡献则是分配份额

① 程恩富：《现代马克思主义政治经济学的四大理论假设》，《中国社会科学》2007年第1期。
② 程恩富：《现代马克思主义政治经济学的四大理论假设》，《中国社会科学》2007年第1期。

的量的根据。“贡献”体现在资本增殖或实现利润上，但要素所有权对资本增殖没有任何贡献。假定产品都为市场所需要，那么“贡献”的大小决定于两个因素：一是要素价格——利息率、地租、工资率等等；二是要素数量。其中，要素价格是在要素市场上通过交换决定的。在诸要素所有权中，物质要素（表现为资本）的所有权具有决定的意义。这种分配方式与要素所有权和要素对资本增殖的贡献有关，而与价值的源泉无关。生产条件的所有权虽然不是被占有的价值的源泉，却是收入的源泉。马克思指出，“它们（指资本和土地——引者注）只有成为占有一部分价值即一部分物化在商品中的劳动的根据（条件），才是它们的所有者的收入的源泉。但是价值的分配，或者说，价值的占有，决不是被占有的价值的源泉。”[①]“按照我们所谈的理论，对于自然对象如土地、水、矿山等的私有权，对于这些生产条件，对于自然所提供的这种或那种生产条件的所有权，不是价值的源泉，因为价值只等于物化劳动时间；这种所有权也不是超额剩余价值即无酬劳动中超过利润所包含的无酬劳动的余额的源泉。但是，这种所有权是收入的一个源泉。”[②]

三、从人的本性理解“经济人”不是马克思主义的观点

程文将现代西方经济学的“经济人假设”归结为“完全自私经济人假设”，并概括为三个基本命题：经济活动中的人是自私的；经济活动中的人在行为上是理性的；在良好的制度中自私的行动会无意地增进公共利益。[③]程文对此提出质疑和修正，并提出了“利己和利他经济人假设”（己他双性经济人假设），即第三个理论假设，同样概括为三个基本命题：经济活动中的人有利己和利他两种倾向或性质；经济活动中的人具有理性与

① 《剩余价值理论》第1册，人民出版社1975年版，第74页。
② 《剩余价值理论》第2册，人民出版社1975年版，第36页。
③ 程恩富：《现代马克思主义政治经济学的四大理论假设》，《中国社会科学》2007年第1期。

非理性两种状态；在良好的制度中在增加集体或社会利益最大化过程中实现合理的个人利益最大化。[①] 表面看上去似乎是克服了前者的片面性，但对“经济人”本身未能作出科学的解释，而是仍然从人的本性出发理解经济人，仍然在西方经济学的框框中兜圈子。从马克思主义的观点看问题，这个“经济人假设”和前者一样，同样是脱离实际和不科学的。

（一）两种“经济人假设”都是不科学的

两种“经济人假设”——“完全自私经济人假设”和“利己和利他经济人假设”，尽管有明显的区别，但对“经济人”本身的理解上都是不科学的。

两种“经济人假设”都是从人的本性出发的，而不是从一定的生产力和生产方式出发的，因而都不是经济范畴。两种“经济人假设”的区别主要在于：程文不仅强调了人和动物在感情、理智和理性方面的区别，而且强调了在不同制度环境下人的本性的区别。但二者的区别并不排斥它们有两个基本的共同点：第一，二者所说的人的本性和行为，都只是与动物相区别的一般人的行为，而不是一定生产方式中人的经济行为；第二，二者都是从抽象的人的“情感”“理智”“理性”出发的，而不是从现实的生产关系和这种关系的承担者出发的。

只有在经济关系的人格化意义上，“经济人”才可以成为一个经济范畴。在“经济人”的问题上，尽管程文声称坚持了“唯物主义”，但实际上已经离开了唯物史观。问题不是不能使用“经济人”这个概念，而是在什么意义上使用。马克思并没有使用过“经济人”范畴，但是，我们可以从他的有关论述中得到方法论上的启示。他指出：“我决不用玫瑰色描绘资本家和地主的面貌。不过这里涉及的人，只是经济范畴的人格化，是一定的阶级关系和利益的承担者。我的观点是把经济的社会形态的发展理解为一种自然史的过程。不管个人在主观上怎样超脱各种关系，他在社会意

---

① 程恩富：《现代马克思主义政治经济学的四大理论假设》，《中国社会科学》2007 年第 1 期。

义上总是这些关系的产物。”① “在研究进程中我们会看到，人们扮演的经济角色不过是经济关系的人格化，人们是作为这种关系的承担者而彼此对立着的。”② 可见，如果我们把“经济人”理解为一定社会生产方式中的人，一定经济关系的承担者和人格化，那么，“经济人”就可以成为政治经济学的一个经济范畴。不过在这个意义上，“经济人”就不再是一个“假设”，而是客观存在的现实；作为经济关系人格化的“经济人”范畴，就完全不同于流行的“经济人假设”了。

（二）“利己和利他经济人假设”是同现实的生产方式相脱离的

程文的“利己和利他经济人假设”中的“三个基本命题”是：第一，“作为逐渐脱离动物界和超越动物本能的人类，具有极其丰富的情感和理智，不是单纯地表现为完全的自私性”。第二，“与一般自然界的动物相比，人是有理性的动物”。第三，“在私有经济范围内，个人追求自身利益最大化的自由行动会无意而正负效应程度不同地增减社会公共利益”，而“在社会公有经济范围内，良好的经济制度会使经济活动中的人在增进集体利益或社会利益最大化的过程中实现合理的个人利益最大化”。③ 这种貌似全面而又加入制度因素的观点，是完全同现实的生产方式和经济关系相脱离的，因而并不会更具有科学性。

抽象地谈论“利己”和“利他”是同唯物主义历史观相背离的。程文说：“利己与利他、主观与客观之间的典型组合有四种：主观利己，客观利己；主观利他，客观利他；主观利己，客观利他；主观利他，客观利己。”④ 这纯粹是按照排列组合的抽象数学原理组合起来的，不仅和现实的生产方式相脱离，而且也和程文自己的基本命题相矛盾。在这些组合中，完全看不出小生产方式、资本主义生产方式、共产主义生产方式之间的区

---

① 《资本论》第 1 卷，人民出版社 2004 年版，第 10 页。
② 《资本论》第 1 卷，人民出版社 2004 年版，第 104 页。
③ 程恩富：《现代马克思主义政治经济学的四大理论假设》，《中国社会科学》2007 年第 1 期。
④ 程恩富：《现代马克思主义政治经济学的四大理论假设》，《中国社会科学》2007 年第 1 期。

别，因而也就和政治经济学没有关系。在程文的第一个命题中，确认人类具有自私性是既定的前提，只是“不是单纯地表现为完全的自私性”。也就是说，人总是同时兼有利己和利他两种行为。这样一来，至少“主观利他，客观利他”和“主观利己，客观利己”这两种情况就都不能成立了。

“利己和利他经济人假设”没有超出西方经济学的狭隘眼界。程文认为西方经济学“完全自私经济人假设”的理念存在八个误点：功利主义，预设主义，历史唯心论，形而上学，经济—道德二元悖论，唯理论，人类低级本能的意识，“店老板”的狭隘思维和人性异化心理。然而程文自己的认识并没有超出西方经济学的狭隘眼界，而似乎只在于克服西方经济学“完全自私经济人假设”的“片面性”。尽管程文声称“受马克思的思想启迪”，但程文的假设和前者的区别只是在于认为：“人类具有极其丰富的情感和理智”“人是有理性的动物”“私有制必然从根本上限制良好经济制度和体制的建立和健全”。[①] 其实，马克思的经济理论和西方经济学的区别，不在于是否承认人类有没有或在多大程度上具有感情、理智和理性；而是在于，马克思从来没有离开人类社会的发展阶段和经济条件，抽象谈论私有制的优劣。

（三）抽象的“共产制”或“公有制”不能和“良好的经济制度”画等号

程文说，“良好的经济制度会使经济活动中的人在增进集体利益或社会利益最大化的过程中实现合理的个人利益最大化”。所谓“良好的经济制度”就是“共产制”或“公有制”，而绝不能是私有制。因为公有制是利他的，私有制是利己的。“在私有经济范围内，个人追求自身利益最大化的自由行动会无意而正负效应程度不同地增减社会公共利益”；而“在社会公有经济范围内，良好的制度会使经济活动中的人在增进集体利益和社会利益制度的过程中实现合理的个人利益最大化”。[②] 其实，抽象的“共

① 程恩富：《现代马克思主义政治经济学的四大理论假设》，《中国社会科学》2007年第1期。
② 程恩富：《现代马克思主义政治经济学的四大理论假设》，《中国社会科学》2007年第1期。

产制”或“公有制”并不等于“良好的经济制度”。

判断经济制度是否良好的根本标准是生产力标准，而不是“利他”。以唯物主义历史观看问题，用“好”还是“不好”来区分经济制度并不科学。任何一种经济制度都是历史性的，都只同一定的生产力相适应，同落后的经济制度相比都是一种进步。所谓“良好的经济制度”只在于同现实的生产力相适应。“利己”和“利他”根本不是经济制度是否“良好”的判断标准。在“己”和“他”这种抽象概念中，不同时代、不同生产方式、不同阶级的区别完全不见了。难道有利于奴隶、农奴、雇佣工人不也可以是“利己”吗？有利于奴隶主、农奴主、资本家不也可以是“利他”吗？难道在任何情况下，利他都是“良好的经济制度”，而利己都是“不好的经济制度”吗？在市场经济中，有利于雇佣工人的法律政策可能不利于企业主，这能够用“利己”和“利他”来说明吗？资本主义生产方式是对立生产方式中的最发达形式，在程文看来可能不属于“良好”之列，但马克思却不这么看。他指出：“李嘉图把资本主义生产方式看作最有利于生产、最有利于创造财富的生产方式，对于他那个时代来说，李嘉图是完全正确的。他希望为生产而生产，这是正确的。……为生产而生产无非是发展人类的生产力，也就是发展人类天性的财富这种目的本身。如果像西斯蒙第那样，把个人的福利同这个目的对立起来，那就是主张，为了保证个人的福利，全人类的发展应该受到阻碍，因而，举例来说，就不能进行任何战争，因为战争无论如何会造成个人的死亡。……这种议论，就是不理解：‘人’类的才能的这种发展，虽然在开始时要靠牺牲多数的个人，甚至靠牺牲整个阶级，但最终会克服这种对抗，而同每个个人的发展相一致；因此，个性的比较高度的发展，只有以牺牲个人的历史过程为代价。……因为在人类，也象在动植物界一样，种族的利益总是要靠牺牲个体的利益来为自己开辟道路的，其所以会如此，是因为种族的利益同特殊个体的利益相一致，这些特殊个体的力量，他们的优越性，也就在这里。”“由此可见，李嘉图的毫无顾忌不仅是科学上的诚实，而且从他的立场来说也是科学上的必要。因为对李嘉图来说，生产力的进一步发展究竟是毁灭土地所有权还是毁灭工人，这是无关紧要的。如果这种进步使工业资产阶级的资本贬值，李嘉图也是欢迎的。……如果说李嘉图的观点整个说来符合工业资产阶级的利益，这只是因为工业资产阶级的利益符合生产的利益，或者说，符合人类劳动生产率发展的利益，并且以此为限。”①

所有制形式是历史的，政治经济学不能抽象地谈论公有制和私有制。如何认识所有制，是马克思经济理论中的一个重大问题。迄今为止，许多学者都把所有制形式仅仅归结为抽象的私有制和公有制，而且认为，公有制一定比私有制好，甚至认为，以公有制代替私有制就是社会主义。程文也是如此。这是极大的误解。这说明，这些学者不懂得所有制的本质和历史性质。马克思指出，所有制形式是“劳动对它的客观条件的关系”②，是人们“对生产条件的一定关系”③，是劳动者和生产资料“结合的特殊方式和方法”。④人们对生产条件的关系，从而劳动者和生产资料结合的方式和方法，是各种各样的，其性质是各不相同的。所有制本质上是生产的社会形式，是生产关系的总和。无论是公有制还是私有制，都有不同的历史形式，体现不同的经济关系。马克思除了从私有和公有这个角度区分所有制形式以外，更多的是从劳动者和生产条件相统一还是相分离的角度来区分的。古代共同体和未来的共产主义社会都是统一的形式，但有天壤之别；分离的形式只有资本主义生产方式。马克思指出：“政治经济学在原则上把两种极不相同的私有制混同起来了。其中一种以生产者自己的劳动为基础，另一种以剥削他人的劳动为基础。它忘记了，后者不仅与前者直接对立，而且只是在前者的坟墓上成长起来的。”⑤

---

① 《剩余价值理论》第2册，人民出版社1975年版，第124－125页。
② 《马克思恩格斯全集》第46卷（上册），人民出版社1979年版，第511页。
③ 《马克思恩格斯全集》第46卷（下册），人民出版社1980年版，第105页。
④ 《资本论》第2卷，人民出版社2004年版，第44页。
⑤ 《资本论》第1卷，人民出版社2004年版，第876页。

经济体制不是独立于所有制形式之外并与之并列的关系。程文认为，决定公平程度和效率高低的，有两个因素：一是所有制（公有制或私有制）形式，二是体制的优劣。能够达到最公平和高效率的“结合链”，是“公有制→体制优越→最公平→高效率”。[①] 在这里，程文把所有制形式和经济体制区别开来了，但问题在于如何认识二者之间的关系。本来，在英文中，经济体制和经济制度是一回事。在我国，经济体制被定义为具体的经济制度，主要包括：经济形式和经济机制；公有制的实现形式（资本的组织形式和企业的经营方式）；分配方式等。公有制经济体制改革，就是在公有财产法律所有权保持不变的前提下，变革以上各个方面的关系。但是，第一，我国的经济体制改革已经大大超出了“具体经济制度”的范围，已经开始变革“基本经济制度”了；第二，所有制和所谓的经济体制不是平列的关系。所有制是生产的社会形式，生产关系的总和。即使狭义地理解所有制——财产关系，也不仅仅是法律所有权这个层次，还包括经济所有权。其实，构成经济体制的上述几个方面都属于所有制关系。一旦这些关系发生了变化，所有制本身也就发生变化了；或者说，这些关系的变化正是所有制发生一定变化的结果。计划经济（实际上是统制经济）之所以能够转变为市场经济，正是因为所有制关系已经发生了不同程度的变化。除了所有制结构的调整以外，还有公有资产法律所有权和经济所有权的分离，劳动和所有权的分离；而分配关系的变化不过是这两个分离的表现。公有制实现形式的多样化，实际上是在公有制经济中引入了私有制和雇佣劳动的因素（内含的方面和外延的方面）；资本要素所有权之所以能够参与分配，是因为存在资本和雇佣劳动的关系。然而，在程文那里，体制似乎成了独立于所有制之外并与之并列的关系，体制的变革似乎不影响所有制关系。这是不确切的。另外，所谓“体制优越”，绝不是使所有的劳动者和社会成员都感觉“良好”，而是使生产的社会形式同生产力相适应。

---

① 程恩富：《现代马克思主义政治经济学的四大理论假设》，《中国社会科学》2007 年第 1 期。

四、马克思主义政治经济学不从抽象的资源和需求约束出发

现代西方经济学认为，资源是有限的，而需求是无限的。程文将其归结为“资源有限与需求无限论”或“单约束假设”。但程文认为，需求也是有限的，因而将这个假设修改为“资源和需要双约束假设”，即程文的第三个理论假设。诚然，确认资源和需求有限还是无限，无疑是重要的，需要进一步研究。但问题是，程文也和西方经济学一样，把资源配置本身看作是政治经济学的研究对象，而把生产的社会形式看作是资源配置的方法。这个观点是值得商榷的。

（一）抽象的资源配置机制本身不是马克思经济理论的重点研究对象

在程文看来，那种认为“马克思主义经济学研究的是生产关系，而西方经济学研究的是社会稀缺资源的配置”的观点是一种“误解”。[①] 其实，发生误解的恰恰是程文。

马克思经济理论的研究对象是生产的社会形式。人类的社会生产包括两个方面：一方面是生产的物质内容；另一方面是生产的社会形式。政治经济学的研究对象是生产的社会形式，而不是物质内容，或者说，是生产方式以及同它相适应的分配方式和交换方式。在研究生产的社会形式所必要的范围内，也考察生产的物质内容；这是因为，研究生产的社会形式就是为了阐明现实的社会形式同生产力是否相适应，以及适应的程度，从而揭示社会形式变化和经济运动的规律性。但是，对物质内容的专门研究是生产力学、生产要素学、工艺学、商品学的任务。把生产的社会形式作为政治经济学的研究对象，既不是因为生产的物质内容对于生产力的发展不重要，也不是因为马克思的政治经济学是革命的理论，而是因为合乎科学性要求。马克思指出：“政治经济学所研究的是财富的特殊社会形式，或者不如说是财富生产的特殊社会形式。财富的材料，不论是主体的，如劳

---

① 程恩富：《现代马克思主义政治经济学的四大理论假设》，《中国社会科学》2007 年第 1 期。

动，还是客体的，如满足自然需要或历史需要的对象，对于一切生产时代来说最初表现为共同的东西。因此，这种材料最初表现为单纯的前提。这种前提完全处在政治经济学的考察范围之外，而只有当这种材料为形式关系所改变或表现为改变这种形式关系的东西时，才列入考察的范围。”① 恩格斯也指出：“政治经济学，从最广的意义上说，是研究人类社会中支配物质生活资料的生产和交换的规律的科学。”② “经济学所研究的不是物，而是人和人之间的关系，归根到底是阶级和阶级之间的关系；可是这些关系总是同物质结合着，并且作为物出现。”③ 在资本主义生产方式处于支配地位的社会中，政治经济学所要研究的，“是资本主义生产方式以及和它相适应的生产关系和交换关系”，“最终目的就是揭示现代社会的经济运动规律”。④ 其中，“政治经济学核心问题即剩余价值理论”。⑤ “研究剩余价值如何产生的问题，从重农学派直到现代都是政治经济学上的最重要的问题”。⑥

科学的经济理论从不离开生产的社会形式抽象地考察资源配置。“资源配置”这个概念出自西方经济学，主要研究以何种所有制形式、经济形式和经济机制（市场或者政府），能够更有效和更合理地分配经济资源或生产要素（人的要素和物的要素）。既然西方经济学认为私有制是既定的和不变的前提，那么影响资源配置的主要是经济形式和经济机制。资源配置就其内容来说，就是如何将经济资源配置到效率最高的企业和最符合市场需要的产业部门，这同生产力发展的要求是一致的，因而其重要性是毋庸置疑的。马克思所讲的社会总劳动和社会总资本的分配，资本的循环和周转，社会总资本的再生产，固定资本的节约，对自然力的利用等等，都涉及资源配置问题。但资源稀缺在很大程度上是一个历史概念，与人类利

① 《马克思恩格斯全集》第 46 卷（下册），人民出版社 1980 年版，第 383 页。
② 《马克思恩格斯选集》第 3 卷，人民出版社 1995 年版，第 489 页。
③ 《马克思恩格斯选集》第 2 卷，人民出版社 1995 年版，第 44 页。
④ 《资本论》第 1 卷，人民出版社 2004 年版，第 8、10 页。
⑤ 《资本论》第 2 卷，人民出版社 2004 年版，第 4 页。
⑥ 《马克思恩格斯全集》第 47 卷，人民出版社 1979 年版，第 25 页。

用资源的社会形式和能力有关；资源配置不是抽象一般的概念，而总是在一定的生产方式中进行的。在生产力发展的不同阶段和不同的生产方式中，无论是配置的方式，还是配置的有效性和合理性的标准，都是不同的。因此，马克思的经济理论虽然并不排斥对“生产一般”的考察，但从不离开生产的社会形式抽象地考察资源配置。就政治经济学的研究对象来说，马克思主义政治经济学和西方经济学的区别在于：是以一定的生产方式为重点研究对象，并在对生产方式的考察中考察经济形式和资源配置，还是以资源配置为重点研究对象，把所有制形式和经济形式作为资源配置方式方法。抽象地谈论资源配置是没有意义的。一方面，资源如何配置以及是否合理和有效，完全取决于生产方式的性质。在所有落后的和对立的生产方式中，资源配置的合理性和有效性都会受到历史的局限。另一方面，资源配置合理和有效的标准是历史的，完全依生产方式的性质为转移。在劳动者作为生产过程主人的情况下，基本的标准是满足需要、提高劳动生产率和节约资源；在资本主义生产方式中，决定性的标准是最大限度地实现资本增殖。马克思指出：“资本主义生产……是最节省物化劳动，即物化在商品中的劳动的。但同时，资本主义生产比其他任何一种生产方式都更加浪费人和活劳动，它不仅浪费人的血和肉，而且浪费人的智慧和神经。实际上，只有通过最大限度地损害个人的发展，才能在作为人类社会主义结构的序幕的历史时期，取得一般人的发展。”①

（二）马克思不是把所有制关系作为资源配置的方式来研究的

程文说，“现代马克思主义政治经济学和现代西方主流经济学的区别不在于要不要研究资源配置，而在于怎样研究资源配置，即以何种方法来研究资源配置问题”。前者不同于后者的“重要区别”在于，“认为社会资源的配置，不仅包含计划或市场的配置方式，而且是公有或私有的配置方式”。② 意思是说，公有或私有也和计划或市场一样，都是资源配置的不同

① 《马克思恩格斯全集》第 47 卷，人民出版社 1979 年版，第 190 页。
② 程恩富：《现代马克思主义政治经济学的四大理论假设》，《中国社会科学》2007 年第 1 期。

方式。这就不仅把所有制和运行机制放在了同一个层次，而且颠倒了所有制和资源配置的关系。

程文关于资源配置的基本观点和西方经济学没有“重要区别”。在西方经济学中，特别是在“比较经济制度学”中，经济学家们从来没有忽视所有制形式对资源配置的决定性影响，而是把私有制形式作为既定的前提，作为最合理的所有制形式。西方经济学就是从资源配置出发，批评社会主义国家的经济制度的。因此，并不是程文的“现代马克思主义政治经济学”和西方经济学有什么“重要区别”，而是程文和西方经济学同马克思的经济理论存在“重要区别”。区别就是，马克思从来不把抽象的资源配置作为政治经济学的研究对象，而是在对一定生产方式的考察中考察资源配置。

所有制形式不是资源配置的方式方法，而是生产的社会形式。在程文看来，资源配置有两套配置方式：一种是计划或市场的配置方式；另一种是公有或私有的配置方式。程文不仅把计划和市场同公有制和私有制平列起来了，而且公有制和私有制是作为资源配置的方式方法出现的。在马克思那里，所有制形式不是资源配置的方式方法，而是生产的（经济的）社会形式；而资源配置的不同形式或机制——自然调节，市场调节，政府调节，社会调节等等——是由不同的所有制形式和生产方式决定的，而不是相反。

公有制和私有制都有不同的历史形式，资源配置的形式也不同。在程文那里，公有制和私有制都是抽象的，抹杀了不同的历史形式。马克思认为，公有制和私有制都有不同的历史形式，这些不同的形式决定了不同的经济形式和资源配置方式。例如，在孤立封闭的自然经济条件下，或者在简单商品生产条件下（商品生产只是补充形式，不是“用商品生产商品”），无论是古代共同体还是私有制形式，都不可能也不需要通过市场配置资源；在商品生产普遍化（市场经济）和资本主义生产方式条件下，资源配置的基本形式是市场机制；在马克思所说的未来共产主义社会中，资源配置的唯一形式是社会统一组织和有计划地调节。

（三）作为现代市场经济主要基础的所有制形式不是公有制

程文把现代市场经济体制划分为“私有制主体型的资本主义市场经济体制”和“公有制主体型的社会主义市场经济体制”，并认为，“倘若公有制主体型的社会主义市场经济体制操作得法”就可以更好地实现“资源利用的极优化、需求满足的极大化”。[①]这个观点似乎为社会主义市场经济提供了理论支持，但目前只是一个“假设”而已。程文至少犯了一个逻辑上的错误，即把一个从特殊发展道路中得出的初步结论普遍化了。

必须从历史经验和理论上搞清楚市场经济的存在条件和经济实质。“市场经济”属于西方经济学概念，是从交易方式而不是从生产方式概括的经济形式。所谓市场经济，就是通过商品交换和价值形式实现社会经济联系和资源配置的经济形式。市场经济以商品生产为基础，但不是简单商品生产，而是商品生产的普遍化，商品生产的发达阶段和现代形态。商品生产需要两个基本条件：一个是社会分工；另一个是独立的产权主体（极端形式是私有制）。市场经济作为普遍化的商品生产，除了上述两个条件外，还必须有第三个条件，就是劳动和所有权的分离，劳动采取雇佣劳动的形式。进入流通过程的商品，可以来自完全不同的生产方式；但在市场竞争中，能够成为主体形式的必然是资本主义生产方式（而不管资本是私人资本，还是国家资本、集体资本）。因此，在市场经济中，基本的经济关系是资本和雇佣劳动的关系。所以，市场经济是一定经济条件的产物，而市场经济本身就是一种特殊的经济关系。

“公有制主体型市场经济”不会成为市场经济的主体形式。在当今世界，从财产法律所有权的角度看问题，市场经济体制大体有两种类型：一种是以私有制为基础的市场经济；另一种是以公有制为主体的市场经济。一般的规律是：凡是自然形成和演变而来的市场经济，都以私有制为基础。凡是后发展国家，国有经济的比重都比较大，但私有制仍然是基本形式。我国作为在落后条件下走上社会主义道路的国家，所有制结构以公有

---

① 程恩富：《现代马克思主义政治经济学的四大理论假设》，《中国社会科学》2007 年第 1 期。

制为主体——公有资产占优势，国有经济为主导。如果说前者是一般形式，那么，后者则是一种特殊形式。“特殊”主要在于两个方面：一方面是走了一条特殊的发展道路——社会主义道路；另一方面是市场经济体制由传统的计划经济体制转变而来。显然，我国的“社会主义市场经济”应当视为一种例外。公有制为主体适合于我国现阶段的经济条件，但未必适合于非社会主义国家。必须明确，不是商品生产和市场经济形式本身要求以公有制为主体，而是特殊的发展道路要求公有制为主体。历史经验证明，能够自然地同市场经济相适应的所有制形式，不是公有制，而是私有制；不是联合劳动，而是雇佣劳动。因此，“公有制主体型市场经济”不会成为市场经济的主体形式。

“公有制主体型市场经济”和一般市场经济的区别是有限的。“公有制主体型的社会主义市场经济体制”和“私有制主体型的资本主义市场经济体制”之间的实际区别，远不像抽象概念表明的那样大。我们对“公有制”“主体”“社会主义”的现实关系的认识，决不能停留在抽象的概念上。这主要是因为，中国社会主义的初级阶段和当代资本主义社会都处于人类社会的第二阶段，这两种社会形态纵然存在质的区别，但并不是直接对立物。具体地说，第一，为了同市场经济相适应，公有制的比重不可能太高。我国的“公有制”经济主要是国有经济，集体所有制经济比重已经很小；而国有经济本身不等于社会主义公有制，它只是未来社会所有制的基础和雏形。第二，在国有经济那里，为了使公有制的实现形式同市场经济相适应，劳动和所有权发生了分离，国有资产的法律所有权和经济所有权也发生了不同程度的分离，劳动方式发生了根本的变化，所谓的公有制主要体现在法律所有权层次上。第三，所谓“公有制为主体”主要是公有资产占优势（主要是质的优势）和国有经济发挥控制力，非公有制经济已经成为重要组成部分。在我国体制改革的过程中，公有资产的比重一直呈下降的趋势。这既是发展市场经济的客观要求，也是在价值形式的作用下部分公有制经济解体的结果。因此，从经济所有权和生产方式来看，两种不同类型市场经济的区别就很有限了。我们还要注意到，公有制为主体固然具有特殊的优势，但在市场经济环境中也暴露出许多弊端。因此，公有制能够“主体”到什么程度，还有待于今后的实践证明。程文显然注意到这一点，但不是进一步探索与我国市场经济相适应的经济条件和制度基础，而是把实现“资源利用的极优化、需求满足的极大化”的希望寄托于“操作得法”。究竟什么叫“操作得法”，我们不得而知。

五、经济公平和经济效率不构成人类社会的基本矛盾

在西方主流经济学看来，公平和效率是此消彼长的交替关系。于是，就产生了应当何者优先的不同的观点。在我国经济理论界，“效率优先、兼顾公平”的观点一度处于主导地位。对此，程文有自己的独立见解。程文把西方经济学的观点概括为“公平与效率高低反向变动论”，而把自己的观点概括为“公平与效率互促同向变动论”。但是，程文非但没有对公平和效率的含义和相互关系作出科学的解释，反而得出了公平的程度和效率的高低完全以公有制或私有制为转移的主观结论。

（一）公平和效率都不是抽象一般的范畴

程文认为，“经济学意义上的公平，是指有关经济活动的制度、权利、机会和结果等方面的平等和合理”。①“经济学意义上的效率，是指经济资源的配置和产出状态。……最高效率意味着资源处于最优配置状态，……”②程文并没有说明什么叫“平等和合理”；至于对效率的看法，并没有超出西方经济学的眼界。按照唯物主义历史观，公平和效率都是历史范畴，只是处在不同的层次上。

公平作为历史范畴是以现实的生产力和生产的社会形式为转移的。一

① 程恩富：《现代马克思主义政治经济学的四大理论假设》，《中国社会科学》2007年第1期。
② 程恩富：《现代马克思主义政治经济学的四大理论假设》，《中国社会科学》2007年第1期。

方面，在不同的生产力、生产方式和经济制度中，公平包含着不同的内涵；另一方面，在每一种特定的经济关系中，处于不同经济地位的当事人有完全不同的公平观念和评价标准。在所有阶级社会中，站在所有者和统治阶级的立场看问题，凭借生产条件的垄断权占有他人剩余劳动是天经地义的；而站在劳动者和被剥削阶级的立场看问题，则是剥削关系。在商品生产和市场经济社会中，公平只是意味着市场准入、等价交换、自由竞争、差距适度等等。但是，“平等竞争”的结果却是优胜劣汰和经济上的分化；“等价交换”的背后却是资本家对剩余劳动的无偿占有。所谓“公平”，充其量是力求把居民收入差距保持在雇佣工人和资本家都可以接受的限度以内。但是，两极分化的结果恰恰是市场经济形式带来的，缩小差距的希望只能寄托于政府的转移支付。而这种转移支付和差距的缩小，只有到市场经济发展到较高的程度才有可能。因此，越是落后的市场经济国家，贫富差距越大。马克思曾经一针见血地指出：“什么是‘公平的’分配呢？难道资产者不是断言今天的分配是‘公平的’吗？难道它事实上不是在现今的生产方式基础上唯一‘公平的’分配吗？难道经济关系是由法权概念来调节，而不是相反，从经济关系中产生出法的关系吗？难道各种社会主义宗派分子关于‘公平的’分配不是有各种极为不同的观念吗？”他还指出，按劳分配固然体现了以劳动为尺度的平等权利，但这种平等的权利仍然被限制在资产阶级的框框里，对不同的劳动者来说是不平等的权利。要避免所有这些弊病，权利就不应当是平等的，而应当是不平等的。①其实，真正意义上的公平不是适度的差距，而是消灭阶级和每个人的自由全面发展。恩格斯指出，无产阶级的平等要求，无论是作为革命的本能对阶级对立的自发反应，还是从对资产阶级平等要求的反应中产生的，它的“实际内容都是消灭阶级的要求。任何超出这个范围的平等要求，都必然要流于荒谬”。“平等的观念，无论以资产阶级的形式出现，还是以无产阶级的形式出现，本身都是一种历史的产物。这一观念的形成，需要一定的

① 《马克思恩格斯选集》第3卷，人民出版社1995年版，第302−305页。

历史条件，而这种历史条件本身又以长期的以往的历史为前提。”①

效率同样是历史范畴，而且具有不同层次的含义。程文没有把经济效率和资源配置效率区别开来，没有把不同生产方式的经济效率区别开来，没有把微观效率和宏观效率区别开来，因而并没有在西方经济学的基础上有所前进。在“生产一般”这个层次上，效率就是劳动生产率，适用于任何生产方式和历史时代。但效率总是打上历史性的社会形式的烙印。在非商品生产的场合，效率是以使用价值衡量的劳动生产率；在商品生产的场合，效率是以交换价值来衡量的，甚至是以价格总额的形式衡量的（增加值或 GDP 就是如此）；在资本主义生产方式中，劳动的生产力表现为资本的生产力，因而效率也就表现为资本增殖的效率，即剩余价值率或资本利润率。此外，在所有的社会生产中，效率都区分为单个生产者内部的效率（微观效率）和社会生产的效率（宏观效率）。宏观效率自然是以合理的资源配置为基础的，在这个意义上，宏观效率和资源配置的效率是一致的。但是，在资本主义生产方式中，资源配置效率总是服务于资本增殖效率的。

（二）公平和效率不构成人类社会的基本矛盾

程文认为，“经济公平和经济效率是人类经济社会中的一对基本矛盾，……这两大目标之间的内在关联和制度安排，就成为各派经济学解答不尽的两难选择”。② 把公平和效率视为一对基本矛盾和存在内在关联的观点是难以成立的。

政治经济学中的“基本矛盾”通常是指生产关系和生产力、上层建筑和经济基础之间的矛盾。程文把社会公平和经济效率看作是人类社会的基本矛盾，包含两层意思：一是认为公平和效率之间一定存在矛盾；二是把这个假设的矛盾视为政治经济学的“基本矛盾”。这是不能苟同的。基本

---

① 《马克思恩格斯选集》第 3 卷，人民出版社 2004 年版，第 448 页。

② 程恩富：《现代马克思主义政治经济学的四大理论假设》，《中国社会科学》2007 年第 1 期。

矛盾是人类社会中具有决定意义的、体现一定社会形态独特性质的矛盾，因而是不能随便使用的。当生产关系同生产力、上层建筑同经济基础不相适应的时候，基本矛盾就暴露无遗了。就资本主义生产方式来说，马克思认为："总的说来，矛盾在于：资本主义生产方式包含着绝对发展生产力的趋势，而不管价值及其中包含的剩余价值如何，也不管资本主义生产借以进行的社会关系如何；而另一方面，它的目的是保存现有资本价值和最大限度地增殖资本价值（也就是使这个价值越来越迅速地增加）。它的独特性质是把现有的资本价值用作最大可能地增殖这个价值的手段。它用来达到这个目的的方法包含着：降低利润率，使现有资本贬值，靠牺牲已经生产出来的生产力来发展劳动生产力。"[①] 简单地说，就是资本主义的生产目的和手段方法的矛盾。马克思也赞同西斯蒙第的下述概括：一方面是生产力的无限制的发展和财富的增加；另一方面是生产者群众却局限在生活必需品的范围内。[②] 恩格斯认为，资本主义社会一切矛盾的基本矛盾，是生产社会化和资本主义占有方式的矛盾。[③] 资本主义的基本矛盾是导致周期性经济危机的根源。

公平和效率作为不同层次的范畴并不必然存在矛盾。一般地说，公平是就人们之间的社会关系（首先是经济关系）来说的；效率是就劳动投入和产出结果的关系来说的。只要是历史地看问题，二者之间并不必然存在矛盾。包含剥削关系的资本主义生产方式，同样可以具有很高的效率。马克思认为，资本主义生产方式是一种对立的生产方式和划时代的剥削方式。从工人阶级的立场看问题，自然是不公平的。但他同时认为，"资本关系具有较高的生产效率"。"第一，因为在资本关系下，关心的问题是劳动时间本身，是交换价值，而不是产品本身或使用价值；第二，因为自由的工人只有出卖他的劳动，他才能满足他的生活需要，也就是说，迫使

① 《资本论》第 3 卷，人民出版社 2004 年版，第 278 页。
② 《剩余价值理论》第 3 册，人民出版社 1975 年版，第 55 页。
③ 《马克思恩格斯选集》第 3 卷，人民出版社 1995 年版，第 19 页。

他出卖他的劳动的，是他自身的利益，而不是外界的强制。”①“资本主义生产方式的趋势和结果就在于：不断提高劳动生产率，从而不断增加被同一追加劳动转化为产品的生产资料的数量，也可以说，不断把新加劳动分配在更多的产品量上，从而降低单个商品的价格，或者使商品价格普遍变便宜。”②可见，资本主义生产方式不仅有很高的效率，而且是内在的。相反，历史上没有剥削关系的生产方式，例如，在原始共同体和孤立封闭的个体经济的场合，劳动生产率却是最低的。

公平和效率之间的“矛盾”是以对各自含义的不对称界定为前提的。在不少人那里，所谓公平是指收入的均等化，或者把收入差距保持在一定限度之内；在另一些人那里，把只有在未来才能实现的无阶级的公平作为当前的目标来追求。所谓效率则是指市场经济的效率，即价值形式的效率，特别是价值增殖的效率，效率的基本标志是企业的高赢利和社会GDP的高增长。很显然，对公平和效率含义的界定没有放在同一种条件之下，是不对称的，因而必然存在观念上的矛盾。实际上，这已经不是公平和效率的矛盾，而是主观的公平要求（或者是“大锅饭”，或者是较小的差距，或者是消灭阶级）和市场经济效率的矛盾。这纯粹是头脑里想象出来的虚幻的矛盾。如果我们把公平和效率都看作是历史范畴，都放在现代市场经济条件下来谈论二者之间的关系，那么，就不会认为公平和效率之间存在此消彼长的矛盾和冲突。

（三）公平和效率之间同样不存在此长彼长、此消彼消的正相关联系

程文一方面认为公平和效率是一对“基本矛盾”和“两难选择”，另一方面又认为二者可以具有“正相关联系”。程文认为：“高效率是无法脱离以合理的公有制为基础的公平分配的。”“经济活动的制度、权利、机会和结果等方面越是公平，效率就越高；相反，越不公平，效率就越低。当

① 《马克思恩格斯全集》第47卷，人民出版社1979年版，第258－259页。
② 《马克思恩格斯全集》第49卷，人民出版社1982年版，第16页。

代公平与效率最优结合的载体之一是市场型按劳分配。”“公平与效率具有正相关联系，二者呈此长彼长、此消彼消的正反同向变动的交促关系和互补性。”① 这种见解是难以成立的。

迄今为止的人类历史不能证明公平和效率之间存在正相关联系。满足人类生存、享受和发展的需要，是社会生产的一般目的；要实现这一目的必须不断提高劳动生产力。因此，发展劳动生产力是人类社会永恒的主题。这就要求，生产的社会形式必须同生产力相适应。人类社会和人本身的进步就是生产力不断发展的结果和表现。但是，在相当长的历史进程中，同生产力相适应的社会形式或生产关系，相对于劳动者而言并不是公平的关系，或者说，并不允许达到公平的程度。例如，奴隶制代替原始共同体，并不是因为它更加公平，而是因为它更有利于生产力的发展。在相当长的历史阶段中，资本主义生产方式是同生产力相适应的生产方式，“资产阶级在它的不到一百年的阶级统治中所创造的生产力，比过去一切世代创造的全部生产力还要多，还要大”。② 但是，我们不能认为它是公平的生产方式。和市场经济体制相比，传统的社会主义计划经济体制是缺乏效率的，同时也存在违背按劳分配的不公平问题。但总体而言，我们不能说它比市场经济更加不公平。在市场经济条件下，失业和较大的贫富差距是不可避免的，甚至是它的题中应有之义。

市场经济的高效率来自“合理的公有制”的判断不准确。程文断言“高效率是无法脱离以合理的公有制为基础的公平分配的”。什么叫“合理的公有制”？可以有不同的答案：按照唯物主义历史观，以生产力标准来衡量，只有同现实的生产力相适应的公有制才是合理的公有制。从共产主义者的理想来说，只有高级形态的社会所有制才是合理的公有制。我国现阶段的公有制是低级形态的公有制，是与私有制同时并存、私有制成为重要组成部分条件下的公有制；大量的是由国家和政府代表并与行政权力

---

① 程恩富：《现代马克思主义政治经济学的四大理论假设》，《中国社会科学》2007 年第 1 期。
② 《共产党宣言》，人民出版社 1997 年版，第 32 页。

相结合的公有制；是具有地域性质或局部性质的公有制（它们之间不仅存在巨大差别，而且就像不同的所有者一样互相对待）；公有制采取了多种实现形式（在很多场合，公有资产的法律所有权和经济所有权是分离的，劳动和所有权是分离的，劳动采取了雇佣劳动的形式）。这样的公有制是"合理"的吗？从一个方面看它是合理的，因为同"一大二公三纯"的公有制相比，能够更有利于生产力的发展，能够带来更高的效率；但从另一个方面看它又是不合理的，因为这种公有制是低级的、不够格的公有制，公有制的比重下降了，公有制内部引入了私有制和雇佣劳动的因素，贫富差距因此扩大了。其实，在我们所处的人类社会第二阶段，就人类社会总体而言，能够带来高效率的恰恰不是高级的公有制，而是低级的、不够格的公有制；不是纯粹的公有制，而是包含着私有制和雇佣劳动因素的公有制；不是作为计划经济基础的公有制，而是同市场经济兼容的公有制；主体部分不是公有制，而是非公有制。从基本经济制度层面来看，我国改革的实质就是在坚持公有资产占优势、国家控制经济命脉的前提下，在内含的方面和外延的方面适度增加私有制和雇佣劳动的因素。如果说市场经济的高效率来自"合理的公有制"，那么，同样也可以说来自"合理的私有制"。

"市场型按劳分配"本质上是按劳动力价格分配，不会改变公平和效率的内涵和关系。在程文看来，所谓"市场型按劳分配"体现了公平和效率的最优结合，从而实现了公平分配。所谓"市场型按劳分配"是一种虚构，实际上不过是市场经济的按要素所有权分配在劳动要素上的表现。区别在于，程文所说的市场经济以"合理的公有制经济体制"为基础的。但所谓"合理的公有制经济体制"，无非是同我国市场经济相适应的公有制经济体制。具体地说就是前面已经指出的：公有资产（主要是国有资产）的法律所有权同经济所有权相分离，劳动和所有权相分离，劳动采取雇佣劳动的形式。一方面，通过产权制度的改革，在统一的国有经济内部，创造出具有你我之分的产权独立的主体；另一方面，通过劳动制度的改革，使劳动力成为商品，劳动成为雇佣劳动。这时候，虽然国家仍然可以通过政府的职能机构保持着对国有资产的控制，并起到抑制私人资本的作用；但对劳动者来说，改革后的国有企业和其他企业已经没有区别，国家资本和私人资本没有区别，他们都是雇佣劳动者，工资都是由劳动力市场决定的。其实，程文也注意到了这一点。程文说，市场型按劳分配有两个特点：一是按劳分配市场化；二是按劳分配企业化。既然如此，经过改革的国有企业，在分配方式方面就和其他类型的企业（私营企业和外资企业）没有区别。因此，所谓“市场型按劳分配”和一般的“按要素分配”就没有区别。如果程文认为按资分配（它不过是按要素分配的一种表现）没有实现公平和效率的最优结合，因而是不公平的，那么，“市场型按劳分配”也是这样；反之亦然。可见，提出所谓“市场型按劳分配”不过是在做文字游戏，并没有实际内容的变化。在市场经济中，基本关系是物的依赖关系。公平和效率的关系所反映出来的，本质上是劳资之间、工资和利润之间、居民消费和资本形成之间的关系，是“资本的生产力”和雇佣劳动者的关系。一般地说，是劳动者当前利益和人类发展利益的关系。从平均主义“大锅饭”转变为市场经济的按要素分配，是一种进步；但所增加的更多的是等价交换的公平和资本的公平，而以劳动为基础的公平则相对减少了。

经济学家对马克思经济理论的误解*

引言

党的十一届三中全会以后，党中央逐步确立了经济体制改革的总体目标：由传统计划经济体制转向社会主义市场经济体制。改革伊始中央就明确指出：我们改革经济体制，是在坚持社会主义制度的前提下，改革生产关系和上层建筑中不适应生产力发展的一系列相互联系的环节和方面。这种改革是社会主义制度的自我完善和发展。中央还强调，社会主义市场经济体制是同社会主义基本制度结合在一起的。这就是说，必须把社会主义的基本制度和市场经济形式结合起来。

但是，即使是赞成经济体制改革目标的人们，对于社会主义和市场经济能不能相容和结合，也存在一定的疑虑。从理论上讲，无论是马克思主义创始人，传统社会主义国家的领袖人物，还是现代西方主流经济学家，都明确地认为，市场经济就是资本主义经济（在马克思那个时代，“市场经济”的概念还没有出现，经常使用的是“资本主义经济”和“货币经济”）。从实践上讲，无论是发达资本主义国家的，还是发展中国家的，迄今为止的市场经济都是以私有制、经济自由和雇佣劳动为基础的；以社会主义制度为基础的市场经济还没有先例。如果我国按照市场经济的一般要求进行改革，并不得不遵守由西方国家制定的“国际规则”，那么，把社

* 载《政治经济学评论》2011 第 4 期。

会主义和市场经济结合起来，就意味着只能是社会主义适应市场经济，而不是相反。这样一来，社会主义制度还能够坚持下去吗？反过来，如果改革把坚持社会主义制度作为前提，真正的市场经济体制还能够建立起来吗？对这样的疑问作出回答，是摆在经济学家们面前的理论难题。

在经济学家中，除少数人之外，大多数人都赞成“社会主义市场经济体制”的改革方向，但他们的出发点、着眼点和目标模式是有显著差异的。有些经济学家的出发点是完善和发展社会主义制度，充分发挥社会主义制度的优越性，着眼于让市场经济为社会主义服务，主要目标在于通过市场机制建立经济联系和配置资源，改革的底线是不能根本改变我国的社会主义制度。有些经济学家的出发点则是合理有效地配置资源，着眼于改变公有制实现形式、企业制度创新和市场体系建设，目标是使我国成为符合“国际惯例”的“市场经济国家”；为此，任何同市场经济不相适应的法律制度都可以和应当突破，公有制经济的比重不应当成为既定的前提和束缚改革的框框。

赞成建立“社会主义市场经济体制”的经济学家们意识到，要确认社会主义和市场经济能够结合，首要之点是，必须从理论上说明社会主义和市场经济不相容这个“传统观点”是不成立的。但是，既然马克思主义是我们党的指导思想，那么，就必须重新认识马克思的经济理论。不过，在不同的经济学家那里，“新的认识”也是各不相同的。

有的侧重于对“社会主义”含义的重新认识。他们认为，只要确认凡是有利于解放和发展生产力的制度形式就是社会主义；只要确认生产、资本和企业的社会化本身就是社会主义；只要确认社会主义不必以公有制为基础；只要确认“民主社会主义”是马克思主义的正统，那么，社会主义就可以和市场经济直接统一起来了。

有的侧重于对“公有制”内涵的重新认识。他们认为，不管生产方式和实际经济关系发生了什么变化，只要确认保持公有资产（国有资产和集体资产）所有权就是坚持了公有制；只要确认股份公司形式本身就是马克思所说的社会所有制，那么，公有制和市场经济就没有矛盾了。

有的侧重于对“商品生产”和“市场经济”的重新认识。他们认为，只要确认商品生产和市场经济古已有之，和经济制度的性质没有关系；只要确认市场经济本质上不过是等价交换关系；只要确认计划和市场不过是资源配置的不同形式、方法和手段，那么，社会主义和市场经济就可以结合了。

有的侧重于对现实经济关系及其范畴的重新认识。他们认为，只要确认劳动力成为商品不过是分配社会劳动的方法，因而不会影响劳动者的主人翁地位；只要确认劳动和资本不过是不同的生产要素，它们共同创造价值，并按照各自的贡献获得相应的“回报”，不存在资本剥削雇佣劳动的问题，那么，区分姓“资”姓“社”就没有意义了，社会主义和市场经济的矛盾就不存在了。

有的侧重于对“生产一般”和“规律一般”的重新认识。他们认为，市场经济是社会化大生产，只要确认马克思在《资本论》中揭示的许多经济规律，都属于社会化大生产的一般规律，去掉其特有的资本主义性质，同样适合于社会主义经济，那么，社会主义就可以采取市场经济形式了。

有的侧重于对马克思经济理论正确性的重新认识。他们认为，只要确认马克思的经济理论不是僵死的教条；只要确认老祖宗的理论中本来就有一些空想成分；只要确认实践是检验真理的唯一标准，那么，同我国改革现实不相符合的一些理论观点都可以大胆突破和修正，被当代社会主义实践证明是不正确的观点都可以抛弃；按照“创新”的理论，社会主义和市场经济就不会有矛盾了。

经济学家们提供的理论依据都是科学的吗？我们当然不能作出简单肯定和简单否定的结论。但是，我们应当注意到：一方面，一些中高级党员领导干部，不断地重复提出一些基本理论问题；另一方面，有一部分人把我国当前存在的问题归咎于“市场化”改革，在他们看来，改革存在方向性问题。这不能不说明，经济学家们提供的理论依据，还缺乏广泛和充分的说服力。我们还应当注意到，有些经济学家对马克思的主要理论贡献——“两个伟大发现”和“一个科学结论”——知之不多、知之不深、知之不确，对马克思经济理论（《资本论》是这一理论的集大成）中的重要内容存在明显的误解。有鉴于此，经济学界应当坚持“科学上的诚实”（马克思对李嘉图的评价）精神，系统地澄清政治经济学的一些重要理论观点，为我国的“第二次革命”提供更加科学和具有充分说服力的理论依据。

一、对马克思《资本论》基本思想的误解

马克思的经济理论（人们多称之为“马克思主义政治经济学”）集中体现在《资本论》及其手稿中。《资本论》的精髓集中在三个观点上：资本主义生产方式是必须经过的，是不能跳过的；资本主义生产方式作出了巨大的历史功绩，它为共产主义社会创造物质的和精神的条件；资本主义生产方式包含着基本矛盾和内在限制，因而是历史的、暂时的和易逝的。但迄今为止，经济学家对《资本论》内容的理解是不确切的和片面的。如果对改革前后的认识作对比，可以说是从一个极端到另一个极端。在传统的政治经济学教科书中，把对政治经济学的批判变成了对资本主义生产方式的批判。资本主义成了“罪恶”的代名词，越早消灭越好。改革开放以后，在一些经济学家的眼中，《资本论》变成了《市场经济论》，资本不过是生产要素，把资本主义经济的规律说成是社会化大生产的一般规律。有些经济学家认为，资本主义生产是社会化大生产和商品经济（市场经济），马克思的《资本论》在揭示资本主义经济运动规律的同时，也阐明了现代社会化大生产和商品经济（市场经济）的一般规律。社会主义社会也是社会化大生产；而实践证明，社会主义经济也是商品经济（市场经济）。因此，马克思从资本主义生产方式中总结出来的同社会化大生产相联系的许多经济规律，如果抽掉其特殊的资本主义性质，同样适合于我国的社会主义经济。就这个意义来说，《资本论》同时也是“商品经济论”或“市场经济论”。随着我国由计划经济体制转向市场经济体制，这种认识逐渐成

为我国经济学界的主流，即使在一些老一代经济学家那里也不例外。他们主张，现在学习《资本论》，主要不是从无产阶级革命的需要出发，从理论上搞清楚剩余价值的生产、资本的流通和社会总资本的再生产，认识资本主义生产方式产生、发展和必然退出历史舞台的发展趋势，而是从我国经济体制改革和经济发展的需要出发，认识社会化大生产和商品经济（市场经济）的一般规律。于是，我们的一些党校、干校、大学，开设《资本论》课程的主要目的，就是希望从中学习社会化大生产和商品经济（市场经济）的一般规律。不管这种认识的出发点如何，在理论上都包含了许多误解。

所谓社会化大生产，是相对于封闭孤立、工农结合、自给自足的小生产方式（表现为自然经济）而言的。后者几乎生产家庭所需要的所有产品，包括生活资料和生产资料，和外界很少发生商品交换和经济交往。社会化大生产起始于工业革命和工厂制度，首先存在于资本主义生产方式中，现在也存在于走上了社会主义道路的后发展国家，将来的共产主义社会将是更高水平的社会化大生产。社会化大生产不同于小生产方式的突出特点是：一是劳动资料的性质不同。劳动资料发生了革命性的变化，最初的典型形态是大机器工业，并向机器体系、自动化、智能化方向发展。二是分工的程度不同。生产单位内部的技术分工和生产单位之间的社会化分工都高度发展。三是劳动生产率不同。劳动生产率达到小生产方式不可比拟的程度。四是交换关系和经济交往不同。在分工发展的基础上，劳动的交换、产品的交换和经济上的交往已经普遍化。社会化大生产对按比例分配社会劳动和经济资源提出了更高的要求。

社会化大生产存在于完全不同的所有制形式和生产方式中，其规律性也不同。因此，几乎找不到既适用于资本主义社会又适用于社会主义社会的“社会化大生产一般规律”。经济学家们所说的社会化大生产一般规律，实际上大都是普遍化商品生产的规律，即资本主义经济规律。马克思在《资本论》中所揭示的一系列经济规律，包括价值规律、竞争规律、供求规律、剩余价值生产规律，剩余价值分配规律、资本积累规律、资本循环和周转规律、社会总资本再生产规律、平均利润率规律、平均利润率趋向下降规律、地租规律等，都不是所谓“社会化大生产和商品经济的一般规律”，而是资本主义经济的特有规律。这些规律之所以在我国现阶段仍然存在和发挥作用，不是因为它们是超越于不同生产方式和经济制度的一般规律，而是因为我国现阶段仍然广泛存在相同的经济条件。本来，我国现阶段和资本主义国家有许多相似或者接近的经济关系，但经济学家们却看作是性质不同的对立物；本来，仍然起作用的许多经济规律是普遍化商品生产即资本主义的经济规律，但经济学家们却说成是“社会化大生产一般规律”或“商品经济（市场经济）的一般规律”。这是一种很奇怪的思维方式。把这些规律看作是社会化大生产一般规律的经济学家们，都有两个共同的假定前提：一是都把我国现阶段的社会形态看作是共产主义社会第一阶段那样的社会主义；二是都把市场经济（商品经济）以及相关的经济范畴——资本、剩余价值、利润、地租、竞争等——看作是社会化大生产和商品生产的一般范畴，然而这种假定前提是不能成立的。

经济规律是历史性的规律。马克思的经济理论认为，在不同的生产方式中，存在不同的经济规律。经济规律是历史性的规律。生产一般或社会生产的共同规定，社会生产的一般规律，是确实存在的，但这种一般规律为数不多，而且说明不了任何一种特殊的生产方式。马克思在《资本论》中揭示的是资本主义经济运动的规律，而不是社会化大生产和商品经济的一般规律。不言而喻，只要处于主体地位的生产方式是资本主义生产方式，《资本论》揭示的经济规律就会存在和起作用。实际上，只要人类社会仍然处在第二阶段，即物的依赖关系阶段，这些规律就必然存在和起作用。恩格斯明确指出：“政治经济学本质上是一门历史的科学。它所涉及的是历史性的即经常变化的材料；它首先研究生产和交换的每个个别发展阶段的特殊规律，而且只有在完成这种研究以后，它才能确立为数不多的、适用于生产一般和交换一般的、完全普遍的规律。”①

① 《马克思恩格斯选集》第3卷，人民出版社1995年版，第489–490页。

“生产一般”不能说明任何一种特殊的生产方式。在马克思那个时代，一些政治经济学教科书的时髦做法是，开头总是摆上一个标题为《生产》的总论部分，用来论述一切生产的一般条件，即所谓“生产一般”。对此，马克思在《〈政治经济学批判〉导言》中指出，生产一般是对生产的一切时代的某些共同标志、共同规定的一个抽象。其中，有些属于一切时代，另一些是几个时代共有的，有的是最新时代和最古时代共有的。没有这个一般，任何生产都无从设想。但是，对生产一般适用的种种规定所以要抽出来，也正是为了不致因为有了统一，而忘记本质的差别。一切生产阶段所共有的、被思维当作一般规定而确定下来的规定，是存在的，但是所谓一切生产的一般条件，不过是这些抽象要素，用这些要素不可能理解任何一个现实的历史的生产阶段。例如，用生产一般说明不了资本的含义和本质，否则，原始人的木棍也可以认为是资本。①

生产、交换、分配、消费并不是并列的关系。一般地说，生产和消费、生产和分配、生产和交换（流通）之间存在互相影响的一般关系（表现为哲学上的辩证关系）。但马克思指出，这并不是说，生产、分配、交换、消费是同一的东西，而是说，它们构成一个总体的各个环节、一个统一体内部的差别。一定的生产决定一定的消费、分配、交换和这些不同要素相互间的一定关系。然而，庸俗经济学却把生产、交换、分配、消费并列起来，形成一个正规的三段论法，所揭示的不过是再生产各环节的肤浅联系。他们把分配当作与生产并列的独立自主的领域，他们似乎是要对概念作辩证的平衡，而不是解释现实的关系。②不仅如此，即使正确地认识到了“四个环节”之间的一般关系，也不能说明任何一种特殊历史的生产方式。我们有些经济学家，不是深入研究我国社会主义初级阶段经济关系、经济形式和经济运动规律的特殊性，而是一般地谈论“四个环节”之间的“辩证关系”，这是对《导言》的明显误解。

① 《马克思恩格斯选集》第2卷，人民出版社1995年版，第3–6页。
② 《马克思恩格斯选集》第2卷，人民出版社1995年版，第6–17页。

劳动过程的简单要素不能说明生产方式的性质。马克思在《资本论》中指出，劳动过程总要有三个简单要素，即：有目的的活动或劳动本身，劳动对象和劳动资料。这是生产劳动过程的共同规定，任何生产方式都不例外。但政治经济学既不是工艺学，也不是生产力学，它要阐明的不是这些简单要素本身的自然性质，而是这些要素借以存在和结合的生产力性质和社会形式。一方面是劳动资料（尤其是机械性的劳动资料）的性质；另一方面是人的要素和物的要素相结合的社会形式，即生产方式。这二者都是历史的。就结合形式来说，主要涉及，劳动和所有权是统一的还是分离的；在统一的形式中，是以人的依赖关系为基础，还是以自由联合关系为基础。我们有些经济学家长期在"三要素论"和"两要素论"之间争论不休，却说不清楚我国现阶段要素结合的社会形式，即生产方式。

后面将逐一说明，经济学家对《资本论》的误解是多方面的，但集中在下述几个问题上：商品生产；劳动价值论和剩余价值论；价值规律；资本理论；劳动力市场；危机理论。

二、对商品生产和市场经济的误解

在经济学界，对商品生产的认识经历了一个一百八十度大转弯的过程。不少人曾经认为，发展商品生产意味着发展资本主义经济；后来又认为，商品生产是"中性"的，和资本主义没有关系。有的经济学家认为，我们要建立的现代市场经济，只有落后与先进之分，没有社会主义与资本主义之分。[①] 有的认为，市场经济不具有社会制度的属性。市场经济既有共性——包括市场主体的独立性、具有竞争性的市场体系和市场经济的运行规则，也有与各国所特有的历史条件和和社会基本制度联系在一起的特性。社会主义市场经济是社会主义条件下的市场经济。这个条件就是社

① 张问敏等：《中国经济大论战：第二辑》，经济管理出版社 1997 年版，第 14 页。

会主义的基本制度。[①] 有的经济学家认为，一般市场交换关系的最有决定意义的关系是价值关系，而不是追求剩余价值，因此，市场经济等于资本主义的说法是不对的，是非马克思主义的观点。市场经济与计划经济是两种不同的调节资源配置的手段。建立社会主义市场经济体制不是制度的转型，而是在社会主义制度下如何正确处理使用计划手段与市场手段之间的关系问题。[②] 有的经济学家提出，我们的改革是在坚持社会主义制度的基础上进行的，而不是从根本上改变社会主义制度本身。我们所说的社会主义制度首先是指社会主义的基本经济制度，即以公有制为主体、多种所有制经济共同发展。与此相适应，社会主义初级阶段实行按劳分配为主、多种分配方式并存的制度。[③] 有的经济学家认为，我国经济学人突破了社会主义实行产品经济论，形成了社会主义条件下发展商品经济的理论（社会主义市场经济理论）。[④] 有的经济学家主张，“要以生产社会化规律为主线揭示市场经济和社会主义相结合”。[⑤] 把上述经济学家们的认识概括起来就是：市场经济是等价交换关系，和经济制度的性质无关；建立社会主义市场经济体制，只在于如何处理计划和市场的关系，而不是要变革经济制度；社会主义市场经济理论突破了马克思主义创始人关于社会主义社会将消除商品生产的论断。上述观点表明，经济学家对商品生产和市场经济存在着明显的误解。

首先，经济学家没有搞清楚市场经济的实质，没有把市场经济和简单商品生产区别开来。商品生产的确可以存在于不同的生产方式，但是，不可能由此得出社会主义社会也可以是商品生产的一般结论。第一，商品生产的存在必须有两个一般条件：一是社会分工，生产者之间存在相互依赖的关系，因而存在交换产品的要求；二是产品属于不同的所有者，生产者

① 马洪：《什么是社会主义市场经济》，中国发展出版社 1993 年版，第 6-7 页。
② 《在新的历史起点上发展中国的政治经济学》，《政治经济学评论》2010 年第 1 期。
③ 《在新的历史起点上发展中国的政治经济学》，《政治经济学评论》2010 年第 1 期。
④ 《在新的历史起点上发展中国的政治经济学》，《政治经济学评论》2010 年第 1 期。
⑤ 《在新的历史起点上发展中国的政治经济学》，《政治经济学评论》2010 年第 1 期。

之间必须按照耗费的社会必要劳动实行等价交换。因此，真正的商品生产和商品交换不存在于共同体内部；一旦共同体内部不同机构之间出现了商品交换，共同体本身就变得松散和面临解体了。第二，商品生产在其发展过程中经历了性质不同的两个阶段，即简单商品生产和资本主义商品生产。资本主义商品生产是普遍化的商品生产，劳动力也成为商品，一切有使用价值的典型都趋向商品化。市场经济不是和商品生产等同的概念。市场经济作为由市场机制配置资源的经济形式，不同于简单商品生产，而是普遍化的商品生产，是商品生产的高级阶段和现代形态。在这个阶段，虽然仍然会存在一定的简单商品生产，但作为主体的形式不再是简单商品生产。市场经济的存在，除了上述两个一般条件之外，还必须有特殊条件。首先，生产的直接目的不是使用价值（既不是直接的使用价值，也不是间接的使用价值，即不是通过商品交换取得使用价值），而是使现有的价值增殖，即获得剩余价值。这就意味着，生产条件是作为资本来使用的。其次，生产要素必须能够在全社会范围内自由流动和配置。这就意味着，劳动和所有权必须分离，劳动者本身必须作为商品进入市场，劳动必须采取雇佣劳动的形式。概括地说，市场经济的存在还必须具有第三个条件，就是资本主义生产方式必须成为主体。就这个意义来说，市场经济基本上是资本主义经济。因此，马克思主义创始人、列宁以及西方经济学主流派关于市场经济的观点并没有错误。

其次，经济学家没有搞清楚，为市场经济创造条件的实质是变革经济制度。市场体现的是商品交换关系，是商品流通过程的总表现。要建立市场经济体制，首先必须创造出市场主体，包括以赢利为目的的商品生产者和流动的雇佣劳动者。这本身就包含着创造产权主体和资本所有权。这就意味着，必须进行所有制关系的变革和产权制度的改革，即经济制度的变革。事实也是如此。因此建立市场经济体制，决不仅仅是处理计划和市场的关系。计划和市场的关系不过是表面现象，而不是经济关系的本质。

再次，经济学家没有搞清楚，我国现阶段的社会主义和马克思所说的社会主义有质的区别。当经济学家们说社会主义社会也是市场经济的时候，想要表达的内容是正确的，但对经济关系的抽象和对经济范畴的运用是不恰当的。他们所说的“社会主义社会”实际上是我国社会主义的初级阶段，他们不清楚或者混淆了两种不同历史形态的社会主义的区别。现实的经济关系已经清楚地表明，我国现在仍然处在人类社会第二阶段，社会关系仍然是物的依赖关系，经济形式只能是普遍化的商品生产，即西方经济学所说的市场经济。我国只是在半殖民地半封建社会基础上走上了一条特殊的发展道路——非资本主义道路，或社会主义道路，还远不是共产主义社会第一阶段那样的社会主义。我国由计划经济转向市场经济的必然性，丝毫没有突破马克思的经济理论和社会主义理论，突破的是以苏联为代表的传统社会主义理论和经济体制，突破的是过去那种“超阶段”的做法，突破的是违背马克思的“两个伟大发现”的做法。

三、对劳动价值论和剩余价值论的误解

在传统的政治经济学教科书中，对劳动价值论和剩余价值论的理解是正确的；但在改革开放以后，有些经济学家发现，这“两论”和改革的方向发生了矛盾，必须加以补充和修正。有的经济学家认为，价值是由劳动、资本、技术等生产要素共同创造的，资本也参与了价值的创造。① 因此认为，马克思的劳动价值论是有缺陷的。这已经不是一般的误解了，而是要从根本上颠覆科学的劳动价值论了。其实，这已经不是什么新观点，庸俗经济学早在一个世纪以前就提出来了。这位经济学家不懂得，政治经济学所说的价值是商品的价值，是社会劳动在商品生产条件下的表现形式。在产品不表现为商品的条件下，社会劳动也就不表现为价值。价值不是西方经济学中构成 GDP 的增加值，价值的本质内容是人类抽象一般的社会劳动。因此，只有生产商品的活劳动才创造价值。至于其他的生产要

① 高尚全：《深化对劳动和劳动价值论的认识》，《经济日报》2000 年 11 月 14 日。

素（劳动资料和劳动对象），如果属于劳动产品，那么，本身已经包含了一定的价值。在生产商品的过程中，会按其损耗的程度将一部分既有的价值转移到新产品中去，但不会增加丝毫新价值。

生产资料是生产物质产品的物质条件，因而也是生产商品和劳动者创造新价值的条件，并参与使用价值和价值创造的过程，但生产资料本身不创造任何价值。

资本所体现的是一种特定的生产关系，尽管它可以不同的形式出现——货币的形式或商品的形式；可变资本的形式或不变资本的形式；固定资本的形式或流动资本的形式。把生产资料或者货币本身等同于资本是不正确的，生产资料和货币是否采取资本的形式，取决于生产方式的性质。经济学家把资本等等非劳动要素也说成是价值的创造者，目的在于说明劳动并不是剩余价值的唯一源泉，资本没有剥削剩余劳动，资本和劳动是合作关系。这种观点与事实完全不符，和雇佣工人的看法相去甚远。

如果说剩余价值仅仅同资本主义生产方式相联系，那么，价值和价值的创造仅仅同商品形式有关，而与所有权的归属和生产方式的性质无关。在“社会主义市场经济”条件下，活劳动同样是价值的唯一源泉，非劳动要素同样不创造价值。

在有的经济学家看来，马克思的劳动价值论从根本上否认商品、货币、市场的历史正义性和合理性，和我国建立社会主义市场经济体制相矛盾。[①] 这是另一种误解。首先，马克思的劳动价值论根本没有“否认商品、货币、市场的历史正义性和合理性”。科学的劳动价值论确实是马克思经济理论的基础。由于确认价值是由生产商品的活劳动创造的，也就可以确认活劳动是剩余价值的唯一源泉。这样一来，就揭露了资本主义生产方式的秘密，揭示了资本主义生产方式的基本矛盾和内在限制，表明资本主义生产方式不过是一种历史的生产方式。但这丝毫不否认商品、货币、市场存在的历史必然性和合理性，甚至也不否认资本主义生产方式的历史必然

① 《在新的历史起点上发展中国的政治经济学》，《政治经济学评论》2010 年第 1 期。

性和巨大历史功绩。商品、货币、市场、资本等等都是一定生产力和生产方式的必然产物，都是合乎规律地出现的，在一定的历史阶段上都是有利于生产力发展的。在这个意义上，它们都具有历史的“正义性”和“合理性”。其次，劳动价值论和我国建立社会主义市场经济体制并不矛盾。在这位经济学家看来，我国所要建立的社会主义市场经济体制，应当是具有“正义性”和“合理性”的，因而必须创造包括“新的劳动价值论”在内的新的理论，以代替马克思的有局限性的理论。其实，这位经济学家不懂得，我国仍然处在“物的依赖关系”阶段，商品生产仍然是基本的经济形式。不管一个国家的发展道路和政治形式如何，只要是同样的生产方式，就会有同样的经济形式和经济关系。我国和西方国家相比较，商品、货币、市场、资本会有历史的和民族的特点，但它们本身没有质的区别，劳动价值论和剩余价值理论仍然具有现实意义。我国建立市场经济体制，并不是要实现道德上的“正义性”和“合理性”，而是要使生产方式、经济形式、交换方式同现阶段的生产力相适应。

四、对价值规律的误解

经济学家们都知道，价值规律是商品价值由生产（再生产）商品的社会必要劳动时间决定的规律。这个规律不仅要求各个生产部门的每个商品生产者使用社会必要劳动，而且要求整个社会必须按照社会需要的一定比例分配社会总劳动。这是商品生产的一般规律。他们又认为，既然社会主义经济是商品生产——“社会主义商品生产”，价值规律就会同样存在和起作用，那么，价值规律就是资本主义经济和社会主义经济的共有规律。这种说法是不确切的。价值规律确实是商品生产的一般规律，我国现阶段确实是商品生产，价值规律确实存在和起作用。但是，不应当把我国现阶段的商品生产抽象为“社会主义商品生产”，决不能把价值规律说成是资本主义经济和社会主义经济的共有规律。这里同样是把两种不同历史形态的社会主义混为一谈了。

如果深入研究就会发现，价值规律实际上是资本主义商品生产的规律。这是因为，只有在商品生产普遍化的条件下，只有在劳动力也成为商品的条件下，也就是说，只有在资本主义商品生产中，价值规律才真正显示其规律性。在偶然的、简单的商品交换中，就交换关系的性质来说，一方面，商品生产或者只是自然经济的补充，或者是农民和手工业者之间的社会分工；另一方面，生产商品的直接目的是交换价值，而不是剩余价值，最终目的是通过互通有无的交换获得符合自己需要的使用价值。就价格和价值的关系来说，一方面，交换双方对劳动的耗费都比较清楚；另一方面，市场供求关系对于价格的波动没有显著的影响。因此，等价交换作为等量劳动相交换，是以直接的形式表现出来的，价格是直接符合价值的。但是，价值规律作为价值由生产商品的社会必要劳动时间决定的规律，是在商品价格围绕价值长期不断地运动中表现出来的规律。如果价格直接等于价值，也就无所谓价值规律了，价值规律对供求和生产也就不起调节作用了。但是，在普遍化的商品生产条件下，即所谓市场经济条件下，情况就不同了。一方面，生产的直接目的是价值增殖（剩余价值），而不仅仅是交换价值，更不是为了直接获得使用价值；另一方面，在供求、货币、资源、自然条件等多种因素的影响下，价格对价值的偏离是经常的，幅度可以是很大的。这时候，价值规律才真正表现为规律，才对供求和生产发挥巨大的调节作用。正因为如此，马克思指出，价值规律“只有在资本主义生产方式的基础上才能充分发展”。① 恩格斯也指出，价值规律是商品生产的基本规律，从而也就是商品生产的最高形式即资本主义生产的基本规律。② 就这个意义来说，价值规律实际上是资本主义商品生产的规律。

进一步考察，价值规律实际上是以价值形式为基础的社会按比例分

---

① 《马克思恩格斯全集》第 49 卷，人民出版社 1982 年版，第 98 页。

② 《马克思恩格斯选集》第 3 卷，人民出版社 1995 年版，第 663－664 页。

配社会劳动规律实现的形式。马克思指出，按一定比例分配社会劳动的必要性，决不可能被社会生产的一定形式所取消，而可能改变的只是它的表现方式。自然规律是根本不能取消的。在不同的历史条件下能够发生变化的，只是这些规律借以实现的形式。这就是说，按比例分配社会劳动规律是一个一般规律，但是，在不同的生产方式和经济形式中，其表现形式是不同的。在社会劳动的联系体现为个人劳动产品的私人交换的社会制度下，这些按比例分配劳动所借以实现的形式，正是这些产品的交换价值。而科学的任务正是在于阐明价值规律是如何实现的。[①] 马克思这里所说的"私人交换的社会制度"，不是人的依赖关系社会，而是物的依赖关系社会，明确地说，是资本主义社会。这也间接地说明，价值规律是资本主义商品生产条件下按比例分配社会劳动的规律实现的形式。

当商品生产仍然是我国普遍化的形式时，社会化的劳动力必然采取商品的形式，劳动和所有权必然发生不同程度的分离，生产资料必然更多地采取资本的社会形式。这时候，"够格"的社会主义就不可能存在，社会主义就不可能是作为资本主义直接对立物的社会主义，就不可能是共产主义社会第一阶段意义的社会主义。因此，把价值规律说成是资本主义经济和社会主义经济的共有规律是一种误解。

五、对资本的误解

在传统的政治经济学教科书，曾经正确地指出了资本的本质——"资本是能够带来剩余价值的价值"。在由计划经济转向市场经济以后，一些经济学家在表面上的矛盾面前动摇了。有的经济学家认为，资本是一种生产要素，不与资本主义相联系。[②] 其实，把资本看作物，看作商品和货币，

① 《马克思恩格斯选集》第4卷，人民出版社1995年版，第580－581页。

② 高尚全：《我参与起草的三个中央决定》，见 http://finance.sina.com.cn/leadership/sxylk/200812181/06595651691.shtml。

看作生产资料或生产要素，并不是什么新观点，而是一个世纪以前庸俗经济学家的观点，也是现代西方经济学的观点。他们看不到或者有意掩盖资本的本质。马克思认为，资本不是物，不是生产出来的产品或商品，不是生产要素，不是货币，而是一种具有历史规定性的生产关系或经济关系。只有在资本主义生产方式中，物、商品和货币、生产资料等等才表现为资本。[①] 马克思进一步精辟地指出，资本是生产剩余价值的价值；资本是对无酬劳动的支配权；资本是用来重新生产剩余价值的积累起来的财富；资本是一种历史的社会生产关系；资本就是劳动条件和生产者的分离；资本不是静止的价值，而是一种运动；资本的权力是平等地剥削劳动力。他还指出，使用价值和产品本身不是资本；商品本身不是资本；价值本身不是资本；作为资本的货币不同于作为货币的货币；劳动能力不是工人的资本。我们的一些经济学家把西方经济学老掉牙的观点当作创新观点，实在是一种偏颇。

在所谓“社会主义市场经济”条件下，只要劳动和所有权发生分离，只要劳动采取雇佣劳动的形式，只要市场的直接目的是剩余价值（利润），生产的物质条件就会采取资本的形式。资本就是资本，根本不存在“资本主义的资本”和“社会主义的资本”的区别，也不存在一个凌驾于二者之上的所谓“资本一般”。在我国，除了国内外的私人资本以外，还有大量的国家资本和集体资本。就后者来说，只要以雇佣劳动为基础，以价值增殖为目的，从雇佣劳动者的立足点看问题，它们就是真正意义上的资本。当然，它们和私人资本相比的确有区别，国家资本和集体资本获得的利润，至少有一部分会服务于社会或集体经济组织；而不会全部落入私人腰包（在产权分离的情况下，经营者薪酬的一部分来自资本利润）。

回避和掩盖资本的本质是完全不必要和不正确的。既然非公有制经济是我国现阶段社会经济不可缺少的重要组成部分，既然资本主义生产方式仍然可以成为先进生产力的承担者，既然劳动的社会生产力在很大程度上

---

① 《资本论》第3卷，人民出版社2004年版，第922页。

仍然表现为“资本的生产力”（马克思语），那么，资本就仍然会作出历史性的贡献。那些力图回避和掩盖资本本质的经济学家，其用意也许是好的，可能是为了推进改革顺利进行，却造成了经济理论的混乱，使经济理论缺乏科学性和说服力，实际上是帮倒忙。

六、对劳动力市场的误解

劳动力市场是和劳动力作为商品出卖相联系的，体现的是资本和雇佣劳动的关系。我国确立市场经济体制的改革目标以后，围绕是否建立劳动力市场、进入劳动力市场的劳动力是不是商品、劳动力成为商品以后劳动者是否仍然是主人翁等问题，引起了经济学界的激烈争论。有的经济学家认为，劳动力进入市场和劳动力作为商品，不仅不会改变工人阶级的主人翁地位，反而“进一步加强和巩固了工人阶级的主人翁地位”，因为劳动力可以按照他们的价值进行交换。[①] 这种说法是完全不正确的。“工人阶级的主人翁地位”是什么含义？在现代社会，从根本上讲就是，劳动和所有权不分离，劳动者以共同体为中介，以共同所有者和共同体成员的身份同生产的物质条件相结合，劳动者以不同的方式享有劳动成果，劳动者不再受资本支配，不再为资本提供剩余劳动。如果劳动和所有权已经分离，劳动力已经成为商品，劳动者已经成为雇佣劳动者，劳动者就不再是主人了。当劳动力成为商品的时候，劳动力的买卖当然要遵循等价交换原则，这个“等价”就是劳动力的价值或价格。但是，劳动者一旦进入资本主义的生产过程，劳动者付出的劳动和创造的价值，总是大于劳动力的价值或价格，这个差额就是被企业主或者资本家无偿占有的剩余价值。因此，劳动力的买卖和劳动力的使用完全是两回事。劳动力市场上的等价交换纯粹

---

① 高尚全：《为什么要提“劳动力市场”》，2004 年 8 月 24 日，见 http://wcm.chinareform.org.cn:8080/pub/people/G/gsq/Article/20040824_18459.htm。

是一种假相。

经济学家所谓劳动力进入市场和劳动力作为商品，不仅不会改变工人阶级的主人翁地位，反而“进一步加强和巩固了工人阶级的主人翁地位”的说法，纯粹是无稽之谈。通过劳动力市场配置劳动资源，决不是一个技术性问题，而是一定所有制关系和生产方式的产物，是劳动和所有权分离的结果。劳动力成为商品和劳动者的失业，都是基于同样的经济原因。在资本主义生产方式以外的场合——无论是奴隶劳动、农奴劳动、个体生产者，还是不同发展阶段的共同体，都不需要通过劳动力市场配置劳动资源。在劳动者付出同样劳动量的前提下，劳动力作为商品的价格也许高于计划经济时代的工资。但这是两种不同性质的关系。在前者那里，剩余价值被企业主无偿占有了；在后者那里，剩余价值被国家占有了，并转化为新的国家投资。可见，这种工资数量的差别丝毫不能说明，在劳动力成为商品的场合，工人阶级的主人翁地位反而提高了。

这位经济学家应当想一想，劳动力为什么会成为商品，为什么去给别人打工？如果劳动者有足够的生产资料，能够通过自己独立的生产过上富足的生活；或者，如果劳动者有充足的资本，能够办一个像样的企业，能够过上富裕的生活；或者，如果劳动者所在的共同体（例如集体经济组织）已经走上共同富裕之路，那他还用得着去出卖劳动力吗？我国宪法规定，劳动者是国家的主人，但这主要是从政治权利和全民所有制资产法律所有权的角度来说的。我国经济体制经过改革以后，公有制经济的产权制度已经发生了很大变化，法律所有权和经济所有权已经发生了不同程度的分离，劳动和所有权也发生了分离；非公有制经济已经成为重要组成部分。凡是社会化的劳动方式，基本上是雇佣劳动。在被雇用的以赢利为目的的企业中，劳动者和雇主的关系是资本和雇佣劳动的关系，是资本支配劳动者。在这种场合，劳动者还能够是主人吗？如果劳动者真的是主人，为什么会发生贫富差距过大（一方面是占有社会大量财富的亿万富翁，另一方面是生活低于贫困线的劳动者）的问题呢，为什么工人不能分享企业的利润呢？

七、对经济危机本质和根源的误解

在严重的世界性经济危机面前，我国经济学界和西方国家的学者们唱一个调子：只谈金融危机，不讲经济危机；把金融危机的根源归结为政府监管不力；把我国的经济困境说成是国际金融危机的冲击的结果。有一些经济学家，不仅未能用马克思的危机理论说明经济危机的实质和根源，而且对这一理论本身缺乏正确的理解。有的经济学家说，马克思确认只有在公有制基础上实行计划调节才能使资源配置趋于均衡状态，从而避免生产过剩的经济危机，但传统计划经济未能实现资源均衡配置；而转向社会主义市场经济以后仍然存在经济的周期性特征。[①] 看起来，这位经济学家既不懂得经济危机产生的经济根源，也不懂得两种不同历史形态的社会主义的区别，以及“社会主义市场经济”和资本主义经济的关系。

西方经济学所说的资源均衡配置和避免经济危机是两个不同的问题。资源的均衡配置，本质上是生产要素按照社会需要的比例和效率最高的要求进行分配。在市场经济条件下，均衡配置是由市场机制和平均利润率的调节作用实现的；在社会共同生产的条件下，均衡配置是由社会统一组织和计划调节实现的。经济危机的产生主要不在于生产的无政府状态，而在于资本主义生产方式存在基本矛盾和内在限制。由生产的无政府状态造成的比例失调，也可以看作是经济危机，但这是由商品货币形式本身造成的，而不是由资本主义生产方式造成的；这种形式的危机可以在价值规律和市场机制的作用下恢复平衡。真正意义的经济危机，是资本主义生产方式造成的危机，是以生产相对过剩为标志的经济危机。资本过剩、商品过剩不过是生产相对过剩的结果和不同表现形式。在马克思之前，小资产阶级经济学家西斯蒙第就已经正确地认识到这一点，只是对消除经济危机的出路感到困惑。他深刻地感觉到，资本主义生产是自相矛盾的：一方面，它的形式（即它的生产关系）促使生产力和财富不受拘束地发展；另一方

---

① 《在新的历史起点上发展中国的政治经济学》，《政治经济学评论》2010 年第 1 期。

面，这种关系又受到一定条件的限制，生产力愈发展，这种关系所固有的使用价值和交换价值、商品和货币、买和卖、生产和消费、资本和雇佣劳动等等之间的矛盾就愈扩大。“他特别感觉到了这样一个基本矛盾：一方面是生产力的无限制的发展和财富的增加——同时财富由商品构成并且必须转化为货币；另一方面，作为前一方面的基础，生产者群众却局限在生活必需品的范围内。因此，在西斯蒙第看来，危机并不象李嘉图所认为的那样是偶然的，而是内在矛盾的广泛的定期的根本爆发。”①马克思肯定了这种正确见解。他进一步指出，在资本主义生产方式中，“进行直接剥削的条件和实现这种剥削的条件，不是一回事。二者不仅在时间和地点上是分开的，而且在概念上也是分开的。前者只受社会生产力的限制，后者受不同生产部门的比例关系和社会消费力的限制”。但是，首先，社会消费力既不是取决于绝对的生产力，也不是取决于绝对的消费力，而是取决于以对抗性的分配关系为基础的消费力；这种分配关系，使社会上大多数人的消费缩小到只能在相当狭小的界限以内变动的最低限度。其次，这个社会消费力还受到追求积累的欲望，扩大资本和扩大剩余价值生产规模的欲望的限制。这是资本主义生产的规律，它是由生产方法本身的不断革命，由总是和这种革命联系在一起的现有资本的贬值，由普遍的竞争斗争以及仅仅为了保存自身和避免灭亡而改进生产和扩大生产规模的必要性决定的。“生产力越发展，它就越和消费关系的狭隘基础发生冲突。”②“一切现实的危机的最后原因，总是群众的贫穷和他们的消费受到限制，而与此相对比的是，资本主义生产竭力发展生产力，好像只有社会的绝对的消费能力才是生产力发展的界限。”③“生产过剩的起因恰好在于：人民群众所消费的东西，永远也不可能大于必要生活资料的平均数量，因此人民群众的消费不是随着劳动生产率的提高而相应的增长。”④总之，经济危机的根源

---

① 《剩余价值理论》第3册，人民出版社1995年版，第55页。
② 《资本论》第3卷，人民出版社2004年版，第273页。
③ 《资本论》第3卷，人民出版社2004年版，第548页。
④ 《剩余价值理论》第2册，人民出版社1975年版，第535页。

是资本主义生产方式固有的基本矛盾和自身限制。既然这个基本矛盾产生于资本主义生产方式，那么，它就不仅存在于发达资本主义国家，而且也存在于以资本主义生产方式为基本形式的新兴工业化国家，存在于所有纳入全球经济体系的市场经济国家。所谓国际金融危机，不过是国际性经济危机在金融领域的表现。

既然经济危机是资本主义生产方式的产物，只有在以新的生产方式（社会主义生产方式）取代资本主义生产方式之后，经济危机才有可能避免。以凯恩斯理论为基础的扩张性经济政策可以扩大所谓总需求，从而暂时缓解经济危机，但是，这不仅不能消除固有的基本矛盾和自身限制，不能消除危机本身，反而会深化危机。实践证明，一旦扩张性政策成为常态，必然积小危机为大危机，必然造成潜在的和现实的金融危机，必然最终酿成百年一遇的金融危机和经济危机。如果仍然以更大力度的扩张性政策挽救金融机构和阻止经济衰退，就必然造成许多国家政府的债务危机和世界性的通货膨胀。

把后发展国家的传统社会主义等同于马克思所说的社会主义，把传统社会主义的计划经济等同于马克思所说的计划调节，并把避免经济危机的希望寄托于这种计划经济，显然是一种误解。诚然，既然传统社会主义消灭了资本主义经济，自然也就可以避免资本主义的经济危机。但是，它不能避免由这种经济制度和发展方式造成的特殊类型的经济危机，因而也不能实现资源的合理配置。在传统的发展方式中，最有可能导致严重的比例失调和结构扭曲，使经济运行和经济发展陷入极大的困境。因此，我国的计划经济不能实现资源的合理配置，是这种经济体制的题中应有之义。如果说实践是检验真理的唯一标准，那么，传统社会主义这种实践根本不能证明马克思危机理论有什么问题。马克思所说的社会统一组织和有计划的调节，只适用于以社会所有制和全社会联合劳动为基础的共产主义社会，而这样的社会则只能脱胎于完成了历史使命的资本主义经济。我国所谓的社会主义计划经济，是超阶段的产物，是在落后的经济条件下力图和马克思的经济理论对号入座的产物。名义上的社会主义计划经济，变成了实际上的统制经济或命令经济。这种统制经济适合于特殊经济条件不同性质的国家，但不适合于中国特色社会主义的初级阶段，不适合于人类社会第二阶段。

我国的市场经济同样会发生西方国家那样的周期性经济危机，根本不值得大惊小怪。尽管我国市场经济的很大一部分建立在公有资本（主要是国有资本）所有权的基础上，但法律所有权和经济所有权、劳动和所有权大都发生分离，企业的生产方式同样是资本和雇佣劳动相结合，生产的直接目的同样是追求剩余价值或利润，资本主义的经济规律——剩余价值规律和资本积累规律等等——同样发生作用，同样存在收入差距悬殊和工人失业的问题。因此，我国的市场经济同样存在资本主义的基本矛盾和内在限制：生产力的无限扩张和人民群众消费能力低下的矛盾。目前，我国一方面出现了贫富差距过大乃至两极分化的趋势，广大人民群众缺乏有货币支付能力的购买力；另一方面在具有决定意义的生产部门出现了严重的产能过剩、商品过剩和资本过剩（巨额游资已经转化为纯粹的投机资本）。这同样是一个基本矛盾，这个矛盾在市场经济体制范围内，是不可能根本解决的。不仅如此，由于国有经济和政府职能定位不合理、发展方式不科学等等，还加剧了这个基本矛盾。不过，如果我们真正走上科学发展的轨道，国有经济和政府职能能够合理定位，有可能避免严重的经济危机。

八、对我国现阶段社会形态性质的误解

在大多数经济学家看来，我国目前已经是“社会主义社会”，只是还处在初级阶段。所谓“社会主义初级阶段”，是共产主义社会初级阶段（第一阶段）的初级阶段。这种判断是不切实际的，和十三大报告的判断是不一致的，包含了对科学社会主义（共产主义）社会产生条件和我国现阶段社会形态定位的误解。根据唯物主义历史观，任何一种新的生产方式

和经济社会形态的产生，都需要一定的经济条件；科学社会主义社会的产生，需要更特殊和更高级的经济条件。马克思主义创始人认为，科学社会主义产生的经济条件同时就是实现下述目标的条件：无产阶级和人类的全面解放；发生共产主义革命、铲除资本主义制度和废除私有制；消灭异化劳动、阶级和剥削。其中，最基本的条件是消灭私有制和消灭阶级的条件。不言而喻，这些条件同时也是消灭旧的分工、消除商品生产和价值形式的条件。但是，这些经济条件是以生产力的高度发展、高度科学化、高度社会化为基础的。如果基本上不具备这些条件，真正的科学社会主义社会是不会产生的。在这种情况下，人们所有自封的所谓社会主义，要么是现代版的原始共产主义（例如农民共产主义），要么是形形色色的假社会主义（例如民主社会主义），而最有可能产生的是国家社会主义，或者是国家社会主义和农民共产主义的混合物。我国是在半殖民地半封建社会基础上走上社会主义道路的，不可能一下子直接建立起共产主义社会第一阶段那样的社会主义，必须经过一定的很长时期的过渡形式。不少经济学家不明白，马克思为什么把消灭阶级和消除商品生产联系起来；在他们看来，在普遍化的商品生产和市场经济条件下，也可以消灭阶级。这是很天真的想法。

所谓“社会主义初级阶段”，是一个不确切的抽象；确切地说应当是“中国特色社会主义道路的初级阶段”；广义地说是后发展国家社会主义道路的初级阶段。在这个意义上，“社会主义初级阶段”可以看作是一个“简称”。关于社会主义初级阶段的历史定位，党的十三大报告有明确的阐述，但经济学家们往往忽略了。报告指出：“我国社会主义的初级阶段，……不是泛指任何国家进入社会主义都会经历的起始阶段，而是特指我国在生产力落后、商品经济不发达条件下建设社会主义必然要经历的特定阶段。”[①] 也就是说，这里所说的社会主义初级阶段，不是共产主义社会第一阶段的初级阶段，不是发达国家建立社会主义制度以后的初级阶段，

---

① 《中国共产党第十三次全国代表大会文件汇编》，人民出版社 1987 年版，第 12 页。

而是后发展国家走上社会主义道路以后所经历的初级阶段。严格说来，这个阶段还不具有完全意义的社会主义性质，而是以特殊道路完成第二阶段的历史任务，为社会主义创造条件。按照马克思关于人类社会区分为三大形态或三大阶段的观点，我国社会主义初级阶段仍然处在第二阶段（物的依赖关系阶段），而不是第三阶段（自由联合关系）。社会主义初级阶段是走上社会主义道路的后发展国家特有的和当代资本主义并列的独立的社会形态。它和资本主义处于同一个发展阶段，完成同样的历史任务，只是发展道路不同。

有的学者认为，包括中国在内的"东方社会"和落后国家可以"跨越资本主义的卡夫丁峡谷"而直接建立社会主义制度。这是对马克思和恩格斯关于"俄国公社"前途和命运问题论述的误解和歪曲。马克思的确讲过，俄国公社具有一定的特殊性，有可能"不通过资本主义的卡夫丁峡谷"而继续向前发展。但这丝毫不意味着，俄国公社可以直接转变为社会主义制度，而是作为一个新的"出发点"；而且，必须具备两个前提条件：一是俄国公社的土地公有制和集体耕作制度能够保存下来；二是西欧率先实现共产主义革命，建立共产主义制度，为俄国公社提供示范和技术支持。实际上，这样的设想都落空了。在土地公有制早已经不存在的中国以及其他"东方国家"，即使有了第二个条件，也不具备"不通过"的起码条件。

马克思认为，共产主义的物质条件和精神条件，都是在资本主义生产方式中创造出来的，资本主义生产方式是"必须经过"的，是不可跨越的。人类社会的发展是一种自然史的过程，中国走上社会主义发展道路，自然包含了一定的和不断增加社会主义因素，但这不等于跨越了资本主义生产方式。只要我们看一看仅仅经过三十多年改革开放而形成的现实经济关系，就完全可以明白这一点了。

九、对社会主义及其经济关系的误解

社会主义一开始就是形形色色、五花八门的。因此，对于什么是“社会主义”这样的问题，是不可能有唯一答案的。马克思主义者所说的社会主义，是以马克思的“两个伟大发现”为现实基础的科学社会主义，是建立在资本主义文明成果基础之上的，是资本主义的直接对立物。但是，自从一部分后发展国家走上社会主义道路以后，“社会主义”又有了新的含义，我们必须把和社会主义有关的几个不同概念区别开来：第一，把脱胎于发达资本主义的社会主义和后发展国家社会主义区别开来；第二，把后发展国家走上社会主义道路和建立社会主义制度区别开来；第三，把改革前的传统社会主义和中国特色社会主义区别开来；第四，把中国特色社会主义初级阶段和共产主义社会第一阶段区别开来。然而，在不少学者那里，这些不同的概念都混为一谈了。

对不同概念的混淆和对社会主义的误解，在传统社会主义时代就存在了。一方面是混淆了作为资本主义直接对立物的科学社会主义和后发展国家社会主义的质的区别，好像落后国家也可以直接建立马克思所设想的社会主义制度。甚至认为，越是贫穷落后，资本主义越是不发展，搞社会主义越容易。另一方面是对社会主义经济制度的特征作了不够确切的概括和解读。政治经济学教科书（社会主义部分）把社会主义经济制度的特征概括为三条：公有制、按劳分配、计划经济。即使是作为共产主义社会第一阶段的社会主义，这种概括也是不确切的。第一，这种概括意味着，公有制形式本身就具有社会主义性质，而不管生产力水平和生产方式的性质如何，也不管公有化的范围和公有化的程度如何，“三条驴腿”的合作社也被认为具有社会主义性质。第二，对公有制的理解只着眼于生产资料的归属，即生产资料的所有权，而不管劳动者和生产资料是以何种方式结合起来的，只要生产资料属于国家或者集体所有就是公有制。第三，既然公有制是一个抽象，那就已经包含了不同性质的公有制，包含了建立在落后生产力基础上的公有制；但是，所有低级形态的公有制不可能产生按劳分配和计划经济，名义上的按劳分配和计划经济必然是名不副实，按劳分配必然变成平均主义“大锅饭”，计划经济必然变成国家垄断、国家指令和行政控制。第四，这种概括没有说明生产的直接目的是什么，而只有直接满足社会需要、以直接使用价值为目的，只有以人的全面解放和自由全面发展为目的，才具有社会主义的实质。这样一来，社会主义的表面形式和实际内容就不一致了。

改革开放以后，经济学界对于社会主义的认识发生了一些实质性的改变：认为计划经济并不能做到合理有效的资源配置；计划经济和经济制度的性质无关。与此相联系，对社会主义经济特征的概括也发生了变化。多数经济学家认为，计划经济已经不能成为社会主义经济的特征了，取而代之的应当是国家宏观调控下的市场经济。但是，这是一个从后发展国家传统社会主义实践得出的然而又涵盖了两种不同历史形态社会主义的结论，是不合逻辑的，理论上并没有真正有所前进。就仍然肯定公有制和按劳分配作为现阶段的经济特征而言，是不够确切的，因为我国现阶段仍然是“不够格”的社会主义，公有制无论是内容还是形式都是低级形态和变异形态的，相应地，按劳分配不可能成为主要的分配方式；就肯定市场经济作为经济特征而言，仅仅适合于后发展国家社会主义的初级阶段。问题的实质是，经济学家们仍然没有把后发展国家社会主义和马克思所说的社会主义从质的方面区别开来。后发展国家传统社会主义的计划调节未能合理有效配置资源是事实，但不等于共产主义社会的计划调节不能做到；中国特色社会主义初级阶段和资本主义都采取市场经济形式，不能说明市场经济和经济制度无关，恰恰相反，说明市场经济和经济制度有关——正是相同的生产方式决定了相同的交换方式和经济形式。

有的经济学家认为，我国经济学人突破了社会主义社会实行单一公有制理论，形成了以公有制为主体的多种所有制结构论。[①] 按照这位经济学家的看法，在社会主义社会，非公有制经济（包括资本主义经济）本来

① 《在新的历史起点上发展中国的政治经济学》，《政治经济学评论》2010 年第 1 期。

就应当是重要组成部分的。这里的误解主要是，把作为资本主义直接对立物的社会主义和实践中的后发展国家社会主义混为一谈了；把后发展国家走上社会主义道路和社会主义制度混为一谈了；把后发展国家社会主义道路的初级阶段和共产主义社会第一阶段意义的社会主义混为一谈了。科学社会主义，就其性质来说是资本主义的直接对立物，按照一般规律，它脱胎于资本主义，高于资本主义。社会主义的本质是消灭阶级，实现人的全面解放和自由全面发展，因此，它力求建立在社会所有制的基础上，消灭私有制是社会主义的题中应有之义。消灭私有制需要一定的经济条件和一定的过程。但是，这并不意味着私有制和公有制可以在社会主义社会中永远并存。如果是这样，消灭剥削、消灭阶级就是一句空话，我们就不能把这样的目标写在我们共产党的纲领上。我国是在半殖民地半封建社会的基础上走上社会主义道路的，它必须经过一定的发展阶段，才能达到共产主义社会第一阶段那样的状态。在此之前，公有制和私有制、社会主义成分和资本主义成分同时并存，是不可避免的，急于过渡到单一公有制是超阶段的，也是不可能的。但是，认识到这一点，并在所有制关系方面进行改革，并不说明我们已经突破了马克思的科学社会主义理论（假如真的能够突破，也决不是单纯依据后发展国家社会主义已有的实践）；实际上，我们突破的仅仅是传统社会主义超阶段的认识和做法。

有的经济学家说，根据马克思的论述，“作为社会主义的经济基础的公有制”，应当是“社会所有制和共同占有基础上重建个人所有制”。但是“适合这两种含义的所有制形式就是股份制，它不是私有，而是社会所有，股民持有股权又是个人所有”。不仅“国家控股的股份公司，是公有的社会所有制”，而且“国家不控股，或不参股的股份企业也是公有的社会所有制”；“再进一步讲”，“资本主义的股份制也是社会所有制”。股份制是“社会主义公有制新的形式”。[①] 这种认识完全误解了马克思所说的“社会所有制”和“个人所有制”的含义。股份公司是一种社会化的资本组织形

① 何伟：《坚持改革应正确界定三个概念》，《学习时报》2006年11月20日。

式，不管股份公司的资本结构如何，股份公司总是以不同的资本所有者和资本所有权为前提的。这个前提包含：第一，存在有你我之分的财产所有权；第二，货币和财产采取了资本的形式，股东们追求的是资本增殖。股份公司可以成为从资本主义所有制向社会所有制转变的过渡点，但它本身决不是社会所有制。在股份公司形式上，资本和企业都社会化了，但如果把社会化和社会主义画等号，那就不正确了。股份公司这种企业形式必然地存在于我国社会主义初级阶段，但它本身并不具有社会主义公有制的性质。

十、对有利于生产力发展的经济关系性质的误解

有的经济学家认为，邓小平同志提出的“三个有利于”是判断国有企业姓“社”姓“资”的标准。股份公司和证券市场有利于社会主义社会生产力的发展，是表明它们姓“社”的基本依据。① 还有经济学家认为，凡是能够救中国和发展中国的制度形式就是社会主义。他们的核心观点是，所有同现实的生产力相适应、有利于生产力发展的经济制度、经济关系和经济形式，都具有社会主义性质。这是明显的误解。毫无疑问，贫穷不是社会主义，生产力不发展不是社会主义。因此，决不能由此得出这样的结论：只要有利于生产力发展就是社会主义。首先，在人类社会以往的不同历史阶段，都有过同生产力相适应的生产关系，但并非具有社会主义性质。其次，社会主义不仅必须建立在高度发达的生产力基础上，而且有区别于其他经济制度（特别是资本主义经济制度）的质的规定性，主要是：社会直接占有或共同占有；生产的直接目的是满足社会需要的使用价值；自由地联合劳动；有劳动能力的人均以劳动者的身份参与生活资料的分配。

---

① 张问敏等：《中国经济大论战：第三辑》，经济管理出版社 1998 年版，第 39 页。

我国改革开放的基本出发点就是使生产关系适合生产力发展的要求，但是，由于过去存在超阶段的问题，改革意味着在形式上要“向后退”——虽然实际上是向前进；意味着在外延的方面和内涵的方面增加私有制和雇佣劳动的成分。如果有人认为传统社会主义更像是社会主义，那么，改革就是要增加非社会主义的成分和因素。

十一、对所有制范畴含义的误解

经济学家们已经形成如下共识，并载入中央文献：我国在社会主义初级阶段，坚持公有制为主体、多种所有制经济共同发展的基本经济制度。其中，非公有制经济是这个基本经济制度的重要组成部分。公有制为主体体现在两个方面：一方面是公有资产在社会总资产中占优势（而且主要是质的优势）；另一方面是国有经济掌握经济命脉，发挥控制力。公有制可以采取多种实现形式，包括资本组织形式和企业经营方式。毫无疑问，我国经过三十余年改革所形成的基本经济制度，是同我国现阶段的生产力和市场经济形式相适应的。但问题是，理论上的表述并未确切反映现实的经济关系。上述表述认为：公有资产占优势和国有经济控制经济命脉等于公有制为主体；公有制为主体等于社会主义经济关系为主体。这里涉及：到底什么是公有制，单纯的公有资产所有权是否等于公有制；公有制形式是否等于社会主义；国家所有制是否等于公有制；什么是公有制的实现形式，公有制实现形式的改变会不会改变公有制的经济关系本身。下面的分析表明，上述表述包含着对公有制和社会主义公有制含义的误解，进一步说，包含着对所有制这一经济范畴含义的误解。

把所有制和单纯的法律所有权（甚至是在经济上不能实现的所有权）画等号，是不正确的。马克思认为，所有制的本质是经济关系，是生产关系的总和，体现的是劳动和劳动的客观条件的关系。所有制作为生产关系的总和，一方面，包含着劳动的主观要素（劳动者）和客观要素（生产资料）结合的社会形式，包含着生产方式和劳动方式；另一方面，作为所有制法律用语的所有权，必须能够在经济上得到实现（在现代市场经济中，所有权实现的经济范畴就是资本利息、地租、财物租金等）。公有制不仅包含公有资产的法律所有权，而且包含它的经济所有权；不仅包含公有资产所有权本身，而且包含联合劳动和共同生产。公有制具有劳动者共同体或联合体的性质，共同体的成员可以以共同体为中介，在经济上实现自己的权益。如果公有资产的法律所有权和经济所有权已经分离，劳动和公有资产所有权已经分离，劳动采取了雇佣劳动的形式，劳动者的权益在经济上不能实现，在公有制经济体系中劳动者可以下岗或失业，那么，对于劳动者来说，是空洞无物和没有意义的公有制。如果公有资产同样变成占有雇佣劳动者剩余劳动的手段，那么，公有制本身就异化了。

在国家表现为社会正式代表的情况下，国家所有制形式自然不同于私有制，相反，它表现为“社会所有制”，或者公有制。但在阶级社会，国家代表的首先是统治阶级的利益。因此，这种国家所有制就其内容来说不是真正的社会所有制或公有制，更不是社会主义的公有制。在走上社会主义道路的中国，国家所有制不同于西方国家的国有制（公营部门），它已经具有两重性：一方面，它仍然是真正意义的国家，执行一般国家的职能，因此，它不是马克思所说的“政治上的过渡时期”的国家；另一方面，它可以成为未来社会所有制的基础和雏形，也就是说，它包含了社会主义的因素。但是，把我国的国家所有制等同于社会主义公有制是不确切的。

所谓“公有制的实现形式”，是一种不确切的说法。确切地说应当是“公有资产所有权在经济上实现的形式”。在现代市场经济条件下，无论是私有资本还是公有资本，其所有权都可以有不同的实现形式——直接的形式和间接的形式；独资的形式和股份制的形式。所有权既可以表现在利润的形式上，也可以表现在利息和租金的形式上。如果公有资产的法律所有权和经济所有权已经分离，经济所有权已经有代价地让渡给其他经济主体；如果公有资产所有权以股权的形式存在于股份公司，形成混合型企业，那么，公有制的经济关系都发生了不同程度的变化——或者是增加了私有制的因素，或者是增加了雇佣劳动的因素。这时候，即使在总体上仍然保持着公有资产所有权，共同体成员同公有资产所有权相联系的权益也不可能得到实现。因此，所谓公有制实现形式的改变不会改变公有制经济关系的说法是不正确的。应当指出，股份公司可以成为公有资产所有权实现的形式，但股份公司形式本身不等于公有制的实现形式，更不等于公有制。如果公司的股权是属于私人的，那么，股份公司就是私有财产所有权实现的形式。

十二、对按劳分配的误解

一些经济学家认为，在社会主义市场经济条件下，需要重新认识和解读按劳分配，应当建立“社会主义市场经济的按劳分配”；要“把按劳分配和按要素分配结合起来”。理由是，市场经济的分配原则是生产要素按其贡献进行分配，资本要素获得利润或利息，劳动要素获得工资，等等。劳动者凭借劳动能力获得的劳动报酬就是按劳分配。有的经济学家认为，既然劳动力成为商品，劳动力所有者通过劳动力市场进入企业，并和劳动力的需求者（企业）“等价交换”，那么，按劳动力的价值进行分配就是按劳分配。这些看法是对按劳分配的极大误解。

按劳分配是特定生产方式的产物。马克思的经济理论认为，一定的分配方式和分配关系，是由一定的生产方式和生产关系决定的。马克思所说的按劳分配，指的是整个社会的按劳分配，仅仅同现代发达的生产力和社会所有制相联系，仅仅适合于共产主义社会第一阶段。公有制形式本身并不必然导致按劳分配。一方面，原始共同体和落后经济条件下的公有制，不可能实行按劳分配，而最有可能的分配方式是平均主义的供给制和“大锅饭”。另一方面，只要公有资产的法律所有权和经济所有权发生分离，劳动和所有权发生分离，企业内部是资本和雇佣劳动的关系，那么，同样不可能实行按劳分配。“社会主义市场经济”也不例外。

劳动报酬、劳动收入和按劳分配是不同的概念，不能混为一谈。劳动者凭借自己的劳动能力获得劳动报酬或劳动收入，在任何生产方式中都存在，只有在特定的经济条件下才采取按劳分配的形式。在多种所有制和多种生产方式并存的市场经济条件下，生产资料主要采取了资本的形式，劳动主要采取了雇佣劳动的形式，基本的经济关系是资本和雇佣劳动的关系。因此，分配方式只能是按要素所有权及其对资本增殖的贡献进行分配。这种分配方式中的劳动报酬，体现的并不是劳动者和企业之间的“等价交换”，劳动者得到的仅仅是作为劳动力价值或价格转化形式的工资。劳动者创造的新价值的一部分，以剩余价值或利润的形式为资本所有者和企业主所有。

既然按劳分配和按生产要素分配体现的是不同的生产方式，那么，只要社会上存在这两种不同的生产方式，也就会存在两种不同的分配方式。但是，两种分配方式在社会上同时并存，不等于可以把二者“结合起来”。在生产资料采取资本形式、劳动采取雇佣劳动的场合，不会存在按劳分配；反之，在劳动者共同体和联合劳动的场合，不会存在按要素分配。

结论

第一，把马克思的《资本论》说成是“商品经济论”或“市场经济论”是完全不正确的。马克思在《资本论》中揭示的主要规律，都是资本主义经济运动的规律，而不是所谓“社会化大生产的一般规律”，或者“商品经济”“市场经济”的一般规律。这些规律仅仅产生于资本主义生产方式。即使是作为商品生产基本规律的价值规律，也只有在资本主义生产方式中，才真正表现为规律。资本不是物，不是商品、货币、生产资料，而是一种特定的生产关系，在这种关系中，拥有生产资料垄断权的阶级（资本家阶级），以剩余价值的特殊形式占有雇佣劳动者的剩余劳动。劳动力成为商品，完全是因为劳动和所有权发生了不同程度的分离，使他们失去了依靠独立生产和资本增殖维持体面生活的条件。劳动力成为商品的经济关系，就是资本和雇佣劳动的关系。在这种关系中，劳动者不仅不是主人，而且不能不受资本的剥削。马克思在《资本论》中深刻揭示了资本家剥削剩余价值的秘密，但批判的矛头所指是资产阶级政治经济学——古典政治经济学和庸俗政治经济学，而不是资本和资本主义的生产方式。资本主义的生产方式是历史的，包含着基本矛盾和内在限制，最终必将为新的生产方式所取代；但它不仅是“必须经过”的，而且有巨大的历史功绩。

第二，把商品生产、市场经济说成和经济制度无关是没有根据的。商品生产和市场经济（普遍化的商品生产，商品生产的高级形式和现代形态）体现的是一定的经济关系，是一定经济制度的产物。在真正的共同体内部不存在商品生产；而一旦出现商品交换，共同体就面临解体了。市场经济不同于一般的商品生产，它不仅以社会分工和产品属于不同所有者为前提，而且以劳动和所有权的分离为前提，以资本和雇佣劳动的关系为前提。因此，市场经济的主体必定是资本主义生产方式。市场经济是人类社会第二阶段的一般形式。我国现阶段之所以存在市场经济，不是因为市场经济和经济制度无关，而是因为仍然存在市场经济借以产生和发展的经济条件。我国的市场经济有一定的特殊性，但不可能外部市场经济的一般规律。所谓“社会主义市场经济”是一个不科学的抽象；确切地说应当是“中国特色社会主义道路初级阶段的市场经济”。

第三，认为资本等非劳动要素也创造价值、从而否定剩余价值的存在是完全错误的。政治经济学所说的价值仅仅是商品价值，价值不过是人类社会抽象一般劳动在商品生产中的社会形式。只有处于生产过程（包括在流通领域继续的生产过程）中生产商品的活劳动，才创造价值。诸如商品、货币、生产资料、土地等等非劳动要素都不创造任何新价值。力图创立一个“社会主义社会的劳动价值论”是根本不切实际的。必须区分两种不同的“社会主义社会”。当社会主义社会已经“够格”的时候，就不再需要商品生产和价值形式了，否则，消灭阶级、消灭剥削、消除两极分化就是一句空话；而当落后国家开始走上社会主义道路、只是处在初级阶段的时候，它还不是共产主义社会第一阶段意义的社会主义，由于仍然存在普遍化的商品生产和价值形式，马克思的劳动价值论也就仍然起作用。

第四，从金融活动本身、金融监管和外部寻找金融危机的根源是理论上的大倒退。金融危机的实质是信用危机，信用危机不过是经济危机在信用层次和借贷关系上的表现，反过来又会加深和恶化经济危机。经济危机的一般基础是商品货币形式，而真正的经济根源是资本主义生产方式。资本主义生产方式固有的基本矛盾——以剩余价值为直接目的和以发展生产力作为手段的矛盾；受分配方式限制的消费能力和无限扩张的生产能力之间的矛盾，必然导致生产的相对过剩。生产过剩不仅发生在发达国家，而且也发生在新兴工业化国家；不仅发生在资本主义国家，而且也发生在走上了社会主义道路但处于初级阶段的国家。以纸币取代金属货币（黄金），虚拟资本的泛滥，以凯恩斯理论为基础的扩张性经济政策，虽然有可能暂时地缓解经济危机，却大大加深了危机，频繁的比较小的和时间比较短的危机，累积为百年一遇的严重的和时间较长的危机，经济危机更加以国际性金融危机的形式出现，而金融危机很快又转化为政府的债务危机。面临破产的不仅是作为市场主体的企业，而且还有承担了越来越多社会职能的政府。我国在经济运行中面临的巨大困难，主要不是来自外部的冲击，而是来自我国的经济关系本身。一方面，我国主要的生产方式是资本和雇佣劳动的关系，这是发生经济危机的一般根源；另一方面，非科学的发展方式加剧了比例失调、结构扭曲、总体的产能过剩和对国际市场的依赖。

第五，把我国现阶段定位在共产主义社会第一阶段的初级阶段是不正确的。从理论上讲，作为共产主义社会第一阶段的社会主义社会，脱胎于高度发达的资本主义社会，是资本主义生产方式完成历史任务的产物，是资本主义的直接对立物，因而高于资本主义，属于人类社会第三阶段。我国现阶段是中国特色社会主义道路的初级阶段，它脱胎于相当落后的半殖民地半封建社会，它不过是以特殊的发展道路完成通常在资本主义条件下完成的任务，仍然属于人类社会第二阶段。因此，把我国现阶段说成是“社会主义初级阶段”，就混淆了两种不同历史形态、处于不同发展阶段的社会主义的区别，混淆了两种不同意义的初级阶段的区别，混淆了走上社会主义道路和已经形成社会主义制度的区别。我国现阶段的所有制关系或经济关系，远不是我们在文献上所概括的那样——公有制为主体、按劳分配为主体。所有制不是单纯的法律所有权，而是生产关系的总和。最能够体现所有制性质的，是劳动和所有权的关系，是生产方式。现在，即使做到了公有资产在法律所有权的层次上占优势，由于公有资产法律所有权和经济所有权的分离，劳动和所有权的分离，劳动力成为商品，雇佣劳动的普遍化，公有制的内涵也大打折扣，甚至发生不同程度的异化。按劳分配和按要素分配是两种不同的分配方式，以不同的生产方式为基础；它们可以并存，但不可能结合。在目前的企业形式和生产方式中，基本的分配方式已经不是按劳分配，而是所有市场经济国家通行的所谓按要素分配——确切地说是按要素所有权及其对资本增殖的贡献分配；劳动者报酬不过是劳动力价值或价格的转化形式。

第六，把有利于生产力发展的制度形式说成是社会主义是对科学社会主义本质的误解。我们谈论的是马克思主义的社会主义——科学社会主义。这种社会主义不仅以高度发达的科学的生产力为基础，以主要文明国家的共同发展为前提，而且有特定的质的规定性。这就是：社会主义是资本主义的对立物，是劳动普遍化的社会形式，是劳动者的共同体，以自由的联合劳动为基础，一切对立的关系消除了，它的目标是人的全面解放和自由全面发展。有利于生产力发展本身不体现社会主义的性质。人类社会的生产力是不断发展的，任何一种生产方式和社会形式，都曾经有利于生产力的发展，但是，只有在资本主义生产方式创造的文明成果的基础上出现的社会，才有可能是社会主义社会。甚至于，公有制形式本身也不等于社会主义，只有具有上述规定性的公有制，才具有社会主义性质。

为我国改革提供理论依据，既不必削足适履地解释马克思的经济理论，也谈不上突破仅仅适合于一定经济条件的理论；恰恰相反，我们必须以马克思的“两个伟大发现”和“一个科学结论”为指导。经济理论作为对现实经济关系的规律性认识，必须科学。

如何认识当前的国际经济危机*

——兼评外国学者的各种见解

如何认识和应对当前国际性的经济危机，是全世界共同而又迫切的任务。国际社会不少学者（理论家，政治家，媒体人）对此发表了见解，这对于我们深刻认识这个问题和走好自己的路子，很有帮助。但我们必须加以分析和鉴别，从中得出更加科学的结论。

一、关于当前危机的性质

（一）外国学者已经开始关注危机的性质

自 2008 年开始的国际性危机到底属于什么性质，已经引起了人们的关注。不过，关注的程度远不如对危机产生的原因、对策和前景那么高。一般的说法是，这是一次“百年一遇（或百年不遇）的金融危机”。问题是：第一，这次危机是否仅仅是“金融危机”而不是经济危机，是否仅仅是经济危机而不是政治危机，是否仅仅是市场经济的危机而不是资本主义制度的危机？第二，这次危机是必然的还是偶然的？第三，这次危机是致命性的还是可以解决的？到目前为止，专门谈论危机性质的学者屈指可数。

---

* 载《中国延安干部学院学报》2012 年第 3 期。

法国经济学家热拉尔·迪梅尼尔认为，当前的危机是新自由主义社会秩序的危机。他说，新自由主义是资本主义的一个新阶段，其特点是，资产阶级通过与精英阶层、特别是与社会高官和金融部门的联盟来巩固权力。但随着新自由主义新社会秩序的建立，资本主义的运转发生了根本改变。当前危机是19世纪末以来资本主义经历的四大结构性危机之一。“当前的危机不是简单的金融危机，而是新自由主义这一不可持续的社会秩序的危机。”在西方国家，下述两种机制融合在了一起：一是，在疯狂追求利润和拒绝监管的思想驱使下，金融化和全球化造成所有新自由主义国家的脆弱性，美国的中央银行失去了对利率的控制和引导宏观经济政策的能力；二是，危机是美国经济失衡的结果。新自由主义的政治特性是群众被排除在各政党和团体的游戏之外，他们能做的只剩下街头斗争了。①

伦敦政治经济学院教授马丁·雅克认为，这场危机既是深重的经济危机也是新自由主义的政治危机。他指出，财富分配的不公和两极分化愈演愈烈，在美国尤为如此。因此，“目前面临的不止是一场深重的经济危机，也是曾经风靡一时的新自由主义的政治危机”。②

日本综合研究所理事长寺岛实郎认为，这场危机是不同于以往的美国式金融资本主义的危机。他认为，“这是一场完全不同于以往的资本主义危机”，“是极度膨胀的金融和实体经济背离引发的危机”，即“金融资本主义危机”。在实体经济中，人们通过生产制造、提供服务等经济活动获取报酬；但在金融游戏中，“获利模式就是钱生钱”。由此，产生了所谓“贫富分化的资本主义”。冷战结束二十年来，“美国式金融资本主义”风行全球，所谓“全球化”“其实质是华尔街的‘金钱游戏’全球化”。现在的问题是，“美国式金融资本主义已经病入膏肓”。③

---

① 《起义报》记者采访迪梅尼尔：《世界已进入危机的第二阶段》，西班牙《起义报》2012年1月15日，转引自《参考消息》2012年1月29日第3版。

② 王亚宏采访马丁·雅克：《新自由市场主义埋下祸根》，《资本主义危机纵横谈》（上），见《参考消息》2012年1月18日第11版。

③ 冯武勇采访与寺岛实郎：《美式金融资本主义已病入膏肓》，《资本主义危机纵横谈》（下），见《参考消息》2012年1月20日第11版。

概括地说，学者们对当前危机性质的认识，主要有三种观点：（1）美国式金融危机论。认为这是美国式金融资本主义的危机。（2）经济危机和政治危机双重危机论。认为这既是深重的经济危机，也是新自由主义的政治危机。（3）金融危机和社会危机双重危机论。认为这不是单纯的金融危机，而是新自由主义导致的社会危机。其共同点是：一方面，他们都把这场危机和新自由主义联系起来；另一方面，他们都不认为这是单纯的金融危机和经济危机。

（二）政治经济学应当对危机的性质作出科学的判断

学者们对这次危机性质的认识不尽相同，而且显然有较大的局限性。尽管如此，总体的认识水平还是有前所未有的提高。

1. 把危机和“资本主义”联系起来是理论上的重大进步

20 世纪先后在中南美洲和亚洲爆发的金融危机，并没有引起国际社会应有的重视，更没有看作是经济危机的表现，好像这两次金融危机和资本主义没有关系。但学者的上述认识表明，自从这一次国际金融危机爆发以来，理论认识有了前所未有的转变。他们都不约而同地把这次危机和“新自由主义”或“美国式金融资本主义”“华尔街资本主义”“贪婪的资本主义”联系在一起。这是理论认识上划时代的重大进步。不过，他们的认识仍有明显的局限性（首先是阶级局限性，他们大都是资产阶级的理论家），都没有把这次危机定性为资本主义生产方式本身的危机。

2. 当前的危机本质上是资本主义生产方式的危机

应当指出，现代社会任何经济危机都必然表现为信用危机或金融危机，并会加剧或引起新的经济危机；任何经济危机都与比例失调和结构失衡有关，因而都可以说成是“结构性危机”；任何严重的世界性经济危机都有可能转化为政治危机和社会危机。但是，理论认识不能仅仅停留在表面层次和表现形式上，而必须触及问题的根本和实质。其实，当前的危机就其本质来说，仍然是资本主义生产方式或资本主义制度的危机，是资本主义生产方式基本矛盾进一步发展的产物。区别在于，这场危机的确发生在资本主义的一个新阶段上。后面的分析将进一步表明，危机从哪里发生，导火线是什么，可以具有偶然性，但这次危机的发生本身具有必然性。危机是否具有致命性，不完全在于这次危机的严重程度，而在于资本主义生产方式是否完成了历史使命。对危机性质更深刻的理解，取决于对危机根源的认识。

二、关于当前危机的根源

（一）外国学者对危机根源的认识逐步深化

人们已经清楚地知道，这次危机是怎样爆发和一步步发展的，但它产生的经济社会根源是什么？可谓是仁者见仁、智者见智，认识差距很大。但总体而言，人们的认识在逐步深化。

马来西亚前总理马哈蒂尔·本·穆罕默德认为，欧洲的债务危机是经济泡沫破裂和国家破产的结果。在他看来，债务危机之所以会发生在欧洲，其主要原因是：第一，民主和社会主义迫使欧洲国家引进各种福利，减少工作时间和增加报酬。再高的薪酬和福利需求很快蔓延到较高级别的职工，再到高管——即使他们失败也能保证拿到。因此，产品和服务变得非常昂贵，生活成本越来越高。第二，东方新兴工业化国家的迅速工业化和低成本高品质的产品，几乎将所有的西方制成品挤出百货公司的货架。面临生活水平可能降低的威胁，西方创造出了金融市场。无形产品被发明出来，供其投机和赌博，至少有钱人和精于此道的专家们凭借金融市场大发其财；他们没有将更多的资金投入生产商品和提供服务的实体产业。然后，他们变得更贪婪，通过印制钞票来资助他们的赌博。最终泡沫破裂。第三，希腊靠借来的钱享受高质量的生活。少工作、高收入、更好的社会福利吃光了政府财政收入。于是，政府用借债的办法去填充国家财政预算的窟窿。事实上这个国家已经破产，而最终会导致欧洲银行破产。

从根本上说，欧洲国家已经失败了。①

美国前财政部长、哈佛大学教授劳伦斯·萨默斯认为，危机起因是经济的控制系统出了问题，而根源在于技术进步。他认为，资本主义国家经济停滞和失业率居高不下，不是“资本主义的内在缺陷”造成的，而是凯恩斯所说的“磁电机”出了问题。“问题的根源在于技术进步”。与此同时，与工业化时代的早期一样，社会结构的大错位以及规模生产能力的提高使得少数的幸运儿获得了巨大财富。问题在于工资相对于住房、医疗、食品、能源和教育等价格显得停滞不前，甚至下降。②

英国皇家国际问题研究所亚洲项目负责人凯利·布朗博士认为，美欧的危机是债务水平急剧上升和过度消费所致。他说，在美国和欧洲爆发的危机，和个人与公共债务以及消费过度有关。从核心上说，目前的危机是因为过去十年中债务水平的急剧上升导致的。③

伦敦政治经济学院教授马丁·雅克认为，这次危机是自由市场主义和私有化政策造成的系统性危机。他说，从 20 世纪 30 年代以来，“所有主要的经济危机都是人为造成的”，这和经济的周期和结构有关，但“首先是一种系统性危机”。危机的根源可以追溯到 20 世纪 70 年代末的撒切尔—里根时代，当时的自由市场主义和私有化政策为现在的危机埋下了祸根。尤其是在金融领域，这些政策导致违规操作成为一种常态。“现在银行家们成为新的上帝。政治家和媒体都成了金融利益的俘虏，这是一种堕落的表现。”④

德国著名历史学家汉斯-乌尔里希·韦勒认为，没有治理的金融业是

① 马哈蒂尔·本·穆罕默德：《失败的国家》，《脸谱》网站马哈蒂尔主页 2011 年 11 月 11 日，转引自《参考消息》2011 年 12 月 11 日第 3 版。

② 劳伦斯·萨默斯：《目前的困境要的是智慧的新创造而非破坏》，英国《金融时报》2012 年 1 月 9 日，转引自《参考消息》2012 年 1 月 25 日第 10 版。

③ 王亚宏采访凯利·布朗：《新自由市场主义埋下祸根》，《资本主义危机纵横谈》（上），见《参考消息》2012 年 1 月 18 日第 11 版。

④ 王亚宏采访马丁·雅克：《新自由市场主义埋下祸根》，《资本主义危机纵横谈》（上），见《参考消息》2012 年 1 月 18 日第 11 版。

真正的根本问题。他说，“没有治理的金融业是当前资本主义危机中存在的真正的根本问题”，“金融行业完全摆脱了法律法规框架的束缚，解放，自由，没有法规”。①

新加坡国立大学东亚研究所所长郑永年认为，国际经济危机是欧美社会福利制度和社会主义成分的产物。他说，2008年开始的国际经济危机的根源主要是发达国家，即欧洲和美国。其中，“欧洲国家主要是社会福利制度的危机，社会福利推动着政府债务危机”。而在美国，“金融危机也是美国政府一再提高社会主义成分的产物”。美国政府想利用市场机制解决低收入阶层的住房问题，结果由于放松了对金融体系的管制而出了问题。他进一步认为，“西方今天正面临着两大不可调和的结构性矛盾，即金融资本主义和实体经济之间的矛盾，以及民主与资本主义之间的矛盾”。这两大矛盾既是危机的根源，也使得西方难以挣脱危机，更使得新危机不断发生。一方面，西方国家已经从工业资本主义过渡到“金融资本主义”。但金融不再是为实体经济融资，而是“用钱来套取更多的钱”。当今的金融资本主义和实体经济的关系也已经有了质的变化。实体经济仍然依赖于金融经济，但后者不必依赖前者。在金融成为当今资本主义的绝对核心之后，当代金融资本主义明显出现三大趋势：第一，金融资本挟持了政府，甚至整个经济。金融资本已经“大到不能倒”。第二，当代金融业不产生就业。当代金融业不是为实体经济服务，而是用货币炒作货币。第三，当代金融业迫使世界上所有一切都货币化或者商品化。另一方面，在西方民主从精英民主转型成为大众民主之后，资本主义和民主政治的关系发生了很大的并且是质的变化。西方经济从赤裸裸的原始资本主义转型为“福利资本主义”。政府必须以比较中立的立场，调节资本和劳动者之间的利益。而且，既然政权的基础不再局限于财富，而是选民的选票，那么，政治人物必须把选票作为优先的考量。于是，民主往往成为福利政策的拍卖会。

---

① 刘向采访汉斯-乌尔里希·韦勒：《金融业监管缺失导致资本主义危机》，《资本主义危机纵横谈》（上），见《参考消息》2012年1月18日第11版。

在经济体不能创造庞大的财富来支撑福利和公共开支，而国家又无法增加税收的时候，西方政府就走上了借债度日的赤字财政，向人民借钱、向国外借钱、向未来借钱。这就是欧美等国家债务危机的根源。[①]

日本综合研究所理事长寺岛实郎认为，金融危机的根源是金融产业的急速变异。他说，以往金融产业的主要功能是以银行为代表的借贷活动，为实业提供资金，从实业成果中获得利息等回报。但是，20世纪90年代以来，美国金融产业出现急速变异，不是从投资实业中获利，而是试图通过管理风险获利，典型模式就是对冲基金，后来还涌现出风险更高的金融工具。一旦出现破绽，就波及各个领域。2008年雷曼兄弟公司破产导致的危机，宣告这种“华尔街模式的美国金融资本主义已经进入死胡同”。他同时认为，美国陷入危机的基础性原因是军事和消费开支超出实体经济的实力。他说，美国的军事和消费开支均超出其实体经济拥有的实力。之所以能做到这点，就是因为利用了“金融”活动，华尔街“赌场”效应吸引的资金支撑了美国的财政开支和消费。这也是如今美国陷入迷失的本质原因。[②]

埃及前外长助理、阿拉伯投资者联盟主席贾迈勒·卜尤米认为，危机的原因是自由资本主义无法控制自由资本产生的黑洞。他说，2009年以来，随着美国次贷危机爆发，继而引发欧债危机和全球范围的金融危机和市场崩溃，美国这一自由资本主义的最大实体恰恰印证了自由资本主义的失败。而这一失败的原因则在于自由资本主义无法控制自由资本产生的黑洞。现在资本已经转移到寡头和垄断者的手里，而大多数民众却获利甚少，这就是最根本的问题。[③]

墨西哥前驻华大使塞尔希奥·雷·洛佩斯认为，危机的根本原因是

① 丁其林采访郑永年：《当代资本主义面临两大结构性矛盾》，《资本主义危机纵横谈》（中），见《参考消息》2012年1月19日第11版。

② 冯武勇采访寺岛实郎：《美式金融资本主义已病入膏肓》，《资本主义危机纵横谈》（下），见《参考消息》2012年1月20日第11版。

③ 陈聪采访贾迈勒·卜尤米：《美欧危机印证自由资本主义失败》，《资本主义危机纵横谈》（下），见《参考消息》2012年1月20日第11版。

缺乏约束的资本主义经济制度。他说，目前的经济危机是政治危机的必然产物，从根本上说是缺乏约束的资本主义经济制度本身所造成的。资本主义的盲目自信也导致了经济危机的出现。事实证明，完全由市场这只“看不见的手”来调控经济是错误的理论。这场金融危机的根本原因是过去几十年美国疏于对市场监管以及银行家贪得无厌的结果。资本主义生产方式的基本矛盾表现在资本主义生产无限发展的趋势和劳动人民有支付能力的需求相对不足之间的矛盾。美国的次贷危机就是这一矛盾的表现形式。资本主义制度在一段时间内可以带来经济繁荣和利润扩大，但资本主义制度的基本矛盾终将导致经济危机爆发。缺乏约束的资本主义制度必将走向衰落。①

国际劳工组织总干事胡安·索马维亚认为，危机的原因很复杂，而结果则是极为严重并不断加剧的不平等现象。他说，“资本主义曾经经历过多次存在危机，而现在这次却是前所未有的。其中的原因很复杂，但结果却很简单：不平等现象极为严重并不断加剧。目前全球有6100百万人掌握着相当于35亿人所拥有的财富”。解决的办法是推行一种更有效的惠及多数人的发展模式。②

美国前劳工部长罗伯特·赖克认为，消费者和投资者每个人都是资本主义危机的共犯。他说，将资本主义危机归咎于全球金融和高得离谱的高管薪酬实在太简单了。既然我们大部分人都兼属消费者和投资者、劳动者和公民这四种角色，那么真正的危机集中在：作为消费者和投资者时，我们越来越容易达成划算的买卖，而作为劳动者和公民时，我们让自己的声音获得重视的能力则越来越弱。然而，这些划算买卖的代价是我们的就业和薪酬，以及日益扩大的社会不平等，还有对环境的破坏性影响和违背社会风化等。但迄今仍没有任何人找到让资本主义

---

① 陈聪采访塞尔希奥·雷·洛佩斯：《资本主义已经进入调整阶段》，《资本主义危机纵横谈》（下），见《参考消息》2012年1月20日第11版。

② 胡安·索马维亚：《从国际劳工组织角度看资本主义危机与不平等》，西班牙《起义报》2012年1月29日，转引自《参考消息》2012年1月31日第10版。

回归平衡的方式。你可以随心所欲地指责全球金融和全世界的企业，但应当把一些指责留给那些贪得无厌的消费者和投资者，这些人“每个人都是共犯”。[①]

新加坡国立大学李光耀公共政策学院院长马凯硕认为，危机根源于西方资本主义犯下的三个错误。他说，资本主义本身并没有陷入危机，陷入危机的是西方资本主义。西方犯下的三个错误是：一是把资本主义视为一种意识形态，而不是一种用来改善人类福祉的实用工具。正因为如此，格林斯潘认为没有必要对市场严加监管。更为糟糕的是，西方还产生了一个庞大的金融服务业；这个行业根本不创造任何实际价值。二是忘记了欧洲资本家从20世纪马克思主义的威胁中学到的教训——要使资本主义制度存续下去，各个阶级都必须从中受益。这就造成不平等现象大大加剧，失业率不断上升。三是在向第三世界宣扬资本主义优点的同时，没有让其本国人民清楚“创造性毁灭”，并必须学习新的技能。由于存在种种缺陷，资本主义是一种不完美的制度。它要求政府认真监管。而亚洲则与此不同，它们处处都有宝贵的经验值得西方学习。[②]

概括地说，学者们对危机根源的认识，主要有下述几种观点：（1）基本矛盾论。认为危机根源于资本主义生产无限发展和劳动人民有支付能力的需求相对不足之间的基本矛盾。（2）民主和社会主义压力论。认为危机根源于民主和社会主义的压力导致内部关系和政策的变化。（3）经济和社会双重矛盾论。认为危机根源于金融资本和实体经济、民主与资本主义的双重矛盾。（4）失控自由资本主义论。认为危机根源于失去控制的自由资本主义（自由市场主义）、私有化政策和脱离法规约束的金融业。（5）西方资本主义犯错论。认为危机根源于西方资本主义的三大错误，而这些错误在亚洲国家并没有发生。（6）债务消费超经济能力论。认为危机根源于

---

① 罗伯特·赖克：《贪得无厌的消费者正在破坏民主制度》，英国《金融时报》网站2012年2月1日，转引自《参考消息》2012年2月20日第10版。

② 马凯硕：《到亚洲的工厂看看资本主义的教训》，英国《金融时报》网站2012年2月20日，转引自《参考消息》2012年3月7日第10版。

公共债务、军事开支和消费支出超出实体经济的实力。（7）技术进步论。认为危机根源于技术进步导致社会结构的错位和财富分配不合理。（8）人们的贪得无厌论。认为危机根源于消费者和投资者的贪得无厌。从这些观点可以看到，学者们找出的根源属于不同的层次，都有助于说明危机的产生。其中有三点值得重视和肯定：一是多数学者从自由资本主义或新自由主义寻找根源，这个方向是正确的；二是有些学者从分析经济社会矛盾出发，这个分析方法同样是正确的；三是个别学者已经把危机的根源归结为资本主义的基本矛盾，抓住了问题的要害。但是，同样有三点是不能成立的。第一，公共支出和消费支出过多显然不是危机的根源；甚至相反，会弱化或者减缓危机。它们只是导致赤字财政的直接原因。有待于证明的是，是什么原因导致支出过多。第二，技术进步肯定不属于危机的经济根源，而是资本主义制度发展演变的物质技术基础。危机不能归咎于技术进步；实际上，是在技术进步的条件下，充分暴露了资本主义生产方式的内在矛盾和限制。第三，消费者和投资者的贪得无厌，不会成为当前经济危机的根源。贪得无厌用在投资者（即资本所有者，他们不过是资本的人格化）身上是恰当的，但不能用在消费者身上。危机当然和资本的贪得无厌有关，但问题不在贪得无厌本身。如果不去考察资本主义的生产方式本身，不去考察资本扭曲和变异的原因，就什么问题都说明不了。

（二）危机的根源只能到资本主义生产方式和资本的本性中去寻找

虽然大多数学者对于危机的根源已经有了深刻的认识，但总体而言，他们大都局限在在西方经济学和社会学的视野和框架内。他们没有从“新自由资本主义”“美国式资本主义”中抽象出“资本主义”；也没有从“资本主义”中进一步上升到“资本主义生产方式”。正因为如此，他们并没有完全搞清楚金融危机、债务危机和经济危机的关系，没有搞清楚金融危机和债务危机的关系，没有搞清楚金融危机、债务危机和政治危机、社会危机的关系。正因为如此，在他们看来，在亚洲或者东方国家，似乎本身不存在危机。根据马克思科学的经济理论，特别是他的危机理论，危机的根源以及这次危机的特殊性，只能到现实的经济关系中去寻找，到资本主义生产方式本身和资本的本性中去寻找。

1. 必须充分认识这次危机形成和发生的特殊性

这次危机的形成和发生，并没有超出资本主义经济的一般规律，危机仍然根源于资本主义生产方式本身，特别是剩余价值规律和资本积累规律的作用。但是，和早期的危机（包括20世纪30年代的大危机）相比，有很大的特殊性。第一，国际经济关系的特殊性——经济和金融的全球化。经济（生产和流通）全球化的趋势早就开始了，但只是在20世纪后期，经济全球化才真正建立在金融全球化的基础上。这时候，发达国家的金融危机，一开始就具有世界性质；而且，危机一旦发生，几乎所有国家都不能置之度外。第二，货币体系的特殊性——取消黄金的货币地位。从1944年的布雷顿森林会议开始，美元取得了等同于黄金的特殊地位，为以美元为中心的国际货币体系奠定了基础。后来，在美元危机（由于美元的国际信用不断下降，各国纷纷抛售美元储备和抢购黄金）的频繁冲击下，1978年国际货币基金组织接受了美国提出的"黄金非货币化"的建议。从此，纸币完全代替了真正的货币，为滥发纸币（特别是作为储备货币的美元）大开方便之门，为持续实施扩张性的货币政策提供了条件。黄金货币的取消，不仅掩盖了当前的危机，也孕育了未来更大的危机。第三，资本本身的特殊性——资本本身的扭曲和变异。借贷资本的出现和信用制度的形成，出现了作为资本所有权证书的虚拟资本。但是，自20世纪七八十年代以来，美欧国家为了保持虚假的繁荣和满足资本贪婪的欲望，放纵虚拟资本脱离实体经济而泛滥，资本本身发生了相当程度的扭曲和变异，为直接"以钱生钱"创造了条件。不仅如此，政府还用保护濒临破产的金融机构的方式防止金融危机的扩大和蔓延，从而更加深化了金融危机。第四，政府干预的特殊性——政府以经济政策应对经济危机。早期的危机都是自然地发生和缓解的，从而形成有规律的经济周期，危机也为资本主义经济提供了起死回生的机会。但是，自"凯恩斯革命"以来，西方国家持续地用扩大货币供给和政府投资的方式"创造"需求，以应对生产过剩的危机。在资本主义内在基本矛盾照样存在的情况下，单纯着眼于缓解当前危机的做法不过是饮鸩止渴，所有“创造”需求的方式，都必然地带来通货膨胀、保护落后、产能过剩的负面后果，因此，危机本身反而更加深化了，资本主义经济愈益病入膏肓了。第五，应对社会矛盾方式的特殊性——以政府负债的方式解决资本主义本身带来的问题。政府不仅承担了干预经济的职能，而且承担了救世主的职能。贫困、两极分化、不公平和失业等问题是资本主义生产方式的必然产物，在外部社会主义制度和国内选民的双重压力下，西欧国家率先走上了“福利国家”的道路。但是，在社会基本分配关系不能改变的情况下，政府力图以负债的方式缓解这些矛盾，最终到了不堪重负和国家破产的地步。把上述种种特殊性集中起来主要是资本扭曲变异和政府超能力执行职能。

2. 经济危机的一般和基础性根源是资本主义生产方式

经济危机本质上是资本主义生产方式内在矛盾造成的生产相对过剩、从而经济停滞的危机。资本主义生产方式有两个基本特征：一是在商品生产普遍化的前提下，劳动采取了雇佣劳动的形式，生产资料采取了资本的形式，生产的人的要素和物的要素的关系发生了颠倒——物支配人，而不是人支配物，整个社会生产由盲目的自然规律——价值规律——调节；二是生产的直接目的是剩余价值。[①] 资本总有一定的物质载体，而且可以采取不同的形式，但资本本质上是一种特定的经济关系，其本性就是无止境地追求剩余价值，使自身不断增殖。资本运动的基本规律是剩余价值规律。在这种生产方式中，包含着资本和雇佣劳动、资本家阶级和雇佣劳动者阶级（无产阶级、工人阶级）、剩余劳动和必要劳动、工人的消费和资本积累的对立。由于这种对立，一方面，必然产生雇佣劳动者阶级的失业、贫困（绝对贫困和相对贫困）和两极分化；另一方面，必然造成生产能力的相对过剩。因此，资本主义生产方式始终包含着这样一个基本矛盾：以剩余价值为目的和以提高劳动生产力为手段的矛盾，工人阶级缺乏

① 《资本论》第3卷，人民出版社2004年版，第995-998页。

有支付能力的需求和生产能力过剩的矛盾。这个基本矛盾必然使资本主义经济周期性地陷入危机之中。生产过剩导致的经济危机是资本主义生产方式的题中应有之义。马克思指出，经济危机是资本和劳动两种对抗因素发生冲突的周期性表现。[①]经济危机基于资本主义生产的目的和手段的矛盾，即资本增殖和无条件地发展劳动生产力的矛盾。[②]或者说，根源于生产力和消费关系的狭隘基础的矛盾。[③]“一切现实的危机的最后原因，总是群众的贫困和他们的消费受到限制，而与此相对比的是，资本主义生产竭力发展生产力，好像只有社会的绝对的消费能力才是生产力发展的界限。”[④]在马克思那个时代，经济危机的主要表现和特点是：“交易停顿，市场盈溢，产品大量滞销积压，银根奇紧，信用停止，工厂停工，工人群众因为他们生产的生活资料过多而缺乏生活资料，破产相继发生，拍卖纷至沓来。”[⑤]资本主义生产方式的基本矛盾同样决定了经济危机是周期性的。马克思指出：“资本主义的生产总是要经过一定的周期性循环。它要经过消沉、逐渐活跃、繁荣、生产过剩、危机和停滞等阶段。”[⑥]“在周期性的危机中，营业要依次通过松弛、中等活跃、急剧上升和危机这几个时期。……就整个社会考察，危机又或多或少地是下一个周转周期的新的物质基础。”[⑦]一百多年来生产力的发展和资本具体形态的变化，并没有根本改变资本主义生产方式本身，经济危机在生产领域的基本表现依然如故。无论是金融危机还是政府（主权）债务危机，都是经济危机进一步传导的表现。如果说金融危机是经济危机在金融领域的表现，那么，政府债务危机不过是经济危机在政府财政上的表现。因此，马克思的危机理论没有过时。由于受到扩张性经济政策的干扰，在比较短的时期内，经济危机的周期性没有充分地

① 《资本论》第 3 卷，人民出版社 2004 年版，第 277 页。
② 《资本论》第 3 卷，人民出版社 2004 年版，第 278–280 页。
③ 《资本论》第 3 卷，人民出版社 2004 年版，第 272–273 页。
④ 《资本论》第 3 卷，人民出版社 2004 年版，第 548 页。
⑤ 《马克思恩格斯选集》第 3 卷，人民出版社 1995 年版，第 626 页。
⑥ 《马克思恩格斯选集》第 2 卷，人民出版社 1995 年版，第 91 页。
⑦ 《资本论》第 2 卷，人民出版社 2004 年版，第 207 页。

表现出来，但周期性循环的规律本身是不可能人为地取消的。

3. 发端于美国的金融危机是获得剩余价值的方式发展演变的结果

直接地说，这次金融危机是金融资本的质变和政府监管缺失造成的，是新自由主义的恶果，是诸多人为因素（华尔街的金融大鳄，政府机构的当事人，新自由主义的倡导者，等等）造成的。但是，所有的人为因素都是在更基础得多的经济原因的基础上产生的。金融资本的质变和政府监管的缺失并不是根本原因，而这里涉及的人不过是资本的人格化和资本的代表者和保护者。从唯物主义历史观出发，更加根本的原因来自资本主义生产方式及其经济关系，是资本主义生产方式和经济关系发展演变、从而取得剩余价值的方式发展演变的必然产物；而资本主义生产方式和经济关系的发展演变，又是生产力、交换方式不断发展的结果。整个发展变化经历了一系列过程。

首先发生的变化是，越来越多的资本涌向不创造价值的非生产领域直接捞取剩余价值。剩余价值始终是商品价值的一部分；新获得的剩余价值始终是新创造的交换价值的一部分。剩余价值的源泉只有一个，就是生产商品的雇佣劳动者的活劳动（在存在职能分工的生产体系〔企业〕中必然是“总体结合劳动”）。但是，剩余价值的获得和创造是不能等同的。个别资本获得剩余价值的方式和途径是多种多样的，资本所有者获得剩余价值，完全不必成为产业资本家（实业家）。剩余价值最初由执行职能的产业资本家占有，但是，随着再生产过程各种职能的分离，资本所有权和再生产过程的分离，在资本运动的各个环节（购买，生产，出售）和资本的各种形式（货币资本，生产资本，商品资本，产业资本，商业资本，银行资本）上，都可以按照平均利润率规律获得和资本份额相当的剩余价值。随着劳动生产率的极大提高和社会分工的进一步发展，产业结构一步一步发生重大变化，资本和劳动越来越多地从工业和农业转移到所谓“服务业”中来，相应地，个别资本取得剩余价值的领域和方式也发生了重大变化。但是，服务业包含完全不同性质的“产业”。有些服务业照样提供具有一定使用价值的商品，只不过商品只是一种服务活动，服务的生产过程同时就是买卖过程和消费过程；有些服务实际上是生产过程在流通过程中的继续（如运输业、仓储业以及分装等等），这种服务虽然不增加新的使用价值，但可以在这一过程中保存现有的使用价值和价值，从而起到增加价值的作用。然而，有些服务既不提供任何使用价值和商品，也不参与价值的创造，是根本不属于产业的“产业”。这些服务中涉及的工资（劳动报酬）和利润（剩余价值），只是对已经创造的价值和剩余价值的扣除。其中，有的服务执行的是纯粹流通过程的职能（买卖活动），这种职能虽然不创造价值，却是商品社会再生产过程不可或缺的，因此，这个过程的劳动同样是必要劳动；有些服务则是纯消极的、不利于文明进步的，例如，为挥霍浪费的消费行为和腐朽堕落的生活方式提供帮助，政府（官僚机构或与劳动人民相对立的政府）强加于人的“服务”，等等。在这两种情况下，都是通过雇佣工人的劳动，从已经创造的剩余价值中，为自己（资本家和工人）创造出一定的份额。总之，不管服务的性质如何，都可以成为一个特殊的投资领域；即使在既不创造使用价值和价值也不创造剩余价值的服务领域，甚至在不利于文明进步的服务领域，资本所有者和经营者同样可以借助雇佣劳动者之手，从社会已经创造的总剩余价值中为自己“创造”出一定的份额。这是资本开始出现腐朽的征兆和表现。

接下来发生的变化是，越来越多的资本通过制造价值泡沫和投机诈骗以钱生钱。价值泡沫是不包含真实价值的虚假价值表现。本来，价值不过是抽象一般劳动的特殊社会形式，价格不过是价值的货币表现。超出这个范围的价值表现，都是虚假的。因此，一旦价值表现脱离和超过了价值（劳动量）本身，就必然大打折扣。至于投机诈骗，已经不是一般意义上的贱买贵卖，不是通过商品流通取得“让渡利润”了，而是利用商品流通、货币流通和虚拟资本运动的形式骗取金钱。本性贪婪的资本的监护人（人格化的资本），不仅不满足于经营实业，也不满足于经营一般“服务业”（例如纯粹的商业服务），从而从已经创造的剩余价值中分得一杯羹，而是通过制造价值泡沫和投机诈骗，从中牟取暴利，直接以钱生钱。

价值泡沫的形成主要有两个要素：一是货币的超量供给；二是大规模

炒买炒卖。价值泡沫是政府、金融机构、资本所有者制造出来的，主要的形式有：（1）滥发纸币，导致通货膨胀和货币贬值；（2）以虚拟资本（所有权证书，现实资本的纸制复本）做抵押取代贷款，制造新的虚拟资本，导致信用膨胀和流动性过剩；（3）炒买炒卖，通过囤积和垄断商品制造供不应求的假相，达到哄抬商品（包括住房、股票等等）价格的目的；（4）在"金融创新"的名义下制造金融衍生产品，掩盖和转嫁金融风险，制造虚假的所有权证书。如果说制造价值泡沫为以钱生钱提供了基础条件，那么，投机诈骗就是以钱生钱的主要手段了。在生产过程以外以钱生钱的方式是多种多样的：其一是在商品流通领域投机。资本所有者不是从事商品流通，而是借助商品流通投机钻营。房地产和大宗可储存商品等都可以成为囤积居奇、炒买炒卖的对象。其二是利用社会资本放高利贷。在生产过剩、银根吃紧的时期，货币资本成为最紧缺的资源，于是，高利贷生意就乘机大发横财了。但大量的贷款不是来自自由资本，而是吸收聚集社会居民的资金。其三是在特殊的商品市场——证券市场、期货市场、贵金属市场等——呼风唤雨、兴风作浪，反复地拉高价格和抛售。其四是以提供金融服务的方式制造虚拟资本和发售各种金融衍生产品。如此等等。在这些不同形式的以钱生钱的投机活动中，都少不了两个主要当事者：资本所有者和金融机构。这里所说的资本所有者，是那些集中了大量财富和资本、而并不进入再生产过程的纯粹投机者。现在，越来越多的资本所有者既不投资于工农业生产，也不投资于广义的实业，而是以金融机构为核心，在各种形式的流通领域（商品流通，货币流通，资本流通，虚拟资本流通）做投机生意，直接以钱生钱。金融机构要么是整个投机活动的主角（策划者和主宰者），要么是主要的合伙者或同谋者。现在越来越多的金融机构，重点不是充当金融的中介人，为企业融资提供服务，而是在流通领域做投机生意。如果说资本的总公式是 G - W - G' 的话，那么，在借贷资本的场合，已经简化成 G - G' 的关系了。现在，在金融机构和资本所有者那里，G - G' 关系已经变得更加赤裸裸的了，就像变戏法一样了。但是，价值泡沫毕竟是虚假的价值，虚拟资本毕竟不是现实资本；一旦价值泡沫破裂，所有权证书不能兑现，金融危机就要发生了。

资本的上述变化，并不纯粹是人为的，归根到底是一定生产力和经济关系的产物。第一，随着商品生产的普遍化和价值形式的发展，一切使用价值趋向商品化、价值化，人与人之间的一切交往关系都变成交易关系或买卖关系。既然货币（金钱）是财富的最一般、最抽象的形式，那么，对交换价值的追求也就自然变成对货币的追求，货币便被社会推到至高无上的地位。第二，随着生产的进一步社会化和全球化，资本的货币形式（货币资本）成为最重要的资本形式，货币资本的运动成为社会经济体的神经系统和血液循环系统，信用制度和金融业不仅空前发展，而且越来越独立于实业和凌驾于实业之上，金融资本越来越成为社会再生产的支配者、主宰者。第三，随着信用制度的发展，作为资本所有权证书的虚拟资本的运动和交易也随之发展起来。这时候，虚拟资本不再是由现实资本决定并服务于现实资本，而是人为创造虚拟资本和价值泡沫；作为融资场所的证券市场，越来越成为资本所有者赌博和直接捞钱的场所。第四，周期性的经济危机以及为了应对经济危机而持续实施的扩张性经济政策，进一步确立了金融资本的统治地位和救世主地位。第五，信用的进一步扩张，要求突破和改变传统的货币和资本形态。首先是以作为单纯价值符号的纸币取代了商品的一般等价物的金属货币，从而取消了真正的货币，这就为银行创造货币（购买力）提供了可能，也为政府滥发纸币大开方便之门；其次是虚拟资本不仅和现实资本完全分离，而且获得了空前的独立发展，这就是资本发生进一步的变异，从而为资本直接“以钱生钱”提供了更加便利的条件。由上可见，金融资本的变异是必然要发生的。变异的物质技术基础是劳动生产率的提高、产业结构的变化、生产的社会化和全球化；而变异的驱动力完全来自资本的本性。人们有足够的理由追究导致这次金融危机的责任人，但是这不是最重要的。金融危机的直接责任人（首先是美国华尔街的金融大亨们）不过是变异了的资本的人格化，而政府的不合理行为不过是满足了资本的这种贪婪的欲望和要求。

4. 欧盟债务危机是资本主义基本矛盾深化的必然结果

直接地说，以希腊为典型的欧盟主权债务危机主要与如下三个因素有关：政府财政赤字过大，债务负担过重；政府债务和金融机构相关联；欧盟国家采取统一的货币形式。但债务危机的根源仍然是资本主义生产方式的内在矛盾。如前所说，资本主义的基本矛盾，一方面导致雇佣劳动阶级的贫困（发达国家主要表现为相对贫困）和两极分化；另一方面导致商品市场的盈溢和生产能力的全面过剩。这二者都会导致社会危机和政治危机，对民选政府产生了极大的压力。欧盟国家的政府自然不会也不可能改变资本主义生产方式本身，而是力图通过政府的职能和政策缓解、推迟和掩盖经济危机。一方面，以宏观经济调控者的身份，通过实施凯恩斯的扩张性经济政策创造虚假的社会需求（如果有可能，还会以各种冠冕堂皇的理由通过发动战争扩大需求），甚至还要出资挽救一部分陷入困境的企业，或者国有化。另一方面，以“社会正式代表”的身份，通过扩大社会保障和社会福利的政策，安抚工人阶级和弱势群体，以缓解阶级矛盾。其典型形式是所谓“福利国家”。“福利国家”的实质是政府力图利用再分配手段（转移支付）解决资本主义生产方式本身造成的问题，这是注定要失败的。上述这两个方面，都会大幅度增加政府的财政支出，而财源却不能相应扩大（赋税在国内生产总值中的份额受到资本主义生产方式本身的限制），就只有靠举债维持财政收支的平衡了，并且必然是不断地以新债还旧债，这在有些国家已经成为一种常态。结果必然是政府债台高筑直至不堪重负。如果政府不能偿还到期的债务，从而政府已经失去信用，债务危机就首先在有关国家发生了。如果这些国家通过金融机构发行了大量国债，债务危机就会殃及到相关的金融机构乃至有关国家。目前，由于欧盟采用同一的货币，各国的金融机构已经形成一个具有紧密联系的体系，个别国家的债务危机就会成为整个欧盟的危机。在经济层面上，必然加剧已经存在的世界性经济危机。由此可见，尽管欧债危机有一些具体的原因和发展过程，但根源是资本主义生产方式本身。欧债危机不过是资本主义经济危机的延伸和深化。

5. 危机的根源不应当仅仅从美欧国家孤立地去寻找

自这次危机发生以来，人们大都分别地谈论源自美国的金融危机和源自希腊等欧盟国家的债务危机，好像这二者都不是经济危机的表现，好像这二者之间也没有关系，好像危机的形成和其他国家（首先是新兴工业化国家）也没有关系，好像其他只是不同程度地受到了这两个危机的“影响和冲击”。这种认识是不符合实际的。第一，发端于美国的金融危机和欧盟的债务危机不是孤立的两件事，而是同一件事的两种不同表现。事实上，它们都是资本主义的经济危机造成的结果，都是在资本主义生产方式范围内，资本自身和政府为了摆脱困境和应对危机，而采取的各种措施必然导致的结果。资本力图以金融资本扩张的形式创造需求、掩盖危机和投机取利；政府则力图以增加财政支出的形式创造需求和弱化危机造成的后果。其实，没有以资本和雇佣劳动的对立为基础的经济危机，金融危机和债务危机就不会发生。第二，在直接的形式上，欧美以外其他国家似乎和两个危机的形成没有关系，但它们只要同样是以资本主义生产方式为基础，都参与到“全球化”的经济体系之中来，世界性经济危机的形成就都与它们有关。在所有这些国家，资本主义生产方式的基本矛盾是同样的，但在发展程度、资本化程度、经济制度、经济政策不同的国家，有不尽相同的表现。

在老牌的欧美国家，资本主义生产方式已经发展到了高峰，到了转折点，开始走下坡路。它们在技术和管理方面仍然有较强的比较优势，它们的高科技产品不仅具有强大的国际竞争力，而且表现为更大的国际价值。但是，一般制造业，特别是劳动密集型的制造业，由于劳动力成本大大提高而失去竞争力，并逐步转移到其他发展中国家。这样一来，一方面，经济增长率显著下降；另一方面，失业率不断攀升。美国把希望寄托于一箭双雕的房地产业——既可以解决中低收入居民的住房问题，又可以拉动经济增长（增加经济总量）和降低失业率。但它依靠的是扩张性的经济政策，是消费信贷制造的无力偿还的虚假购买力。结果，内在的经济危机必然地转化为外部的次贷危机。现在，欧美国家一方面不能不继续维持已经大大提高了的（包含泡沫的）工资水平和社会福利；另一方面又在高失业率面前无计可施。于是，就只好靠借债过日子了，内在的经济危机必然以债务危机的形式表现出来。可见，发端于美国的金融危机和欧盟的债务危机，都是在资本主义生产方式框架内，资本和政府应对经济危机必然带来的结果。

在新兴工业化国家，资本主义生产方式还处在青壮年时代，而且，发展道路或发展模式存在一定的差异——或者更多地采取了国家资本主义的形式，或者国家是社会经济的主导者，有的则是走上了社会主义道路（例如中国）。它们的平均工资水平远低于发达国家，而剩余价值率却显著地高于发达国家，资本积累的速度更快。它们通过引进发达国家的先进技术，首先在一般制造业领域取得了无可比拟的竞争优势。但是，除了个体经济以外，资本主义生产方式已经成为它们的基本形式，这就必然造成这样的结果：第一，它们经过或长或短的时间，贫富差距往往比发达国家还要大；第二，它们有很高的资本积累率和投资率，而消费率显著偏低；第三，在国内消费需求受到压抑的情况下，它们更多地依赖于国外市场，首先是欧美国家的市场。因此，即使在不发生世界性经济危机的情况下，也会经常存在产能过剩和产品过剩的问题。但是，一方面，这些国家的经济体制不同于西方国家，资本化和市场化程度低；另一方面，政府往往会通过实施更大力度的扩张性的经济政策为过剩的产能和产品开辟道路和创造市场。因此，在一般情况下，潜在的危机（经济危机以及金融危机和财政危机）不会显著地表现出来。但是，一旦出现世界性的经济危机，单靠这种扩张性政策就无能为力了；更何况，反复使用这种政策不仅得不偿失，而且会出现严重的通货膨胀。因此，新兴工业化国家不能把这次危机看成是欧美国家的事情，而是应当看成全球化体系中所有市场经济国家的事情。马克思在《资本论》第一卷序言中就警告过当时洋洋得意的德国人：《资本论》中的经济事实虽然主要来自英国，但德国绝不应当“伪善地耸耸肩膀”，相反，“这正是说的阁下的事情”！这是因为，“问题本身并不在于资本主义生产的自然规律所引起的社会对抗的发展程度的高低。

问题在于这些规律本身，在于这些以铁的必然性发生作用并且正在实现的趋势。工业较发达国家向工业较不发达的国家所显示的，只是后者未来的景象”。[①] 马克思的警告同样适用于今天表面上“处于危机之外”的新兴工业化国家和所有发展中国家。必须明确地认识到，在所有以资本主义生产方式为基础的市场经济国家，都会发生经济危机，它们是危机的共同制造者，而又互相影响，只是表现形式和严重程度不同。

三、关于应对当前危机的思路和对策

（一）外国学者从不同方面和不同层次提出了应对危机的思路和对策

此次危机已经持续三年之多，受影响最大的是首先是西方国家。美国经济的复苏仍然困难重重，西欧在债务危机中依然难以自拔。人们希望的所谓“后危机时代”迟迟没有到来。如何应对和克服危机，人们有不同的认识和思路。

马来西亚前总理马哈蒂尔·本·穆罕默德认为，欧洲必须承认像发展中国家一样穷。他指出，许多发展中国家都失败了，许多欧洲国家包括美国在内也失败了。欧洲必须承认自己已经失败了。它们的一切努力都将失败。穷人必须活得像穷人样。他们必须放弃奖金、股权、福利、高收入和少工作之类的待遇。金融市场上的投机赌博也必须停止。他们必须回去工作，拿更低的工资去生产商品和提供服务。他们必须卖掉自己的大部分资产。印钞票和填写支票毫无帮助。[②] 马哈蒂尔还认为，西方有必要重归资本主义根本，欧洲必须向东方寻求危机的解决办法。他说，他对“欧洲人无错论”深表怀疑，西方尤其需要反思一些根本的东西。他尤其不喜欢他们的双重标准。几个世纪的霸权让他们相信，他们的价值观要被接受为普

① 《资本论》第1卷，人民出版社2004年版，第8页。

② 马哈蒂尔·本·穆罕默德：《失败的国家》，《脸谱》网站马哈蒂尔主页2011年11月11日，转引自《参考消息》2011年12月11日第3版。

世价值观；亚洲的价值观却被视为无关紧要。因此他建议，应该召开新的“布雷顿森林体系”会议，贫穷国家应该得到充分代表。新的货币体系应该考虑设立一种以黄金为基础的交易货币，而其他货币应根据这一货币确定汇率。银行应该受到更严格的监管。世界不可能恢复原状了。欧洲中心主义的时代实际上一去不复返了，欧洲必须向东方寻求危机的解决办法。[①]

美国前财政部长、哈佛大学教授劳伦斯·萨默斯认为，走出目前的困境只需要适当的宏观经济政策。他说，对市场资本主义的幻灭到底在多大程度上是合理的，取决于如何对下述两个关键问题作出回答：今天的问题，到底是目前这种形式的市场资本主义所固有的呢，还是有更加直接的方法能够解决这些问题？经济停滞和失业率居高不下的情况，到底是反映了资本主义的内在缺陷，还是凯恩斯所说的“磁电机”出现了问题。他的结论是，不是资本主义本身存在问题，而是“磁电机”出现了问题。因此，解决的办法是采取适当的财政和货币政策，而不是对资本主义本身进行大规模结构性调整。他断言，如果适当调整宏观经济政策，当前的许多担忧就将烟消云散。萨默斯还认为，一个越来越富有的社会需要减少一些社会保障。这种见解和韦勒的见解（见后文）几乎相反。他说，一个越来越富有的社会（工业化国家）之所以需要减少一些社会保障，就在于资本主义是非常成功的。它的成功在于，它把每个人从事教学、护理或管理的机会成本变得贵了许多。当结果不尽如人意时，总会爆发一场辩论：一边认为必须以更大的精力继续目前所走的道路，另一边则主张前进的方向要彻底改变。他认为，这样的辩论多少有些离题。历史上，只要是采取了市场资本主义的就都获得了巨大的成功。资本主义的成功不能被当作是理所当然的，但是，最需要改革的并非当代经济中资本主义特色最强的部分，而是资本主义特色最弱的部分，即那些与医疗、教育和社会保障等相关的领域。[②]

---

① 马哈蒂尔·本·穆罕默德：《西方有必要重归资本主义根本》，英国《金融时报》网站2012年1月11日，转引自《参考消息》2012年1月25日第10版。

② 劳伦斯·萨默斯：《目前的困境要的是智慧的新创造而非破坏》，英国《金融时报》2012年1月9日，转引自《参考消息》2012年1月25日第10版。

英国皇家国际问题研究所亚洲项目负责人凯利·布朗博士认为，不仅欧洲而且世界很多地区都可能陷入动荡之中。他说，目前欧洲社会动荡不安的可能性非常高，可能美国的情况会稍好一点。很多地区都有可能像希腊那样陷入动荡之中。①

伦敦政治经济学院教授马丁·雅克认为，克服危机需要在政治上和思想上进行重大转变。他说，欧洲在危机面前软弱无力和束手无策，几乎没有任何新的思路。而在绝大多数情况下，原有的方式早就被证明无效。西方市场不大可能在短期内复苏。要克服这次危机需要很长时间，需要在政治上和思想上进行重大转变。②

德国著名历史学家汉斯－乌尔里希·韦勒认为，避免危机唯一的解决方法是银行信贷和投资银行的分离。他说，“没有治理的金融业是当前资本主义危机中存在的真正的根本问题”。他赞同美联储主席伯南克的意见，唯一的解决方法是将银行信贷业务与投行的投机行为分离。如果某个投行破产了，就让它破产，国家不需要因担心发生连锁反应而不得不拿出上千亿美元的资金援助。但他注意到，这种做法在美国遇到很大阻力。韦勒还认为，应当寻找务实的资本主义道路。他说，欧洲大陆的资本主义模式，在确保相对自由的资本主义同时，国家承担社会责任，为每个人提供社会保障；但在美国，4200万人没有保险。在实行社会国家政策的欧洲国家中，没有工资保障、失业保险、医疗保险、养老保险，这是不可想象的。因此他认为，更聪明的方式是，寻找务实的道路，即相对的自由资本主义与社会国家、社会保障相结合。他相信，资本主义制度是弹性、灵活、具有存活能力的，能够从危机中走出来。③韦勒和萨默斯观点的不同，明显体现了美国自由市场经济和德国社会市场经济的区别。

---

① 王亚宏采访凯利·布朗：《新自由市场主义埋下祸根》，参见《资本主义危机纵横谈》（上），见《参考消息》2012年1月18日第11版。

② 王亚宏采访马丁·雅克：《新自由市场主义埋下祸根》，参见《资本主义危机纵横谈》（上），见《参考消息》2012年1月18日第11版。

③ 刘向采访汉斯－乌尔里希·韦勒：参见《金融业监管缺失导致资本主义危机》，《资本主义危机纵横谈》（上），《参考消息》2012年1月18日第11版。

新加坡国立大学东亚研究所所长郑永年认为，资本的错误只有依靠社会力量来解决。他说，“资本自己不会纠正自己的错误，政府无能或者无力纠正错误，那么社会只有依靠自己的力量了”。最近发生在美国的“占领华尔街”运动具有指标性意义。他认为，从历史上看，不管是社会危机还是经济危机，最终必然转化成政治危机。同时，也可能出现强人政治来应付危机和解决问题。无论什么制度，经过一定时间发展必然要出现转型。西方的资本主义体制现在面临着双重转型，一个是民主的转型，一个是经济的转型。不过，即使是转型或者改革，没有强人政治和强人政府是无法办到的。①

世界经济论坛主席克劳斯·施瓦布认为，应对挑战需要新的方式和新的模式。他说，当前形式的资本主义制度不再适合当今世界，我们正处在一场大变革当中。今天的挑战只能靠国际社会来共同解决，而处置这些挑战需要新的方式，因为将我们带入危机的旧制度早已过时。为更好地应对突飞猛进的变革，我们需要新的思维模式。我们需要领袖人物以新的领导方式来应对变革。②

德国著名经济学家奥特马尔·伊辛认为，政府为防止金融体系崩溃而实施干预已经动摇了市场经济的基石。他说，虽然“现实的社会主义”在每一块试验田都以灾难收场，但历史告诉我们，社会主义社会承诺实现平等的思想永远不会消失。为防止金融体系崩溃而实施干预的做法，不仅严重削弱了人们对金融市场的信心，也动摇了人们对整个市场经济的信心。金融机构“大到不能倒”的问题导致社会（更确切地说是纳税人）不得不为个别金融机构的生存买单。因此，这动摇了市场经济的基石。巩固市场经济和自由社会基石的挑战依然存在。历史永远不会终结。③

---

① 丁其林采访郑永年：《当代资本主义面临两大结构性矛盾》，参见《资本主义危机纵横谈》（中），见《参考消息》2012年1月19日第11版。

② 克劳斯·施瓦布：《资本主义制度不再适合世界》，《德国金融时报》2012年1月25日，转引自《参考消息》2012年1月26日第10版。

③ 奥特马尔·伊辛：《资本主义绝非历史终点》，英国《金融时报》网站文章，转引自《参考消息》2012年2月2日第10版。

概括地说，学者们提出的应对危机的思路，主要有以下几种：（1）回归资本主义根本论。认为应当重归资本主义根本，向东方学习；（2）双重转型论。认为应当针对两大结构性矛盾，实现双重转型；（3）创新资本主义模式论。认为应当以新的方式和新的模式取代过时的旧制度；（4）政治思想转变论。认为需要政治上和思想上的重大转变；（5）更新宏观经济政策论。认为应当制定新的宏观经济政策；（6）金融职能分离论。认为应当实行银行信贷和投资银行的分离等。克服危机的思路和对危机本身的性质及其根源的认识密切相关。大多数专家的意见都是积极的、建设性的和战略性的，都有不同程度的启发性，有的有重要价值。但是，资本主义的“根本”是什么，回归根本就能够避免危机吗？如果回归根本就能够避免危机，那就意味着资本主义生产方式本身不会发生危机。所谓“双重转型”有一个转型的性质和界限问题——是在资本主义框架内转型，还是转向另一种社会形式？“资本主义模式”是有可能创新的，但如何创新，创新后的模式能够解决什么问题，不能够解决什么问题？“政治思想的转变”的确很重要，但这种转变毕竟不能脱离经济基础。其他的观点对于应对这次危机可能都有意义，但都停留在表面上。问题的关键是，国际社会应当和需要解决什么问题，在既定的经济前提下能够解决什么问题。

（二）应对危机的思路和对策必须以现阶段的经济关系为基础

“应对危机”本身就是一个包含不同认识和判断的模糊概念。具体的思路固然重要，但思路必须同现阶段的经济关系相适应；各国政府只应当做那些现阶段应当做和可以做的事情。

1. 应对危机只能提出切合现阶段经济关系的要求和目标

应对危机首先有一个提出什么样的要求和目标的问题。有两种极端的认识是不切实际的，甚至是有害的。一种是保守的一端，应对危机的目标只是为资本（同时也为主要是为资本服务的政府）解困，或者说挽救资本；另一种是激进的一端，即在现阶段就力图通过消灭资本主义制度而一劳永逸地避免危机。

单纯以挽救资本为目标的政府救市不过是饮鸩止渴。面对金融危机和经济衰退，以及随之而来的政府债务危机，各国纷纷采取应对措施。对外主要是实施贸易保护主义政策，以转嫁危机；对内主要是采取“救市”措施。“救市”的重点和核心是救资本。一是政府直接向陷入困境的金融机构和产业公司注资，直至实行国有化；二是放松银根，增加纸币供给和银行贷款（包括消费信贷），增加货币的流动性；三是增加政府对公共事业和公共工程方面的投资，为过剩的商品提供市场。这些措施可能有助于缓解眼前的困境，但对解决产能过剩不仅没有任何帮助，反而必定带来以下问题：一是进一步增加政府财政赤字和债务负担；二是导致通货膨胀、纸币贬值和增大金融风险；三是由于扩充产能而制造新的危机；四是由于为拉动经济增长而投资造成的资源浪费；五是不利于淘汰和提升落后的资本和其他生产要素。必须充分认识到，危机的发生并不是因为缺少货币，而是缺乏劳动者消费需求的购买力。因此，所有通过增加货币供给而扩大的需求，都不能提高居民的消费能力和比例，而是一方面制造新的生产过剩，一方面制造价值泡沫。这样一来，经济危机（从而金融危机和债务危机）就会恶性循环。总之，在危机面前，一个对社会负责的政府可以有所作为，但任何违背经济规律而旨在缓解和推迟经济危机爆发的办法，不过是饮鸩止渴，从而把一个个较小的、间隔时间较短的危机累积为百年一遇的特大危机。

现阶段还不具备建立起一劳永逸地消除危机的经济制度的条件。提出应对和克服已经发生的经济危机，并不意味着现在就有可能避免危机。因此，那种现在就力图避免或者消除经济危机的要求和思路，是完全不切实际的。判断资本主义经济制度是否已经到了穷途末路，不能单纯看这次危机的严重程度和资本主义制度暴露出来的问题，更重要的是，要看现在是否能够出现可以取代资本主义经济制度的新制度。一批后发展国家社会主义的实践（一部分回归资本主义道路，另一部分放弃传统的社会主义制度和经济形式）充分证明，在一定的条件下，可以走一条特殊的发展道路（中国特色社会主义道路是成功的典范），但不可能以劳动者联合的生产方式取代资本主义的生产方式。实践同样证明，资本主义经济的潜力还远未全部发挥出来，至少在包括新兴工业化国家在内的发展中国家，资本主义生产方式仍然有强大的生命力。因此，由这种生产方式必然带来的经济危机同样是不可避免的。因此，现在还谈不上在世界范围内建立和资本主义制度相对立的新制度、新方式、新模式；我们只能在资本主义生产方式范围内谈论“新制度、新方式、新模式”。

国家主导的亚洲发展模式不可能避免危机。前面关于危机根源的分析已经指出，当前的危机是纳入全球化体系的所有国家共同造成的，并且都毫无例外地处在危机之中，可谓“人人有份”。总结世界各国不同发展道路和发展模式的经验可以发现，亚洲国家尤其是中国，确有值得学习借鉴的东西。但是，如果以为中国和其他亚洲国家的发展模式可以避免危机，并因此而提出向它们学习，是极大的误解，在理论上也是不正确的。第一，不要以为亚洲国家乃至发展中国家就不会发生经济危机，中南美洲和亚洲在 20 世纪都已经发生过金融危机了。第二，不要以为政府主导和管制的发展模式就可以避免危机。政府的主导和管制有两重性：一是有可能防止资本的变异，弱化资本和雇佣劳动的对立；二是有可能助纣为虐，加剧资本主义的基本矛盾。就前一重性质来说，有可能避免严重的经济危机；就后一重性质来说，政府至多可以掩盖矛盾和危机。如果政府主导和管制的结果不仅不能解决产能过剩和过度依赖外国市场的问题，反而会比西方国家更严重；如果在政府主导和管制下实施更具扩张性的经济政策，从而带来更大的金融风险和财政风险，那么危机至少已经在形成过程中了。应当明确，这次经济危机之所以没有从中国和其他亚洲国家爆发，主要不是因为它们是政府主导和管制的模式，而是因为它们现在大都还处在资本主义较低的发展阶段上。一方面，资本还不可能像欧美国家那样发生变异；另一方面，高报酬、高福利、高消费的状况还不可能发生。

2. 避免严重的金融危机须摈弃新自由主义的理论和制度

我们确认目前不可能以新的制度取代资本主义制度，并不意味着资本可以按其本性为所欲为，并不意味着我们应当接受“新自由主义”。越来越多的学者从这次危机中得出正确的结论：要避免严重的金融危机须摈弃新自由主义的理论和制度。

新自由主义的实质是放任资本的恶性扭曲和变异。一般认为，新自由主义是凯恩斯主义失败后对古典自由资本主义的回归，是作为凯恩斯主义的对立物出现的，其基本观点是认为市场万能、私有万能、政府失败、政策无效，因而主张最大限度地市场化、私有化、自由化。这些认识和概括不能说没有一定的道理，但并没有更深刻地揭示出新自由主义的本质和要害。新自由主义是庸俗经济学的最新版本。新自由主义的问题不是一般意义上的市场化、私有化和自由化——这是资本主义生产方式的题中应有之义；新自由主义的实质和要害在于，要求社会放任资本职能和获得剩余价值方式的极度扭曲和恶性变异（畸变）。前面已经指出，资本的扭曲和变异有一定的必然性，但新自由主义起到了理论诱导和推波助澜的作用。资本扭曲和变异的主要表现是：作为价值符号的纸币完全脱离并取代了货币（黄金）本身，从而使纸币的发行成为任意的事情，这就意味着政府的货币当局可以创造“货币”；个别国家（首先是美国）的纸币成了作为“硬通货”的国际货币和储备货币，从而成为统治世界的力量；资本越来越脱离再生产过程而滞留在市场（包括虚拟的市场），专门进行投机、赌博和诈骗；作为资本所有权证书的虚拟资本，不是作为现实资本的纸制复本并服务于现实资本，而是越来越脱离现实资本，并凌驾于现实资本之上，成为投机和制造泡沫的工具；金融界的精英以“金融创新”的名义，通过制造光怪陆离的金融衍生产品和金融杠杆化，不断制造、掩盖、转嫁金融风险；从此，越来越多的资本不是通过执行自己在再生产过程中的职能获得平均利润，而是通过为所欲为地制造价值泡沫和投机诈骗而获取暴利。

新自由主义几乎把资本推上了自我毁灭的绝路。这次危机证明，新自由主义所导致的资本的扭曲和变异，不仅酿成了空前的经济危机和金融危机，而且已经危及到资本本身的健康发展。如果说资本是能够带来剩余价值的价值，那么，资本绝不能离开一定的物质条件和经济关系。第一，资本本身必须有价值（社会一般劳动），必须以商品和货币作为它的物质承担者；第二，资本必须在再生产过程中执行一定的职能，剥削能够创造价值的雇佣劳动者。如果资本既脱离物质载体，又不剥削雇佣劳动，资本就不再是资本，或者说资本本身就不存在了。新自由主义正是把资本变成了虚无的东西，几乎把资本推上了自我毁灭的绝路。新自由主义对于资本的关系，就像癌症和毒品对于人的关系一样。因此，批判和摈弃新自由主义，不仅是应对危机的要求，而且也是资本主义生产方式本身生存和发展的要求。我们必须把资本主义和新自由资本主义区别开来。批判和摈弃新自由主义，并不意味着现在就要摈弃资本和资本主义生产方式本身，并不是要根本否定同资本的职能相适应的金融资本和虚拟资本的积极作用，而是把扭曲、变异、畸变的资本再矫正过来，割除长在资本上的毒瘤，使资本在社会的强制下"戒毒"。

新自由主义在潜在经济危机的基础上制造了前所未有的金融危机。从金融资本反映出来的问题（这一次危机是金融资本存在问题的集中表现），是资本扭曲和变异的表现。资本是一种历史性的生产关系，它的产生、发展、消逝都不过是在适应生产力发展的要求。资本的扭曲和变异固然与资本贪婪的本性有关，但并不是"资本的错误"，而是资本的政治代表和理论代表的错误。作为资本政治代表的国家及其政府，以及作为资本理论代表的理论家（首先是经济学家），对资本的本性及其历史性质的认识，对危机根源和应对危机思路的认识，都可以犯错误，事实上已经不断地犯错误。起初，有人认为资本主义经济不会发生生产过剩的危机，听任危机自然发生又自然复苏；后来，虽然有人认识到有可能发生危机，但又认为危机根源于受心理预期影响的有效需求不足，要求政府承担起创造需求的重任；再后来，政府"创造"需求到了难以为继的地步，于是新自由主义者就作为前者的对立面粉墨登场了，在他们看来，危机是资本被限制、资本主义制度被弱化的结果。自从资本的两方面代表充分发挥能动性以来，他们犯的最大的错误有两个：一个是连续地实施扩张性的经济政策，用导致新的产能过剩的方法缓解眼前的产能过剩，使经济运行恶性循环，从而埋下了发生严重危机的祸根；二是放任资本的贪婪本性恶性发展，致使资本严重扭曲和变异——资本越来越脱离再生产职能，越来越通过制造泡沫和投机诈骗取得剩余价值；变异的金融资本就像癌细胞一样到处扩散，以至于成为破坏生产力的因素。百年一遇的经济危机，就是资本的代表连续犯的两个错误造成的。如果说凯恩斯主义曾经以政府创造的需求暂时缓解了危机的话，那么，新自由主义也曾经以扭曲变异的资本创造的虚假繁荣暂时掩盖了危机。正因为如此，这次危机是前所未有的。没有第二个错误，危机也会爆发；但只是第二个错误，才使危机直接以国际金融危机的形式表现出来，才达到如此严重的程度。由资本主义生产方式本身导致的经济危机不可避免，但是，由资本的政治代表和理论代表的错误导致的严重危机，在很大程度上是人为因素造成的，因而是可以消除和避免的。

摈弃新自由主义必须抓住问题的关键。摈弃新自由主义需要集思广益，并从各方面入手。学者们开出的药方，如果给以适当的解读还是有用的。所谓“政治上和思想上的重大转变”，就是摈弃新自由主义，但不是让政府取代资本本身的作用，不是重新恢复凯恩斯主义的统治地位。所谓“重归资本主义根本”，就是让资本回归到自己的职能上来，而不是走歪门邪道。所谓“双重转型”，无非是把变异的金融资本再转变过来，放弃以政府负债的方式解决资本和雇佣劳动的矛盾。但必须抓住问题的关键：第一，资本不能脱离商品和货币。资本是价值物，商品和货币是资本的基础和前提。资本脱离商品和货币，就像人的灵魂脱离肉体一样，变成一缕轻烟。因此，资本必须以货币和商品的形式表现自己，价值符号只应当作为真实货币的表现，而不能代替货币；虚拟资本必须限制在为现实资本服务的范围内。有鉴于此，必须在实际上重新确立能够充当一般等价物的特殊商品（到目前为止只能是黄金）作为真实货币的地位；不能容许虚拟资本成为资本增殖的手段；不能放任投机资本的恶性发展。第二，资本必须回归社会再生产过程（商品生产和商品流通）。资本不过是生产的一种特殊社会形式，资本必须在再生产过程中执行自己的职能，必须通过支配雇佣劳动创造价值和取得剩余价值。个别资本有可能靠赌博、投资和诈骗取得剩余价值，但就总资本而言，这就如同变戏法一样。第三，资本不能无限制地任意进入一切领域。资本进入的领域，应当是充分竞争的领域。在个别资本特别是超大个别资本有可能垄断的领域，必须加以限制。或者限制其进入，由国家代表社会直接经营；或者限制其利润率，使它们不能不冒任何风险地获得高额利润。对于已经获得的高额利润，必须通过税收形式收归国家。至于在公共产品和准公共产品领域，对资本的限制就是不言而喻的了。

3. 避免政府债务危机必须正确规定政府的职能

政府的债务危机源于政府持续的财政赤字，而为了弥补财政赤字则不得不向国内外借债，当到期债务不能偿还的时候，债务危机就发生了。政府债务危机的形成有两种可能：一是财政收入不足以支付政府执行社会赋予它的必要职能；二是政府承担的社会职能超出了社会容许的最大限度的财政收入。在前者那里，政府的职能定位是合理的，但财政收入没有给予保障；在后者那里，财政收入是合理的，但政府的职能定位过宽。在现代社会中，政府职能的合理定位和财政收入的合理界限，都是在既定的社会制度和经济关系中反复实践的结果。一般地说，所谓“合理”就在于，更有利于经济发展、阶级和谐、社会稳定、国家安全。在西方国家，就财政收入来说，现在仍有增加的余地，该收的赋税没有全部收上来，但是受到大资产阶级、高收入阶层的强烈抵制（通过议会）。在竞争性的制造业领域，资本利润率比较适当；但在某些领域（例如金融领域，房地产领域），资本利润率明显偏高。所得税是一种比较合理的形式，但仍有缺陷，没有起到抽肥补瘦、遏制贫富悬殊的作用。就政府职能来说，有些方面已经明显超出了合理的范围。一是用于颠覆他国的侵略性军事开支过多（美国是这方面的典型）；二是和资本主义制度相矛盾的“福利国家”制度造成过度支出（西欧一些国家是这方面的典型）；三是为应对经济危机和金融危机（“救市”）而实施扩张性的财政政策。为了避免政府的债务危机再度发生，首先必须合理确定政府的职能，并以法律的形式确定下来。必须免除用于维护霸权的军费开支；必须放弃“从摇篮到坟墓”的“福利国家”制度；必须放弃饮鸩止渴和徒劳无益的政府救市。其次必须保持一定经济周期内的财政收支平衡，赤字财政在实践上是有害无益的，在理论上是不科学的。

应当指出，社会提供必要的公共产品和准公共产品（例如教育，医疗，住房），建立起码的社会保障制度，是社会文明进步的表现，在资本主义生产方式（经济制度）范围内也是可行的。这既是实现公平竞争和抑制贫富差距过大的必要前提，也是资本本身生存（它的生存一方面依赖于能力和素质不断提高的雇佣劳动者，一方面依赖于雇佣劳动者起码的购买力）的要求。因此，社会不能放任公共产品领域的资本化；强化公共产品领域的资本主义关系，不仅不会避免危机，而且会适得其反。但是，社会不可能通过政府财政的转移支付和再分配手段，解决资本主义生产方式本身必然带来的所有问题——主要是失业和两极分化等问题，而只是将其限制在资本和劳动都能够接受的范围内。实践证明，一个同资本主义生产方式相适应的政府，不应当也不可能解决这种生产方式本身的问题。政府只能在资本主义生产方式范围内解决应当和能够解决的问题。超出资本主义生产方式范围的政府职能，必定同仍然适合生产力发展的资本主义生产方式相矛盾。

4. 危机有可能降低的程度取决于劳动者收入和消费的比重

如前所说，经济危机的基础性根源是资本主义生产方式的基本矛盾——资本和雇佣劳动的对立，劳动者报酬在新价值中的比例偏低，他们的消费能力无力吸收强大的生产能力生产的产品和服务。不仅就个别国家说是如此，就国际社会说也是如此。当资本主义生产方式仍然是先进生产力的主要承担者时，它内在的基本矛盾不可能消除。但是，由于资本的过分贪婪和变异造成的劳动者报酬和消费能力过分低下的状况，社会应当而且有可能改变。这种状况的改变，既不是靠政府的“施舍”，也不是靠滥发纸币，而是通过抑制资本的贪婪和变异，调整资本利润和劳动者报酬之间的比例关系。这就要求，每个国家和国际社会必须阻止和扭转资本的恶性扭曲和变异，必须限制资本在关系国计民生的流通领域投机，必须限制资本在虚拟资本领域的投机和诈骗，必须取消单纯通过投机和诈骗获得的暴利，必须尽力保护雇佣劳动者的基本权益（劳动者报酬，就业，社会保障）。在这方面，走上社会主义道路的国家应当做得更好。

四、当前危机的前景和资本主义制度的命运

（一）外国学者对危机前景和资本主义制度命运的认识见仁见智

国际货币基金组织首席经济学家、哈佛大学教授肯尼斯·罗戈夫认为，金融危机并不标志资本主义的终结，而是将以其他形式取代英美模式。他说，所有现行的资本主义形式归根到底都是过渡性质的。现代资本主义的众多缺陷（五大缺陷）——无法给公共产品有效定价；在带来巨大财富的同时也导致了异乎寻常的贫富分化；医疗保健的提供和分配不符合确保经济效率的价格机制的要求；大幅低估了后代人的福利需求；金融世界的技术创新增加了风险——也会日益彰显出来。但是，全球金融危机并不标志着现代资本主义的终结已初露端倪。至少在现在，只有其他形式的资本主义才可能真正取代当今居主导地位的英美模式。尽管资本主义灭亡的话题可能十分时髦，但其可能性似乎很渺茫。[①]

乌拉圭国际问题专家劳尔·西韦奇认为，资本主义将被“反体系”力量所摧毁，但不会一蹴而就。他说，当前的危机让世界不同的地区支离破碎，使世界体系越来越接近于脱节。世界正在向后资本主义时代过渡。在制定全球战略的进程中有两个因素在产生影响。一方面，资本主义既不会落空，也不会彻底崩溃，而是会被“反体系”力量所摧毁，这种力量既包括底层的社会运动，也包括存在等级差别的政党和抱有反资本主义意愿的政府。另一方面，向一种新社会的转型不会一蹴而就，不会在几十年内就

---

① 肯尼斯·罗戈夫：《现代资本主义是可持续的吗？》，新加坡《海峡时报》网站 2011 年 12 月 6 日，转引自《参考消息》2011 年 12 月 12 日第 10 版。

发生。到目前为止，所有的过渡都需要数百年时间，其间人们不能不忍受巨大的痛苦。①

英国《金融时报》亚洲版主编戴维·皮林认为，陷入危机的资本主义同时也是亚洲通向繁荣的危险道路。他感到，“这个世界已经完全变了”。他援引伦敦政治经济学院荣誉退休教授梅格纳德·德赛的话说：资本主义并没有陷入危机，陷入危机的只是步入老年的西方资本主义。充满活力的资本主义——冲劲十足、勇于创新、只追求经济增长的资本主义——已经向东方转移。但是，他认为，亚洲国家那种妄自尊大的成就感只能到此为止；西方的资本主义危机对于东方来说也是一件深感不安的事情。他认为至少有三个相互关联的原因，第一，许多国家在筹划一条通向未来繁荣的道路时，决定推行越来越“资本主义的”政策——放松国家对银行、利率以及货币走向的控制，从而面向市场力量开放其经济。但是那条通往繁荣的道路现在看上去再危险不过了，容易受到繁荣和衰退的交替循环以及金融灾难的影响。第二，尽管有关亚洲价值观的言论曾经风靡一时，但是没有一个亚洲国家能够提出一个前后连贯的制度来取代资本主义。第三，亚洲人不应该对西方资本主义的危机感感到欢欣雀跃，因为他们的经济都在同一条世界大船上。西方资本主义危机给亚洲经济体怎样才能管理好经济提出了很多问题。总的主旨是：国家应该发挥多大的主动作用？资本主义危机留下的另一个悬而未决的问题是，亚洲社会的不平等到底应该达到什么程度。但事实上，没有一个亚洲国家提出一个更好的模式。由于缺少一个更好的制度，希望提高人民收入的亚洲政府将不得不重新依靠某种形式的资本主义制度。对于它们来说，它还是那个可能最糟糕的经济制度——但却是所有制度中最好的。②

英国皇家国际问题研究所亚洲项目负责人凯利·布朗博士认为，资

---

① 劳尔·西韦奇：《左派和资本主义的终结》，西班牙《起义报》2012年1月14日，转引自《参考消息》2012年1月27日第10版。

② 戴维·皮林：《陷入危机的资本主义：通向繁荣的危险道路》，英国《金融时报》网站2012年1月16日，转引自《参考消息》2012年1月26日第10版。

本主义社会体系中的主要问题是不公平。他说，社会体系中最大的缺陷在于不公平。在欧洲和美国这都是现实，甚至在印度和中国也存在这样的问题。然而，目前缺乏如何解决这种不平等的思路，消除这种不公平感的政策缺位，政府在调节方面做得还远远不够。①

伦敦政治经济学院教授马丁·雅克认为，现在中国是发展中国家的榜样。他说，从1978年以来，中国在很多方面的表现都值得其他国家学习和借鉴。虽然说就此归纳出一种特殊的“中国模式”来或许并不完全正确，但是在中国的发展中，在经济政策方面肯定存在大量成功的经验和思路，这对世界其他国家来说都非常重要。现在中国是发展中国家的榜样，而“华盛顿共识”则已经被抛弃。②

埃及前外长助理、阿拉伯投资者联盟主席贾迈勒·卜尤米认为，最根本的办法就是改变所有制。他说，最根本的就是改变所有制，让资金不再掌握在少数金融巨头手中。这需要制定相应政策，改革货币政策工具，加强市场监管。③

墨西哥前驻华大使塞尔希奥·雷·洛佩斯认为，这场危机并不是新自由主义学说的坟墓。如果能够纠正错误，经济恢复是可能的。经过调整，更加完善的、有管理的资本主义制度是有生命力的。他不认为目前这场危机就是新自由主义学说的坟墓。④

美国政治经济学家罗伯特·赖克认为，“占领华尔街”运动的要求在于建立一个免受金钱腐蚀的、干净的民主制度。他说，他同意“占领华尔街”运动是贫富悬殊不断扩大的结果的说法。他认为抗议者所表达的核心

① 王亚宏采访凯利·布朗：《新自由市场主义埋下祸根》，《资本主义危机纵横谈》(上)，见《参考消息》2012年1月18日第11版。

② 王亚宏采访马丁·雅克：《新自由市场主义埋下祸根》，《资本主义危机纵横谈》(上)，见《参考消息》2012年1月18日第11版。

③ 陈聪采访贾迈勒·卜尤米：《美欧危机印证自由资本主义失败》，《资本主义危机纵横谈》(下)，见《参考消息》2012年1月20日第11版。

④ 陈聪采访塞尔希奥·雷·洛佩斯：《资本主义已经进入调整阶段》，《资本主义危机纵横谈》(下)，见《参考消息》2012年1月20日第11版。

信息是：当收入和财富如此集中于少数人手中时，会不可避免地破坏民主，因为那些极少数富人有足够的金钱主宰民主。他不知道“占领华尔街”运动未来发展方向，但是他预期这个运动的要求将集中于建立一个免受金钱腐蚀的、干净的民主制度。①

国际工会联盟秘书长沙兰·伯罗认为，20世纪的资本主义已经过时。他说，20世纪的资本主义不再适合21世纪。资本主义没能带来安全的饭碗，也没能平均分配财富。②

世界经济论坛主席克劳斯·施瓦布认为，当前形式的资本主义制度不再适合当今世界。他说，政治家不称职，我们大家也一样，因为我们作为社会允许金融体系恣意妄为。我们没有及时制定规则来避免制度腐败变质。人们绝对可以说，当前形式的资本主义制度不再适合当今世界。③

德国著名经济学家奥特马尔·伊辛认为，政府为防止金融体系崩溃而实施干预已经动摇了市场经济的基石。他说，虽然“现实的社会主义”在每一块试验田都以灾难收场，但历史告诉我们，社会主义社会承诺实现平等的思想永远不会消失。为防止金融体系崩溃而实施干预的做法，不仅严重削弱了人们对金融市场的信心，也动摇了人们对整个市场经济的信心。金融机构“大到不能倒”的问题导致社会（更确切地说是纳税人）不得不为个别金融机构的生存买单。因此，这动摇了市场经济的基石。巩固市场经济和自由社会基石的挑战依然存在。历史永远不会终结。④

英国皇家国际问题研究所亚洲项目负责人凯利·布朗博士认为，不仅欧洲，而且世界很多地区都可能陷入动荡之中。他说，目前欧洲社会动荡

---

① 罗伯特·赖克：《贪得无厌的消费者正在破坏民主制度》，英国《金融时报》网站2012年2月1日，转引自《参考消息》2012年2月20日第10版。

② 沙兰·伯罗：《世界经济如何发展……》，德国《世界报》网站2012年1月25日，转引自《参考消息》2012年1月27日第1版。

③ 克劳斯·施瓦布：《资本主义制度不再适合世界》，《德国金融时报》2012年1月25日，转引自《参考消息》2012年1月26日第10版。

④ 奥特马尔·伊辛：《资本主义绝非历史终点》，英国《金融时报》，转引自《参考消息》2012年2月2日第10版。

不安的可能性非常高，可能美国的情况会稍好一点。很多地区都有可能像希腊那样陷入动荡之中。①

概括地说，学者们提出的关于危机前景和资本主义制度命运的观点，可以概括为以下几种：(1) 制度过渡论。认为经过这次危机，资本主义不会自动崩溃，而是将逐渐被反资本主义体系的各种力量所摧毁；但不会一蹴而就，不会现在就彻底崩溃，而是缓慢地向"后资本主义时代"过渡。(2) 体制过时论。认为老年的资本主义、20 世纪的资本主义、当前形式的资本主义、英美模式的资本主义已经过时。但这不是资本主义的终结，而是以新的形式取代过时的形式。因此，这次危机不是资本主义本身的危机，而是资本主义过时形式的危机。(3) 模式转变论。认为"华盛顿共识"已经被抛弃，现在中国是发展中国家的榜样。(4) 体制调整论。这场危机并不是新自由主义学说的坟墓，但会进行调整。经过调整，更加完善的、有管理的资本主义制度还是有生命力的。(5) 机制变革论。认为须在现有的基础上进行不同方面的变革：从解决社会不公平的问题出发，必须提出现在仍然没有的新的思路；从解决资金掌握在少数金融巨头手中的问题出发，必须改变所有制；从解决贫富悬殊不断扩大的问题出发，必须建立一个免受金钱腐蚀的民主制度；从解决政府为应对危机而实施的不当干预的问题出发，必须改变政府不当的行为和做法。这些观点虽有很大差异，但都是积极的和建设性的。其中，"过渡论"无疑包含了一种正确的思想，因为新的生产方式总是在旧的生产方式内部逐渐孕育和成长起来的。但问题是，现在是否已经开始了"向后资本主义时代过渡"的进程，其标志是什么？"过时论"总体上也是正确的，西方国家老旧的资本主义模式的确已经过时，但新的资本主义形式是什么，二者质的区别是什么？新的形式能不能避免危机？"转变论"乍一看具有革命的性质，实则是只知其一，不知其二。资本主义生产方式的确在亚洲或东方国家显示了当年

① 王亚宏采访凯利·布朗：《新自由市场主义埋下祸根》，《资本主义危机纵横谈》(上)，见《参考消息》2012 年 1 月 18 日第 11 版。

在西方国家曾经显示的生命力，但是，这是资本主义不同发展阶段的差别，还是不同模式的差别？类似中国的模式能够成为西方国家的替代模式吗？“调整论”并不认为新自由主义本身有什么问题，而只是认为不够完善。这是不切实际的，在新自由主义框架内，不可能纠正资本扭曲和变异的问题。“变革论”中的各种建议也是积极的，甚至是现在就可以着手做的，但基本上没有涉及深层次的问题，因此，能够产生多大的效果还有待实践证明。

（二）当前的危机并不是资本主义终结的征兆

如何认识当前危机的前景和资本主义的命运，是一个实践性和理论性都很强的问题，不能作出简单草率的结论。这里只是提出以下原则性的看法。

1. 世界经济不可能永久处于持续衰退的状态

早在2009年，即美国金融危机发生的第二年，我国就有学者谈论“后危机时代”。当时在他们看来，这次危机已经大势已去。实践证明，这是误判。就是现在，谈论“后危机时代”还为时尚早。我们必须充分认识这次危机的特殊性和严重程度，必须充分认识美欧和国际社会应对危机的方式。可以肯定，这次积累了很久的严重危机不会很快结束，经济低迷状态还会继续，债务危机不会轻而易举地解决，欧美国家的高失业率将成为常态，劳动和资本、居民和政府之间的斗争导致的社会动荡不可避免。然而，这并不意味着，从此世界经济永久地处于持续衰退的状态，并不意味着资本主义将从此走向坟墓。可以预料，只要是把人为扭曲和变异的资本再扭转过来，只要是容许资本主义经济的自然规律起作用，只要是在危机中能够淘汰落后的产能、技术、生产方式、生产要素等，深受危机困扰的国家就会起死回生，世界经济就会走出衰退的状态。

2. 发达经济体在经济全球化中陷入困境是不可避免的

经济（贸易、生产、金融）的全球化具有双重性，是一把双刃剑。率先发生工业革命并超前发展起来的西欧和美国，通过占领殖民地，通过输出商品和资本，把资本主义生产方式传播到资本所能到达的每一个角落，从而开始了全球化的进程。随着现代金融资本的发展，经济的全球化迅速发展。在发展中国家的商品生产还没有普遍化、资本主义经济还没有充分发展以前，发达国家是全球化的主要受益者。但是，进入20世纪80年代以后，不仅走上了资本主义道路的发展中国家经济快速发展，而且，放弃传统社会主义道路的国家——或者回归资本主义道路，或者走上特殊的社会主义道路，经济也快速发展。它们的快速发展得益于两个方面：一是在“市场经济”的名义下发展资本主义经济；二是通过对外开放吸引发达国家的资本、技术和管理经验。当它们先后加入世界贸易组织以后，真正成为全球化经济的一员。它们依靠廉价的劳动力和国内的自然资源，很快在一般制造业中取得了相对优势。它们也像当年的欧美国家一样，把商品输出到世界各地，而数量最大的是发达国家。这时候，发达国家的一般制造业不得不逐渐转移到发展中国家，特别是新兴工业化国家（开始是“四小龙”，后来是“四小虎”，再后来就是“金砖四国”）。这种情况直接影响到发达国家的就业。这个进程并没有到此为止，很快，新兴工业化国家的高技术产品也获得了发展，并同样输出到世界各地。这时候，发达国家的制造业被挤压在更加高端的高科技领域。但是，一方面，这个产业层次过分狭窄，不能解决大多数普通劳动者的就业问题；另一方面，由于它们实行限制高技术产品出口的政策，出口市场的扩大受到了限制。当资本主义生产方式在新兴工业化国家和越来越多的发展中国家方兴未艾的时候，发达国家却陷入困境。在发达国家，受到打击的不仅是蓝领工人，而且还包括白领工人和职业经理。也就是说，发达国家的无产阶级和中产阶级都受到了全球化的威胁；发达国家本身也感到走投无路。现在，发达国家的一部分工人开始反对全球化了。当年全球化的鼓吹者现在却成了反全球化的力量；或者说，他们只希望有利于他们的片面的、单向的全球化。他们除了实行贸易保护主义（反倾销，提高进口产品的技术标准，要求出口国的货币升值），别无他法。但是，资本主义经济发展的规律性是改变不了的。如果说资本主义的兴旺发达是从欧美国家开始的话，那么，资本主义的衰败也必将首先从发达国家开始。不过“瘦死的骆驼比马大”，发达国家已经积累起来的货币财富和技术知识，以及相应的军事能力，足以使它们支撑相当长的时间。

3. 资本主义还远未到退出历史舞台的地步

这次危机暴露出来的问题，的确足够严重，令全世界都为之惊恐。它既暴露了在新自由主义理论指导下资本扭曲和变异的问题，也充分暴露了资本主义生产方式本身的问题。但是，我们还不足以认定资本主义生产方式在总体上已经过时。对于老欧洲国家来说，资本主义制度可能已经到了晚期，郑永年所说的“两大矛盾”——金融资本主义和实体经济之间的矛盾；民主与资本主义的矛盾——缠身而难以解脱。但是，社会只要是遵循客观经济规律，在一定限度内这两个矛盾都可以自行调节。只要资本主义生产方式仍然是现阶段先进生产力的主要承担者，那么，它就会要求各方面的经济关系乃至政治上层建筑，必须与之相适应，扭曲和变异的关系必须矫正过来。金融（借贷资本和信用制度）本来就是为实体经济服务的，如果金融独立于实体经济之外并为所欲为，资本增殖就会变成无源之水，利润就会成为虚幻的假相（泡沫），这时候，变异的金融制度就需要变革了。民主作为资本主义的政治制度，同样是为经济制度服务的，如果以民主形式产生的议会和政府成为资本的对立物，从而危及到资本主义生产方式本身，那么，这种民主形式就需要变革了。对于所有发展中国家来说，甚至对于美国和新欧洲来说，资本主义生产方式仍然是先进生产力的主要承担者。在世界的大多数国家，资本主义经济的普遍发展只不过几十年的时间，还处在青壮年阶段，在相当长的历史时期内，这种生产方式仍然具有相当的活力。问题还在于，如果断言资本主义制度已经到了穷途末路，那就必须有新的形式取而代之。然而，许多发展中国家（特别是选择了社会主义道路的国家）的实践证明，在可以预见的未来，资本主义生产方式还不可能为共产主义生产方式所取代。这次危机暴露出来的问题，仍然是资本主义制度发展中的问题——扭曲和变异。因此，现在还不能说世界正在“向后资本主义时代过渡”，过渡的进程还没有开始。

4. 资本主义制度将适应生产力的要求而变革发展模式

肯定资本主义生产方式并未到退出历史舞台的地步，并不意味着可以任凭扭曲和变异的资本主义形式继续下去。资本的扭曲和变异自然有其内在的因素，归根到底根源于资本主义生产方式和资本的贪婪本性，而华尔街的金融大鳄、新自由主义的代表人物、政府的代表人物等，不过是资本的人格化。但是，既然这种扭曲和变异的形式已经危及到资本本身的生存、发展，那就一定有可能在资本主义制度的框架内得到适当的纠正。这种纠正包含双重含义：在一定意义上是回归资本的本性（资本的历史使命就是以对立的形式发展社会生产力）；在另外一种意义上又是对扭曲和变异关系的扬弃。对扭曲和变异的资本的纠正，意味着变革资本主义经济的发展模式。资本本身必然会提出如下变革要求：第一，重新确立真实货币的地位。资本作为价值物，必须表现在真实的商品和货币上，而货币是商品的一般代表和抽象财富。纸币（无论是美元、欧元还是人民币）是价值符号，它本身不是价值物，因而也不可能是资本；超出了同生产和流通相适应的货币额的纸币，更不可能是资本。现在，真实的货币只能是黄金。第二，恢复金融机构融资的基本职能。为社会正常的生产、流通和消费融资是金融机构的基本职能。金融机构本身不能成为投机诈骗、盗窃社会财富的毒瘤，不能以此目的制造所谓的金融衍生产品。第三，限制资本纯粹的投机活动。首先是限制巨额资本对关系国计民生的大宗商品（例如粮食，住房，石油，等等）的垄断和在流通领域纯粹的投机；其次是限制资本所有者在虚拟资本形式上纯粹的投机活动。证券市场的存在，主要在于有利于资本的合理流动，资源的合理配置，淘汰落后的企业。但是，纯粹的投机活动所起的作用几乎相反。证券市场不能成为投机者轻而易举地盗取社会财富的场所。第四，放弃为掩盖危机和挽救陷入困境的资本而救市。对有可能陷于瘫痪的金融体系社会不能袖手旁观，在这个限度内自然可以谈论“救市”。但是，资本主义经济的生命力在于充分竞争，而危机则加剧这种竞争，加速优胜劣汰。社会不应当为掩盖危机和保护落后而救市。因此，为此目的而采取的扩张性财政政策和货币政策，为“创造”需求而进行的得不偿失的投资，都应当废止。第五，政府财政收支必须实现平衡。赤字财政是债务危机的直接原因，这种情况不能持续下去。一方面，政府的财政收入必须同必须执行的职能相适应；另一方面，政府执行的职能必须限制在可能的财政收入之内。

5. 我国必须加快转变发展方式的步法

党的十一届三中全会以后，我国在经济制度和经济形式方面已经发生了重大的（甚至是带有根本性的）变化。在经济制度方面，我国已经确立了公有资产占优势、国家控制经济命脉、公私并存、社资兼有、劳资两利的基本经济制度和分配制度；在交换方式和经济形式方面，我国已经由传统的计划经济体制转向现代市场经济体制。进入市场经济体系的市场主体，无论资产的法律所有权如何不同，生产方式大都是资本和雇佣劳动的关系，生产的直接目的都是为了实现资本增殖（剩余价值）。这就决定了，资本主义生产方式的一系列经济规律，都会在我国现阶段不同程度地起作用。因此，由这些规律的作用导致的生产相对过剩、相对贫困、失业现象等不可避免，周期性的经济危机同样不可避免。而且，在我国深深地加入到全球化体系之后，经济危机和金融危机都无不具有世界性质。在这次发端于美国的国际金融危机中，我国绝不是仅仅受到了“外部冲击”，而是在这种“外部冲击”下，充分暴露了我国已经孕育着的经济危机，只是表现形式和特点和西方国家有所不同罢了。如果说，资本主义经济制度不会被这次百年一遇的危机所击垮，那么，我国就不仅必须应对当前的这一次危机，而且必须应对今后还会发生的经济危机——首先是一般的周期性危机；如果西方国家难以实现资本主义模式转变的话，那么，还必须准备应对类似当前这样严重的危机。国际社会的问题，中国也有责任，但必须在国际社会形成共识的基础上一起努力解决。我国自身的问题，只能靠我们自己解决。我们必须充分认识到，在传统的发展方式中，完全有可能发生意想不到的危机。一方面，从经济关系上来说，我国目前劳动和资本的关系（劳动者报酬和资本利润的关系）、居民和政府的关系（居民收入和政府收入的关系），处于显著不合理的状态，产能严重过剩和社会两极分化就是这种不合理状态的两大表现。另一方面，地方政府的债务危机和国有银行潜在的金融风险已经不可忽视。多年以来，我们不断地以扩张性的经济政策支持和制造高速增长的奇迹，但同时带来了越来越严重的比例失调、结构扭曲、城乡差距扩大、价值泡沫（通货膨胀、房地产泡沫、股市泡沫）、资源环境恶化、贫富悬殊等问题。在问题恶化到不得不改而实行"稳健"的货币政策的情况下，诸多行业产能过剩、地方财政危机和金融风险很快凸现出来。特别是在外需减少、出口下降的情况下，便会是祸不单行和雪上加霜。但是，价值泡沫一旦破裂，势必威胁到资本集团和政府的利益。因此，我们又以同样（甚至更大力度的）扩张性的经济政策来解决由这种政策本身带来的问题。这样一来，我们就完全依赖于扩张性的政策了，而且陷入恶性循环了。正如有的外国学者所指出的那样，中国不应当有任何盲目乐观和侥幸心理。摆脱这种政策依赖和避免恶性循环的关键是，我国必须痛下决心，尽快转变传统的发展方式，真正走上科学发展之路。传统发展方式的要害是以速度为中心，但以速度为中心这种不合理的发展方式，来自我国特有的经济关系，其中，最重要的是"两个定位"不够合理：一是国有经济的定位不够合理。国家资本不适当地进入了盈利性、竞争性的产业，并且借助官商结合的关系处于垄断地位和被保护的地位；二是政府的职能定位不合理。政府不适当地进入了市场本身能够解决好的领域，而市场无能为力但无利可图的领域，又任其商品化、市场化和资本化。这两个不合理的定位都是在坚持"社会主义制度"、维护"公有制为主体"的名义下形成的。其实，不管主观愿望多么好，就其内容和效果来说，恰恰是对社会主义和公有制的异化。我们必须深刻总结三十多年来我国改革发展的经验教训，转变改革思路和发展方式，走一条既合乎中国国情又遵循一般规律的发展道路。

研究经济理论和破解经济难题必须从生产方式入手*

引言

人类社会的现阶段是商品生产普遍化和资本主义生产方式处于支配地位的阶段，属于马克思所说的第二阶段——“物的依赖关系”阶段。但在发展中出现和并存着两条不同的发展道路——一般的资本主义道路和特殊的社会主义道路。走上社会主义道路的国家经历了曲折的变革过程，最终都以不同的形式放弃了传统的社会主义道路。其中，有的重新回归到资本主义道路（如苏联）；有的则转向新型的社会主义道路（如中国）。其实，转向新型的社会主义道路也是另一种形式的“回归”，即从模仿马克思预言的社会主义（苏联式的传统社会主义），回归到“后发展国家社会主义”。在中国，新型的社会主义道路就是中国特色社会主义道路，目前处在这条道路的初级阶段。

中国转向新型的社会主义道路是通过革命性的改革（“第二次革命”）实现的。起初，我国的改革是“摸着石头过河”的，主要是进行“试错式”的政策调整；后来，逐渐形成了一整套制度框架和基本关系。改革的路子是完全正确的，但理论认识和概括并未完全跟上实践的步伐。三十多年过去了，理论认识上的不足逐渐暴露出来。现在，理论和实践两个方面都对经济理论提出了新的和更高的要求。在理论上，我国社会主义道路的

* 载《中国延安干部学院学报》2012年第5期。

初级阶段，是一个特殊的发展阶段和经济社会形态，和其他有关联的发展道路和社会形态（资本主义道路及其社会形态，新民主主义社会，传统社会主义道路及其社会形态，共产主义社会第一阶段）相比，都有一定质的区别，但又有一定历史联系和某些共同点，需要在比较研究中对其作出新的理论概括和得出规律性的认识，进而给予一个科学的历史定位。在实践上，我国经过三十余年的改革，经济关系已经发生了一系列重大变化，面临许多棘手的经济社会问题，哪些是必然要产生的，哪些是可以避免的，需要从理论上给出科学的和有充分说服力的回答。

根据马克思科学的经济理论及其方法，研究经济理论和破解经济难题，都必须从生产方式入手。生产方式作为经济范畴，是政治经济学的首要研究对象和核心范畴；生产方式作为经济关系，又是全部现实经济关系的关键环节。离开生产方式，就纯粹是“生产一般”，什么问题都说明不了，更解决不了。然而，无论是传统的“社会主义政治经济学”，还是改革中经济学的“理论创新”，几乎都撇开了生产方式。正因为如此，在一些经济学家那里，科学的马克思经济理论被误解乃至被歪曲了，既没有为改革提供真正科学的理论依据和指导，也没有对现实的经济关系作出科学的概括，以至于，他们提供的改革思路和倡导的发展方式都或多或少出现了偏离正确轨道的情况，出现了不少本来可以不出现（至少不那么严重和突出）的问题。为此，我们必须改变长期以来避开生产方式研究经济理论和解决经济问题的传统。

一、误解和回避生产方式是经济理论缺乏科学性的关键所在

在走上社会主义道路的后发展国家，经济学界对生产方式的误解和回避由来已久，只是原因和出发点不尽相同。现在我们必须加以澄清。

（一）对生产方式的误解和排斥始于传统社会主义政治经济学

经济理论中曲解和回避生产方式，并把生产关系作为政治经济学的唯一研究对象，始于以苏联为代表的传统社会主义政治经济学，而理论依据则来自斯大林的观点。

1. 斯大林关于生产方式及有关范畴的论述

1938 年，斯大林在《论辩证唯物主义和历史唯物主义》一文中说："生产力还只是生产的一个方面，生产方式的一个方面，……生产的另一个方面，生产方式的另一个方面，就是人们在生产过程中的相互关系，即人们的生产关系。""生产、生产方式既包括社会生产力，也包括人们的生产关系，而体现着两者在物质资料生产过程中的统一。"其中，生产力是"用来生产物质资料的生产工具，以及有一定的生产经验和劳动技能来使用生产工具、实现物质资料生产的人"，"所表现的是人们同那些用来生产物质资料的自然对象和力量的关系"。生产关系是"人们在生产过程中的相互关系"，表明生产"是以一个人群为单位、以社会为单位共同进行的"。① 在这里，"生产方式"和"生产"是同义语，包括生产力和生产关系两个方面。如果用公式来表示就是：生产方式 = 生产 = 生产力 + 生产关系。其中，生产力 = 生产工具 + 使用生产工具的人，即生产中人和自然的关系；生产关系是人在生产过程中的相互关系，即群体生产中人和人的关系。

1952 年，斯大林在《苏联社会主义经济问题》一文中又说："马克思主义是把社会生产看作一个整体，它具有两个不可分割的方面：社会生产力（社会对自然力的关系，社会在与自然力作斗争中来取得必要的物质资料）和生产关系（人们在生产过程中的相互关系）。这是社会生产的两个不同的方面，……" ② 和前文相比，提法基本一致，但又有明显的变化：斯大林把"生产"改为"社会生产"；生产方式不再作为生产的同义语使用，

① 《斯大林选集》下卷，人民出版社 1979 年版，第 442 页。
② 《斯大林选集》下卷，人民出版社 1979 年版，第 586 页。

因而也不再使用生产方式这个范畴。斯大林公式的新版本是：社会生产 = 生产力 + 生产关系。

该文加进的新内容是：斯大林对“生产关系”作了独特的概括，并确定为政治经济学的研究对象。他说：“政治经济学的对象是人们的生产关系，既经济关系。这里包括：（一）生产资料的所有制形式；（二）由此产生的各种社会集团在生产中的地位以及它们的相互关系，或如马克思所说的，‘互相交换其活动’；（三）完全以它们为转移的产品分配形式。这一切共同构成政治经济学的对象。”① 简而言之，斯大林所说的生产关系包括三项内容：生产资料所有制形式；社会生产者的地位和交换关系；产品分配形式。

以下的考证和分析表明，斯大林的两次有关论述，都包含着对马克思经济理论的误解，有诸多不确切之处。

2. 斯大林的公式对马克思的论述有诸多误解

斯大林的两次论述都是以下述马克思的同一段话为依据的：“人们在生产中不仅仅影响自然界，而且也互相影响。他们只有以一定的方式共同活动和互相交换其活动，才能进行生产。为了进行生产，人们相互之间便发生一定的联系和关系；只有在这些社会联系和社会关系的范围内，才会有他们对自然界的影响，才会有生产。”② 这段话是马克思在阐述资本的本质时讲的，目的在于说明资本是一种特定的生产关系；生产要素本身不是资本。他说：“纺纱机是纺棉花的机器。只有在一定的关系下，它才成为资本。”③ 马克思这段话的要点是：第一，人们在生产中会产生双重影响——影响自然界，互相影响。第二，不能撇开生产关系谈论生产和人对自然界的影响。第三，生产和交换都只能在“一定的方式”中进行。显然，斯大林没有确切地理解马克思的有关论述，他的关于政治经济学研究对象以及生产方式和生产关系含义的观点，和马克思的观点存在诸多的不

① 《斯大林选集》下卷，人民出版社 1979 年版，第 594—595 页。
② 《马克思恩格斯选集》第 1 卷，人民出版社 1995 年版，第 344 页。
③ 《马克思恩格斯选集》第 1 卷，人民出版社 1995 年版，第 344 页。

一致，应当加以甄别和澄清。

第一，“生产方式”和“社会生产”两个概念是不能等同的。不管生产的社会形式如何，生产从来都是社会性质的生产，因此，生产＝社会生产。社会生产首先属于“生产一般”概念，涉及的只是抽象的生产要素和它们之间的一般关系，不表明生产的经济时代和社会形式。而生产方式是劳动者和生产条件结合的社会方式，总是历史的、特定的。只有当生产方式确定时，社会生产的内容和关系才是确定的、具体的，才可以从物质内容和社会形式两个方面去考察。这时候，社会生产是一个同生产有关的全部内容的总称。把“生产方式”和“社会生产”画等号，就会以抽象一般的社会生产取代历史性的生产方式。

第二，把生产力和生产关系视为社会生产的两个方面是不准确的。在马克思那里，生产力和生产关系既不是生产方式的两个方面，也不是“社会生产”的两个方面，而是“社会的个人发展的不同方面”。马克思认为：“生产力和社会关系——这二者是社会的个人发展的不同方面——对于资本来说仅仅表现为手段，仅仅是资本用来从它的有限的基础出发进行生产的手段。”[①]“社会的个人发展”和“社会生产”虽有联系，但毕竟是两个不同的概念。社会的个人发展是目的，社会生产是手段。马克思在这里明明讲的是“生产力和生产关系二者是社会的个人发展的不同方面”，但在斯大林那里，却变成了“社会生产的两个方面”，进而又变成了“生产方式的两个方面”。在理论上，把社会生产归结为生产力和生产关系两个方面是不确切的。在生产一般范围内，社会生产包含的是生产的抽象要素以及它们之间的一般关系；而在生产方式已定时，社会生产是生产的物质内容和社会形式的统一。生产的物质内容主要是受历史规定的生产要素和劳动过程；生产的社会形式就是所有制形式和生产方式，以及与之相适应的生产关系和交换关系。生产的物质内容不等于生产力，生产的社会形式也不等于生产关系。抽象地谈论社会生产，把社会生产归结为生产力加生产关

① 《马克思恩格斯全集》第46卷（下册），人民出版社1980年版，第219页。

系，必然把生产方式排除在外。而一旦把生产方式排除在外，生产和交换就不能进行了。

第三，把生产力和生产关系视为生产方式的两个方面是不能成立的。生产力不等于生产工具加上使用生产工具的人，这二者只是劳动过程的两种要素——物的要素和人的要素；生产力也不等于人和自然的关系，人本身属于自然界，人和自然的关系是自然界内部不同组成部分之间的关系；生产力更不等于人对自然界的影响，人只要活动就会对自然界发生影响，而且影响总是两方面：积极的和消极的，建设性的和破坏性的。生产力本质上是社会的人的劳动的生产力，是由多种因素决定的，不仅取决于要素本身的数量和质量，而且取决于环境的和各种动因的作用，其中最重要的是“劳动的一般社会力”——劳动的社会分工和协作形成的社会力；通过科学利用自然力产生的社会力。生产力本身只包含生产的物质内容，只是一定生产方式的物质前提，而不体现生产的社会形式（我们从机器大工业或智能生产体系中，从生产的社会化形式中，根本看不出生产的社会形式），因而不可能成为生产方式的一个方面。生产关系不能简单归结为群体生产中人和人的一般关系，许多一般关系——例如技术分工，互助，协作，组织和指挥，等等——可以存在于各种社会形式之中。生产关系本质上是生产的社会关系，体现的是人们的经济地位（包括阶级关系）和利益关系。一定的生产关系是由一定的生产方式决定的，是生产方式的延伸和实现，但不是生产方式的“一个方面”。

第四，生产关系并不是一个包罗万象的经济范畴。在斯大林关于生产关系的三项内容中，除了把最核心的生产方式排除以外，其他无所不包。如果用平庸的资产阶级政治经济学来概括，包含了“四个环节”中的三个——生产，交换，分配。这个定义的不正确之处主要是：一是把生产关系凌驾于一切经济范畴之上，大大超出了它自身的内涵和外延，并模糊了自身的内涵；二是把所有制仅仅归结为“生产资料所有制”，并构成生产关系的一个子项目；三是把人们（社会集团）之间的关系仅仅归结为“交换关系”，排除了其他社会关系和超经济的关系；四是生产关系和生产方式完全失去了联系，好像生产关系不是由生产方式决定和产生的。在马克思的经济理论中，所有制是劳动和劳动的客观条件的关系，是生产关系的总和，而不仅仅是生产资料的归属；无论在何种意义上，所有制都不是生产关系的一个项目。一定的所有制形式作为劳动和劳动的客观条件关系，是一定的生产方式和生产关系的决定性经济前提；在“生产关系总和”的意义上，生产关系和所有制的含义是相同的。交换关系可以有不同的历史形式（劳动的直接交换，商品交换），但本质上都是劳动的交换，交换关系是由生产方式决定的，并和生产关系处于平列的地位，而不是隶属关系。一定的分配形式（分配方式）和分配关系是一定的生产方式和生产关系的背面和表现，而不是生产关系的一项独立的内容。只要讲到了生产方式和生产关系，也就讲到了分配方式和分配关系。总之，社会生产一旦排除了生产方式（劳动者和生产资料结合的方式），斯大林定义中的生产关系的实质内容也就没有了——所有制形式变成了空壳，人与人的关系变成了非经济关系，分配形式也就失去了前提和依据。

第五，生产关系并不是政治经济学首要的研究对象，更不是唯一的研究对象。斯大林的第一个公式虽然讲到生产方式，但被生产关系架空了；第二个公式则根本不再讲生产方式，并宣布生产关系是政治经济学的唯一研究对象。这都是不正确的。在马克思看来，政治经济学的研究对象包括生产关系，但它不是具有决定意义的和首要的研究对象，更不是唯一的对象；具有决定意义的和首要的研究对象是生产方式。生产关系和交换关系之所以也成为研究对象，正是因为它们是生产方式的必然延伸、表现和实现。

由上可见，斯大林和当时苏联的经济理论界，并没有准确理解马克思的经济理论及其有关范畴，没有真正搞清楚政治经济学的研究对象。为什么会出现理论认识上的这种误解和偏差？我们不得而知。现在的问题是，这种误解和偏差已经在我国的经济理论界发生了长期和深远的影响，甚至成为经济理论进一步庸俗化的理论基础。因此，必须加以澄清和纠正。

（二）我国改革中经济理论的“创新”进一步回避了生产方式

我国实行改革开放以后，撇开生产方式阐述经济理论和研究经济问题的传统做法不仅延续下来，而且，为了给改革提供理论依据，更是有意无意地回避了生产方式。理论研究上的偏差不仅来自对马克思经济理论的误解和断章取义，而且更多地来自主观上的辩护论和实用主义倾向。由此产生的负面结果，不仅表现在理论认识本身的混乱上，而且也明显地表现在对现实经济关系的扭曲和对改革初衷的背离上。

1. 经济学家力图以所谓“理论创新”突破科学的经济学理论

为我国的经济体制改革提供基本的理论依据，是政治经济学家和经济学家肩负的一种历史使命。多数经济学家和政治家都不约而同地从历史经验中得出了正确的结论：商品生产和市场经济是人类社会不可逾越的发展阶段，我国必须从传统的计划经济体制转向市场经济体制。这种转变带有根本的性质，不仅仅是资源配置方式的变革，而且必然涉及所有制关系和生产方式的变革，因而是真正意义上的革命——即所谓“第二次革命”。但是，我们又把改革看作是“社会主义制度的自我完善”。也就是说，中国的经济体制改革不能根本改变社会主义经济制度，不能背离社会主义道路。这个认识成为经济学家“理论创新”的原则性前提。为此，必须把社会主义制度和市场经济形式结合起来。但是，不少经济学家不是像邓小平那样，一开始就把“社会主义制度”和“社会主义道路”中的“社会主义”理解为中国特色社会主义——后发展国家社会主义，而是理解为抽象一般的社会主义（作为共产主义社会第一阶段意义的社会主义）。这样一来，“把社会主义制度和市场经济形式结合起来”，便成了一个在马克思经济理论和西方主流经济学中都找不到理论依据的史无前例的难题。在难题面前，一些经济学家力图通过“纠正马克思的经济理论”和“理论创新”，突破马克思科学的经济学理论。一方面，他们借助于“实践是检验真理的唯一标准”这一命题，确认“社会主义社会本来就应当是商品生产（市场经济）”；另一方面，他们提出了一个“创新”的观点：市场经济也和计划经济一样，仅仅是不同的资源配置方式，和经济制度的性质无关；

市场经济可以建立在不同的经济制度基础上。这就是“社会主义市场经济理论”的要义。在他们看来，这个理论包含了三个“重大突破和理论创新”：一是突破了马克思主义创始人关于社会主义社会将消除商品生产的论断，确认社会主义社会仍然是商品生产，而且只有通过商品生产才能实现按劳分配；二是突破了列宁关于社会主义经济是计划经济、资本主义经济是商品经济或市场经济的论断，确认社会主义经济仍然是市场经济；三是相应地创新了西方经济学的市场经济理论（认为市场经济只能建立在私有制基础上，自由市场经济或自由企业制度就是资本主义经济），确认在社会主义公有制基础上也可以搞市场经济，即“社会主义市场经济”。

问题是，这一理论创新和重大突破能够成立吗？社会主义真的能够和市场经济结合起来吗？或者说，能够和市场经济结合的是什么样的“社会主义”？

2. 经济学家误解了邓小平关于“社会主义市场经济”的论述

一些经济学家声称，他们的“社会主义市场经济理论”是以邓小平的有关论述为依据的。然而，他们没有按照原意解读邓小平关于市场经济的论述，而是望文生义和为我所用。邓小平是最早提出“社会主义的市场经济”这一概念的[①]，并认为“社会主义和市场经济之间不存在根本矛盾”。[②]但是，经济学家们既没有注意这里所说的“社会主义”的特殊含义，也没有注意这里所说的“市场经济”的特殊含义，而是一下子作为一般范畴抽象出来。一方面，经济学家们忽略了，邓小平所说的“社会主义的市场经济”，主要是“全民所有制之间的关系”，其初衷不过是想用国有企业之间的直接交换代替国家的指令性计划。与此相适应，邓小平认为，国有企业改革的一般原则也和农村改革一样，就是“责任制”（承包经营责任制），把所有权和经营权分开。很显然，这种交换不是不同所有者之间真正意义的商品交换，更不是以雇佣劳动为基础的资本商品的交换，而是全民所有

① 《邓小平文选》第2卷，人民出版社1994年版，第236页。
② 《邓小平文选》第3卷，人民出版社1993年版，第148页。

制经济内部相对独立的经营单位之间的交换关系，类似于马克思所说的“同一个共同体的不同机构之间”的交换[①]，充其量不过是“准商品交换”，和现代市场经济有质的区别。另一方面，邓小平所说的“社会主义”，始终是指“中国特色社会主义道路”的初级阶段，是“不发达阶段”，是“不够格”的社会主义，是一种产生于后发展国家的特殊类型的社会主义，而不是马克思所说的科学社会主义（共产主义）。总之，就前一个方面来说，交换方式还不属于市场经济；就后一个方面来说，经济制度不属于共产主义社会第一阶段意义的社会主义制度。可见，这里根本不属于本来意义的“社会主义”和“市场经济”结合的问题。既然如此，所谓“社会主义市场经济”就是一个不合理的抽象。实际上，在中国特色社会主义道路的初级阶段，不够格的“社会主义”和“市场经济”不仅没有矛盾，而且它本身包含了市场经济的经济条件。从经过改革已经发生了一定质的变化的经济关系来看（后面将进一步考察），我们已经不能简单地认为是“在社会主义公有制基础上发展市场经济”了。事实上，积极推动“市场化改革”的经济学家们也没有按照邓小平的设想去做。一方面，私营经济已经由补充形式发展到“重要组成部分”；另一方面，承包经营责任制只不过是改革进程中的短暂过渡而已。正因为如此，改革的结果和邓小平的起初的设想大不相同——“全民所有制之间的关系”变成了真正的市场经济关系——“你我之间的关系”；而企业内部则变成了资本和雇佣劳动的关系。

3. 经济学家为给改革寻找理论依据而任意曲解马克思的经济理论

一些经济学家为了从理论上证明“社会主义市场经济理论”的正确性，煞费苦心地到马克思主义创始人的论著中寻找“理论根据”。其中，马克思关于商品生产、个人所有制、股份公司、托拉斯等的论述，被他们视为最有力的理论依据。这些经济学家们说：既然马克思说“商品生产和商品流通是极不相同的生产方式都具有的现象”，为什么社会主义社会不可以是商品生产和市场经济？既然马克思说“资本主义所有制再转化为社

① 《马克思恩格斯全集》第47卷，人民出版社1979年版，第37页。

会所有制”就是“重新建立个人所有制”，那么，股份制形式不正是马克思所说的个人所有制吗？既然马克思说在股份公司那里私人资本和私人企业已经转变为“社会资本”和“社会企业”，为什么我们不能把股份公司视为公有制呢？既然恩格斯说资本主义国家的托拉斯“不仅没有了私人生产，而且也没有了无计划性”，为什么我们还把计划经济看作是社会主义经济的特征？但是，经济学家们的这些“理论依据”能够成立吗？只要我们重温一下马克思和恩格斯的有关论著，就会得出结论，他们不是没有看懂或者误解了原意，就是望文生义或者有意曲解。

关于商品生产。马克思的确说过，“商品生产和商品流通是极不相同的生产方式都具有的现象”[①]，但是，即使按照形式逻辑推理，“极不相同”的生产方式也不等于“所有生产方式”，更不等于适合于社会主义社会。无论如何，所有共同体社会内部都不可能有真正的商品生产和商品交换。马克思认为，社会分工是商品生产存在的条件，只有独立的互不依赖的私人劳动的产品才作为商品互相对立。[②]分工使生产者成为独立的私人生产者。在马克思看来，社会分工和私有制不过是同一事物的两种不同表达方式，由于社会分工，人与人的互相独立为物与物的全面依赖的体系所补充。[③]但是，这样的社会分工在共产主义社会第一阶段意义的社会主义社会将不复存在。马克思从来没有说过社会主义社会还存在商品生产；恰恰相反，他认为，由于社会主义社会不存在奴隶般的社会分工和私人生产，因而将消除商品生产。如果社会主义社会真的不能消除商品生产，那么，消灭私有制、消灭人与人之间的竞争、消灭阶级和剥削等都是不可能的。其实，这些经济学家并非不明白这一点，而是把此“社会主义”当成彼“社会主义”了；把我国现阶段的社会主义（后发展国家社会主义的初级阶段）和马克思所说的共产主义社会第一阶段意义的社会主义社会混为一谈了。必须明确，“社会主义”这个范畴不是从我国现阶段的经济关系

---

① 《资本论》第1卷，人民出版社2004年版，第136页。
② 《资本论》第1卷，人民出版社2004年版，第55页。
③ 《资本论》第1卷，人民出版社2004年版，第129页。

中抽象出来的。我国现阶段之所以存在商品生产和价值形式（市场经济），并不是因为“社会主义社会也存在商品生产”，而是因为我国现阶段的社会主义还不够格，还不是“共同体”意义的社会主义社会。

关于个人所有制。马克思所说的“个人所有制”是“联合起来的社会个人的所有制”的简单说法（又简称社会所有制或社会直接占有），这是一种“非孤立的单个人的所有制”[①]，是作为个体私有制的“个人所有制”否定之否定的结果，是共产主义社会的所有制形式或占有方式，因而不可能存在商品生产、价值形式和资本，也不会有股份公司。把个人所有制等同于私有制，纯属望文生义。

关于股份公司。马克思指出，在股份公司的场合，“那种本身建立在社会生产方式的基础上并以生产资料和劳动力的社会集中为前提的资本，在这里直接取得了社会资本（即那些直接联合起来的个人的资本）的形式，而与私人资本相对立，并且它的企业也表现为社会企业，而与私人企业相对立。这是作为私人财产的资本在资本主义生产方式本身范围内的扬弃”。[②] 在资本的人格化的形式上，也不再是“单个资本家”，而是“结合资本家”[③] 或“联合的资本家”[④]；而生产资料则采取了“社会化形式”[⑤]。在股份公司中，由于资本和企业都采取了社会化的形式，资本所有权和它在再生产过程中的职能也随之分离，因此，它有可能成为转向新的生产方式的过渡点。但是，“资本主义经营本质上就是私人经营，即使由联合的资本家代替单个资本家，也是如此”。[⑥] 这种股份公司同样是以资本所有权和雇佣劳动为基础的，既没有消灭私有制和生产资料的资本性质，也没有消灭雇佣劳动。把股份公司等同于公有制，把社会化等同于社会主义，是绝顶聪明的经济学家的创造。

① 《马克思恩格斯全集》第 48 卷，人民出版社 1985 年版，第 21 页。
② 《资本论》第 3 卷，人民出版社 2004 年版，第 494－495 页。
③ 《资本论》第 1 卷，人民出版社 2004 年版，第 388 页。
④ 《资本论》第 2 卷，人民出版社 2004 年版，第 260 页。
⑤ 《马克思恩格斯选集》第 3 卷，人民出版社 1995 年版，第 750－752 页。
⑥ 《资本论》第 2 卷，人民出版社 2004 年版，第 272 页。

关于托拉斯。恩格斯说："资本主义生产是一种社会形式，是一个经济阶段，而资本主义私人生产则是在这个阶段内这样或那样表现出来的现象。但是究竟什么是资本主义私人生产呢？那是由单个企业家所经营的生产，可是这种生产已经越来越成为例外了。由股份公司经营的资本主义生产，已经不再是私人生产，而是由许多人联合负责的生产。如果我们从股份公司进而来看那支配着和垄断着整个工业部门的托拉斯，那么，那里不仅没有了私人生产，而且也没有了无计划性。"[①] 恩格斯注意到，在私有制和资本主义生产方式基础上，企业形式不断发展，从单个企业家的生产（业主制企业），到股份公司，再到托拉斯，社会化程度越来越高，资本规模越来越大。但是不要误解，第一，"私人生产"不过是"单个资本家的生产"，是相对于"联合的资本家"（股份公司）而言的。没有了"私人生产"并不是没有了私有制、资本和雇佣劳动。第二，股份公司和托拉斯内部的计划性，仍然是个别企业的计划性，而不是整个社会的计划性。这种微观经济领域的计划性（一个家庭内部也有计划性）并没有改变社会生产的无计划性，并没有消除"个别工厂中的生产组织性和整个社会中生产的无政府状态之间的对立"。[②] 毫无疑问，生产越是集中，越有利于整个社会的计划性；但是，托拉斯中的计划性和整个社会的计划性（计划调节）完全是两回事。从这里我们可以看到，一些经济学家是如何望文生义和移花接木的。

4. 经济学家对我国变化了的经济关系没有作出科学的理论概括

我国经过三十多年的改革开放，经济制度和经济关系已经发生了重大变化。变化主要表现在三个层次上：第一，所有制结构的变化。公有制经济的比重大大降低，私有制经济的比重大大提高。"民营经济"（不包括农村的家庭经营）在国内生产总值中的比重早已超过65%，在量的方面已经成为事实上的主体。在公有制经济中，现在的"集体经济"已经不再是

① 《马克思恩格斯选集》第4卷，人民出版社1995年版，第408页。

② 《马克思恩格斯选集》第3卷，人民出版社1995年版，第624页。

过去的“集体所有制经济”，真正的集体所有制经济已经寥寥无几，即使是在号称“共产主义社区（村）”的集体经济组织中，外来的雇佣劳动早已经成为主要形式。所谓“公有资产占优势”不过是国有资产占优势。在非公有制经济（即私有制经济）中，雇佣劳动已经成为普遍形式，资本主义生产方式已经成为第二、三产业的主体。第二，公有制经济生产方式和内部关系的变化。经过产权制度、劳动制度和企业制度的改革，原来的公有制经济（主要是作为全民所有制的国有经济）的生产方式和内部关系已经发生了重大的甚至是质的变化。首先是劳动和所有权的分离。在名义上属于全民所有制的国有经济中，农民作为所有者从来就是徒有虚名；而城镇劳动者的下岗和失业则充分表明，劳动和所有权也同样发生了分离。其次是国有资本（全民资产）的法律所有权和经济所有权的分离。经济所有权（集中体现在税后企业利润上）掌握在代理经营者手中，他们是经济所有权层次的企业主。再次是国有企业普遍采取了雇佣劳动（即所谓“合同劳动”）的方式，经营者以资本增殖为目的，无代价或低代价地借鸡生蛋，实际上已经成为人格化的资本，企业内部表现为劳资关系。最后，由于国家资本增殖（利润）的绝大部分留在企业，成为高管们获得高额收入的手段，全民所有制在经济上基本上得不到实现。这就说明，国有经济已经变成国家所有、资本集团独立经营的“国有民营企业”；全民所有制已经名不副实，即使在法律所有权层次上，也已经在很大程度上失去了全民所有制的性质。全民所有制已经发生了很大程度的异化。随着生产方式和生产关系的变化，分配方式也随之发生变化，按劳分配（至少在形式上）已经转变为按要素所有权及其对资本增殖的贡献分配。经济关系的重大变化，已经反映在贫富两极分化和越来越多、越来越大的亿万富翁的出现上。第三，政府和国有经济关系的变化。过去，政府既是全民资产（国有资产）所有者的代表，又是国有企业的总企业主。现在，政府仅仅是国有资产法律所有权层次的所有者代表（通过国有资产监督管理委员会行使），真正的经济上的企业主是一个个资本集团。虽然国有企业采取委托代理经营的方式，而且人事任免权掌握在各级党的组织部门和政府的人事部门手里，但经济所有权却掌握在资本集团手里。这实际上是国有经济的一种特殊形式的民营化或半民营化。上述种种变化并没有到此结束。

对我国经济关系发生的重大变化，应当加以区分：哪些是合乎规律的、必然的，是有利于生产力发展的；哪些是同社会主义道路的要求向背离的，是变革中的偏差和失误造成的。同时应当确认变化的主流和支流。总体而言，我国改革开放的大方向是正确的，变化的主要方面是合乎规律的，是和预期相一致的。但问题是，经济理论如何科学地认识和反映这些变化，从而得出规律性的认识。马克思认为，经济范畴和经济理论不过是对现实经济关系的抽象。然而，一些经济学家为改革开放提供的理论依据，并没有完全真实、客观、科学地反映经济关系的变化，没有真正揭示出我国现阶段经济运动的规律性。相反，他们力图让人们相信："市场化的改革"并没有引起经济关系的质的变化；而他们自己的理论概括仍然坚持了"马克思主义经济理论"。其实，他们对马克思的经济理论本身已经作了"重新解读"和削足适履的修改。于是马克思的经济理论便成为"为我所用"的标签或包装盒了。例如：他们为了淡化乃至掩盖私有制和资本主义生产方式，以"非公有制"取代私有制和资本主义生产方式，以"私营经济"取代资本主义经济，把以股份制和租赁制形式改革国有企业说成是"改变公有制的实现形式"，把雇佣劳动称之为"合同劳动"，把雇佣劳动者的工资称为"市场型按劳分配"，把作为资本主义经济同义语的"市场经济"塞到"社会主义经济关系"中来，如此等等。他们的理论概括和论断主要是：非公有制经济的发展没有改变公有制的主体地位；产权制度和企业制度的改革没有改变公有制的性质和关系，改变的只是公有制的实现形式；劳动力成为商品和劳动者进入劳动力市场并未改变劳动者的主人翁地位，改变的只是劳动就业的方式；公有制为主体决定了按劳分配为主体，按要素分配不过是按劳分配的实现形式；市场经济体现的是商品等价交换关系，不包含剥削关系；劳动和资本不过是不同的生产要素，它们是合作的关系，并共同创造价值等。所有这些概括和论断不仅脱离实际，而且缺乏科学性。

一是没有真实反映所有制关系的巨大变化。以经济制度（基本标志是所有制形式及其结构）为例，“公有制为主体”是在“计划经济为主，市场调节为辅”的改革初期提出来的。然而，在由计划经济转向市场经济以后，在国有经济“抓大放小”、进行产权制度和劳动就业制度改革以后，在集体所有制经济大量私有化、非公有制经济成为国民经济的重要组成部分以后，所有制关系在外延的方面和内涵的方面都发生了一定质的变化，我们仍然沿用“公有制为主体”的提法。可见，后来的“公有制为主体”不同于先前“公有制为主体”。在前者那里，“主体”是相对于拾遗补阙的“补充”成分而言的，公有制无论在量的方面还是在质的方面都占有绝对优势；在后者那里，“主体”是相对于“重要组成部分”而言的，至少在量的方面公有制已经不占优势。然而，经济学家不是从变化了的现实的经济关系中抽象出经济理论，而是为了使“公有制为主体”仍然能够成立，对“公有制”和“主体”实行概念替换（掉包计），或者做随心所欲的解释。例如：用“公有资产”、公有资产的法律所有权和“公有制的实现形式”代替“公有制”本身；用“公有资产占优势”“国有资产质的优势和布局合理”“国有经济发挥控制力”“股份公司是公有制的实现形式”表明“公有制为主体”。但是，这种替换和解释丝毫改变不了两个重要事实：一是即使仅就公有资产的份额来看，公有制经济的比重也大大降低了；二是体现所有制关系的核心内容——生产方式和经济关系——发生了质的变化。可以肯定：如果所有制关系的变革是正确的，那么，经济学家的理论概括并没有如实反映现实；如果“公有制为主体”是必须“毫不动摇”地坚持的（经济学家也是这么说的），那么，只能意味着改革出现了偏差。二者必居其一。

二是掩盖了普遍存在的资本主义生产方式。现在，无论是私营企业、外资企业还是国有企业、集体企业，劳动力都是通过劳动力市场配置的，工资都是由市场调节的，企业内部的生产方式都是资本和雇佣劳动的关系。但是，在经济学家主编的新版的政治经济学教科书或“社会主义市场经济学”中，避而不谈“生产方式”（资本的组织形式和企业的经营方式都是生产方式的体现），从而回避了劳动者和生产资料结合的方式，掩盖了资本和雇佣劳动的关系。经济学家们把雇佣劳动说成是“合同劳动”，把劳资关系说成是“劳动关系”，回避剩余价值，或者把剩余价值说成是资本和劳动共同创造的。在经济学家们看来，只要生产资料是公有的，企业的内部关系一定是社会主义性质的；甚至认为，私营企业中是“资金和劳动合作”的关系。有的经济学家更认为，工人在劳动力市场出卖自己的劳动力商品，体现了“等价交换”，因而比计划经济时代更加体现了劳动者的“主人翁”地位。

三是歪曲了资本的本质。经济学家在“社会主义市场经济”中大都不使用“剩余价值”范畴，因为他们知道，剩余价值是资本主义生产方式的特有范畴。但是，在“社会主义市场经济”剩余价值是客观存在，经济学家越是掩盖，越是充满了矛盾和混乱：一方面，他们从来不拒绝使用“利润”这个范畴，而利润本质上就是剩余价值——相对于全部资本价值（而不是可变资本价值）而言的剩余价值；另一方面，他们不再像过去那样用“资金”代替“资本”范畴，而资本的果实正是剩余价值。但是，在他们那里，“资本”不再是一种特定的经济关系，而是生产要素。他们把“国有资本”和“集体资本”说成是“社会主义的资本”，以区别于“资本主义的资本”。然后，他们从“资本主义的资本”和“社会主义的资本”中抽象出一个所谓“资本一般”。但是，他们又把人格化的资本（私营企业主）说成是“社会主义事业的建设者”。

四是否认市场经济是一定所有制形式和经济关系的产物。经济学家们把市场经济和计划经济说成是和经济制度无关的“资源配置方式”，是毫无经济关系内容的方法和手段；似乎市场经济不过是实现商品等价交换和通过市场引导生产要素的分配，而与所有制形式和生产方式无关。但他们不能自圆其说的是，既然如此，由计划经济转向市场经济，为什么必须在所有制结构、产权制度、劳动方式等方面进行根本性和深层次的改革呢？

五是否认一定的分配方式不过是一定生产方式的表现。一些经济学家把生产要素（劳动、资本、土地、技术和管理）的所有者凭借其所有权和对资本增殖的贡献进行分配（分别获得工资、利润、利息、地租，等等），说成是“生产要素按贡献参与分配”。似乎价值和剩余价值是这些生产要素共同创造的；而参与分配的主体不是各种要素的所有者，而是要素本身。然后，在“生产要素”的名义下，把劳动和资本等同起来；在“按要素分配”的名义下，把按劳分配和“劳动收入”（劳动者报酬）混为一谈。显然，经济学家力图把分配关系说成和所有制形式、生产方式无关。

六是掩盖失业和经济危机的本质和根源。不少经济学家用所谓“结构性的原因”解释失业和经济危机，好像它们都是资源配置不当造成的。一些经济学家把失业归咎于自然的或技术性的原因。一是因为人口和劳动力过多，生产的人的要素和物的要素不成比例；二是因为劳动力没有按比例地分配于各个产业；三是因为劳动者的劳动能力和技术水平同社会生产的实际需要不相适应等。在许多经济学家看来，我国的“社会主义市场经济”不会发生经济危机；我国目前遇到的困难是外部冲击造成的。对于我国严重的产能过剩，他们不是看作经济危机的表现，而是归结为产业结构不合理，他们从来不从生产方式本身寻找原因。在他们看来，国际金融危机不是经济危机的表现和后果，而仅仅是因为金融本身出了问题，主要归结为华尔街金融大鳄的贪婪和政府监管不力。经济学家提出的应对国际金融危机的良药，就是扩张性的货币政策和“投资拉动”，以巨额投资弥补出口的下降；他们解决产能过剩的办法，同样是以大量投资消化过剩的产品（首先是投资品）和产能，无非是“面多了加水，水多了加面”。于是，很快就出现了资产的价值泡沫——在货币形式上表现为严重的通货膨胀和货币贬值，在房地产形式上表现为超高房价，在虚拟资本（证券市场）形式上表现为井喷式的股价上涨。与此同时，已经扭曲的产业结构更加扭曲，已经失调的比例关系更加失调。

上述所有这些理论上的“发展”和“创新”，实际上都来源于现代西方经济学——现代版的庸俗经济学，其核心是都没有从生产方式本身认识和分析问题。其中，有些经济学家不是知识不够，而是有意识地和自觉地把生产方式排除在理论概括和研究对象之外，目的在于为“社会主义市场经济”提供理论依据。

我国不少经济学家的理论概括和表述，一方面，严重脱离现实经济关系的实际，掩盖了资本对雇佣劳动的剥削和阶级关系，未能有效保护工人阶级和劳动群众的合法权益，偏离了“中国特色社会主义道路”设定的方向和目标；另一方面，由于这种理论概括往往是以“马克思主义政治经济学”或“社会主义经济理论”的面目出现的，因而造成了理论本身的混乱。由于这种理论概括回避了生产方式，不仅缺乏科学性，失去了应有的说服力，而且会诱导出越来越多的和社会主义道路背道而驰的东西。最突出的是：一是交易关系渗透到一切领域。在商品生产普遍化和交换价值充分发展的同时，只要放任自流，一切使用价值（包括产生公害的使用价值）都会有商品化、价值化、市场化、资本化的倾向，所有的关系都有可能变成交易关系。既然货币可以和一切相交换，那么人们就会一味“向钱看”。就连我们的公共传媒也为了增加广告收入而以低俗笑料哗众取宠了。二是资本本身走向自己的反面。在资本主义生产方式充分发展的同时，虚拟资本也极度膨胀，投机资本十分盛行；投机资本不仅大量进入股市，而且越来越多地进入民生领域。这说明资本本身也出现畸变和异化了。这次世界性的大危机证明，这种畸变和异化的资本正在成为摧毁自身的力量。三是社会主义经济基础出现部分质的变化。在国有资产资本化的同时，国家资本和国有企业也发生了部分质变和异化倾向，好像越来越是在为他人作嫁衣裳，而且具有官商结合的性质；但它们却仍然以“社会主义”“公有制”和“国家利益”的名义占有雇佣劳动者的剩余劳动，而且更加贪婪和肆无忌惮。

5. 经济学家用抽象的所有制形式和生产力标准判断经济关系的性质

在经济理论研究中，一些经济学家用抽象的所有制形式和生产力标准判断经济关系的性质，而完全撇开了生产方式。

第一，用抽象的所有制形式和单纯的法律所有权说明经济制度的性质。马克思非常重视所有制、所有制形式或所有制关系。他所讲的所有制，是指劳动和劳动的客观条件的关系（统一或者分离，以及如何统一和分离），是以生产条件的占有为基础的生产关系的总和（全部经济关系）。一定的所有制形式是一定的生产方式的经济前提，而生产方式则是所有制的实现形式。所有制的性质就是经济制度的性质。然而，长期以来，在我国经济理论界，多半是按照斯大林关于生产关系的定义理解所有制的。所有制仅仅被理解为生产关系三项内容中的一个方面，而不是全部生产关系，而且仅仅是“生产资料所有制”，同生产方式和生产关系的实际内容完全失去了联系。基于这种不正确的理解，经济学家们对我国现实所有制关系的认识形成了如下固定观念：（1）关于所有制的含义。所有制（从而所有制关系）被单纯理解为生产资料的归属；把所有制的内涵缩小为单纯的生产资料的法律所有权，甚至进一步缩小为在经济上不能实现的空洞无物的法律所有权，从而使所有制关系变成了一个没有实际内容的空壳。（2）关于公有制的含义。公有制就是生产资料归国家或集体所有。即使公有资产的法律所有权和经济所有权、劳动和所有权已经分离，劳动采取了雇佣劳动的形式，法律所有权在经济上没有实现，也仍然是公有制，也不会改变公有制的性质。在公有制的名义下，混淆了公有制的不同历史形式和不同生产方式。（3）关于社会主义公有制的含义。占统治地位的看法是，公有制本身就具有社会主义性质，坚持公有制就等于坚持社会主义制度。即使公有制建立在落后的小生产方式的基础上，即使是“三条驴腿”的合作社，也被看作是“社会主义公有制”。（4）关于公有制为主体的含义。既然公有制就是公有资产所有权，那么很自然，法律所有权形式上的“公有资产占优势”也就是公有制为主体了；而这种“优势”可以不必体现在一定的数量上（人们忽略了，单纯量的变化可以引起质的变化）。于是形成了下述逻辑关系：公有资产占优势 = 公有制为主体 = 社会主义经济关系为主体 = 劳动者是主人翁。（5）关于私有制的含义。现在很多人不使用私有制这个概念了，更不使用“资本主义所有制”了，取而代之的是“非公有制”，其中包括个体经济、私营经济、外资经济。至于“民营经济”这个概念就完全看不出经济的社会属性了。在“非公有制经济”“民营经济”的名义下，混淆了不同性质、不同生产方式的私有制（个体所有制和资本主义私有制）和生产方式。（6）关于所谓“公有制的实现形式”。在体制改革中，不仅在外延的方面增加了大量的私有制经济，而且在内含的方面（公有制经济内部）也不同程度地加入了私有制和雇佣劳动的因素。但是，一些经济学家却把国有企业改革中出现的各种形式的股份制企业和租赁经营企业等都说成是“公有制的实现形式”。在“公有制实现形式”的名义下，掩盖了企业内部所有制结构和生产方式的变化。事实上，经过改制的国有企业，已经发生了两大变化：一是内部关系的变化。生产方式和经济关系已经是资本和雇佣劳动的关系；企业的直接目的是资本增殖（利润）。而这两点恰恰是资本主义生产方式的基本特征。二是企业和所有者（全民，国家）关系的变化。从 2007 年开始，国有企业除了上缴 5%~15% 的利润以外，利润统统留在企业，而上缴的部分又以各种名义和形式返回企业，委托经营者和高管们可以分享很大的一部分利润（每年可以拿到几百万、上千万的年薪）。总的结果是，在“公有制的实现形式”中，国家只是国家资本的名义上的所有者，全民所有制在经济上几乎没有实现，全民资产成了委托经营者集团获得越来越多高额利润的手段。可见，按照一些经济学家理解的所有制，已经不能正确判断经济关系和经济制度的性质了。

第二，用是否有利于生产力发展判断经济关系的性质。人类社会发展的一般规律是，生产的社会形式必须同生产力相适应。因此，凡是有利于生产力发展的生产方式和社会形式，都是一定阶段上先进的生产方式和社会形式。但是，生产力是历史的，劳动资料的性质是不同的，与之相适应的生产方式和社会形式也必然有质的区别。原始公社、奴隶制度、封建制度、资本主义制度都曾经和一定的生产力相适应，都曾经解放和发展了生产力，从而成为先进生产力的承担者。但是，有的经济学家却认为，现在凡是有利于我国生产力发展的生产方式和社会形式都具有社会主义性质；“凡是能够救中国和发展中国的形式就是社会主义”。这就是说，是否有利于生产力发展成了判断经济关系是否具有社会主义性质的标准。问题是，在我国现阶段，有利于生产力发展的所有制形式和生产方式，并不是单一的，并不都具有社会主义性质；而且实践证明，私有制和资本主义生产方式仍然是现阶段先进生产力的承担者。改革在很大程度上是纠正“左”的“跨越论”的错误，主要着眼点是调动个人、集团和投资者的积极性，发挥经济自由和市场机制的作用，归根到底是默认两个特权——个人劳动能力的差别是一种天然特权；可以转化为资本增殖手段的积累起来的劳动（财富）的差别是一种社会特权。既然如此，按照上述经济学家的观点，私有制、资本和雇佣劳动的关系、市场经济岂不都具有社会主义性质了？这显然是荒谬的。

无论是用抽象的所有制说明经济关系的性质，还是用是否有利于生产力发展判断经济关系的性质，都有一个共同点，即撇开了生产方式及其经济关系。一旦撇开了生产方式，不仅什么问题都说明不了，而且一定会歪曲现实的经济关系，甚至颠倒黑白。

下面将分别阐明，研究重大经济理论问题必须以生产方式为核心，破解我国经济难题必须从现实的生产方式入手。

二、研究重大经济理论问题必须以生产方式为核心

当前，我国有许多重大的经济理论问题需要给予科学的回答。其中最主要是：我国现阶段社会形态的性质和历史定位；我国现阶段经济制度和经济关系的性质；我国现阶段的经济形式及其性质。换一种方式说就是“三个如何认识”：如何认识“社会主义初级阶段”；如何认识“社会主义初级阶段的基本经济制度”和经济关系；如何认识“社会主义市场经济”。但是，只有以马克思科学的经济理论为指导，以生产方式为核心，才能够得到科学的说明。我国改革开放的过程，从表象上看是从计划经济（实际上是统制经济或命令经济）转向市场经济的过程，而从根本上说，是对我国现阶段社会形态的重新定位，是对所有制关系的大幅度调整，是对生产方式的重大变革。不可避免的变化是：我国社会重新定位在人类社会的第

二阶段；私有制经济和资本主义生产方式重新成为现阶段先进生产力的承担者。我国经济关系已经发生的重大变化，就其主要方面来说是合乎规律地发生的，是对过去“跨越论”和“超阶段”的一种革命性、系统性矫正。但是，在改革发展中也存在着一定的偏差和失误，有的变化既不合乎客观规律，也不符合社会主义道路的要求。我们既不应当否定改革大方向的正确性，也不应当回避改革中出现的偏差和失误。

（一）关于我国现阶段社会形态的性质和历史定位问题

如何认识和判断我国现阶段社会形态的性质，是一个最基本的理论问题，是认识我国现阶段经济关系和经济形式的前提。十三大报告首次系统阐述的“社会主义初级阶段理论”，表明我们党的理论认识前进了一大步，但并没有完全解决我国现阶段社会形态的性质和科学定位问题。这里主要涉及以下几个问题。

1. 对“社会主义初级阶段”必须作出科学的解读

根据十三大报告和邓小平的有关论述，理论界已经形成了这样的共识：“我国社会已经是社会主义社会”，只是“还处在初级阶段”。“社会主义本身是共产主义的初级阶段，而我们中国又处在社会主义的初级阶段”，即“不发达的阶段”。“我国社会主义的初级阶段，不是泛指任何国家进入社会主义都必须经历的起始阶段，而是特指我国在经济文化都比较落后的条件下建设社会主义，必然要经历的一个社会发展阶段。”因此，“这个阶段，既不同于社会主义经济基础尚未奠定的过渡时期，又不同于已经基本实现了现代化的阶段”。[①] 按照这种共识，社会主义初级阶段虽然是落后国家“建设社会主义”“特有”的“不发达阶段”，但已经属于共产主义社会第一阶段（共产主义社会初级阶段的初级阶段）；而一旦基本实现了现代化（即达到中等发达国家的水平），初级阶段就结束了。这种共识体现了我们党理论认识的一大进步，但显然包含了下述矛盾和疑问：第一，既

---

① 郑必坚等主编：《邓小平理论基本问题》，中共中央党校出版社2001年版，第87-93页。

然我国是落后国家，为何也能够直接建立起共产主义社会第一阶段意义的“社会主义社会”？难道经济条件不再起决定性作用了吗？难道唯物主义历史观需要修正了吗？第二，既然我国处在不发达阶段，为何又属于共产主义社会第一阶段？难道可以有不发达的共产主义社会吗？第三，既然“社会主义初级阶段”是“特指”的概念，为何还要和马克思的社会主义蓝图对号入座？第四，我国现阶段和解放初的“过渡时期”在经济制度方面有没有质的区别？如果有，又是什么呢？第五，如果我国“基本实现了现代化”，“社会主义初级阶段”就结束了吗？“初级阶段”的经济特征又是什么呢？

邓小平曾经说过，“贫穷不是社会主义”“生产力不发展也不是社会主义”。因此，如果确认我国原来是资本主义没有得到充分发展的落后国家，而且现在仍然处在“不发达阶段”，那就不能认为我国已经是共产主义社会第一阶段意义的“社会主义社会”；如果确认“社会主义初级阶段”是一个“特指”的概念，仅仅同“经济文化都比较落后”的国家相联系，那就不能把“社会主义初级阶段”中的“社会主义”理解为一般概念，而是应当如实地理解为“中国特色社会主义”或者“后发展国家社会主义”。马克思所说的“过渡时期”，只适合于由发达资本主义国家转变为共产主义社会的条件，对我国是不适用的。从实践来看，我国目前的经济制度和社会主义改造以前的经济制度确有一定区别，但看不出有什么质的区别。“基本实现现代化”，主要是以劳动生产力、产业结构和人均国内生产总值来衡量的；而“初级阶段”的结束，不仅取决于生产力和经济发展的程度，也取决于生产方式和经济关系的质的变化。

因此，所谓“社会主义初级阶段”，确切的提法应当是：“中国特色社会主义道路初级阶段”或“后发展国家社会主义道路初级阶段”。目前理论界认识上的主要问题是，把落后国家走上社会主义道路和发达国家由资本主义转变为社会主义混为一谈了，混淆了两种不同历史形态和不同类型的社会主义，也降低了共产主义社会的标准和门槛。

2. 我国现阶段社会形态的定位必须以科学的理论为依据

能够把人类社会从质的方面区别开来的，只能是以一定生产力为基础的生产方式和与之相适应的经济关系。马克思从生产方式和人与人的社会关系上，把人类社会区分为三大形态或三大阶段：人的依赖关系阶段；物的依赖关系阶段；自由联合关系阶段。[①]在第一阶段中，包含着三个具有一定质的区别的发展阶段，即原始共同体（例如亚细亚形式），奴隶社会（古典古代），封建社会（中世纪），但它们都具有共同体（包含国家形式的共同体）的性质，基本关系都是人的依赖关系，即统治和服从的关系。物的依赖关系的主要特征是，个人在形式上自由了，不再依赖于某个他人了，但他仍然依赖于物（商品、货币、资本），人与人之间以物为中介发生关系，因而人不能不受物支配和统治。按照这种划分，我国现阶段已经基本上摆脱了人的依赖关系，但还远不是自由联合关系阶段，而是仍然处于物的依赖关系阶段。也就是说，我国和西方资本主义国家同处于第二阶段，只是发展程度和发展道路不同。但如果把我国现阶段定位在“共产主义社会初级阶段的初级阶段”，那么，我国就进入第三阶段了，这显然与现实的生产方式和经济关系不符。

3. 判断我国现阶段社会形态的性质必须遵循科学社会主义理论

马克思主义创始人的科学社会主义（共产主义）理论，是从“两个伟大发现”中得出的科学结论。虽然现在尚未成为现实，但符合一般规律和必然趋势。正因为如此，才成为我们共产党人为之不懈奋斗的目标。社会主义制度是从资本主义制度脱胎出来并作为它的直接对立物出现的，因而高于资本主义制度。社会主义的目标不是一般地消灭阶级、消灭剥削、消除两极分化（在所有不存在对立关系的共同体社会，这些都可以实现，甚至在个体经济中也可以实现），也不仅仅是实现共同富裕（一些发达资本主义国家已经消灭了绝对贫穷），而是人（首先是工人阶级）的全面解放和自由全面发展。社会主义制度的产生必须至少具备三个前提条件：一是

---

① 《马克思恩格斯全集》第46卷（上册），人民出版社1979年版，第104—111页。

物质生产力性质的条件。生产力高度发达，劳动的一般社会力（社会结合的力量和科学的力量）已经发挥到相当高的程度，为共产主义奠定了物质基础。二是经济内在矛盾不可调和的条件。一方面，资本主义生产方式的基本矛盾和内在限制所导致的反复发作的经济危机，已经到了难以起死回生的地步，表明它已经不再是先进生产力的承担者；另一方面，在直接劳动已经最大限度退出直接生产过程的情况下，用价值形式衡量社会财富既失去意义也没有可能。三是革命性变革的条件。无产阶级和资产阶级的对立已经处于不可调和的状态，无产阶级不仅已经足够强大而且已经觉醒，共产主义革命（这种革命是在民主的条件下和平地发生的）不仅不可避免，而且具有世界性质。只有具备上述条件，社会主义才不会流于空想，才不会搞成“穷社会主义”。在上述条件下，脱胎出来的社会主义社会将是高级形态的共同体——自由人联合体，必将具有如下经济特征：一是生产条件和生产力的社会直接占有，即社会所有制；二是共同生产和自由联合劳动，以及与此相适应的分配方式；三是生产的直接目的是使用价值（即直接满足社会需要）、自由时间的增加和人的自由全面发展。因此，商品生产和价值形式成为不必要的了，无政府状态和经济危机不会出现了，阶级消灭了，剥削不存在了，奴隶般的分工和各种形式的依赖关系消除了。显然，在半殖民地半封建的社会基础上不可能产生这样的社会主义；在资本主义生产方式仍然是先进生产力承担者的情况下，也不可能产生这样的社会主义。按照上述质的规定性认识社会主义，我国现在的社会主义仍远“不够格”。

4. 不能以后发展国家社会主义的实践检验科学社会主义理论

毛主席说，社会实践是检验人们的认识是否具有真理性的客观标准。社会主义理论也是如此。但是，科学社会主义理论，只能由从发达资本主义脱胎出来的社会主义实践来检验，而不是由后发展国家社会主义现阶段的实践来检验。其一，我国对私有制的社会主义改造，不能证明落后国家可以直接建立社会主义制度。社会主义改造固然事出有因，而且不能全盘否定，但毕竟不是完全根据生产力的要求进行的，而是以主观愿望和超经济的方式进行的。经过社会主义改造建立起来的经济制度，虽然私有制、资本主义生产方式、剥削阶级、商品生产（市场经济）都统统被消灭了，其外在形式和马克思所说的社会主义有一定的相似性，但就其内容来说，更像是原始类型的共同体社会，和作为资本主义对立物的社会主义相去甚远。其实，我国现阶段不过是通过一条特殊的发展道路，完成“四个化”（商品化，工业化，社会化，现代化）的历史任务。尽管社会主义道路要求适度节制资本和维护劳动者的权益，但在它的初级阶段不可能消灭私有制、资本主义生产方式、商品生产（市场经济）。其二，我国经济体制改革的成功，不能证明社会主义社会本来就应当是公私并存、社资兼有、采取市场经济形式的社会。恰恰相反，我国之所以必须采取这样的经济制度和市场经济形式，是因为我国现在没有条件建立作为共产主义社会第一阶段意义的社会主义——科学社会主义。

5.“跨越论”丝毫不能改变我国现阶段社会形态的性质和定位

有一种据说是来自马克思的流行观点认为，落后国家可以“跨越资本主义的卡夫丁峡谷”而直接建立社会主义制度。这是对马克思和恩格斯关于俄国公社前途和命运有关论述的误解和歪曲。马克思的确讲过，19世纪的俄国公社具有一定的特殊性，有可能“不通过资本主义的卡夫丁峡谷”（不经受西欧所经受的资本主义苦难）而成为一个新的“出发点”；但必须具备两个前提条件：一是俄国公社的土地公有制和集体耕作制度能够保存下来；二是西欧率先实现共产主义革命，建立共产主义制度，为俄国公社提供示范和技术支持。①实际上，这样的设想完全落空了，也许一开始就是不切实际的。问题还在于，马克思关于俄国公社的论述，对于早已经不存在土地公有制的中国来说是完全不适用的。“跨越论”是和唯物主义历史观背道而驰的。问题的关键是，人类社会能不能跨越资本主义发展阶段。马克思认为，在人类历史上，资本主义这种对立的形式是“必经之

① 《马克思恩格斯选集》第3卷，人民出版社1995年版，第761—771页。

点”和“必须经过”的[①]，是“必要过渡阶段”。[②]之所以如此，是因为资本有巨大历史功绩和伟大的文明作用。马克思指出：“资本的伟大的文明作用：它创造了这样一个社会阶段，与这个社会阶段相比，以前的一切社会阶段都只表现为人类的地方性发展和对自然的崇拜。只有在资本主义制度下自然界才不过是人的对象，不过是有用物；它不再被认为是自为的力量；而对自然界的独立规律的理论认识本身不过表现为狡猾，其目的是使自然界（不管是作为消费品，还是作为生产资料）服从于人的需要。资本按照自己的这种趋势，既要克服民族界限和民族偏见，又要克服把自然神化的现象，克服流传下来的、在一定界限内闭关自守地满足于现有需要和重复旧生活方式的状况。资本破坏这一切并使之不断革命化，摧毁一切阻碍发展生产力、扩大需要、使生产多样化、利用和交换自然力量和精神力量的限制。”[③]马克思讲的何等深刻！“跨越论”源自俄国民粹派社会主义者，他们把土地公有制等同于社会主义，而完全撇开了生产方式的性质。在我国，“跨越论”者显然把我国走上社会主义道路和建立社会主义制度混为一谈了。其实，开始走上社会主义道路并不等于已经建立起了社会主义制度。“中国人民可以不经过资本主义充分发展阶段而走上社会主义道路”，但“不能超越”落后国家“特有”的“社会主义初级阶段”。[④]

所谓“社会主义初级阶段”这样的社会形态，仅仅产生于“生产力落后商品经济不发达”的国家，仅仅和后发展国家社会主义（中国特色社会主义是它的典型形态）相联系，不能将其等同于“社会主义社会”。既然中国没有经过资本主义充分发展阶段而走上了社会主义道路，那么，也就注定不能直接脱胎出共产主义社会第一阶段那种意义的“社会主义社会”；既然我国在社会主义初级阶段必须实现发达国家已经实现的“四个化”（核心是商品化和工业化），那么，社会主义初级阶段不过是完成人类社会

① 《马克思恩格斯全集》第49卷，人民出版社1982年版，第48—49页。
② 《马克思恩格斯全集》第48卷，人民出版社1985年版，第20—21页。
③ 《马克思恩格斯全集》第46卷（上册），人民出版社1979年版，第393—394页。
④ 《十三大以来重要文献选编（上）》，人民出版社1991年版，第9—12页。

第二阶段（以商品生产普遍化为标志的物的依赖关系阶段）历史任务的另一种形式，因而也必然是一个和资本主义社会同时并存的阶段。我们现在不过是开辟了一条力图以“直通车”方式过渡到共产主义社会第一阶段的特殊发展道路。我们必须从理论上把后发展国家社会主义和马克思所说的科学社会主义区别开来；把后发展国家走上社会主义道路和建立起社会主义制度区别开来；把我国的“社会主义初级阶段”和共产主义社会第一阶段区别开来。我们可以继续使用“社会主义初级阶段”这个提法，但必须作出科学的解读，它只应当是“中国特色社会主义道路的初级阶段”（或“后发展国家社会主义道路的初级阶段”）的简称。

（二）关于我国现阶段经济制度和经济关系的性质问题

同把我国现阶段定位在共产主义社会第一阶段相一致，我国的经济学家和社会主义学家大都认为，我国现阶段的经济制度和经济关系，其基本属性是社会主义的。之所以如此是因为：在理论上，他们把公有制形式等同于社会主义制度；在实践上，他们认为我国现在已经是公有制为主体。如果这两个理由都成立，结论当然就是正确的。问题是，这两个理由能够站得住脚吗？

1. 公有制和社会主义公有制是不同的概念

作为资本主义对立物的科学社会主义，只能建立在公有制基础上，必然消灭阶级、剥削和商品生产，必然达到共同富裕。但是，我们不能反过来说，公有制等于社会主义；不能说没有阶级、没有剥削、没有商品的社会就是社会主义社会。公有制是相对于私有制而言的，公有制和私有制一样，有不同的历史形式，可以有完全不同的生产力和生产方式，公有制形式本身不等于社会主义；没有阶级、剥削和商品生产的社会一定是共同体社会，但低级形态的共同体社会不具有社会主义性质。最早的公有制形式是原始共同体，后来被私有制否定了；现代国际社会也有一些残存的局部的公有制形式，但它们和社会主义毫无关系。未来否定资本主义生产方式以后的公有制将是社会所有制。这是一个否定之否定的历史过程。公有制是否具有社会主义性质，关键不在于“公”或者“共”，而在于两点：一是公有制建立在现代高度发达的社会化的科学的生产力基础上，而不是建立在落后的生产力基础上；二是劳动者共同占有和共同生产的基础上，实现人的全面解放和自由全面发展，而不是所谓“公平的分配”。把公有制（首先是土地公有制）等同于社会主义，是恩格斯批评过的“民粹派社会主义”的观点。

2. 国有经济（国家所有制）不等于社会主义公有制

国有经济自然不同于私有制经济，但也不等于社会主义的公有制经济。国家所有制具有社会所有制的外在形式，但国有经济本身并不具有社会主义性质。国有经济总是同国家的经济职能相联系，只要国家仍然是本来意义的国家，国有经济就不具有社会主义性质。当国有经济真的具有社会主义性质的时候，国家本身就不具有政治性质了。把国有经济等同于社会主义经济，是基于对马克思有关论述的误解。马克思曾经说过，在从资本主义转变为共产主义的“政治上的过渡时期”，即无产阶级刚刚夺取政权以后的阶段，生产资料将掌握在“国家”手里；但这时候的“国家”已经不是本来意义的国家了，而是社会共同体。在我国现阶段，国家仍然是本来意义的国家，只是走上了社会主义道路。正因为如此，我国现阶段的国有经济具有双重性质：一方面，它仍然是政治性国家执行一般国家职能的经济基础；另一方面，它有可能成为未来社会所有制的基础和雏形。只有在后一种意义上，才可以认为它包含一定的社会主义因素。把国家、国家所有、国有经济等同于社会主义，是恩格斯批评过的“国家社会主义”的观点。中国“穷社会主义”的理论家，一方面把公有制等同于社会主义公有制，一方面又把国有经济等同于社会主义。所有这些都是对科学社会主义的误解。

3. “公有资产占优势”不等于社会主义经济关系处于支配地位

回顾历史上的各个经济时期及其社会形态，所有制形式多半不是单一的，而是多种所有制形式同时并存；但是，总有一种形式处于支配地位。马克思说：“在一切社会形式中都有一种一定的生产决定其他一切生产的地位和影响，因而它的关系也决定其他一切关系的地位和影响。这是一种普照的光，它掩盖了一切其他色彩，改变着它们的特点。这是一种特殊的以太，它决定着它里面显露出来的一切存在的比重。”① 最典型的是，在资本主义生产方式处于支配地位的情况下，其他留传下来残存的生产方式都被资本湮没了；不仅土地所有制从属于资本，而且小生产者也用资本主义的范畴和经济关系来衡量和表现自己。马克思的“普照之光”理论本身是正确的，而且同样适合于个体经济大量存在的后发展国家社会主义。把所谓“公有制为主体”作为社会主义性质集中体现的人们，就是以马克思的这一论述作为理论依据的。的确，假如真正够格的社会主义公有制（社会直接占有和联合劳动）已经成为“主体”，非社会主义的形式处于从属地位，那么，这样的社会当然具有社会主义性质。问题是，这里存在概念和内涵的不一致。第一，我国现阶段的公有制是否属于“够格的社会主义公有制”。经过 20 世纪 50 年代中期的社会主义改造，私有制基本上被消灭了，形成了两种所谓“社会主义公有制”——全民所有制和集体所有制。但这是在落后生产力基础上国家代表和政府控制的公有制，或者说是国家所有制和政府所有制；虽然在形式上很像社会主义，但其内容更像是古代的共同体。第二，我国经过改革的公有制是否仍然处于主体地位。改革开放以前，“两种公有制”几乎是唯一形式；改革开放之初，公有制仍然保持主体地位。但在党的十五大以后，虽然“公有制为主体”的提法仍旧保持不变，但所有制形式及其结构都发生了重大变化。不仅公有制的比重大大降低，而且公有制企业内部都或多或少加入了私有制和雇佣劳动的因素。实际上，无论在形式上还是在内容上，“公有制为主体”都已经名不副实。在形式上，所谓的“公有资产”主要是国有资产，而第二、三产业中的集体资产已经所剩无几，量的优势早已经失去了；而所谓质的优势，在很大程度上是虚幻的，因为主要不是靠自主创新而是靠政策支持和垄断地位保持的。在内容上，无论是国家和企业的关系还是企业和劳动者的关

① 《马克思恩格斯选集》第 2 卷，人民出版社 1995 年版，第 23-25 页。

系，都发生了一定质的变化。至于所谓“公有制的实现形式”，无非是把各种形式的股份公司统统视为公有制经济。既然我国现阶段的公有制并不是够格的社会主义公有制（只是包含或多或少的社会主义因素），而“主体地位”又名不副实，那么，马克思的“普照之光”的理论就帮不上经济学家的忙了。

4. 在公有资产基础上同样可以存在资本主义生产方式

在许多经济学家看来，只要仍然保持公有资产的法律所有权，名义上仍然归国家或者集体所有，那么企业就仍然是“公有制企业”，企业内部关系就仍然具有社会主义性质。这是不能成立的，是自欺欺人的。且不说原来公有制企业的绝大部分已经改制（实行股份制或者出售），即便在没有改制的独资企业那里，也是不能成立的。以国有企业为例，改革以后的重大变化有两个方面：一方面，国有资本的法律所有权和经济所有权已经发生分离，而法律所有权在经济上几乎没有实现，经济所有权掌握在委托经营者（主要是董事长、总经理、总裁）手中，实际上转化为资本集团所有制；国有资产已经执行国家资本的职能，经营者事实上已经成为人格化的资本，生产和经营的直接目的是资本增殖（剩余价值），国有资产在很大程度上成为各个资本集团获得越来越多剩余价值的手段。另一方面，劳动方式已经完全改变为所谓合同劳动，实际上就是雇佣劳动，这标志着劳动和所有权也已经分离。总之，国有资产的法律所有权在相当程度上已经大权旁落，全民所有制已经趋向虚化；企业内部已经是资本和雇佣劳动的关系（就这种关系本身来说和私营企业没有质的区别）。当然，既然国家仍然是国有资本的法律上的所有者，那么，这种企业和私人企业相比还是有一定区别的。但是，这种区别并不妨碍经济关系已经发生了部分质的变化。

5. 我国的私营企业并没有改变固有的资本主义性质

本来，我国私人企业的生产方式和经济关系与资本主义国家的同类企业没有质的区别。但有些经济学家却认为，资本和劳动共同创造价值，私营企业也具有一定的社会主义性质；私营企业主（资本家）也是中国特色社会主义事业的建设者。他们的出发点也许是好的，但在理论上是不准确、不科学的。问题的核心和实质是离开了生产方式。私营企业的生产方式就是资本和雇佣劳动的结合，资本得到的是剩余价值，雇佣工人得到的是作为劳动力价格的工资。二者在社会关系上可以是和谐的，但在企业内部的经济关系、经济利益上是矛盾的、对立的。党的十三大报告曾经说过，“私营经济是存在雇佣劳动关系的经济成分”，“私营企业雇用一定数量劳动力，会给企业主带来部分非劳动收入”。[①] 这里所说的“雇佣劳动关系”就是资本和雇佣劳动的关系，“非劳动收入”就是凭借资本所有权占有的雇佣劳动者提供的剩余价值。

由上可见，我国现阶段的经济制度，既不是资本主义制度，也不是共产主义社会第一阶段那种意义的社会主义制度，而是一种特殊的、具有过渡性质和包含多种经济成分的复合经济制度，是公私并存、社资兼有、劳资两利、为够格的社会主义创造条件的经济制度，是仍然具有一定民主主义性质的经济制度。与此相联系，我国现阶段的经济关系，并不完全是社会主义的经济关系，并不都是劳动者之间的关系，并不是已经消灭了剥削和阶级的关系。

（三）关于我国现阶段的经济形式及其性质问题

这里所说的经济形式，指的是交换方式或交易方式，即西方经济学所说的“资源配置方式”。如何认识我国现阶段的经济形式，是另一个关系全局的重大的经济理论问题。对于迄今为止的认识需要重新认识和澄清。

1. 我国经济学界始终没有说清楚现阶段的经济形式

对于我国现阶段经济形式的认识，经历了一个曲折的过程。传统政治经济学认为，资本主义社会是市场经济，社会主义社会是计划经济。既然社会主义改造以后的中国已经是共产主义社会第一阶段意义的社会主义社会，其经济形式自然应当是计划经济。改革后“创新”的政治经济学正

---

① 《十三大以来重要文献选编（上）》，人民出版社 1991 年版，第 32 页。

确地认为，我国现阶段的经济形式应当是市场经济，而不是计划经济。然而又认为，市场经济和计划经济都是资源配置方式，与经济制度的性质无关。如果市场经济和资本主义制度结合就是资本主义的市场经济，而和社会主义制度结合就是社会主义的市场经济，我国的市场经济是“社会主义市场经济”。实际上，改革开放前后两种认识都包含着正确和错误两个方面。传统政治经济学在理论逻辑上是正确的，对计划经济和市场经济本身性质的看法也是正确的（尽管“计划经济”和“市场经济”这两个概念并不完全科学）；问题在于，前提是不符合实际的，我国现阶段并不是马克思所说的社会主义社会。“创新”的政治经济学对我国现阶段的经济形式作出了正确的判断；问题在于，没有把计划经济和市场经济看作是一定所有制关系的产物，没有看作是一定生产方式和经济关系的表现。其实，我国现阶段之所以采取市场经济形式，不是因为市场经济和经济制度无关，不是因为社会主义和市场经济没有矛盾并可以结合，而是因为我国现阶段并不是资本主义的直接对立物，仍然存在市场经济的条件——社会分工，产权独立以及私有制，劳动和所有权的分离（雇佣劳动）。

2.“社会主义市场经济”概念是一个不合理的抽象

经济学家们对“社会主义市场经济”有大同小异的解读，或者是“社会主义条件下的市场经济”，或者是“社会主义社会的市场经济”，或者是“社会主义性质的市场经济”。问题的关键是，这里所说的“社会主义”是什么含义。在马克思的经济理论中，科学社会主义就是共产主义社会第一阶段意义的社会主义社会。在这样的社会主义社会，没有商品生产和价值形式的条件，因而根本不可能采取市场经济形式。代替资本主义社会的社会主义社会，本身是一个社会共同体，人们的劳动都成为直接的社会劳动，而不是通过商品形式间接交换劳动，更不是通过商品形式剥削劳动力。然而，市场经济则是以社会分裂为一个个独立的经济体为前提，不仅产品采取了商品的形式，劳动采取了价值的形式，而且价值采取了资本的形式。市场经济本身不包含任何社会主义的经济关系，因而不具有任何社会主义性质；相反，却一定包含资本和雇佣劳动的关系，从而具有资本主义性质。因此，作为资本主义社会直接对立物的社会主义社会不可能采取市场经济形式，“社会主义市场经济”是一个不合理的抽象，是不能成立的。“社会主义市场经济”本来是对我国现阶段经济形式的概括，但一旦作为一般概念抽象出来，就同样适合于作为共产主义社会第一阶段意义的社会主义社会。这就混淆了两种不同历史形态的社会主义。其实，我国现阶段的市场经济，不应当概括为“社会主义市场经济”（不管作何种解释——是“社会主义条件下的市场经济”“社会主义社会的市场经济”，还是“社会主义性质的市场经济”），而应当概括为“中国特色社会主义道路初级阶段的市场经济”，或者说，是“后发展国家社会主义初级阶段的市场经济”。

决定我国现阶段市场经济性质的，是处于支配地位的生产方式。生产方式既表明了企业内部经济关系的性质，也表明了生产的直接目的。我国市场经济的主体主要有三类，相应地采取三种不同的生产方式：个体的生产方式（个人或家庭劳动）；共同体的生产方式（联合劳动关系）；资本主义的生产方式（资本和雇佣劳动的关系）。其中，个体的生产方式只是补充形式；共同体的生产方式只存在于真正的集体所有制企业中，这样的企业已经屈指可数，而且都包含两种性质不同的劳动方式。资本主义的生产方式既存在于私营企业和外资企业中，也存在于以雇佣劳动为基础、以赢利为目的的国有企业中。可见，我国市场经济主体中最大量的和具有决定意义的是资本主义生产方式。

三、认识和解决我国经济社会难题必须从现实的生产方式入手

三十余年的改革开放使我国取得了举世瞩目的巨大成就，但并未达到预期的科学发展和共享发展成果的要求，还存在许多迫切需要解决而没有解决的经济社会问题。有关部门和理论界已经作过不少分析研究，但对问题的根源（为什么）缺乏科学和有说服力的解释，其对策（怎么办）没有

完全做到对症下药。以致，尽管各级政府为解决这些问题已经付出很大努力，也取得一定成效，但并未显著改观，有的方面还在恶化。有鉴于此，我们需要重新认识和思考这些问题的成因，提出新的破解之道。根据马克思主义的基本观点，任何社会问题都可以从经济上找到原因，而最核心的经济根源应当到现实的生产方式和经济关系中去寻找。只要找到了问题的根源，破解之道也就寓于其中了。

（一）深刻认识我国当前面临的主要经济社会问题

破解我国经济社会难题，不仅应当提高重视的程度，不能麻木不仁和视而不见，而且，还必须搞清楚问题本身是什么，问题的实质是什么。

1. 我国当前面临一系列涉及全局的经济社会问题

过去，我们多把我国面临的问题看作是“发展中”的问题，而且主要看作是经济运行本身的问题，因而仅仅归结为“不平衡、不协调、不稳定、不可持续”。应当说，仅仅认识到这种程度还是很不够的，既不够全面，也不够深刻。实际上，我们面临的是一系列涉及全局的经济社会问题，概括起来主要有以下四个方面：（1）贫富悬殊。居民贫富差距过大，两极分化现象明显。（2）民生难题。就业、教育、医疗、住房是基本民生问题，求职难、上学难、看病难、买房难（即所谓“四难”）是城乡普通民众最大的难题。（3）经济失衡。经济失衡是我国长期以来存在的突出问题。一方面是重大比例关系——投资需求和消费需求，生产能力和需求能力，资本利润和劳动报酬，政府收入和居民收入，城市居民收入和乡村居民收入——失调；另一方面是基本产业结构——一、二、三次产业之间，重工业和轻工业之间，等等——扭曲。（4）蕴含危机。潜在的、暗含的、蕴藏的危机是多方面的：经济运行在反复的“膨胀—收缩”中非良性循环：严重的通货膨胀周期发作；现实和潜在的财政金融风险很大；资源滥用浪费，稀缺资源高度紧缺，生态环境恶化，对可持续发展构成威胁；质量和安全问题频发，直接危害人民群众的健康和生命；意识形态和文化传统方面也存在不可忽视的危机。

2. 对经济社会问题的认识需要进一步深化

对于面临的问题，我们不能只是就事论事，而应当深入到问题的实质；要从这些问题中看到，社会不平等、经济危机和社会风险并非都是市场经济形式必然带来的。

贫富悬殊不是单纯的收入和生活水平的差别，也不是一般地体现了社会阶级和阶层之间的对立关系，而是表明这种对立关系超出了市场经济本身，处于贫困的一极已经到了难以忍受的地步。我们一定要从理论上把一定的贫富差距（以及富裕程度的差别）和贫富差距过大（贫富悬殊、两极分化）区别开来。一般的贫富差距是阶级社会普遍存在的现象，消灭贫富差距意味着消灭阶级。即使在马克思所说的共产主义社会第一阶段，也不可能消除劳动报酬和生活水平的差别。在我国社会主义道路的初级阶段，在多种所有制形式并存、采取市场经济形式的条件下，从历史上继承下来的城乡差别和地区差别仍然存在的条件下，出现一定的（甚至是较大的）贫富差距是不可避免的。我们现在的问题不是存在一定程度的贫富差距，而是贫富差距过大或贫富悬殊、两极分化。如果说基尼系数从0—1都包含一定的收入差距，那么，贫富悬殊则是大大超过了公认的0.4的警戒线。

诸多民生难题当然和政府作为的程度有直接关系，和政府提供公共产品、社会保障和社会福利的状况有关；但这些难题不是单纯的经济发展水平和财政收入分配问题，更不是技术性问题。从根本上说，所有民生难题都是由贫困产生的，是绝对贫困和相对贫困的集中表现。在市场经济条件下，货币（钱）是抽象一般财富，只要有了足够的货币，许多民生问题都可以迎刃而解。因此，在一定程度上，“四难”是贫富悬殊在民生问题上的反映。在高收入者和富裕家庭那里，“四难”都不存在；但在贫困居民和弱势群体那里，求职、上学、看病、买房乃至娶媳妇等，都可以成为天大的难题。但是，民生难题并不完全取决于财富的绝对数量，还取决于财富的分配。可见，民生难题折射出社会的不平等（这里所谓“平等”当然还主要是市场经济的平等）。

经济失衡主要是经济机体及其运动过程中的比例失调和结构扭曲，就像人体发生畸形或者患了疾病一样。长期以来，我国的经济增长，不仅建立在不合理的生产结构、需求结构、技术结构、城乡结构基础上，而且往往背离了增长和发展的本来目的，甚至颠倒了目的和手段的关系，把本来属于“目的”的居民消费需求，看作是和投资、出口一样的拉动经济增长的“手段”（即所谓“三驾马车”）。因此，不能把经济失衡仅仅看作是产业结构问题，一些产业的产能过剩并不是经济失衡的全部问题。问题还在于，我国经济失衡这种畸形和疾病，几乎成了难以矫正和治愈的顽症。

所谓蕴含危机是指经济运行和社会生活包含着不稳定和不可持续的风险因素。危机首先是政治经济学意义上的经济危机，即由生产的相对过剩导致的社会（乃至整个世界）的周期性经济痉挛和震荡（包括金融危机和财政危机）。但我们的危机不止于此，还包括可持续发展的危机，人的生存环境的危机，社会生活的危机。除此之外，我们还存在着由金钱至上和崇洋媚外导致的民族文化危机、传统道德危机和中华文明危机。我国蕴含的危机如果长期不能消除，不仅有可能使经济增长和发展停滞不前，而且，有可能使中华民族失去借以立足于世界之林的根本和灵魂。

上述四个方面的问题虽然各不相同，而且都有具体的和直接的原因，但它们并不是各自孤立的，它们都是整个经济社会问题的不同表现。

（二）寻找经济社会问题的根源必须有科学的思路

我们不仅要认识到经济社会问题的存在及其实质，而且必须进一步搞清楚问题产生的根源，特别是经济根源。但是，寻找问题产生的根源，必须有科学的思路。

1. 不能把所有的问题都归咎于“社会主义初级阶段”

我国将长期处于中国特色社会主义道路的初级阶段，这是我国的基本国情。由于受到这个阶段生产力和经济关系的制约，一些经济社会问题的存在是不可避免的。我国现在面临的所有经济社会问题，都同这个阶段的生产力和经济基础有关。就这个意义来说，这些问题也可以看作是“阶段性特征”。但是，我们决不能把我国当前面临的所有问题（特别是超出一定界限和正常水平的问题）都归咎于“社会主义初级阶段”。比如：“收入分配差距拉大”（和计划经济相比）是阶段性特征，但并不必然导致贫富悬殊；一系列民生难题都和现阶段的发展程度和不平衡性有关，但不少问题在过去最困难的时期都没有出现过；经济失衡固然和大力推进工业化和转向市场经济有关，但工业化本身并不必然付出经济失衡的代价（市场经济所带来的失衡，有可能在经济的自然规律的调节下恢复平衡）；改革开放的实质是发展道路的转变，具有“第二次革命”的性质，的确包含着诸多难以预料的风险，但并不是所有危机和风险都是这种转变必然带来的。因此，寻找问题的根源，固然不能离开我们所处的发展阶段，但又不能以此解释和说明一切，更不能把它当作掩盖问题和推卸责任的挡箭牌。

2. 不能单纯用市场经济形式说明问题的根源

现代市场经济的基础是普遍化的商品生产和价值形式，主体是资本主义生产方式（以雇佣劳动为基础，以资本增殖为目的），因此，必然会带来失业、贫困、经济危机一类问题。我国面临的在传统社会主义经济制度下没有发生的诸多问题，差不多都和市场经济形式有关。一些人反对搞市场经济也与此有关。但是，我们确认难题的产生和市场经济“有关”，并不等于市场经济一定会产生这些问题，更不等于问题都会达到社会难以承受的严重地步。例如：传统的经济制度导致了共同贫穷，但没有出现贫富悬殊和两极分化；传统的经济制度崇尚平均主义“大锅饭”，未能从物质利益上充分调动人们的积极性和创造力，但不存在失业问题，也不会产生现在这种形式的上学难、看病难、买不起房子之类的问题；传统的计划经济也存在由追求高积累、高指标、急躁冒进而导致的比例失调和物资匮乏，但不会出现目前这类同资本和市场相联系的经济失衡问题；在改革开放以前二十年左右的时间里，我国经济几乎处于停滞状态，但不会产生现在这样的风险和危机因素。

其实，正如商品货币形式只是发生经济危机的一般基础一样，市场经济同样只是我国诸多问题产生的一般基础。在市场经济条件下，既有可能产生传统计划经济不可能产生的问题，也会在市场经济规律的作用下把问题控制在一定的限度内。在资本主义生产方式仍然是先进生产力承担者的条件下，只要资本本身不发生严重的扭曲和变异，只要政府不做那些力所不及而又有害的事情，那么，所有问题都有可能被控制在一定限度。西方发达国家正反两方面的实践经验已经证明了这一点。例如，大多数发达国家的贫富差距都小于新兴工业化国家和发展中国家；除了就业以外，许多由资本主义生产方式产生的社会问题都有所缓解；经济失衡的程度也远没有不少发展中国家那么大。目前这种百年一遇的国际金融危机和政府债务危机，固然是在资本主义生产方式和市场经济形式基础上产生的，但是，如果美国不放任资本本身发生严重的扭曲和变异，如果一些欧美国家的政府不打肿脸充胖子和寅吃卯粮，事情就不会是今天这个样子。因此，单纯用市场经济形式来说明我国面临的经济社会问题是缺乏说服力的。

3. 不能单纯在分配关系上做文章

一般认为，贫富悬殊以及与贫困相关的问题，是不合理的分配关系造成的，而且主要是再分配不合理、不到位造成的。因而，总是仅仅在调整分配关系上做文章。不合理的分配关系固然应当调整，但必须明确，分配方式和分配关系不过是生产方式和生产关系的背面和表现，分配方式和分配关系是由生产方式和生产关系决定的。如果说分配关系不合理，那不过是因为已经存在不合理的生产方式和经济关系。我国的两极分化之所以如此之快，贫富悬殊之所以如此突出，肯定是因为存在不合理的生产方式和经济关系。如果只是调整分配关系而不变革生产方式和生产关系，那么，初次分配是无能为力的，而再分配的余地又是十分有限的。生产方式所涉及的是：劳动者和生产条件的关系，劳动者在整个社会经济关系中的地位，政府实施的法律、制度、战略、政策对劳动者权益的影响。我们必须从这些方面反省和检讨现存的生产方式，从中发现存在的不合理因素。

（三）问题源自我国特殊的生产方式和经济关系

1. 我国“社会主义市场经济”的特殊性

市场经济有共同的关系和特征：以商品生产和价值形式作为前提和基

础，作为主体的生产方式是资本主义生产方式。市场经济有共同的基本架构（三个基本要素）：企业——市场主体；市场——市场主体的活动舞台，商品流通过程的总表现；政府——市场的培育者、管理者、监督者、调节者。但是，各国市场经济的构成要素毕竟有差别，从而表现为不同的形式和类型。我国作为中国特色社会主义道路初级阶段的市场经济，有明显的特殊性和较大的差别。一是市场主体的差别。我国的企业制度不是西方国家那种“自由企业制度”。国有企业是我国处于支配地位的市场主体，它和其他市场主体（个体、私营、集体等民营企业，外资企业）的主要区别是，资本的所有者是国家及其各级政府；在国有独资企业和国家控股企业那里，国家和政府至少是名义上的企业主；国有企业的经营者是由党的组织部门和国家的人事部门任免的。因此，国有企业一开始就是和行政权力相结合的，所谓“政企分开”只是就一定意义而言。由此导致：企业的资本规模并不主要取决于自身的资本积累；企业的经营业绩不完全取决于自身的努力；企业的生死不决定于市场竞争；企业的目标加入了各级政府的意图和取向；企业会受到政府的支持和保护；企业有可能产生行政性垄断等。二是市场本身的特殊性。我国的市场不是西方国家那种“自由市场”。在产业进入、市场准入、价格决定、市场竞争性等方面，都有或多或少的行政性干预和控制，经济自由和充分竞争必然受到一定程度的限制。如果同时存在国有企业的行政性垄断，情况就更加是这样。三是政府职能和行为的特殊性。我国的政府并不限于解决企业和市场解决不了和解决不好的问题，而是和企业、市场保持一种特殊的关系。我国政府虽然不是名义上的企业经营者，但国有企业的兴建、布局和基本生产要素（人的要素和物的要素）的配置都取决于政府；政府财政收入的相当一部分来自国有经济的赋税和利润；政府的经济政策往往把国有经济的利益摆在突出地位。这些特殊性不仅影响市场经济关系本身，也必然影响国有经济和非国有经济的利益关系。这诸多差别也成为西方发达国家至今不承认我国市场经济地位的理由。保持我国市场经济特殊性的出发点是无可非议的，主要是为了使国有经济成为中国特色社会主义道路的经济基础，使政府成为社会主义道路的维护者和保障。但在市场经济环境中实际上会是如何，就不一定以人们的主观意志为转移了。

2. 从特殊的市场经济产生出特殊的生产方式和经济关系

我国市场经济的特殊性本身并不一定产生前述各种经济社会问题。但是，这些特殊性有可能产生超越于市场经济关系的生产方式和经济关系，从而产生和初衷相异化的结果。我们可以清楚地看到：

第一，全民所有制的异化倾向和国有企业的部分质变。全民所有制是未来社会所有制的基础和雏形，是社会共同利益的基本保障。但为了同市场经济相适应，不能不变革国家所有制和国有企业。主要是：国家资本的法律所有权和经济所有权相分离（即所谓“两权分离”），资本所有权和资本在再生产过程中的职能相分离，劳动和所有权相分离。这些分离既是不可避免的，也是必要的。但问题是：一方面，全国人民作为全民所有制的共同所有者，其法律所有权虚化了，国有企业只向国家上缴很少的利润，全民所有制在经济上已经很少得到实现，全民所有变得名不副实。这就说明，全民所有制在创造出市场主体的同时，也出现了异化的倾向。另一方面，国有企业已经成为经济独立和追求自身利益的资本集团。国有资产管理机构要求国有资产“保值增值”，但不断增加的资产价值对所有者并没有多少实际意义。企业利润的相当一部分转化为经营者和高管们的年薪、工资和股权，使他们很快成为富豪（其中的一般职工也可以以工资和福利的形式从中分一杯羹）。利润的另一部分转化为新的投资并形成新的固定资产，但账面上不断增加的“国有资产”则成了企业（首先是那些经营者）获得越来越多自身特殊利益的手段。此外，这些国有企业凭借国家给予的经济实力和政企不分的特权，一方面挤压非国有企业的发展空间；另一方面伸手向国家争夺自己的特殊利益，并影响政府的经济政策。全民所有制的异化倾向和国有企业的部分质变，使利益关系越来越向由自身孵化出来的资本集团倾斜。贫富差距的扩大、对民生问题的懈怠、非科学发展等都与此密切相关。但这并不符合改革的宗旨，也不是改革的必然结果，而是生产方式和经济关系扭曲和变异的表现。

第二，大型国有企业处于行政性垄断地位。现在的大型国有企业均由原来大而全的国有企业或产业部门转变而来，形成一个个强势的资本集团，它们在一些具有决定性意义的产业部门取得了绝对的垄断地位。这种垄断并不仅仅基于“自然垄断”，也并非由市场竞争本身产生，而是更多地由行政权力、国家银行、政府财政的支持产生。不仅理所当然地垄断了那些关乎国家命脉和国家安全的产业，而且垄断了许多根本没有必要垄断的相关产业和产品。对产业和产品的垄断导致对市场和价格的垄断，从而轻而易举地获得高额垄断利润。这种以国家资本为基础的行政性垄断，同样是国有经济异化的表现。这就意味着，社会财富正在向以国有经济面目出现的资本集团的当事人（人格化）倾斜；他们在超额垄断利润形式上额外得到的东西，就是其他企业、雇佣劳动者、全国人民在利润、收入、劳动者报酬和社会保障形式上失去的东西。

第三，越来越多的社会资本转化为投机资本。资本天生具有投机性，这是市场机制的题中应有之义。但是，一旦大量资本离开再生产过程而专事投机生意，资本本身就发生变异了，经济机体就要发生质变了。现在的问题正是这样。一个时期以来，一方面，投机资本在股市翻云覆雨，股市成了名副其实的大赌场，而监管机构则多半是听之任之；另一方面，我们又把以居民住房为主的房地产业作为拉动经济增长的支柱产业，放任投机资本在房地产市场兴风作浪，把房价抬高到了令普通百姓望房兴叹的程度。一些私人资本也纷纷从制造业转向房地产投机，甚至转向对一些农产品的囤积居奇。不少国有企业忘记了自己的基本职能和社会责任，它们不再满足于从主业中获得利润，而是越来越多地进入虚拟资本市场和其他可以投机的商品市场，力图以短平快的炒买炒卖方式以钱生钱，在再生产过程之外获得更多的再分配收入。于是，掌握在国有企业经营者手中的巨额国家资本和银行贷款，越来越多地转化为投机资本。投机资本的盛行不仅导致社会财富的不公平分配和两极分化，而且和科学发展的要求背道而驰；不仅背离了“社会主义市场经济”的宗旨，也有悖于市场经济承担的历史任务。

第四，政府机构普遍存在职能错位的问题。从计划经济转向市场经济，在很大程度上是国有经济定位和政府职能的转变。然而，相当多的政府机构特别是地方政府，没有随着经济体制的变革实现职能的根本性转变，它们的职能既存在越位的问题，也存在不到位的问题；既违背了市场经济的规律，也不符合社会主义道路的要求。应当肯定，各级政府在解决民生问题上付出了努力，而且有所进步。但问题在于，它们的职能定位不准确：它们不是努力解决企业、市场、民间解决不了和解决不好的问题，而是把更多的财力和精力放在大项目、招商引资、“跑部钱进”、门面工程上面。它们不满足于依法通过赋税取得财政收入，而是把自己变成自我创收的实体，甚至变成隐形的市场主体。曾几何时，它们在“市场化改革”的指引下，一方面竭力把公共产品和准公共产品产业化、市场化、资本化，以转嫁政府的财政负担；另一方面，力图在赋税规费之外，通过买卖地皮、“经营城市”、政府服务有偿化等方式为自己“创造”更多的收入。地方政府职能定位不合理和行为扭曲，既是民生“四难”普遍存在的主要原因，也是我国非科学发展的主要因素。

第五，官商结合和互相利用扭曲了市场经济关系。如果说“政企不分”（国有企业和行政权力的结合）是国有企业难以避免的特性，那么，它在市场经济中，在不合理的职能定位中，则进一步转化为官商结合和官商互相利用。这种情况固然与每个官员和商人自身的素质有关，但他们都不过是不合理的经济关系的人格化。官商结合和官商互相利用不仅存在于国有企业和政府机构之间（这实际上是内部关系），也同时存在于民营企业和政府机构之间。他们通过权钱交易各得其所。官商结合和互相利用，使正常市场经济关系被扭曲了，必将产生许多问题：首先，导致分配关系不合理和腐败问题丛生。在正常市场经济关系中，收入差距一般不会达到过分悬殊的程度，而这种被扭曲的市场经济关系，便成为产生越来越多亿万富翁的经济基础，也是滋生腐败的温床。其次，导致经济失衡和经济秩序的混乱。在正常市场经济关系中，经济结构和经济秩序受到市场经济规律的调节，而在被扭曲的市场经济关系中，所形成的是另外一种秩序。再次，导致利益上的冲突和社会矛盾。资本和雇佣劳动、利润和劳动者报酬的对立是市场经济的题中应有之义；但在被扭曲的市场经济关系中，不仅会加剧这种对立，还会产生国企和民企、“官府”和民众利益上的矛盾和冲突。最后，导致资源配置的不合理和低效率。在正常的市场经济关系中，资源配置有可能更加合理和高效；但在扭曲的市场经济关系中，资源配置很难做到合理和高效。

第六，科学发展的阻力主要来自地方政府和国有企业。非科学发展的核心是以 GDP 的增长速度为中心。片面追求 GDP 的高速增长，必然是见物不见人，甚至颠倒人和物的关系；必然把比例协调、结构合理、质量安全、可持续发展等摆在次要地位。非科学发展固然与思想认识有关，但从根本上讲是一定经济关系的产物。以速度为中心的发展方式之所以难以转变，同政府机构和国有企业的特殊利益关系极大；它们的特殊利益——领导干部政绩、财政收入、企业利润、企业规模扩张等——更多的是在非科学发展中实现的。反过来，这种以速度为中心的非科学发展方式，又进一步要求，国家的经济政策、国民收入分配、资源配置尽可能向工业、城市、资本、国企、政府倾斜，要求为它们获得更多的利益开辟道路和提供帮助。这样一来，我们面临的那些经济社会问题不仅难以解决，而且有可能进一步恶化。一些宏观经济的数据表明，我们通过努力所取得的进展，不断地被新的恶化所抵消。

（四）探索变革生产方式和经济关系的基本思路

现在人们对改革有两种极端的看法：一种认为改革存在方向性问题，所有问题都是改革带来的；另一种认为，改革停滞不前，所有问题都是改革不到位造成的。应当说，改革的大方向是正确的，但改革过程中的确有失误和偏差。解决我国面临诸多难题，不是靠所谓“彻底的市场化改革”，而是通过纠正改革中的失误和偏差，消除我国生产方式和经济关系中存在的不合理因素。如果说过去所进行的改革主要是为市场经济创造条件，那么，今后所进行的改革主要是纠正“市场化改革”中出现的经济关系的扭曲和变异。归结起来，主要是做到两个合理定位，处理好四个关系。

1. 国有经济必须进一步合理定位

所谓国有经济的“合理定位”，就是在质的方面进入适当的产业领域，执行必要和适当的职能；在量的方面保持国家资本的合理比重。其目的在于明确国有经济的性质和应当完成的历史任务。国有经济的定位是所有制结构调整的核心问题，也是生产方式和经济关系能否合理的决定性因素。

把国有经济的合理定位归结为“国退民进”是片面的。中国和其他市场经济国家相比，国有经济既有共同点又有区别。共同点在于，主要解决市场解决不了和解决不好的问题。区别在于，中国的国有经济是体现社会主义道路的所有制形式和经济成分，本质上是全民所有制经济。因此，第一，国有经济必须坚守全民所有制的本性，在法律所有权和经济所有权、劳动和所有权不能不分离的情况下，必须把它的法律所有权掌握在“全民”手中，并在经济上得到实现。为此，有必要在全国人民代表大会及其常务委员会设立全民资产所有权管理机构，并在省和地级市两级人代会设立代理机构。各级政府的国有资产监督管理机构（它不应当是非政府机构）必须像发改委和财政部那样向各级人大会议报告工作，并接受人大全民资产所有权管理机构的质询。第二，国有经济必须掌握国家经济命脉，必须真正发挥利国利民的控制力作用。国家资本必须进入的产业领域，既要同市场经济形式相适应，符合比较利益原则，又要符合社会主义道路要求。在这个前提下和范围内，处于垄断地位是必要的和合理的。但是，国有经济发挥控制力，不能解释为通过股份公司形式发挥“四两拨千斤”的作用。第三，国家资本和国有企业不能唯利是图。国家资本可以在国际市场上同外国资本进行竞争；但是，在国内市场上，一般不应当进入与民争利且利少弊多的一般盈利性、竞争性领域，为非国有经济留下充分的发展空间。国有企业的分支机构以及子公司、孙公司不应当变成实际上的私营公司。国家资本绝不能成为唯利是图、危害社会的投机资本。

2. 政府的经济职能必须进一步合理定位

政府经济职能的定位在于明确政府应当和适合做什么，不应当和不适合做什么。我国政府在市场经济中的职能，同样既有一般性，又有特殊性。我国政府的经济职能定位同样有两个原则：一是体现社会主义道路的要求；二是适应市场经济规律的要求。政府的主要经济职能应当是：在人民代表大会的授权下监督管理国有资产和国有企业；预测、规划和引导产业发展方向；制定经济活动和市场交易规则，监管市场主体和市场体系；适当调节和矫正市场调节带来的负效应；提供同制度和能力相适应的公共产品、社会保障和社会福利，提供无偿的或不以赢利为目的的社会服务；顺应经济运行规律进行宏观调节；重点保护和帮助雇佣劳动者和弱势群体；限制虚拟资本和投机资本。应当强调的是，第一，政府的根本性、战略性的目标是消除贫困（广义的贫困），让全体人民共享发展成果。政府一定要以解决好基本的民生问题为己任。第二，政府的宏观经济目标是货币稳定、经济适度增长、充分就业、国际收支平衡。各项目标必须统筹兼顾，而货币稳定则始终是基础。政府不应当把 GDP 的增长作为自己的硬指标和核心目标，更不应当不顾代价、不计后果地追求 GDP 的高增长。第三，政府必须确定合理的财政收入来源、水平和结构，必须确定合理的财政支出水平和结构。政府不应当在法定财源之外凭借行政权力自我创收。政府必须放弃“以地生才”的违法错误做法，政府必要和可能的公共服务决不能市场化和有偿化。第四，根据我国和国际社会正反两方面的历史经验，政府不要力图解决那些不属于政府应当解决的问题，不要做那些得不偿失和力所不及的事情。例如：不能通过信用扩张和滥发纸币扩大需求；不能以财政资源挽救本应破产和淘汰的国有企业；不能超越财政能力、以举债的方式扩大社会福利等。政府必须转变应对经济危机的思路。政府不应当充当解救危机的救世主，不应当以强力扩张性政策和保护落后的方式应对危机，不应当以制造新的危机的方式应对当前的危机；政府应当顺应市场经济的规律，因势利导，主要由市场经济主体自身消化危机和承担危机的后果。从根本上来说，政府必须通过提高劳动者报酬的比重和居民消费能力，降低“生产相对过剩”的程度。

3. 必须着重处理好四个基本关系

在两个合理定位的基础上，一定要处理好四个基本关系：劳资关系；政民官民关系；人和物（目的和手段）的关系；劳动者收入、企业收入、政府收入三者的比例关系。要做到以劳为重、以民为本。

关于劳资关系。在我国的市场经济中，由于主体的生产方式是资本和雇佣劳动的结合方式，因此，劳资关系必然成为基本关系。但是，劳资关系必须放在社会主义道路初级阶段的框架内处理，力争做到公私兼顾、劳资两利、劳资和谐。政府对劳资双方的合法权益都应当保护，但重点应当是处于弱势的劳方。政府有责任控制和调节资本利润率，使劳动者报酬的比重保持在合理水平。工会应当真正成为工人阶级权益的直接代表，并奋力为之争取。只要工会有必要存在，它就必然是雇佣工人的代言人和资方的对立物。

关于政民关系（官民关系）。这是最具社会主义特点的关系。我们的党和政府及其公务员具有双重身份：一方面是形式上“超阶级”的社会管理者、服务者；另一方面是在共产党的领导下，为工人阶级、人民大众利益奋斗的主导者、组织者。政府不能追求自己独立的利益，不能成为老百姓的“父母官”，更不能成为侵害他们权益的对立面。政府收入应当保持在合理水平，和企业利润、劳动者报酬保持恰当的比例。政府官员不应当谋求过高的收入。

关于人和物的关系。在我国现阶段，人和物的关系是一种复杂的关系。人和物的关系涉及自然关系和社会关系两个方面，这里考察的主要是社会关系。一方面，在商品生产和价值形式中，在资本主义生产方式中，人们总是以物为中介发生关系，而且总是物支配人（表现为货币、资本、生产资料对人的支配）。但是，在社会层面，我们的人民政府不能颠倒人和物的关系，不能颠倒目的和手段的关系；而应当做到物为人的需要和发展服务，手段为目的服务。目的就是人的需要和自由全面发展，手段就是能够提高劳动生产力的各种因素。

关于三者收入的比例关系。这里所说的“三者”指的是劳动者、企业和政府。这三者收入的比例关系是最重要和基础性的比例关系。在国民经济统计中，就是初次分配中劳动者报酬、固定资产折旧、营业盈余、生产税净额的比例关系。这个比例关系决定居民收入的比重和居民消费的比重，进而决定增长方式和发展方式。这个比例关系直接或者间接地体现了劳资关系、政民关系、目的和手段的关系。合理的比例关系不是设计出来的，而是社会实践的结果。现在的主要问题是劳动者报酬比重偏低，增加值乃至国内生产总值的分配过分向政府和企业倾斜。改变这种不合理的比例关系，关键是提高劳动者在生产关系中的经济地位，保护劳动者的权益，而不是单纯在分配关系本身上做文章。

现代社会资本和劳动的关系*

——兼评《社会主义改革的实质是重建劳动和资本的关系》

引言

改革在于纠正超阶段和变革走社会主义道路的实现形式。这里所说的“现代社会”，在马克思主义创始人的论著中，指的是资产阶级社会，也就是他们所说的人类社会“第二阶段”的社会形态——物的依赖关系社会。在现代社会中，资本主义生产方式处于支配地位，生产力表现为“资本的生产力”。但是，由于发展进程和历史传统不同，发展道路不同，不同国家的现代社会也有很大差别。中国已经走上了社会主义道路，和西方国家所走的道路不同，发展程度也不同，绝不能简单地拿西方国家的现代社会来衡量中国。但是，中国和西方国家处于同一个发展阶段，必然存在某种共同点和相似性。从新中国建立开始，中国已经结束了半殖民地半封建社会，脱离了“中世纪”，但第二阶段的任务开始不久，还远没有进入共产主义社会（哪怕是它的第一阶段）。因此，中国现在仍然属于作为“第二阶段”的“现代社会”。正因为如此，把中国现阶段定位在人类社会第三阶段是不正确的，必须从虚幻的共产主义社会第一阶段回归到现实的后发展国家社会主义道路的初级阶段。为此，必须在超阶段的传统社会主义道

* 载《中国浦东干部学院学报》2019 年第 2 期。

路及其体制的基础上进行改革和扬弃，变革走社会主义道路的实现形式。本文着重考察现代社会资本和劳动的一般关系，也必然涉及走上改革之路的中国社会资本和劳动的关系。

改革在理论认识和实践方面都发生了很大变化。改革起初是按照邓小平的“社会主义市场经济理论”进行的。改革的原则和方向是：第一，改革坚持两条原则：公有制为主体；实行按劳分配（共同富裕）。第二，在下述意义上，“社会主义也可以搞市场经济”：中国的市场经济不同于西方国家的市场经济，不改变公有制经济的性质，而是“把社会主义制度和市场经济结合起来”。为此，一方面，市场经济主要是全民所有制（企业）之间的交换，以交换代替直接计划；另一方面，国有企业改革就原则来说也和农村一样，实行责任制（具体形式是承包，企业没有独立的产权）。正因为如此，邓小平把他所说的市场经济看作是发展生产力的“方法和手段”。显然，邓小平当时所说的“市场经济”，还不是国际社会通行的符合质的规定性的市场经济——自由市场经济或自由企业制度。但是，十四届三中全会特别是十五大以后的改革，从根本上突破了邓小平的市场经济理论。改革的基本思路是“市场化改革”。主要内容是：第一，按照市场经济的要求，对“公有制为主体”和“国有经济为主导”重新加以界定。第二，通过建立“现代企业制度”和实行股份制、公司制改革，改变了原来国家和企业、企业和职工的关系，国有资产的法律所有权和经济所有权在事实上分离了，企业产权独立化了，企业经营者成为人格化的资本了，劳动方式改变了（合同劳动或雇佣劳动）。第三，市场经济已经不再是邓小平所说的“方法和手段”了，而是和国际社会接轨的真正意义的市场经济关系了。第四，在“资源配置”（国民收入分配，重大比例关系，基本产业结构）中起“决定作用”的不再是国家政府，而是市场和资本了；也就是说，是以资本增殖为动力和导向了。如果说邓小平的改革思路是以模拟市场机制代替政府的直接计划，那么，在改革实践中则逐步建立了真正的同国际社会接轨的市场经济制度。这种“突破”是大势所趋，是历史的必然，是不可避免的。虽然发展和改革在某些方面存在一定的偏差和失误，但改革的基本方向是合乎规律的。

主流政治经济学没有完全科学反映经济关系所发生的变化。对于这种“突破”和经济关系的重大变化，政治经济学本应依据马克思主义基本理论（“两个伟大发现”和“一个科学结论”）给予科学的说明——既说明经济关系变革的必然性，也说明这种变革的实质。然而，在一些“改革家”、理论家（首先是经济学家）那里，并没有完全正确地反映改革中经济关系所发生的质的变化。在市场经济体制建立之前，一些改革家和理论家发现，马克思在《资本论》中揭示的资本主义的经济规律（如价值规律，剩余价值规律，资本积累规律，资本循环周转和再生产规律，平均利润规律，等等），同样适合于中国现阶段的经济，于是，他们不是作出这样的判断：中国现阶段仍然存在这些规律借以起作用的经济条件，而是把马克思所揭示的资本主义经济的规律，说成是商品生产和社会化大生产的一般规律。当时兴起的学习《资本论》（首先是《资本论》第二卷）的热潮就是从这种认识出发的。在开始建立社会主义市场经济体制以后，一些改革家和理论家越来越感到，马克思的经济理论同改革家的理论——核心是把社会主义同市场经济结合起来——是矛盾的，于是，他们便提出，既然社会主义社会也应当搞市场经济，既然传统社会主义是以马克思主义基本理论为指导的，那么，按照“实践是检验真理的唯一标准”，可以得出二者必居其一的结论：或者，马克思主义基本理论本来就是脱离实际的，不科学的，至少已经过时了；或者，应当按照我国“市场化改革”的实践，对马克思经济理论的基本范畴、重要论断重新解读，加以修正，使之同现代市场经济相适应。其中，对劳动价值论和剩余价值论的质疑和否定，对资本本质的歪曲，对社会所有制（个人所有制）和股份公司的重新解读等等，就是这样一种潮流的典型表现。这些学者大都以“改革”“理论创新”“马克思主义中国化”“发展马克思主义”的名义，断章取义，贬低、歪曲、否定、颠覆马克思主义基本理论。

“重建劳动和资本的关系”是对改革实质的巨大误解。最近，又有学者提出了“社会主义改革的实质是重建劳动与资本的关系”这样的命题

（简称“重建”）。[①]其实，就文章的基本内容来说，这位学者在他的另外两篇文章中已经讲过了（见《中国改革与社会主义生产方式从传统向现代的转变》《建构中国特色社会主义政治经济学与生产力再认识》），这里不过是换了一个角度。“重建”一文把中国正在进行的改革称之为“社会主义改革”，把所谓“社会主义改革的实质”归结为“重建劳动与资本的关系”。我们不知道“社会主义改革”是改革社会主义，还是社会主义性质或社会主义社会的改革。如果“社会主义改革”意味着对科学社会主义本身的“改革”，那么，“重建劳动与资本的关系”意味着摈弃马克思的“劳动和资本的关系”；如果讲的是社会主义性质的改革，那么，重建劳动和资本的关系就是自相矛盾。围绕这一命题，“重建”的作者对马克思经济理论中的一系列基本范畴——例如资本，劳动，分工，私有制，市场经济，阶级，按劳分配，共产主义等等，均按照自己的需要进行独出心裁的界定和解读，进而提出了一系列与之相对立的具有颠覆性的理论观点。文章大量引用了马克思、恩格斯的有关论述（包括早期论述），但主要是作为被否定的对象。即使在那些乍看上去像是肯定的地方，也大都是转弯抹角地抽象肯定、具体否定，或历史地肯定、现实地否定。最近，这位学者到处作报告，宣讲他的这些观点，被誉为“从独特的视角对我国不同历史时期劳动与资本的关系进行了梳理，并结合中国特色社会主义伟大实践对新时代劳动与资本的关系以及建构的方式做出了具有前瞻性的研判”，而且是，“直击前沿问题、高屋建瓴、学术性强，是一场高质量的学术报告”云云。果真如此吗？在我们对其进行考察分析以后，读者自然会得出判断和结论。

本文的目的在于澄清关于改革中的重大理论是非。为了使读者预先概要地了解“重建”作者的思路和观点，这里有必要按照本人的理解加以简要的介绍。“重建”的作者不是从现实的生产方式和经济关系出发说明资

---

① 余金成：《社会主义改革的实质是重建劳动和资本的关系》，《中国浦东干部学院学报》2018 年第 5 期。

本和劳动的关系，而是，一方面，把资本说成是任何时代都存在的生产的物质要素，并以“物化劳动”或“死劳动”作为逻辑中介，和劳动等同起来，进而上升到脑力劳动，并和活劳动混为一谈，也成为价值和剩余价值的创造者。这样，资本就依次变成了过去劳动、强者劳动、脑力劳动，变成了可以参与按劳分配的劳动。另一方面，把历史地规定的“劳动”变成劳动的人的要素（劳动者）同劳动过程的两个物的要素（劳动资料和劳动对象）的关系，变成一个超生产方式、超时代的抽象概念；把劳动中两种不同的劳动形式——体力劳动和脑力劳动——的关系，同社会生产中两个不同领域的生产——物质生产（从而物质劳动）和精神生产（从而精神劳动）——的关系等同起来。在上述基础上，把资本主义生产方式中资本和劳动的对立关系（借助于体力劳动和脑力劳动）变成了社会合作的关系；把资本和劳动的质的区别变成了劳动中不可截然分开和取舍的脑力劳动和体力劳动的区别，进而把资本利润（剩余价值）和劳动工资（劳动力价格）等同起来，把资本主义生产方式中的按要素分配（确切地说，是按生产要素所有权及其对资本增殖的贡献分配）和社会主义社会中的按劳分配（直接的等量劳动相交换）等同起来，并认为私有制和资本都是从劳动中产生的，成为促进个人全面发展的力量。同时，以劳动的职能分工或技术分工代替政治经济学中同对立的生产方式相联系的奴隶般的社会分工，从而割断了社会分工和阶级关系、社会分工和私有制的关系。于是，“重建”的作者把纯粹来自于头脑的一整套理论体系——不食人间烟火的资本和劳动的关系，和价值形式无关的抽象的生产要素，和生产方式无关的按劳分配等等——统统照搬到中国的改革中来，构成改革的理论指导。结果，被“重建”的“劳动与资本的关系”，自然就变成了马克思称之为“天国”的关系。这样一来，“社会主义改革的实质”是什么，“重建”的又是什么，是直接导致共产主义，还是别的什么，应该是不言而喻的了。

一、关于市场经济的经济内涵和质的规定性

“重建”认为，“马克思、恩格斯早就发现：资本主义商品经济体现了‘按能力计报酬，按功效定能力’即按劳分配原则”，[①]“马克思、恩格斯一直认为商品经济奉行按劳分配原则”，[②]“市场经济……所提供的平等法制环境使劳动者各尽所能，并经过市场竞争实现按劳分配”，二者共同体现“以劳动为尺度的平等关系”[③]。一言以蔽之，“重建”断言“市场经济体现了按劳分配”。这就涉及什么是市场经济和按劳分配。这一部分暂且撇开按劳分配，只考察市场经济。市场经济究竟是什么？它体现的是怎样一种经济形式、经济关系和“平等关系”？

（一）市场经济体现的是怎样一种经济形式和经济关系

“市场经济”是现代西方经济学中的一个非本质概念。“市场经济”这个概念产生于19世纪末20世纪初，全称是“自由市场经济”或“自由企业制度”。起初是作为经济制度概念提出的，是和计划经济相对而言的。构成市场经济经济内涵的是私有产权、经济自由、市场机制。在马克思的经济论著中，没有使用过“市场经济”这个概念。这一方面是因为，“市场经济”这个概念当时还没有问世，政治经济学中流行的概念是货币经济或信用经济；另一方面是因为，“市场经济”概念并不科学。从马克思的经济理论出发，政治经济学研究的对象是生产方式，生产方式决定交换方式和分配方式。生产方式也就是生产的社会形式，或曰经济形式。“经济”一词所表达的不是生产的物质内容，不是生产力及其物质要素，也不是交易方式（或交换方式），而是生产过程本身，是一定的生产方式。然而，

① 余金成：《社会主义改革的实质是重建劳动和资本的关系》，《中国浦东干部学院学报》2018年第5期。

② 余金成：《社会主义改革的实质是重建劳动和资本的关系》，《中国浦东干部学院学报》2018年第5期。

③ 余金成：《社会主义改革的实质是重建劳动和资本的关系》，《中国浦东干部学院学报》2018年第5期。

市场不过是流通过程的总表现；“市场经济”也和“货币经济”“信用经济”“交换经济”等等一样，表达的不是经济，不是生产方式，而是由生产方式决定的交易方式。在马克思那里，从生产方式本身来看历史上的经济形式，主要有三种：自然经济、资本主义经济（可简称资本经济）、共产经济（自由联合经济）。所谓“市场经济”，不过是商品生产的普遍化，是以资本和雇佣劳动为基础、以资本增殖为直接目的的。因此，在私有制基础上产生的市场经济就是资本主义经济；市场经济不过是资本主义经济在交易方式方面的表现。显然，市场经济是一个非本质的概念。现代西方经济学则把市场经济说成是资源配置的方法或者手段，使市场经济更加远离生产方式，从而进一步庸俗化。按照社会需要进行资源配置是任何社会生产都需要的，不表明任何一种生产方式的性质，不属于政治经济学研究的直接对象。实际上，作为“资源配置的方法或手段”的市场经济，不过是资本主义经济中资本竞争和资本运行的表现，或者说是资本运动的结果；直接引导资源配置的，不是社会需要，而是从价格波动表现出来的供求关系，背后则是资本增殖或利润的最大化。列宁曾经在经济制度意义上使用“商品经济”“市场经济”“计划经济”概念。他在《俄国资本主义的发展》一文中说，“市场是商品经济的范畴，而商品经济在它自身的发展中转化为资本主义经济，并且只有在资本主义经济下才获得完全的统治和普遍的扩展。因此，要弄清楚国内市场的基本理论原理，我们应当从简单商品经济出发来探索它如何逐渐转化为资本主义经济”。[①] 他在《土地问题和争取自由的斗争》一文中又说：“只要还存在着市场经济，只要还保持着货币权力和资本力量，世界上任何法律也无力消灭不平等和剥削。只有实行巨大的社会化的计划经济制度，同时把所有土地、工厂、工具的所有权转交给工人阶级，才可能消灭一切剥削。”[②] 在后发展国家传统社会主义时代的政治经济学中，市场经济不过是资本主义经济的同义语；无论是计

① 《列宁选集》第 1 卷，人民出版社 1995 年版，第 164 页。
② 《列宁全集》第 10 卷，人民出版社 1958 年版，第 407 页。

划经济还是市场经济（商品经济），都是作为经济制度范畴来使用的。

邓小平的“社会主义市场经济”不同于一般的市场经济。在中国的经济学界，市场经济和经济制度逐渐脱钩，是改革开放以后的事情。马洪主编的具有权威性的《什么是社会主义市场经济》一书说，“市场经济不具有社会制度的属性”。社会主义市场经济是“社会主义条件下的市场经济”。[①]杨干忠主编的《社会主义市场经济概论》一书说，“市场经济是社会资源（或说生产要素）的一种配置方式，是在商品经济占统治地位的社会中，由市场机制来决定社会资源配置的一种经济体制。市场经济并非社会经济制度的产物，而是商品经济发展到一定高度的产物”。[②]上述观点均以邓小平的有关“社会主义市场经济”论述为依据。邓小平说：“社会主义也可以搞市场经济。”[③]“社会主义和市场经济之间不存在根本矛盾。问题是用什么方法才能更有力地发展社会生产力。”[④]“计划多一点还是市场多一点，不是社会主义与资本主义的本质区别。计划经济不等于社会主义，资本主义也有计划；市场经济不等于资本主义，社会主义也有市场。计划和市场都是经济手段。”[⑤]但是，几乎所有的改革家和经济学家都犯了望文生义的错误，都忽略了或者有意回避了邓小平所谓“社会主义的市场经济”的特定经济前提。这个特定前提就是：第一，社会主义市场经济主要是全民所有制之间的交换关系。也就是说，是同一个社会经济主体内部不同企业之间的交换，以交换代替直接计划。邓小平说：“我们是计划经济为主，也结合市场经济，但这是社会主义的市场经济。虽然方法上基本上和资本主义社会的相似，但也有不同，是全民所有制之间的关系，当然也有同集体所有制之间的关系，也有同外国资本主义的关系，但是归根到底是社会

---

① 马洪主编:《什么是社会主义市场经济》，中国发展出版社 1993 年版，第 6 页。

② 杨干忠:《社会主义市场经济概论（第二版）》，中国人民大学出版社 2008 年版，第 3-4 页。

③《邓小平文选》第 2 卷，人民出版社 1994 年版，第 231-236 页。

④《邓小平文选》第 3 卷，人民出版社 1993 年版，第 148 页。

⑤《邓小平文选》第 3 卷，人民出版社 1993 年版，第 373 页。

主义的，是社会主义社会的。”[1]第二，社会主义市场经济借以建立的微观基础是经营管理责任制。邓小平说，责任制是一种“管理制度”，主要措施是：扩大管理人员的权限；善于选用人员并量才授予职责；严格考核、赏罚分明。[2]他说：“打破‘大锅饭’的政策不会变。工业有工业的特点，农业有农业的特点，具体经验不能搬用，但基本原则是搞责任制，这点是肯定的。”[3]这就是说，作为“社会主义市场经济”基础的国有企业没有独立的产权，不是产品的所有者，企业之间的交换也就不是真正意义的商品交换。可见，邓小平所说的“社会主义市场经济”和国际社会的一般市场经济有质的区别。如果拿改革前后的经济体制作对比，无论是计划还是市场，都可以看作是方法和手段，都没有根本改变“两种公有制”这一经济制度本身。但是，十五大以后的改革，一方面是非公有制经济的充分发展和扩大对外开放；另一方面是按照“现代企业制度”的要求改革国有企业的产权制度、企业制度，以及企业同国家和职工的关系，无论是企业的内部关系还是生产的直接目的，都和一般市场经济没有质的区别了。最大的质的变化是，全民所有制经济及其资产的法律所有权和经济所有权发生了分离，企业的资产资本化了，经济利益集团化了，劳动变成了雇佣劳动（或合同劳动），劳动力成为商品。这就从根本上突破了邓小平的市场经济理论，改革家和经济学家的望文生义也就变成了现实。

市场经济和计划经济本质上是两种不同的经济形式。无论是中国还是国际社会，人们所说的“计划经济”，并没有把马克思主义创始人所说的“社会统一组织和有计划地调节”（即列宁所说的“计划经济”）同传统社会主义时代的所谓“计划经济”区别开来，并把后发展国家社会主义的“计划经济”看作是马克思的计划经济理论的实践。这是极大的误解。实践中的计划经济，实际上是任何现代国家在特殊条件下都可以实行的经济形式，与其说是计划经济，倒不如说是“统制经济”或“命令经济”。它

---

① 《邓小平文选》第2卷，人民出版社1994年版，第236页。
② 《邓小平文选》第2卷，人民出版社1994年版，第150－152页。
③ 《邓小平文选》第3卷，人民出版社1993年版，第29页。

的基本特征是国家垄断、统收统支、行政分配。虽然其理论思想来源于马克思的“计划调节”，但由于不具备社会计划调节的经济条件，必然是南橘北枳和南辕北辙。马克思的计划经济和市场经济体现的是两个不同的经济时代——人类社会第三阶段和第二阶段，共产经济和资本经济——不同的经济关系，是直接对立物。传统社会主义实践中的计划经济虽然不同于市场经济，但和共产主义社会的计划经济有质的区别。我国过去的计划经济是同国家形态、政府机构、行政手段相联系的，是同大量的小生产方式（尤其是农村）和落后的计划手段相联系的，是同把物质财富作为生产的主要目的相联系的，而且更多的是同物资匮乏相联系的。这样的计划经济只适合于特定的历史条件，例如战争后的重建，严重的自然灾害和社会动乱，等等。

（二）市场经济体现的是什么样的社会公平

市场经济所实现的社会公平绝不是社会主义性质的公平。“公平”是一个历史范畴，在不同的生产方式中，在不同的历史时代，公平的内涵是不同的。社会主义性质的公平是共同占有、共同生产、联合劳动、每个人都能够支配全部生产力、劳动普遍化的公平，是没有阶级、没有剥削、没有两极分化、能够实现全面解放和自由全面发展的公平。已经走上了社会主义道路的中国，正在创造条件朝这个目标前进。在中国特色社会主义道路的现阶段，所谓“社会公平”主要是市场经济的公平；或者说，是商品生产和资本主义生产方式的公平，是相对于人的依赖关系、超经济强制、行政性垄断等等的公平，主要体现在市场准入、等价交换、自由竞争、平均利润等方面。但是，作为商品生产者和市场主体，人们的财产状况、劳动能力、交往能力、社会地位等等是大不相同的，进入市场和参与竞争的起点就是不同的。而且，由于竞争造成的优胜劣汰，使他们在财产占有、劳动能力、交往能力等方面的差别越来越大。所谓“商品是天生的平等派”，只是就等价交换而言，而不是就市场经济的全部经济关系而言；所谓“平等竞争”，只是就参与竞争的权利而言，而不是就竞争的能力和结果而言。实际上，对于经济条件和能力不同的企业主和劳动者而言，不仅竞争不是公平的，商品交换本身（就以社会价值为基础而言）也不是平等的。不仅如此，在市场经济条件下，相当多的劳动者同生产的物质条件存在不同程度的分离，他们不能不在一定程度上成为雇佣劳动者。他们和资本所有者、企业主的关系，在劳动力市场上也是等价交换的关系，但在生产过程中却必须无偿提供剩余劳动。体现在分配关系上，主要的分配方式是按要素所有权及其对资本增殖的贡献分配。因此，把市场经济说成是“公平”的经济形式，是唯心史观的表现；抽象地谈论社会公平同样是没有意义的。

商品生产和市场经济是收入差距扩大的基础性原因。自建立市场经济体制以来，我国居民收入差距加速扩大，其原因是多方面的，不能认为都是由市场经济本身造成的。经济体制的漏洞、法律制度的不完善、国有企业的垄断、经济政策的不合理倾斜、政府的转移支付不足，以及自然地理条件的差异等，都可以导致收入差距的扩大。但是，无论如何，商品生产和市场经济形式是收入差距扩大的基础性原因，这也是改革开放的题中应有之义。市场经济是建立在资本和雇佣劳动的基础之上的，是伴随着市场竞争和优胜劣汰的，是以非劳动要素所有者凭借所有权参与分配为前提的。经济体制的不完善和经济政策的过度倾斜，也正是在市场经济关系的基础上起作用的。在我国现阶段，一定限度内收入差距的扩大，是“一部分先富”的体现，是完全正常的和积极的，是和改革开放的初衷相一致的。如果单纯从市场经济本身寻找收入差距过大的原因，从而作为否定改革开放的理由，自然是不正确的。但是，如果否定市场经济对于收入差距扩大的基础性作用也是不科学的。从收入分配差距的扩大可以看到商品生产、价值形式和市场经济的历史局限性。从计划经济转向市场经济，肯定市场经济，绝不是要人们片面相信市场经济是最美好的永恒的经济形式，而是要人们认识到，市场经济是一种历史的、不可逾越的经济形式，是同我国现阶段的生产力相适应的经济形式。

二、关于资本主义生产方式中资本和劳动的关系

“重建”就该问题提出了六个观点：（1）资本就是劳动。“资本与劳动的关系可以区别为三个层次”：“资本是过去劳动”；“资本是强者劳动”；“资本是脑力劳动”。[①]“资本属于保险系数更高的劳动，也是更高效的劳动生产力”。[②]（2）资本由劳动产生。“劳动者凭借自身能力进行竞争，势必造成利益分配两极分化；强者会将其所得剩余劳动成果转化为资本，以巩固自身在竞争中的优势地位。”[③]“资本正是劳动发展的产物”；“资本从劳动中分离，客观上是劳动的发展方式”；“资本是劳动的发展形态，是掌握了一定资源的劳动，劳动是资本产生的母体”。[④]（3）资本是理性的能力。“脑力劳动表现为理性发挥的中介作用。”[⑤]“资本是理性的一种能力，是主体通过支配外部特定要素去满足自身需要的方式。”“劳动是经由理性演变为资本的，‘劳动—理性—资本’的转化过程，要害在理性。”[⑥]（4）资本是人自我改变的自然成果。资本与劳动是“既对立又统一关系”；“资本属于人类‘自身的自然中蕴藏着的潜力’的发挥”，“资本是人本身改变自身的自然的成果”。[⑦]（5）政府和市场的关系就是资本和劳动的关系。“社会主义市场经济在二元机制中放开了资本。”“社会主义市场经济中最大

---

① 余金成：《社会主义改革的实质是重建劳动和资本的关系》，《中国浦东干部学院学报》2018 年第 5 期。

② 余金成：《社会主义改革的实质是重建劳动和资本的关系》，《中国浦东干部学院学报》2018 年第 5 期。

③ 余金成：《社会主义改革的实质是重建劳动和资本的关系》，《中国浦东干部学院学报》2018 年第 5 期。

④ 余金成：《社会主义改革的实质是重建劳动和资本的关系》，《中国浦东干部学院学报》2018 年第 5 期。

⑤ 余金成：《社会主义改革的实质是重建劳动和资本的关系》，《中国浦东干部学院学报》2018 年第 5 期。

⑥ 余金成：《社会主义改革的实质是重建劳动和资本的关系》，《中国浦东干部学院学报》2018 年第 5 期。

⑦ 余金成：《社会主义改革的实质是重建劳动和资本的关系》，《中国浦东干部学院学报》2018 年第 5 期。

的难题是处理好市场和政府的关系。其深层次表达仍然是资本与劳动的关系。"[①]（6）资本和劳动是并行不悖的关系。"中国的改革营造劳动与资本并行不悖的经济环境。""社会主义市场经济中劳动与资本并行不悖。"[②]资本和劳动具有"一致性"。[③]概括地说：资本和劳动是等同的概念；资本是从劳动中产生的；资本是所谓理性的能力；资本是人自我改变的自然成果；市场和政府的关系就是资本和劳动的关系；资本和劳动是并行不悖的关系；资本和劳动具有一致性。说来说去，"资本就是劳动"，"劳动就是资本"。很显然，这些观点是完全不科学的和错误的，是对《共产党宣言》和《资本论》阐明的一般原理的颠覆。问题的关键是，没有把劳动看作是历史范畴，没有把资本看作是一种特殊的经济关系。

（一）必须把劳动过程的简单要素和历史的劳动方式区别开来

劳动和劳动过程确有一些超时代的共同规定。马克思说："劳动力的使用就是劳动本身。""劳动首先是人和自然之间的过程，是人以自身的活动来中介、调整和控制人和自然之间的物质变换的过程。人自身作为一种自然力与自然物质相对立。"[④]简而言之，作为抽象一般的劳动，是劳动力的使用或耗费，是人和自然之间的关系。"劳动过程的简单要素是：有目的的活动或劳动本身，劳动对象和劳动资料。"劳动对象既包括人类劳动的一般对象——天然存在的劳动对象（如土地），也包括被以前的劳动滤过的劳动对象（即原料）。"劳动资料是劳动者置于自己和劳动对象之间、用来把自己的活动传导到劳动对象上去的物或物的综合体。"[⑤]但是，劳动过程只要稍有一点发展，就已经需要经过加工的劳动资料。"如果整个过

---

① 余金成：《社会主义改革的实质是重建劳动和资本的关系》，《中国浦东干部学院学报》2018年第5期。

② 余金成：《社会主义改革的实质是重建劳动和资本的关系》，《中国浦东干部学院学报》2018年第5期。

③ 余金成：《社会主义改革的实质是重建劳动和资本的关系》，《中国浦东干部学院学报》2018年第5期。

④ 《资本论》第1卷，人民出版社2004年版，第207－208页。

⑤ 《资本论》第1卷，人民出版社2004年版，第209页。

程从其结果的角度，从产品的角度加以考察，那么劳动资料和劳动对象二者表现为生产资料，劳动本身则表现为生产劳动。”[①]劳动过程，就我们把它描述为它的简单的、抽象的要素来说，是制造使用价值的有目的的活动，是为了人类的需要而对自然物的占有，是人和自然之间的物质变换的一般条件，是人类生活的永恒的自然条件，因此，它不以人类生活的任何形式为转移，而是为人类生活的一切社会形式所共有。[②]这里所说的劳动，和“生产一般”具有类似的性质，即抛开了特殊的生产方式和劳动方式。但是，从这种抽象一般的劳动出发，什么社会问题也说明不了。

历史的劳动过程不同于劳动过程的简单要素。劳动过程的要素——人的要素和物的因素，一旦从抽象上升到具体、从简单上升到复杂，情况就不同了。不同质的劳动资料代表不同的劳动生产力和不同的劳动方式，进而代表不同的生产方式。马克思说：“各种经济时代的区别，不在于生产什么，而在于怎样生产，用什么劳动资料生产。劳动资料不仅是人类劳动力发展的测量器，而且是劳动借以进行的社会关系的指示器。在劳动资料本身中，机械性的劳动资料（其总和可称为生产的骨骼系统和肌肉系统）远比只是充当劳动对象的容器的劳动资料（如管、桶、篮、罐等，其总和一般可称为生产的脉管系统）更能显示一个社会生产时代的具有决定意义的特征。”[③]小生产方式和手工业生产方式同简单的手工工具相联系；而资本主义生产方式则同机器体系乃至更先进的劳动资料相联系。

人类社会中的劳动表现为不同的历史形式。在迄今为止的阶级社会，分别表现为强制性的奴隶劳动、农奴劳动和同业公会劳动、自由的雇佣劳动。“古代世界的基础是直接的强制劳动；当时共同体就建立在这种强制劳动的现成基础上；作为中世纪的基础的劳动，本身是一种特权，是尚处在孤立分散状态的劳动，而不是生产一般交换价值的劳动。[资本主义社会里的]劳动既不是强制劳动，也不是中世纪那种要听命于作为最高机

---

① 《资本论》第1卷，人民出版社2004年版，第211页。
② 《资本论》第1卷，人民出版社2004年版，第215页。
③ 《资本论》第1卷，人民出版社2004年版，第210页。

构的共同组织（同业公会）的劳动。”[①] 在不同的劳动方式中，劳动者的地位是各不相同的。“在农奴依附关系下，劳动者表现为土地财产本身的要素，完全和役畜一样是土地的附属品。在奴隶制关系下，劳动者只不过是活的工作机，因而它对别人来说具有价值，或者更确切地说，它是价值。对于自由工人来说，他的总体上的劳动能力本身表现为他的财产，表现为他的要素之一，他作为主体掌握着这个要素，通过让渡它而保存它。”[②] 亚当·斯密正确地把外在的强制劳动和真正的自由劳动区别开来。马克思说：“斯密在下面这点上是对的：在奴隶劳动、徭役劳动、雇佣劳动这样一些劳动的历史形式下，劳动始终是令人厌恶的事情，始终是外在的强制劳动，而与此相反，不劳动却是‘自由和幸福’。这里可以从两个方面来谈：一方面是这种对立的劳动；另一方面与此有关，是这样的劳动，这种劳动还没有为自己创造出（或者同牧人等等的状况相比，是丧失了）这样一些主观的和客观的条件，在这些条件下劳动会成为吸引人的劳动，成为个人的自我实现，但这决不是说，劳动不过是一种娱乐，一种消遣，就像傅立叶完全以一个浪漫女郎的方式极其天真地理解的那样。真正自由的劳动，例如作曲，同时也是非常严肃，极其紧张的事情。”“物质生产的劳动只有在下列情况下才能获得这种性质：（1）劳动具有社会性；（2）劳动具有科学性，同时又是一般的劳动，是这样的人的紧张活动，这种人不是用一定方式刻板训练出来的自然力，而是一个主体，这种主体不是以纯粹自然的，自然形成的形式出现在生产过程中，而是作为支配一切自然力的那种活动出现在生产过程中。”[③] 其中，雇佣劳动是最后一种对立的劳动。只要具备了主客观条件，雇佣劳动就会转化为自由的联合劳动。马克思说：“雇佣劳动不是劳动的绝对形式，而只是劳动的历史形式。就生产来说，工人的生活资料不必以异化的形式作为资本来同工人相对立。”[④] “工人们不

① 《马克思恩格斯全集》第 46 卷（上册），人民出版社 1979 年版，第 197 页。
② 《马克思恩格斯全集》第 46 卷（上册），人民出版社 1979 年版，第 463 页。
③ 《马克思恩格斯全集》第 46 卷（下册），人民出版社 1980 年版，第 112－113 页。
④ 《马克思恩格斯全集》第 47 卷，人民出版社 1979 年版，第 156 页。

是在口头上，而是用事实证明：大规模的生产，并且是按照现代科学要求进行的生产，在没有利用雇佣工人阶级劳动的雇主阶级参加的条件下是能够进行的；他们证明：为了有效地进行生产，劳动工具不应当被垄断起来作为统治和掠夺工人的工具；雇佣劳动，也像奴隶劳动和农奴劳动一样，只是一种暂时的和低级的形式，它注定要让位于带着兴奋愉快心情自愿进行的联合劳动。”①

（二）资本的本质在于生产剩余价值和追逐剩余劳动

资本是生产剩余价值的价值。资本实现是价值，但它是带来剩余价值的价值，是“转化为生产剩余价值的价值”；而以货币购买劳动力是货币转化为资本的“本质条件”。②

资本是积累起来的剩余价值。第一，全部预付资本都是资本化的剩余价值。“甚至在简单再生产的情况下，全部预付资本，不管它的来源如何，都转化为积累的资本或资本化的剩余价值。但在生产的巨流中，全部原预付资本，与直接积累的资本即重新转化为资本……的剩余价值或剩余产品比较起来，总是一个近于消失的量（数学意义上的无限小的量）。”③第二，资本绝不是本人劳动和节约的果实。“一方面，产业资本家的资本不是他自己‘节约’的，他不过是按照他的资本量支配他人节约的东西；另一方面，货币资本家把他人节约下来的东西变成他自己的资本，并且把进行再生产的资本家们互相提供的和公众提供给他们的信贷，变成他私人发财致富的源泉。于是，认为资本似乎是本人劳动和节约的果实这样一种资本主义制度的最后幻想，也就破灭了。不仅利润来自对他人劳动的占有，而且用来推动和剥削他人劳动的资本也来自他人的财产，这种财产是由货币资本家提供给产业资本家支配的，并且为此货币资本家也剥削产业资本

---

① 《马克思恩格斯选集》第2卷，人民出版社1995年版，第605-606页。

② 《资本论》第2卷，人民出版社2004年版，第36页。

③ 《资本论》第1卷，人民出版社2004年版，第678页。

家。”[①] 第三，大量现有资本是由资本化的剩余价值产生的。当资本主义生产方式占统治地位时，利润便成为资本和积累的主要源泉。“既然有那末多积累的财富通过各种手段转到资本家手中，以致他们能够支配生产，那么最大量的现有资本——经过一定期间——可以被认为完全是由利润（收入）产生的，也就是由资本化的剩余价值产生的。”[②]

资本是一种自行增殖的运动。“资本作为自行增殖的价值，不仅包含着阶级关系，包含着建立在劳动作为雇佣劳动而存在的基础上的一定的社会性质。它是一种运动，是一个经过各个不同阶段的循环过程，这个过程本身又包含循环过程的三种不同的形式。因此，它只能理解为运动而不能理解为静止物。”[③]“资本在某种意义上，可以称为处于运动过程中的价值，——这样一来，因为价值只是在货币中独立地存在，——又可以称为处于运动过程中的货币，这种货币经历一系列过程，在其中保存下来，从自身出发并以加大的量回到自身。”[④]

资本是对无酬劳动的支配权。资本的权力、“资本的首要的人权”是“平等地剥削劳动力”[⑤]。“资本不仅像亚·斯密所说的那样是对劳动的支配权。按其本质来说，它是对无酬劳动的支配权。一切剩余价值，不论它后来在利润、利息、地租等哪种特殊形态上结晶起来，实质上都是无酬劳动时间的化身。资本自行增殖的秘密归结为资本对别人的一定数量的无酬劳动的支配权。”[⑥]

资本无限度地盲目追逐剩余劳动。在资本主义生产方式形成的初期，“资本由于无限度地盲目追逐剩余劳动，像狼一般地贪求剩余劳动，不仅突破了工作日的道德极限，而且突破了工作日的纯粹身体的极限。它侵占人体的成长、发育和维持健康所需要的时间。它掠夺工人呼吸新鲜空气和

---

① 《资本论》第 3 卷，人民出版社 2004 年版，第 574－575 页。
② 《剩余价值理论》第 3 册，人民出版社 1975 年版，第 463－464 页。
③ 《资本论》第 2 卷，人民出版社 2004 年版，第 121－122 页。
④ 《剩余价值理论》第 3 册，人民出版社 1975 年版，第 147 页。
⑤ 《资本论》第 1 卷，人民出版社 2004 年版，第 338 页。
⑥ 《资本论》第 1 卷，人民出版社 2004 年版，第 611 页。

接触阳光所需要的时间。它克扣吃饭时间，尽量把吃饭时间并入生产过程本身，因此对待工人就像对待单纯的生产资料那样，给他饭吃，就如同给锅炉加煤、给机器上油一样。资本把积蓄、更新和恢复生命力所需要的正常睡眠，变成了恢复精疲力竭的有机体所必不可少的几小时麻木状态。在这里，不是劳动力维持正常状态决定工作日的界限，相反地，是劳动力每天尽可能达到最大量的耗费（不论这是多么强制和多么痛苦）决定工人休息时间的界限。资本是不管劳动力的寿命长短的。它惟一关心的是在一个工作日内最大限度地使用劳动力。它靠缩短劳动力的寿命来达到这一目的，正像贪得无厌的农场主靠掠夺土地肥力来提高收获量一样”。① “如果按照奥日埃（法国新闻记者——引者注）的说法，货币‘来到世间，在一边脸上带着天生的血斑’，那么，资本来到世间，从头到脚，每个毛孔都滴着血和肮脏的东西。”② 生产剩余价值的物质条件以及方法和手段会改变，资本也会显得“文明”一些，但资本追逐剩余价值的本性绝不会改变。

（三）资本是一种历史的社会生产关系

资本就是劳动条件和生产者的分离。“利润量甚至在利润率较低时也会随着所投资本量的增加而增加。但是，这同时需要有资本的积聚，因为这时各种生产条件都要求使用大量资本。这同样需要有资本的集中，即小资本家为大资本家所吞并，小资本家丧失资本。这不过又是劳动条件和生产者的再一次的分离，这些小资本家还属于生产者，因为对他们来说，本人的劳动还起着作用；一般来说，资本家的劳动和他的资本量呈反比，就是说，和他成为资本家的程度呈反比。正是劳动条件和生产者之间的这种分离，形成资本的概念；这种分离从原始积累开始，然后在资本的积累和积聚中表现为不断的过程，最后表现为现有资本集中在少数人手中和许多

---

① 《资本论》第 1 卷，人民出版社 2004 年版，第 306－307 页。

② 《资本论》第 1 卷，人民出版社 2004 年版，第 871 页。

人丧失资本（现在剥夺正向这方面变化）。”①

必须把资本的物质内容和形式规定区别开来。马克思针对李嘉图关于资本的观点指出：“如果说资本是‘作为手段被用于新劳动〈生产〉的那种积累的〈已实现的〉劳动〈确切地说，物化劳动〉’，那就只是看到了资本的物质，而忽视了资本成为资本的形式规定。这无非是说，资本就是生产工具，因为从最广泛的意义来说，任何东西，甚至纯粹由自然提供的物，例如石头，也必须先通过某种活动被占有，然后才能用作工具，用作生产资料。按照这种说法，资本存在于一切社会形式中，成了某种完全非历史的东西。按照这种说法，人体的四肢也是资本，因为要使它们能发挥器官的作用，就必须通过活动，通过劳动来使它们发育，以及使它们取得营养，把它们再生产出来。在这个意义上，臂，尤其是手，都是资本。这样，资本就只是一个同人类一样古老的事物的新名称了，因为任何一种劳动，甚至最原始的劳动，如狩猎、捕鱼等等，都要有一个前提，就是把过去劳动的产品用作直接的活劳动的手段。”“如果这样抽掉资本的特定形式，只强调内容，而资本作为这种内容是一切劳动的一种必要要素，那么，要证明资本是一切人类生产的必要条件，自然就是再容易不过的事情了。抽掉了使资本成为人类生产某一特殊发展的历史阶段的要素的那些特殊规定，恰好就得出这一证明。要害在于：如果说一切资本都是作为手段被用于新生产的物化劳动，那么，并非所有作为手段被用于新生产的物化劳动都是资本。资本被理解为物，而没有被理解为关系。”② 马克思对李嘉图等人的批评也完全适合于“重建”的作者。

资本不是生产资料的总和。“资本不是物，而是一定的、社会的、属于一定历史社会形态的生产关系，后者体现在一个物上，并赋予这个物以独特的社会性质。资本不是物质的和生产出来的生产资料的总和。资本是已经转化为资本的生产资料，这种生产资料本身不是资本，就像金或银本

① 《资本论》第 3 卷，人民出版社 2004 年版，第 274－275 页。
② 《马克思恩格斯全集》第 46 卷（上册），人民出版社 1979 年版，第 211－212 页。

身不是货币一样。社会某一部分人所垄断的生产资料，同活劳动力相对立而独立化的这种劳动力的产品和活动条件，通过这种对立在资本上人格化了。”[①] 马克思说：“黑人就是黑人。只有在一定的关系下，他才成为奴隶。纺纱机是纺棉花的机器。只有在一定的关系下，它才成为资本。脱离了这种关系，它也就不是资本了，就像黄金本身并不是货币，砂糖并不是砂糖的价格一样……资本是一种社会生产关系。它是一种历史的生产关系。”[②] “正如人类劳动力并非天然是资本一样，生产资料也并非天然是资本。只有在一定的历史发展条件下，生产资料才取得这种独特的社会性质，正如只有在一定的历史发展条件下，贵金属才获得货币的独特的社会性质，货币才获得货币资本的独特的社会性质一样。”[③]

资本不是使用价值和产品本身。“资本的辩护士为了把资本说成是生产的永恒要素，说成是与一切社会形式无关、为任何劳动过程因而也就是为一般劳动过程所固有的关系，把资本同资本借以存在的使用价值混为一谈；同样，经济学家先生们为了回避资本主义生产方式所特有的现象，宁愿忘记资本的本质的东西，即资本是创造价值的价值，因而资本不仅是自我保持的价值，而且同时是自我增殖的价值。例如，他们忘记这一点是为了说明生产过剩是不可能的。在这里，资本家被看成这样一种人，他只关心一定产品（他靠出卖他的商品来占有这些产品）的消费，而不关心预先存在的价值即购买力本身和抽象财富本身的增殖。”[④] 同样，“工人消费的不是资本；货币在他的手里恰好不再是资本，对于他来说，只是流通手段。……劳动能力一旦被消费，就转化为资本；资本家的货币一旦从资本家手中转入工人手中，被工人花费，就转化为工人的生活资料，不再是资本或资本（潜在的）组成部分”。“生产的这些物的条件本身不是资本，只有当它们表现为一定的社会生产关系时才成为资本。”“生活资料必

① 《资本论》第3卷，人民出版社2004年版，第922页。
② 《资本论》第1卷，人民出版社2004年版，第878页。
③ 《资本论》第2卷，人民出版社2004年版，第44—45页。
④ 《马克思恩格斯全集》第47卷，人民出版社1979年版，第107页。

定是生活资料，同样，它们也必定是生产的必要条件；但是它们不一定是资本。”[①]“产品本身属于任何劳动方式，而不论劳动方式的一定的社会形式如何。产品只有在它表示一定的、历史上一定的社会生产关系时才成为资本。”[②]

资本不是商品、价值和货币本身。所谓“资本是‘生产上使用的商品’这种见解是一种庸俗的见解。在这些商品作为资本执行职能时，它们作为资本的价值，不同于它们作为商品的价值，表现在由它们的生产用途或商业用途产生的利润中”。[③]“如果一切资本都是价值，那么，价值本身还不是资本。”[④]“正像经济学家们一方面犯了把资本的这些元素形式——商品和货币——本身跟资本等同起来的错误一样，他们另一方面又犯了把资本的使用价值存在方式——劳动资料——本身说成是资本的错误。”[⑤]

资本不是永恒的自然的生产形式。“资产阶级经济学家们把资本看作永恒的和自然的（而不是历史的）生产形式，然后又竭力为资本辩护，把资本生成的条件说成是资本现在实现的条件……”[⑥]由于“单纯从资本的物质方面来理解资本，把资本看成生产工具，完全抛开使生产工具变为资本的经济形式，这就使经济学家们纠缠在种种困难之中”，“罗西把资本同技术意义上的生产工具完全混为一谈了，这样说来，每个野蛮人都是资本家了（事实上这也就是托伦斯先生所断言的，用石头投击飞禽的野蛮人是资本家）”。（罗西为意大利资产阶级庸俗经济学家，托伦斯为英国资产阶级经济学家、李嘉图经济学说的庸俗化者）[⑦]“就劳动过程本身来看，在劳动过程中，工人使用着生产资料。在同时是资本主义生产过程的劳动过

① 《马克思恩格斯全集》第 47 卷，人民出版社 1979 年版，第 154－155 页。
② 《马克思恩格斯全集》第 47 卷，人民出版社 1979 年版，第 173 页。
③ 《资本论》第 3 卷，人民出版社 2004 年版，第 473 页。
④ 《马克思恩格斯全集》第 47 卷，人民出版社 1979 年版，第 169 页。
⑤ 《马克思恩格斯全集》第 49 卷，人民出版社 1982 年版，第 33 页。
⑥ 《马克思恩格斯全集》第 46 卷（上册），人民出版社 1979 年版，第 457 页。
⑦ 《马克思恩格斯全集》第 46 卷（下册），人民出版社 1980 年版，第 89－90 页。

程中，生产资料却使用工人，从而劳动仅仅表现为一定价值量即一定物化劳动量为了保存自己和自行增殖而吸收活劳动的手段。于是，劳动过程就表现为物化劳动借助于活劳动来进行的自行增殖过程。资本使用工人，而不是工人使用资本；只有那些使用工人的物，从而在资本家身上具有自私性、具有自我意识和自我意志的物，才是资本。”①

（四）资本和劳动是同一种关系的两个对立的方面

资本和劳动是现代社会体系的轴心。恩格斯指出：“资本和劳动的关系，是我们全部现代社会体系所围绕旋转的轴心，这种关系在这里第一次得到了科学的说明，而这种说明之透彻和精辟，只有一个德国人（指马克思——引者注）才能做得到。”②这里所说的“现代社会”，也是我们现在所处的社会，就是马克思所说的人类社会第二阶段的社会形态——尽管可以表现为不同的发展道路。资本和劳动的关系，不是生产的物质要素（生产资料）和劳动者的关系，不是对象化劳动（物化劳动，死劳动）和活劳动的关系，不是脑力劳动和体力劳动的关系，不是高级劳动和低级劳动的关系，不是理性和非理性的关系，而是资本主义生产方式和经济关系的两个方面。当谈论资本和劳动的关系时，劳动一定是雇佣劳动。问题的核心是如何认识资本。马克思认为，资本不是物，不是生产出来的产品或商品，不是生产要素，不是货币，而是一种具有历史规定性的生产关系或经济关系。简单地说，资本是一种历史的特定的经济关系。

资本和雇佣劳动只表现为同一关系的两个因素。“虽然决定一部分资本向可变资本转化的劳动能力的买卖，是同直接生产过程分离开来的、独立的、先于直接生产过程的一个过程，但是当我们把资本主义生产过程作为一个整体来考察，而不是只着眼于直接商品生产的时候，劳动能力的买卖就构成资本主义生产过程的绝对基础，构成这种生产过程本身的要

---

①《马克思恩格斯全集》第49卷，人民出版社1982年版，第67页。

②《马克思恩格斯选集》第2卷，人民出版社1995年版，第589页。

素。只是由于工人为了生活而出卖自己的劳动能力，物质财富才转化为资本。作为劳动的物的条件的东西即生产资料和作为维持工人本人生活的物的条件的东西即生活资料，只有同雇佣劳动相对立才能成为资本。资本不是物，正象货币不是物一样。在资本中也象在货币中一样，人们的一定社会生产关系表现为物对人的关系，或者一定社会关系表现为物的天然的社会属性。当个人作为自由人彼此对立的时候，没有雇佣劳动就没有剩余价值生产，没有剩余价值生产也就没有资本主义生产，从而也没有资本，没有资本家！资本和雇佣劳动（我们这样称呼出卖自己本身劳动能力的工人的劳动）只表现为同一关系的两个因素。如果货币不同被工人本身当作商品出卖的劳动能力相交换，它就不能成为资本。另一方面，只有当劳动本身的物的条件作为自私的权力、作为他人的财产、作为自为存在和坚持独立的价值，简言之，作为资本，同劳动相对立的时候，劳动才能表现为雇佣劳动。因此，如果说从资本的物质方面来看，或从资本借以存在的使用价值方面来看，资本只由劳动本身的物的条件构成，那么从资本的形式方面来看，这种物的条件就必然作为异己的独立力量，作为价值——物化劳动——同劳动相对立，而这种物化劳动又把活劳动看作是保存和增大自己本身的单纯手段。因此，雇佣劳动对资本主义生产来说是劳动的一种必要的社会形式，正象资本即自乘的价值是劳动的物的条件为了使劳动成为雇佣劳动所必须采取的必要的社会形式一样。所以，雇佣劳动是资本形成的必要条件，始终是资本主义生产的经常的必要前提。因此，第一个过程，即货币同劳动能力的交换，或劳动能力的出卖，虽然本身并不加入直接生产过程，但是它却加入整个关系的生产。”①

雇佣劳动和剩余价值只属于资本主义生产方式。“重建”一方面把雇佣劳动和无酬劳的混为一谈，硬说“马克思把资本主义雇佣劳动现象推演至整个文明史”②；另一方面又把使用价值和剩余产品混为一谈，认为“追求

① 《马克思恩格斯全集》第 49 卷，人民出版社 1982 年版，第 64－65 页。

② 余金成：《社会主义改革的实质是重建劳动和资本的关系》，《中国浦东干部学院学报》2018 年第 5 期。

剩余产品或剩余价值是人类一切生产方式的目标”，进而又说决定剩余价值生产的“生产要素包括资本、劳动、技术、管理四种基本类型”。[①]显而易见，这是对马克思有关论述的歪曲。首先，马克思从来没有把雇佣劳动推演至整个文明史，雇佣劳动只是生产无酬劳的一种方式，此外还有奴隶劳动和农奴劳动。其次，不是“人类一切生产方式”都有剩余产品，只有生产力发展到一定程度，只有到了原始公社后期，才可能有剩余产品。再次，剩余价值和剩余产品是两个不同的概念，剩余产品是自原始公社后期以来任何生产方式都存在的；而剩余价值仅仅属于资本主义生产方式。

把资本和劳动等同起来在于否定资本和雇佣劳动的本质。“重建”关于资本和劳动相互关系的一系列观点都是站不住脚的，不科学的。从以上的考察可以看出：第一，只要讲到资本和劳动的关系，就一定是资本和雇佣劳动的关系，这是资本主义生产方式中同一关系的两种要素，体现的是对立的经济关系和阶级关系。人类社会根本不存在资本和作为劳动过程简单要素的“劳动”的关系——既不存在资本和抽象的体力劳动的关系，也不存在资本和抽象的脑力劳动的关系。第二，资本的物质构成要素或物质载体——商品，货币，生产资料等——固然产生于劳动，确切地说是产生于客体化的（物化的）劳动。但是，这些物质要素本身不是资本；恰恰相反，是各种生产方式、各个历史时代所共有的。资本作为关系，作为生产的社会形式，是从劳动和劳动的客观条件的分离中产生的，是从物支配人开始的，是从劳动者出卖劳动力并声称剩余价值开始的。第三，所谓资本由“理性”产生是玄而又玄的思维。理性是相对于感性而言的，在社会实践基础上的理性，无非是对事物内在的规律性的认识；而脱离实践的所谓“理性”，纯粹由头脑中产生的理性，空想的理性，哲学家的理性，等等，都是先验的理性。即使是具有科学性的理性，都和资本这种特定的关系无关。理性不等于脑力劳动，而脑力劳动并不等于资本。第四，

① 余金成：《社会主义改革的实质是重建劳动和资本的关系》，《中国浦东干部学院学报》2018 年第 5 期。

人自身在生产斗争、阶级斗争、科学实验中，的确会得到改造。但是这和资本的产生没有关系，更不用说什么“自然成果”了。只有在一定的生产力基础上和特定的生产方式中，才有可能产生资本。第五，一般来说，市场经济中市场和政府的关系，就资源配置来说，是“无形之手”和“有形之手”的关系；而就经济关系来说，本质上是资本竞争和政治上层建筑的关系。因此，“市场化”也就是“资本化”。但是，市场的作用不等于资本，政府的作用也不等于劳动。市场和政府的关系同资本和劳动的关系虽有一定关联，但毕竟是两种不同的关系，把二者等同起来实在是牵强。更何况，西方国家的政府更多地代表和服务于资本，而不是劳动。即使在中国的“社会主义市场经济”中，政府的作用也不等于代表和服务劳动。第六，只要合乎规律地存在资本，资本和劳动就不可能是“并行不悖”的关系，资本一定会支配劳动、榨取劳动、剥削劳动。所谓“资本劳动化”和“劳动资本化”纯粹是一种臆想。资本和劳动是一种对立的关系，如果说，劳动是人类社会永恒的主题，那么，资本则只是一定阶段上生产的物质条件存在的社会形式。资本迟早会退出历史舞台，从而把劳动彻底解放出来。中国现阶段的市场经济离不开资本，必须借助“资本的生产力”为共产主义社会创造出物质的和精神的条件。但是，共产主义社会没有资本的位置。第七，至于所谓“中国改革的核心是承认资本和劳动的一致性”就更是荒谬的了。二者必居其一：或者资本根本不是资本，或者劳动根本不是劳动。现在我们所说的“劳动关系”，实际上是劳资关系，即“资本和劳动的关系”，在经济利益上是对立的关系，否则，也就不会出现失业、贫困、两极分化和经济危机了。总之，把资本和劳动等同起来在于否定资本和雇佣劳动的本质，抹杀二者之间的对立关系。

三、关于价值和剩余价值的创造及其源泉

“重建”责难说，“马克思剩余价值理论做出了倾向性的判断：从‘劳

动价值论’出发，仅仅肯定‘活劳动’在创造价值方面的作用，否认了包括资本在内的‘死劳动’能够创造价值，只承认其可以‘转移价值’。这一判断，根本排除了资本在剩余价值形成方面的积极作用”。[①]“马克思剩余价值理论从逻辑上排除了脑力劳动的主导地位。”“马克思把雇佣劳动作为剩余价值的主要来源，而雇佣劳动是以体力劳动支出为主的劳动方式，这意味着脑力劳动虽然发挥了某种作用，……但都是以历史积累方式呈现的，附着在时间载体上”；“脑力劳动附着在劳动资料上，并非专业脑力劳动成果”。[②]“既然剩余价值来源于现在劳动对过去劳动成果的发掘利用，既然过去劳动成果属于历史积累，成为人类的公共资源，那么，率先‘发掘’该资源的脑力劳动和之后‘利用’该资源的体力劳动，都是剩余价值的创造者。”[③]虽然这些话听起来很别扭，但还是可以听懂要表达的意思，这就是：包括资本在内的“死劳动”（包括生产资料）也创造价值；“过去劳动”作为脑力劳动的成果也创造价值；企业主和投资者作为脑力劳动者也创造价值。这是相当混乱和十分错误的观点。这里涉及价值和剩余价值的源泉，我们不得不给予澄清。

（一）政治经济学中的“价值”是商品的价值

关于价值的存在条件和适用范围，恩格斯说：“经济学所知道的唯一的价值就是商品的价值。……商品是在一个或多或少互相分离的私人生产者的社会中所生产的产品，就是说，首先是私人产品。……它们通过交换进入社会的消费。”[④]“价值概念是商品生产的经济条件的最一般的、因而也是最广泛的表现。因此，在价值概念中，不仅包含了货币的萌芽，而且还

① 余金成：《社会主义改革的实质是重建劳动和资本的关系》，《中国浦东干部学院学报》2018年第5期。

② 余金成：《社会主义改革的实质是重建劳动和资本的关系》，《中国浦东干部学院学报》2018年第5期。

③ 余金成：《社会主义改革的实质是重建劳动和资本的关系》，《中国浦东干部学院学报》2018年第5期。

④ 《马克思恩格斯选集》第3卷，人民出版社1995年版，第657页。

包含了商品生产和商品交换的一切进一步发展了的形式的萌芽。价值是私人产品中所包含的社会劳动的表现，在这里已经存在着社会劳动和同一产品中所包含的私人劳动这二者之间出现差别的可能性。…… 因此，在产品的价值形式中，已经包含着整个资本主义生产形式、资本家和雇佣工人的对立、产业后备军和危机的萌芽。”[①]“现在的价值是商品生产的价值，但随着商品生产不再存在，价值也就‘变了’，就是说，价值本身还存在，只是形式改变了。实际上，经济价值这个为商品生产所特有的范畴，将同商品生产一起消失……，就象它在商品生产以前并不存在一样。劳动同产品的关系，无论在商品生产以前或以后，都不用价值形式来表现。”[②] 恩格斯说，马克思“只是讨论商品价值；在《资本论》有关价值的整整一章中没有一点迹象表明，马克思是否认为他的商品价值理论也可以应用于其他社会形式，或者可以应用到什么程度”。[③] 对马克思的价值概念，必须“从历史上加以界定，强调它只适用于迄今唯一能够谈得上价值的那个经济阶段，即存在商品交换，相应地也存在商品生产的那些社会形式。原始共产主义不知道什么是价值”。但是，直接的、现实的价值导致资本主义生产形式下的价值，需要有“中间环节”；后一种价值隐藏得很深，以致我们的经济学家可以满不在乎地否认它的存在。[④] 马克思指出：“在一个集体的、以生产资料公有为基础的社会中，生产者不交换自己的产品；用在产品上的劳动，在这里也不表现为这些产品的价值，不表现为这些产品所具有的某种物的属性，因为这时，同资本主义社会相反，个人的劳动不再经过迂回曲折的道路，而是直接作为总劳动的组成部分存在着。”[⑤] 由上可见，价值不过是一般社会劳动的特殊存在形式。并不是在任何生产方式和社会形式中，劳动都采取价值的形式，劳动都创造价值。只有在商品生产中 ——

---

① 《马克思恩格斯选集》第 3 卷，人民出版社 1995 年版，第 661 页。

② 《马克思恩格斯全集》第 36 卷，人民出版社 1975 年版，第 210 页。

③ 《马克思恩格斯选集》第 3 卷，人民出版社 1995 年版，第 542 页。

④ 《马克思恩格斯选集》第 4 卷，人民出版社 1995 年版，第 741-743 页。

⑤ 《马克思恩格斯选集》第 3 卷，人民出版社 1995 年版，第 303 页。

包括普遍化的商品生产，即资本主义的商品生产，劳动才表现为价值。

（二）价值实体本身只是劳动时间的凝结

关于价值的实体，马克思说："把价值看作只是劳动时间的凝结，只是对象化的劳动，这对于认识价值本身具有决定性的意义，同样，把剩余价值看作只是剩余劳动时间的凝结，只是对象化的剩余劳动，这对于认识剩余价值也具有决定的意义。"[①]"价值实体不外是而且始终不外是已经耗费的劳动力——劳动，即和这种劳动的特殊的有用性质无关的劳动——，而价值生产不外就是这种耗费的过程。""在商品生产中耗费了劳动力这一事实，现在表现为商品的物的属性，即商品具有价值的属性；这个价值的量，是由所耗费的劳动的量来计量的；商品价值不分解为任何别的东西，也不由任何别的东西构成。"[②]

（三）价值和剩余价值的唯一源泉是雇佣劳动者的活劳动

生产劳动是创造价值的活动。"生产劳动是这样的劳动，它为工人仅仅再生产出事先已经确定了的他的劳动能力的价值，可是同时，它作为创造价值的活动却增大资本的价值，换句话说，它把它所创造的价值作为资本同工人相对立。"[③]

劳动能力的使用价值是创造价值的要素。"由于资本同作为等价物的劳动能力相交换，资本就不付等价物而获得了劳动时间（因为这个时间超过了包含在劳动能力中的时间）；资本借助交换的形式，不经交换就占有了他人的劳动时间。""可见，[交换关系中]发生这种转变是由于：自由交换的最后阶段是劳动能力作为商品，作为价值来同商品、同价值相交换；劳动能力是作为物化劳动购得的，而劳动能力的使用价值却在于活劳动，即在于创造交换价值。发生转变是由于：作为价值的劳动能力，它的

① 《资本论》第 1 卷，人民出版社 2004 年版，第 251 页。
② 《资本论》第 2 卷，人民出版社 2004 年版，第 428 页。
③ 《剩余价值理论》第 1 册，人民出版社 1975 年版，第 427 页。

使用价值本身是创造价值的要素，是价值的实体和增殖价值的实体。在这种交换中，工人为了取得物化在他身上的劳动时间的等价物，就要提供他的能够创造价值和增殖价值的活劳动时间。工人是把自己作为结果出卖的。作为原因，作为活动，工人被资本所吸收，并体现为资本。”①“工人只是作为劳动能力，只是作为工人同代表价值本身的资本家相对立，因而自行增殖的价值，即自行增殖的物化劳动与创造价值的活的劳动能力之间的对立，是这种关系的实质和真正的内容。两者作为资本和劳动，作为资本家和工人互相对立着。”②

只有非物化劳动即活劳动才创造价值。“唯一与物化劳动相对立的是非物化劳动，活劳动。前者是存在于空间的劳动，后者是存在于时间中的劳动；前者是过去的劳动，后者是现在的劳动；前者体现在使用价值中，后者作为人的活动进行着，因而还只处于它物化的过程中；前者是价值，后者创造价值。如果现有的价值与创造价值的活动，即物化劳动与活劳动，简言之，货币与劳动相交换，那么，看来存在着一种可能性，可以通过这一交换过程，使现有的价值保存或者增大。”③“价值的增加无非就是物化劳动的增加，但是，只有通过活劳动，才能保存或增加物化劳动。”“价值，即存在于货币形式中的物化劳动，只有通过同这样一种商品相交换才能增大：这种商品的使用价值本身在于增加交换价值，这种商品的消费就等于价值的创造或劳动的物化。……而只有活的劳动能力具有这样的使用价值。因此，价值即货币只有同活的劳动能力相交换才能转化为资本。货币转化为资本，一方面需要它同劳动能力交换，另一方面需要它同作为劳动能力物化的前提的物的条件相交换。”④

剩余价值的惟一源泉是活劳动。“在不同的生产部门由于资本的有机构成不同，它们的可变部分也就不同，因而它们所推动的活劳动量也就不

① 《马克思恩格斯全集》第46卷（下册），人民出版社1980年版，第187页。
② 《马克思恩格斯全集》第47卷，人民出版社1979年版，第40页。
③ 《马克思恩格斯全集》第47卷，人民出版社1979年版，第33页。
④ 《马克思恩格斯全集》第47卷，人民出版社1979年版，第35页。

同，它们所占有的剩余劳动量，即剩余价值从而利润的实体的量，也就不同。在不同生产部门，总资本的大小相等的部分，包含着剩余价值的大小不等的源泉，而剩余价值的惟一源泉是活劳动。”①

剩余价值不过是物质条件的所有者占有的社会必要劳动的一部分。在对剩余价值从而对资本的分析上，斯密比重农学派前进了一大步。在重农学派的著作中，考察的是劳动的使用价值，而不是劳动时间，不是作为价值的惟一源泉的一般社会劳动。相反，在斯密的著作中，创造价值的，是一般社会劳动，仅仅是必要劳动的量。剩余价值无论表现为何种形式，都不过是劳动的物质条件的所有者在同活劳动交换过程中占有的这种必要劳动的一部分。②

由上可见，不是劳动的任何存在形式都创造价值。过去劳动或物化劳动不创造价值，只有正在进行的活劳动才创造价值。在“劳动”的名义下混淆物化劳动和活劳动的质的区别，是颠覆劳动价值论的一贯手法。

（四）一切非劳动要素都不创造新价值

劳动过程包括人的要素和物的因素，对于使用价值的生产和价值（从而剩余价值）的形成自然都起作用，但一切非劳动要素——不管是生产资料和产品（商品），或是货币、资本和土地，还是劳动的一般社会力，都不创造任何新价值。

一切形式的资本都不创造价值。首先，构成资本的过去劳动不创造价值。“价值规律从一开始就同那种由资本主义思想方法产生的见解相反。按照这种见解，构成资本的那种积累起来的过去劳动，不仅是一定数额的现成的价值，而且因为它作为生产和利润形成的因素，也形成价值，所以是比它自身更大的价值的源泉；价值规律则确认，只有活劳动才具有这种属性。”③“从资本的价值再现在产品中这一点来说，不能把资本称为‘财富

① 《资本论》第3卷，人民出版社2004年版，第166-167页。
② 《剩余价值理论》第1册，人民出版社1975年版，第64页。
③ 《资本论》第3卷，人民出版社2004年版，第16页。

的源泉'。在这里，资本仅仅作为积累的劳动，作为一定量的物化劳动，把自己的价值加到产品上。”“资本只有作为一种关系，——从资本作为对雇佣劳动的强制力量，迫使雇佣劳动提供剩余劳动，或者促使劳动生产力去创造相对剩余价值这一点来说，——才生产价值。……总之，只是作为雇佣劳动本身的一种形式，作为雇佣劳动的条件，才生产价值。按照经济学家通常的理解，资本是以货币和商品形式存在的积累的劳动，它像一切劳动条件（包括不花钱的自然力在内）一样，在劳动过程中，在创造使用价值时，发挥生产性的作用，但它永远不会成为价值的源泉。资本不创造任何新价值，一般地说，它把交换价值加到产品上，只是由于它本身具有交换价值，也就是说，由于它本身可归结为物化劳动时间，因而由于劳动是它的价值的源泉。”“土地所有权和资本，对于它们的所有者来说，是收入的源泉，也就是说，使它们的所有者有权占有劳动创造的价值的一部分，可是它们并不因此就成为它们的所有者占有的价值的源泉。”①其次，资本绝不是创造价值的源泉。资本绝不是和劳动一样的生产出价值的源泉。“把劳动单纯看作牺牲，而且，因此把它看作决定价值的东西，看作是对物所支付的价格，而且按照各物所花费的劳动的多少来决定它们的价格，这纯粹是消极的规定。因此，例如西尼耳先生（英国资产阶级庸俗经济学家——引者注）竟会把资本看成和劳动具有同样意义的一种生产源泉，一种生产出价值的源泉，因为资本家似乎也作出牺牲，即节欲的牺牲，他没有直接把自己的产品吃光，而是用它来发财致富。纯粹消极的东西什么也不创造。例如，如果劳动使工人愉快，——正像西尼耳所说的节欲无疑会使守财奴得到愉快一样，——那么，产品不会失掉丝毫价值。进行生产的只有劳动；它是价值这种产品的唯一实体。”②“罗德戴尔（英国资产阶级庸俗经济学家——引者注）把固定资本说成是和劳动时间无关的、独立的价值源泉，是何等荒谬。固定资本只有从它本身是物化劳动时

① 《剩余价值理论》第1册，人民出版社1975年版，第73－75页。

② 《马克思恩格斯全集》第46卷（下册），人民出版社1980年版，第113－114页。

间来说，并且从它创造剩余劳动时间来说，才是这样的源泉。”“罗德戴尔之流认为资本本身离开劳动可以创造价值，因而也可以创造剩余价值（或利润），对这种观点来说，固定资本，特别是以机器体系为其物质存在形式或使用价值的资本，是最能使他们的肤浅诡辩貌似有理的形式。”① 再次，生息资本形态掩盖了资本和劳动的对立。生息资本和产业资本不同，和商业资本也不同。在产业资本形式上，无论资本循环采取什么样的形式，资本增殖都经过劳动力的买卖和劳动力的使用过程；但在生息资本的形式上，中间环节完全不见了，变成了“自行增殖”的过程，“资本在自己这种最奇特同时又和普通观念最接近的形态上（指生息资本形态——引者注），既是庸俗经济学家的‘基本形式’，又是肤浅的批判的最直接的攻击点。就前者来说，部分地是因为内在联系在这里最少表现出来，而且资本是以一种好像是价值的独立源泉的形式出现；部分地是因为在这种形式上资本的对立性质完全被掩盖了，被抹杀了，资本和劳动的对立不见了。另一方面，这种形式的资本所以受到攻击，是因为它在这里以最不合理的形式表现出来，给庸俗社会主义者提供了最容易突破的攻击点。”②

机器作为生产资料不创造新价值。机器有可能为个别资本家带来更多的剩余价值，但不能创造价值。“很容易设想，机器本身似乎能创造价值，因为它起着劳动生产力的作用。不过，如果机器不需要任何［活］劳动，那它倒是能增加使用价值，然而，它所创造的交换价值决不能大于它本身的生产费用，大于它本身的价值，即物化在机器中的劳动。机器创造价值，不是因为它代替［活］劳动，而只是因为它是增加剩余劳动的手段，并且只有剩余劳动本身（一般地说，就是劳动）才是借助于机器创造出来的剩余价值的尺度和实体。”③“资本家相互间的盈亏得失必定在整个资本家阶级范围内互相抵销。改进机器，在生产中采取利用自然力的新方法，使得在一定的劳动时间内，用同样数量的劳动和资本可以创造出更多的产

① 《马克思恩格斯全集》第 46 卷（下册），人民出版社 1980 年版，第 214、216 页。
② 《剩余价值理论》第 3 册，人民出版社 1975 年版，第 517 页。
③ 《马克思恩格斯全集》第 46 卷（下册），人民出版社 1980 年版，第 289－290 页。

品，但决不是创造出更多的交换价值。”[①]

土地等自然对象及其私有权不是价值和剩余价值的源泉。“机器具有价值。自然因素本身没有什么价值。因此，它不可能给产品增加任何价值，而且相反，只要它能代替资本或劳动，不论是直接劳动还是积累劳动，它就会使产品的价值减少。只要自然科学教人以自然因素来代替人的劳动，而不用机器或者只用以前那些机器（例如利用蒸汽锅炉，利用许多化学过程等等，也许比以前还便宜），它就可以使资本家（以及社会）不费分文，而使商品绝对降价。”[②]“把任何创造奇迹的力量归于土地是毫无理由的，并且，这本身就是可笑的，因为价值等于劳动，从而，剩余价值决不能等于土地。”[③]马克思说：“按照我们所谈的理论，对于自然对象如土地、水、矿山等的私有权，对于这些生产条件，对于自然所提供的这种或那种生产条件的所有权，不是价值的源泉，因为价值只等于物化劳动时间；这种所有权也不是超额剩余价值即无酬劳动中超过利润所包含的无酬劳动的余额的源泉。但是，这种所有权是收入的一个源泉。它是一种权利，一种手段，使这一生产条件的所有者能够在他的所有物作为生产条件加入的生产领域中占有被资本家榨取的无酬劳动的一部分，否则这一部分会作为超过普通利润的余额被投进资本总库中去。这种所有权是一种手段，它能阻止在其余资本主义生产领域发生的上述过程发生，并且把这个特殊生产领域所生产的剩余价值扣留在这个领域中，于是剩余价值现在就在资本家和土地所有者之间进行分配。因此，土地所有权，就象资本一样，变成了支取无酬劳动、无代价劳动的凭证。在资本上，工人的物化劳动表现为统治工人的权力，同样，在土地所有权上，土地所有权使土地所有者能从资本家那里扣下一部分无酬劳动的这种情况，表现为土地所有权似乎是价值的一个源泉。”[④]

---

① 《马克思恩格斯选集》第 1 卷，人民出版社 1995 年版，第 353－354 页。
② 《剩余价值理论》第 2 册，人民出版社 1975 年版，第 630－631 页。
③ 《剩余价值理论》第 2 册，人民出版社 1975 年版，第 23 页。
④ 《剩余价值理论》第 2 册，人民出版社 1975 年版，第 36 页。

劳动的一般社会力加入劳动过程而不加入价值形成过程。“撇开固定资本不谈，不花费任何代价的一切生产力，即来自分工、协作、机器的一切生产力（所谓不花费任何代价，指的是水、风等动力，或由于工厂的社会环境所产生的好处）；还有自然力——自然力的应用不需要任何费用，或者至少在自然力的应用不需要任何费用的限度内——加入劳动过程而不加入价值形成过程。”[①] 这里所说的“一切生产力”就是一般社会力——劳动的社会结合；通过科学利用自然力。不过，不包含任何价值的自然力一旦被私有权所垄断，就形成垄断价格，就需要花费代价了。但这和价值源泉毫无关系。

（五）资本家作为资本的人格化其劳动不创造价值

资本家作为非工人应列在生产上的非生产费用项目之下。马克思说，资本家不可能由于从事把资本投入生产过程这种“劳动”而得到报酬。“资本家看来应列在生产上的非生产费用项下”。“如果资本家的劳动被看作是在工人的劳动以外并且同工人的劳动并列的特殊劳动，如监督劳动等等，那么他也会象工人一样得到一定的工资，于是他也就属于工人的范畴，而决不是作为资本家同劳动发生关系了；他也决不会发财致富，而只会得到一个他必须通过流通来消费的交换价值”。实际上，资本家只能作为“非工人”而存在。“同劳动对立的资本的存在，要求自为存在的资本即资本家能够作为非工人而存在，而生活。”[②]

作为人格化的资本的资本家的劳动不构成产品价值的组成部分。马克思说：“在以后的整个研究中，我们决不把资本家也许自己所干的劳动算作产品价值的组成部分。如果资本家的劳动是单纯的劳动，那么它同［劳动和资本家之间的］关系本身毫不相干，资本家在这种场合就不是作为资本家，不是作为纯粹的资本的人格化，资本的化身发挥作用。但是，

① 《马克思恩格斯全集》第48卷，人民出版社1985年版，第340页。
② 《马克思恩格斯全集》第46卷（上册），人民出版社1979年版，第278页。

如果它是一种由资本本身所特有的职能，因而是由资本主义生产方式本身产生的劳动，那么，我们以后将专门把它作为监督劳动而加以更详细的研究。”①

（六）再生产过程的非生产职能不创造价值

商品交换和商品流通不创造价值。第一，交换行为既不创造价值也不创造剩余价值。“商品交换的简单行为，即买和卖，要以商品作为具有一定价格的使用价值的存在为前提，这种交换行为既不创造价值，也不创造剩余价值。”② 第二，商品买卖时间不创造价值。“如果商品按照它们的价值出售，买者和卖者手里的价值量都不发生变化；发生变化的只是它的存在形式。如果商品不是按照它们的价值出售，转化了的价值的总额仍旧不变；一方面的增加，就是另一方面的减少。”“状态的变化花费时间和劳动力，但不是为了创造价值，而是为了使价值由一种形式转化为另一种形式。”“这种劳动对于作为总体的资本主义生产过程来说，即对于包含着流通或被包含在流通中的资本主义生产过程来说，是一个必要的因素，但它同比如说燃烧一种生热用的材料时花费的劳动一样。……因此，如果商品所有者不是资本家，而是独立的直接生产者，那么，买卖所费的时间，就是他们的劳动时间的一种扣除，因而，他们总是（在古代和中世纪）力图把这种事情留到节日去做。”“资本家手里的商品交易具有的规模，不会使那种并不创造价值而只是为价值的形式变换作中介的劳动，转化为创造价值的劳动。即使职务转移了，就是说，产业资本家并不亲自从事那种‘燃烧劳动’，而把它变为由他们付酬的第三者的专业，也不可能出现这种变体的奇迹。”“对于使别人为自己劳动的资本家来说，买卖成了一种主要职能。……和以前一样，买卖时间并不创造价值。……如果一种职能本身是非生产的，然而是再生产的一个必要的因素，现在这种职能由于分工，由

① 《马克思恩格斯全集》第 47 卷，人民出版社 1979 年版，第 101 页。
② 《马克思恩格斯全集》第 48 卷，人民出版社 1985 年版，第 418 页。

多数人的附带工作变为少数人的专门工作，变为他们的特殊行业，那么，这种职能的性质本身并不会改变。”“我们假定，这种买卖的当事人是出卖自己劳动的人。……他执行一种必要的职能，因为再生产过程本身包含非生产职能。他和别人一样劳动，不过他的劳动的内容既不创造价值，也不创造产品。他本身属于生产上的非生产费用。”“无论如何，用在买卖上的时间，是一种不会增加转化了的价值的流通费用。这种费用是价值由商品形式转变为货币形式所必要的。”① 第三，流通不可能增加流通的商品的价值。“流通——因为它归结为等价物的一系列交换活动——不可能增加流通的商品的价值。……如果流通需要费用，流通时间要花费劳动时间，那么，这就是对流通的价值的一种扣除，即流通的价值的相对减少；流通的价值丧失了流通费用这样一个数额。”② 假如有两个相互进行交换的劳动者，他们在交换中损失的时间，是对他们两人创造价值的时间的一种扣除。但是，假如他们作为共同的所有者从事劳动，那就不会发生交换了，而是共同消费了。所以交换费用也就消失了。但消失的不是［一般］分工，而是以交换为基础的分工。“所以，约·斯·穆勒把流通费用看作分工的必要代价的观点是错误的。这种费用只是不以财产公有而以私有制为基础的自发分工的费用。”③ 第四，商业资本和商业工人不创造价值和剩余价值。首先，“商业资本既不创造价值，也不创造剩余价值。就是说，它不直接创造它们。但既然它有助于流通时间的缩短，而且对形态变化起中介作用，而没有这种形态变化就不能重新开始它的生产过程，所以它就能执行资本主义生产方式所必需的职能，就能间接地有助于生产资本所创造的剩余价值的增加，或者，至少使它表现为较高的利润率，或者，使两者同时实现”。“商业资本本身在流通领域中，即在它唯一借以执行职能的领域中，除了从直接生产领域流入流通领域的价值或剩余价值以外，它并不创造价值或剩余价值。因此，商业资本带来的利润只是总生产资本所创造的剩余

① 《资本论》第 2 卷，人民出版社 2004 年版，第 146－150 页。
② 《马克思恩格斯全集》第 46 卷（下册），人民出版社 1980 年版，第 137 页。
③ 《马克思恩格斯全集》第 46 卷（下册），人民出版社 1980 年版，第 138 页。

价值的一部分，是剩余价值中归商业资本所得的相应部分”。“事实上商人是从流通中取得他的利润的，而且是在流通行为中获得利润的。但是，他所取得的只是流通中已经存在的东西；他只是把已经包含在商品中的剩余价值的一部分占为己有，因而他是和他的资本家同伙分享剩余价值”。① 其次，“正如商业资本（生产资本的商业部分也一样）的职能根本不会创造剩余价值一样，商业资本所雇佣的工人也不会创造任何剩余价值，流通费用总是会使资本支出增加，并总是会使利润率降低。在流通中消费的商品既不用于工业消费，也不是用于个人消费。这里进行的劳动总是生产劳动的扣除部分”。②

簿记作为非生产职能不形成产品和价值。“如果一种职能就其本身来说，也就是在它独立化以前，不形成产品和价值，那么，分工，这种职能的独立化，并不会使这种职能形成产品和价值。如果一个资本家新投入资本，他就必须把一部分资本投在雇用记账员等等和簿记用品上。”“簿记所产生的各种费用，或劳动时间的非生产耗费，同单纯买卖时间的费用，毕竟有一定的区别。……簿记对资本主义生产，比对手工业和农民的分散生产更为必要，对公有生产，比对资本主义生产更为必要。”③

金银作为货币商品是商品生产的非生产费用。“某些商品，如金和银，执行货币的职能，并且作为货币专门留在流通过程……这纯粹是生产过程的一定社会形式即商品生产过程的产物。”“金和银作为货币商品，对社会来说，是仅仅由生产的社会形式产生的流通费用。这是商品生产的非生产费用，这种费用，随着商品生产，特别是资本主义生产的发展而增大。它是社会财富中必须为流通过程牺牲的部分。”④

商品流通过程产生的一切费用属于非生产费用。第一，在流通过程继续的生产过程的费用属于非生产费用。“由价值的单纯形式变换，由观

---

① 《马克思恩格斯全集》第 48 卷，人民出版社 1985 年版，第 415－418 页。
② 《马克思恩格斯全集》第 48 卷，人民出版社 1985 年版，第 434 页。
③ 《资本论》第 2 卷，人民出版社 2004 年版，第 152 页。
④ 《资本论》第 2 卷，人民出版社 2004 年版，第 153－154 页。

念地考察的流通产生的流通费用，不加入商品价值。就资本家来考察，耗费在这种费用上的资本部分，只是耗费在生产上的资本的一种扣除。我们现在考察的那些流通费用则不同。它们可以产生于这样一些生产过程，这些生产过程只是在流通中继续进行，因此，它的生产性质完全被流通的形式掩盖起来了。另一方面，从社会的观点看，它们又可以是单纯的费用，是活劳动或对象化劳动的非生产耗费，但是正因为这样，对单个资本家来说，它们可以起创造价值的作用，成为它的商品出售价格的一种加价。……但是，一切追加价值的劳动也会追加剩余价值，……因此，使商品变贵而不追加商品使用价值的费用，对社会来说，属于生产上的非生产费用，对单个资本家来说，则可以成为发财致富的源泉。”[①] 第二，由商品储备产生的费用属于非生产费用。“资本在商品资本形式上从而作为商品储备的存在，产生了费用，因为这些费用不属于生产领域，所以算作流通费用。这类流通费用同第一节所说的流通费用（即纯粹的流通费用——引者注）的区别在于：它们在一定程度上加入商品价值，因此使商品变贵。在任何情况下，用于保存和保管这种商品储备的资本和劳动力，总是从直接的生产过程抽出来的。另一方面，这里使用的资本，包括作为资本组成部分的劳动力，必须从社会产品中得到补偿。因此，这些资本的支出所产生的影响，就像劳动生产力降低一样，因而，要获得一定的效果，就需要更大量的资本和劳动。这是非生产费用。”“既然商品储备不外就是储备的商品形式，……由此引起的商品价值的提高，只是把这种费用按比例分配在不同的商品上，因为这种费用对不同种商品来说是不同的。储备形成的费用仍然是社会财富的扣除，虽然它是社会财富的存在条件之一。”“一旦留在流通蓄水池内的商品，不让位给后面涌来的生产浪潮，致使蓄水池泛滥起来，商品储备就会因流通停滞而扩大，……但是，因为它现在完全是由形式产生，也就是由于商品必须转化为货币而产生，并且是由于这种形态变化发生困难而产生，所以它不加入商品价值，而成为在价值实

① 《资本论》第2卷，人民出版社2004年版，第154页。

现时的扣除，即价值损失。”[①] 第三，价值实现和价值形式转化而产生的流通费用不会把价值追加到商品上。“一般的规律是：一切只是由商品的形式转化而产生的流通费用，都不会把价值追加到商品上。这仅仅是实现价值或价值由一种形式转变为另一种形式所需要的费用。投在这种费用上的资本（包括它所支配的劳动），属于资本主义生产上的非生产费用。这种费用必须从剩余产品中得到补偿，对整个资本家阶级来说，是剩余价值或剩余产品的一种扣除，就像对工人来说，购买生活资料所需要的时间是损失掉的时间一样。”但是，运输业的追加生产过程会把价值追加到商品上。“产品总量不会因运输而增大。……但是，物品的使用价值只是在物品的消费中实现，而物品的消费可以使物品的位置变化成为必要，从而使运输业的追加生产过程成为必要。因此，投在运输业上的生产资本，会部分地由于运输工具的价值转移，部分地由于运输劳动的价值追加，把价值追加到所运输的产品中去。后一种价值的追加，就像在一切资本主义生产下一样，分为工资补偿和剩余价值。”“商品生产的一般规律是：劳动生产率和劳动的价值创造成反比。这个规律，像适用于其他任何产业一样，也适用于运输业。”“运输业一方面形成一个独立的生产部门，从而形成生产资本的一个特殊的投资领域。另一方面，它又具有如下的特征：它表现为生产过程在流通过程内的继续，并且为了流通过程而继续。”[②] 另外，流通的速度决定创造价值的速度。“虽然流通并不造成价值规定本身的任何要素，因为这种要素完全由劳动决定，但流通的速度却决定生产过程重复的速度，决定创造价值的速度，也就是说，虽然不决定价值，但在某种程度上却决定价值量，即在生产过程中创造出来的价值和剩余价值乘以生产过程在一定期间所能重复的次数。”[③]

---

① 《资本论》第 2 卷，人民出版社 2004 年版，第 156－166 页。

② 《资本论》第 2 卷，人民出版社 2004 年版，第 167－170 页。

③ 《马克思恩格斯全集》第 46 卷（下册），人民出版社 1980 年版，第 32 页。

四、关于社会分工的本质及其根源

"重建"针对马克思的观点提出，"人们的能力的差别最早是分工的原因"，"而在当代，……能力成为分工的原因，而不再是分工的结果"。[①]"由于天生禀赋和后天机遇差别，个体能力差别始终存在，以至于影响到他们对发展资源的获得。所谓脑体分工正是一部分劳动者持续获得更多发展资源造成的。"[②]"脑力安排体力，是成本较低、效率较高的社会合作选择。因此，文明史出现脑体分工现象，是社会合作的客观要求，是一种历史性进步。"[③]"人类生命活动对理性依赖是一个客观事实，而分工则是使理性主义最大化的基本方式。其中，最为关键的是脑体分工的出现，这是人类文明迈入长足发展的标志。"[④]又说，马克思、恩格斯"把脑体分工视为阶级分野基础，……并缘此建立阶级斗争理论"。[⑤]在这里，"重建"不仅完全混淆了不同意义的分工，而且提出了下述莫名其妙的观点：社会分工的原因是人的能力差别；脑体分工是个体能力差别造成的；脑体分工是社会合作的客观要求，是人类文明迈入长足发展的标志；指责马克思恩格斯把脑体分工视为阶级分野基础。对此，必须澄清是非。这里暂时抛开体力劳动和脑力劳动的关系，着重搞清楚社会分工的本质和经济社会根源，分工在历史上的作用，以及未来的发展趋势。

---

① 余金成：《社会主义改革的实质是重建劳动和资本的关系》，《中国浦东干部学院学报》2018年第5期。

② 余金成：《社会主义改革的实质是重建劳动和资本的关系》，《中国浦东干部学院学报》2018年第5期。

③ 余金成：《社会主义改革的实质是重建劳动和资本的关系》，《中国浦东干部学院学报》2018年第5期。

④ 余金成：《社会主义改革的实质是重建劳动和资本的关系》，《中国浦东干部学院学报》2018年第5期。

⑤ 余金成：《社会主义改革的实质是重建劳动和资本的关系》，《中国浦东干部学院学报》2018年第5期。

（一）分工是马克思经济理论中一个十分重要的范畴

马克思主义创始人对社会分工有许多重要论述。为了阐明人类社会所有制形式发展演变的过程和阶段，马克思和恩格斯在《德意志意识形态》一书中，对社会分工作了尽管是初步的然而是大量的考察；为了揭示家庭、私有制和国家的起源，恩格斯在《家庭、私有制和国家的起源》一书中，系统地考察了历史上的社会大分工；为了搞清楚相对剩余价值是如何生产的，马克思在《资本论》第一卷和《1861—1863年经济学手稿》（第一版第四十七卷）中，对资本主义生产方式不同发展阶段上的分工进行了广泛深入的考察和研究，并对不同种类的分工作了区分。马克思和恩格斯对分工的考察，本质上是对生产关系和阶级关系的考察。考察的重点，不是非对立的社会形态中的分工，而是对立的社会关系中的分工；不是职能分工、技术分工和产业分工，而是社会分工。他们对分工的考察涉及多方面的关系，主要包括：分工同生产力及历史发展的关系、分工同劳动工具的关系、分工和商品交换的关系、分工和私有制（所有制）的关系、分工和劳动方式的关系，以及分工的种类、发展阶段和主要形式，等等。

马克思主义创始人阐明了有关分工的一系列规律性认识。概括起来主要是：分工的发展程度是生产力发展水平的基本表现；社会分工是迄今为止历史的主要力量之一；分工的性质是由劳动工具的性质决定的；交换和分工互相发生影响；分工和私有制（所有制）是同一个问题的两个方面；社会分工区分为不同的阶段和形式；真正的分工是从物质劳动和精神劳动之间的分离开始的；城市和乡村的分离是物质劳动和精神劳动的最大一次分工；生产和交往的分离促进了城市间的分工和工场手工业的产生；社会分工和生产单位内部的劳动分工是两类不同的分工；工场手工业中的劳动分工使工人变成局部工人；机械工厂内部的劳动分工只是来自机械工厂的总的结构；现代社会的工厂分工和社会分工都是由资本主义生产方式决定的；国家这种虚幻共同体形式是在由分工决定的阶级的基础上产生的；自发的社会分工是一种异己的力量；人的才赋的差别是分工的结果；现代工厂中过细的分工使劳动简单化；等等。从这里我们可以看到，在马克思的经济理论（即工人的政治经济学）中，分工是一个非常重要的范畴。

（二）分工经历了从产生到不断发展的历史过程

分工从性行为分工、自然分工发展到真正的分工。“分工起初只是性行为方面的分工，后来是由于天赋（例如体力）、需要、偶然性等才自发地或‘自然形成’分工。分工只是从物质劳动和精神劳动分离的时候起才真正成为分工。”[①] 马克思和恩格斯特别强调物质劳动和精神劳动的分离在社会分工中的标志性特征和决定意义。

商品交换和社会分工互相影响。“自然分工发生在交换之前，产品作为商品的这种交换，起初是在各个公社之间而不是在同一个公社内部发展起来的。这种分工在某种程度上不仅以人本身的自然差别为基础，而且以各个公社所拥有的生产的自然因素为基础。当然，产品发展为商品，商品交换又会反作用于分工，因此交换和分工互相发生影响。”[②]

从野蛮时代到进入文明时代发生了三次社会大分工。在野蛮时代的低级阶段，发生了第一次社会大分工，即游牧部落从野蛮人群中分离出来；在野蛮时代高级阶段，发生了第二次社会大分工——手工业和农业的分离；进入文明时代以后，出现了第三次社会大分工，出现了专门从事商品交换的商人阶层。[③]

城乡分离是物质劳动和精神劳动的最大一次分工。“物质劳动和精神劳动的最大的一次分工，就是城市和乡村的分离。城乡之间的对立是随着野蛮向文明的过渡、部落制度向国家的过渡、地域局限性向民族的过渡而开始的，它贯穿着文明的全部历史直至现在（反谷物法同盟）。……城乡之间的对立只有在私有制的范围内才能存在。城乡之间的对立是个人屈从于分工、屈从于他被迫从事的某种活动的最鲜明的反映，这种屈从把一部分人变为受局限的城市动物，把另一部分人变为受局限的乡村动物，并且

---

① 《马克思恩格斯选集》第 1 卷，人民出版社 1995 年版，第 82 页。
② 《马克思恩格斯全集》第 47 卷，人民出版社 1979 年版，第 312 页。
③ 《马克思恩格斯选集》第 4 卷，人民出版社 1995 年版，第 158-174 页。

每天都重新产生二者利益之间的对立。在这里，劳动仍然是最主要的，是凌驾于个人之上的力量；只要这种力量还存在，私有制也就必然会存在下去。消灭城乡之间的对立，是共同体的首要条件之一，这个条件又取决于许多物质前提，……城市和乡村的分离还可以看作是资本和地产的分离，看作是资本不依赖于地产而存在和发展的开始，也就是仅仅以劳动和交换为基础的所有制的开始。”①

生产和交往的分工是分工的进一步扩大。在中世纪的城市中，行业之间和行业内部都很少分工。分工的进一步扩大是生产和交往间的分工，这种分工随即引起了各城市间在生产上的新的分工，不同城市之间的分工的直接结果就是工场手工业的产生，即超出行会制度范围的生产部门的产生。②“总之：分工，分工的阶段依赖于当时生产力的发展水平。”③

物质劳动和精神劳动的分工进一步在统治阶级中表现出来。马克思和恩格斯进一步指出：“我们在上面已经说明分工是迄今为止历史的主要力量之一，现在，分工也以精神劳动和物质劳动的分工的形式在统治阶级中间表现出来，因此在这个阶级内部，一部分人是作为该阶级的思想家出现的，他们是这一阶级的积极的、有概括能力的玄想家，他们把编造这一阶级关于自身的幻想当作主要的谋生之道，而另一些人对于这些思想和幻想则采取比较消极的态度，并且准备接受这些思想和幻想，因为在实际中他们是这个阶级的积极成员，很少有时间来编造关于自身的幻想和思想。”④这种分离是统治阶级内部掌权者和为其服务的思想家的分离。

（三）分工体现的是一定的社会经济关系

分工是同一定的生产方式相联系的。分工不是由生产工具或机器决定的，而是由经济关系决定的。“机器正像拖犁的牛一样，并不是一个经济

---

① 《马克思恩格斯选集》第1卷，人民出版社1995年版，第104-105页。
② 《马克思恩格斯选集》第1卷，人民出版社1995年版，第106-109页。
③ 《马克思恩格斯选集》第1卷，人民出版社1995年版，第135页。
④ 《马克思恩格斯选集》第1卷，人民出版社1995年版，第99页。

范畴。机器只是一种生产力。以应用机器为基础的现代工厂才是社会生产关系，才是经济范畴。”“当现代工厂中的分工由企业主的权威详细规定的时候，现代社会要进行劳动分配，除了自由竞争之外没有别的规则、别的权威可言。”“在宗法制度、种姓制度、封建制度和行会制度下，整个社会的分工都是按照一定的规则进行的。……它们最初来自物质生产条件，只是过了很久以后才上升为法律。”①

个人才赋的差别是分工的结果而不是原因。“亚当·斯密比蒲鲁东先生所想象的要看得远些。他很清楚地看到：‘个人之间天赋才能的差异，实际上远没有我们所设想的那么大；这些十分不同的、看来是使从事各种职业的成年人彼此有所区别的才赋，与其说是分工的原因，不如说是分工的结果。’从根本上说，搬运夫和哲学家之间的差别要比家犬和猎犬之间的差别小得多，他们之间的鸿沟是分工掘成的。”②这个观点是完全正确的。现实中人与人之间的差别主要不是天赋才能的差别，而是奴隶般的分工造成的差别。

分工和私有制是对同一件事情的不同表达方式。第一，分工和所有制形式是同步发展的。“分工发展的各个不同阶段，同时也就是所有制的各种不同形式。这就是说，分工的每一个阶段还决定个人的与劳动材料、劳动工具和劳动产品有关的相互关系。”“第一种所有制形式是部落[Stamm]所有制。它与生产的不发达阶段相适应，……在这个阶段，分工还很不发达，仅限于家庭中现有的自然形成的分工的进一步扩大。因此，社会结构只限于家庭的扩大：父权制的部落首领，他们管辖的部落成员，最后是奴隶。”“第二种所有制形式是古典古代的公社所有制和国家所有制。这种所有制是由于几个部落通过契约或征服联合为一个城市而产生的。在这种所有制下仍然保存着奴隶制。除公社所有制以外，动产私有制以及后来的不动产私有制已经发展起来，但它们……受公社所有制形式

① 《马克思恩格斯选集》第1卷，人民出版社1995年版，第161—163页。
② 余金成：《社会主义改革的实质是重建劳动和资本的关系》，《中国浦东干部学院学报》2018年第5期。

的约束。这是积极公民的一种共同私有制，他们面对着奴隶不得不保存这种自然形成的联合方式。……分工已经比较发达。城乡之间的对立已经产生，……公民和奴隶之间的阶级关系已经充分发展。”“第三种形式是封建的或等级的所有制。古代的起点是城市及其狭小的领域，中世纪的起点则是乡村。……这种所有制像部落所有制和公社所有制一样，也是以一种共同体［Gemeinwesen］为基础的。但是作为直接进行生产的阶级而与这种共同体对立的，已经不是与古典古代的共同体相对立的奴隶，而是小农奴。……这种封建结构同古典古代的公社所有制一样，是一种联合，其目的在于对付被统治的生产者阶级；只是联合的形式和对于直接生产者的关系有所不同，因此出现了不同的生产条件。”“在城市中与这种土地占有的封建结构相适应的是同业公会所有制，即手工业的封建组织。”① 第二，分工包含的社会基本矛盾导致私有制。“我们从这一大堆赘述中只能得出一个结论：上述三个因素即生产力、社会状况和意识，彼此之间可能而且一定会发生矛盾，因为分工不仅使精神活动和物质活动、享受和劳动、生产和消费由不同的个人来分担这种情况成为可能，而且成为现实，而要使这三个因素彼此不发生矛盾，则只有再消灭分工。”“分工包含着所有这些矛盾，而且又是以家庭中自然形成的分工和以社会分裂为单个的、互相对立的家庭这一点为基础的。与这种分工同时出现的还有分配，而且是劳动及其产品的不平等的分配（无论在数量上或质量上）；因而产生了所有制，它的萌芽和最初形式在家庭中已经出现，在那里妻子和儿女是丈夫的奴隶。家庭中这种诚然还非常原始和隐蔽的奴隶制，是最初的所有制，但就是这种所有制也完全符合现代经济学家所下的定义，即所有制是对他人劳动力的支配。其实，分工和私有制是相等的表达方式，对同一件事情，一个是就活动而言，一个是就活动的产品而言。”② 第三，分工包含着劳动条件的分配和私有制的不同形式。“在大工业和竞争中，各个人的一切生存

---

① 《马克思恩格斯选集》第 1 卷，人民出版社 1995 年版，第 68-70 页。
② 《马克思恩格斯选集》第 1 卷，人民出版社 1995 年版，第 83-84 页。

条件、一切制约性、一切片面性都融合为两种最简单的形式——私有制和劳动。货币使任何交往形式和交往本身成为对个人来说是偶然的东西。因此，货币就是产生下述现象的根源：迄今为止的一切交往都只是在一定条件下个人的交往，而不是作为个人的个人的交往。这些条件可以归结为两点：积累起来的劳动，或者说私有制，以及现实的劳动。如果二者缺一，交往就会停止。……但是，另一方面，个人本身完全屈从于分工，因此他们完全被置于相互依赖的关系之中。私有制，就它在劳动的范围内同劳动相对立来说，是从积累的必然性中发展起来的。起初它大部分仍旧保存着共同体［Geimenwesen］的形式，但是在以后的发展中越来越接近私有制的现代形式。分工从最初起就包含着劳动条件——劳动工具和材料——的分配，也包含着积累起来的资本在各个所有者之间的劈分，从而也包含着资本和劳动之间的分裂以及所有制本身的各种不同的形式。分工越发达，积累越增加，这种分裂也就发展得越尖锐。劳动本身只能在这种分裂的前提下存在。”①

由特殊利益和共同利益的矛盾自然形成的分工是一种异己的力量。只要特殊利益和共同利益之间还有分裂，只要分工还不是出于自愿而是自然形成的，那么，人本身的活动就成为一种异己的力量。这种力量压迫着人，而不是人驾驭着这种力量。②

分工是劳动条件对工人的直接支配。“在所有以自然分工为基础的社会里，产品支配着生产者，因而在某种程度上，生产资料至少在某些场合也支配着生产者：在中世纪，土地支配着农民，农民只是土地的附属物；手工工具支配着行会手工业者。分工是劳动资料对工人的直接支配，虽然这并不是资本主义意义上的支配。”③

过细的分工使工人的特殊技巧失去价值。“分工越细，劳动就越简单化。工人的特殊技巧失去任何价值。工人变成了一种简单的、单调的生产

① 《马克思恩格斯选集》第1卷，人民出版社1995年版，第127页。
② 《马克思恩格斯选集》第1卷，人民出版社1995年版，第85页。
③ 《马克思恩格斯全集》第36卷，人民出版社1975年版，第169页。

力，这种生产力不需要投入紧张的体力或智力。他的劳动成为人人都能从事的劳动了。因此，工人受到四面八方的竞争者的排挤；……一种工作越简单，越容易学会，为学会这种工作所需要的生产费用越少，工资也就越低，……”①

国家是在由分工决定的阶级的基础上产生的。随着分工的发展也产生了单个人的利益或单个家庭的利益与所有互相交往的个人的共同利益之间的矛盾。正是由于这种矛盾，共同利益才采取国家这种与实际的单个利益和全体利益相脱离的独立形式，同时采取虚幻的共同体形式。而这主要是在已经由分工决定的阶级的基础上产生的。②

（四）分工包含具有质的区别的不同形式

分工包含一般分工、特殊分工和个别分工三种形式。“单就劳动本身来说，可以把社会生产分为农业、工业等大类，叫作一般的分工；把这些生产大类分为种和亚种，叫作特殊的分工；把工场内部的分工，叫作个别的分工。”③

工厂内部的分工和社会内部的分工既具有一致性又有质的区别。分工区分为两类：第一类是社会内部不同劳动部门、不同商品生产者之间的分工；第二类是同一个工厂内部的分工。这两类分工有本质的区别。④社会内部的分工和工厂内部的分工，尽管有许多相似点和联系，但二者不仅有程度上的差别，而且有本质的区别。整个社会内的分工，不论是否以商品交换为中介，是各种经济的社会形态所共有的，而工场手工业分工却完全是资本主义生产方式的独特创造。⑤工场手工业分工的一个产物就是，物质生产过程的智力作为他人的财产和统治工人的力量同工人相对立。这个

---

① 《马克思恩格斯选集》第 1 卷，人民出版社 1995 年版，第 360 页。
② 《马克思恩格斯选集》第 1 卷，人民出版社 1995 年版，第 84－85 页。
③ 《资本论》第 1 卷，人民出版社 2004 年版，第 406－407 页。
④ 《马克思恩格斯全集》第 47 卷，人民出版社 1979 年版，第 303－305 页。
⑤ 《资本论》第 1 卷，人民出版社 2004 年版，第 406－416 页。

分离过程在简单协作中开始，在工场手工业中得到发展，在大工业中完成。在简单协作中，资本家在单个工人面前代表社会劳动体的统一和意志；工场手工业使工人畸形发展，变成局部工人；大工业则把科学作为一种独立的生产能力与劳动分离开来，并迫使科学为资本服务。[①] 大工业从技术上消灭了工场手工业分工，但大工业的资本主义形式又更可怕地再生产了这种分工。[②] 社会内部的自由的、似乎是偶然的、不能控制的和听凭商品生产者的任意行动的分工，同工厂内部的系统的、有计划的、有规则的、在资本的指挥下进行的分工是一致的，而且这两种分工是齐头并进向前发展的，通过相互作用而相互产生。[③] 可见，分工是由生产方式和经济关系造成的，而劳动资料不过是物质基础。

机械工厂中的分工只是来自机械工厂的总的结构。首先，分工是由于原动机和工作机之间存在着差别，因而需要辅助工人。其次，分工的原则来自机器本身，即来自那些为保持机器经常完好而进行的维修机器的作业，因而需要工人、机械师和工程师。再次，是打扫工厂垃圾和运走废料的辅助工。至于看管机器作业的工人，即工厂的真正骨干，他们全部完成同样的工作，没有任何本来意义的分工，只有简单协作。最后，是监工和真正的工人之间的分工。这种分工是由于在工人大军中必须保持纪律和进行监督而造成的，同发展专业化毫无共同之处，对工人来说，这些监工就是资本家。在工业资本家那里，这种监督劳动是由他的代表——工厂的军士来完成的。这是对劳动进行剥削的劳动。[④]

从以上对分工的考察可以看到：第一，必须把社会分工（社会强制的奴隶般的分工，自然的分工）同自愿的分工以及技术分工区别开来。政治经济学所考察的分工是社会强制的分工。第二，真正的社会分工是从物质劳动和精神劳动的分离开始的（以后将说明，这种分离同体力劳动和脑力

① 《资本论》第 1 卷，人民出版社 2004 年版，第 418 页。
② 《资本论》第 1 卷，人民出版社 2004 年版，第 557 页。
③ 《马克思恩格斯全集》第 47 卷，人民出版社 1979 年版，第 356－357 页。
④ 《马克思恩格斯全集》第 47 卷，人民出版社 1979 年版，第 521－522 页。

劳动的关系是两个不同的问题)，绝大部分人作为被统治阶级只从事物质劳动，而极少数人作为统治阶级只从事精神劳动。正因为如此，分工成为阶级划分的基础。第三，分工体现的是一定的经济关系或所有制关系，分工和私有制是同一个问题的两个方面，分工的真正原因是对立的经济关系，而不是个人天赋的能力差别。

五、关于体力劳动和脑力劳动及其相互关系

"重建"责难说，"马克思剩余价值理论从逻辑上排除了脑力劳动的主导地位"，"马克思把雇佣劳动作为剩余价值的主要来源，而雇佣劳动是以体力劳动支出为主的劳动方式，这意味着脑力劳动虽然发挥了某种作用，……但都是以历史积累方式呈现的，附着在时间载体上"；"脑力劳动附着在劳动资料上，并非专业脑力劳动成果"。[①]"由于天生禀赋和后天机遇差别，个体能力差别始终存在，以至于影响到他们对发展资源的获得。所谓脑体分工正是一部分劳动者持续获得更多发展资源造成的。"[②]"脑力安排体力，是成本较低、效率较高的社会合作选择。因此，文明史出现脑体分工现象，是社会合作的客观要求，是一种历史性进步。"[③]"人类生命活动对理性依赖是一个客观事实，而分工则是使理性主义最大化的基本方式。其中，最为关键的是脑体分工的出现，这是人类文明迈入长足发展的标志。"[④]马克思、恩格斯"把脑体分工视为阶级分野基础，……并缘此

① 余金成:《社会主义改革的实质是重建劳动和资本的关系》,《中国浦东干部学院学报》2018 年第 5 期。
② 余金成:《社会主义改革的实质是重建劳动和资本的关系》,《中国浦东干部学院学报》2018 年第 5 期。
③ 余金成:《社会主义改革的实质是重建劳动和资本的关系》,《中国浦东干部学院学报》2018 年第 5 期。
④ 余金成:《社会主义改革的实质是重建劳动和资本的关系》,《中国浦东干部学院学报》2018 年第 5 期。

建立阶级斗争理论”。[①]“长期以来，马克思对资本摈弃是通过否定资本的劳动性质完成的，与此相关，脑力劳动也被看作非劳动。”[②]“社会主义改革”中才“肯定脑力劳动属于劳动”[③]，“对资本作用渐次认同”。[④]概括地说，在“重建”看来，马克思否定脑力劳动创造价值；认为脑力劳动是非劳动，通过否定脑力劳动也是劳动而摈弃资本，并把脑体分工视为阶级分野基础。并认为：脑体分工是个体能力差别造成的；脑体分工是社会合作的客观要求，是人类文明长足发展的标志。这种认识是正确的吗？我们必须通过考察作出科学的回答（这里暂时抛开阶级问题）。

（一）体力劳动和脑力劳动的区分不同于物质劳动和精神劳动的区分

马克思把人类的生产区分为物质生产和精神生产两个领域。在经济理论中，马克思把人类的生产区分为物质生产和精神生产；与此相联系，把劳动区分为物质生产劳动（物质劳动）和精神生产劳动（精神劳动）。在物质生产领域，马克思又把劳动区分为生产劳动和非生产劳动（服务）。有庸俗经济学家认为，立法者、医生、士兵等等都是生产的。对此，马克思说：“士兵像很大一部分非生产劳动者一样，属于生产上的非生产费用，这些非生产劳动者，无论在精神生产领域还是在物质生产领域，自己什么也不生产，他们只是由于社会关系的缺陷，才成为有用的和必要的，他们的存在，只能归因于社会的弊端。”[⑤]“思想的历史除了证明精神生产随着物质生产的改造而改造，还证明了什么呢？任何一个时代的统治思想始终

① 余金成：《社会主义改革的实质是重建劳动和资本的关系》，《中国浦东干部学院学报》2018年第5期。

② 余金成：《社会主义改革的实质是重建劳动和资本的关系》，《中国浦东干部学院学报》2018年第5期。

③ 余金成：《社会主义改革的实质是重建劳动和资本的关系》，《中国浦东干部学院学报》2018年第5期。

④ 余金成：《社会主义改革的实质是重建劳动和资本的关系》，《中国浦东干部学院学报》2018年第5期。

⑤ 《马克思恩格斯全集》第33卷，人民出版社2004年版，第350页。

都不过是统治阶级的思想。”[①] 马克思还说：“资产阶级，由于开拓了世界市场，使一切国家的生产和消费都成为世界性的了。……物质的生产是如此，精神的生产也是如此。各民族的精神产品成了公共的财产。民族的片面性和局限性日益成为不可能，于是由许多种民族的和地方的文学形成了一种世界的文学。”[②] 在这里，它又把产品区分为物质产品和精神产品。与物质生产和精神生产相联系，马克思还提出了物质生产力和精神生产力、物质力量和精神力量、物质生产资料和精神生产资料等概念。马克思说：“货币的简单规定本身表明，货币作为发达的生产要素，只能存在于雇佣劳动存在的地方；因此，只能存在于这样的地方，在那里，货币不但决不会使社会形式瓦解，反而是社会形式发展的条件和发展一切生产力即物质生产力和精神生产力的主动轮。”[③] “统治阶级的思想在每一时代都是占统治地位的思想。这就是说，一个阶级是社会上占统治地位的物质力量，同时也是社会上占统治地位的精神力量。支配着物质生产资料的阶级，同时也支配着精神生产资料，因此，那些没有精神生产资料的人的思想，一般地是隶属于这个阶级的。”[④] 这里最主要的是，马克思把生产区分为物质生产和精神生产。所谓“物质生产”，就是物质生活资料（物质财富）的生产；“精神生产”就是思想、理论、观念（例如宗教的、道德的、哲学的、政治的、法的观念）等等意识形态（精神财富）的生产，以及科学发现、艺术创造、文学作品等等。马克思特别强调，相对于物质生产，精神生产是另一种生产，是同特定的生产方式相联系的。马克思说：“生产劳动和非生产劳动的区分，对于斯密所考察的东西——物质财富的生产，而且是这种生产的一定形式即资本主义生产方式——具有决定性的意义。在精神生产中，表现为生产劳动的是另一种劳动，但斯密没有考察它。……要研究精神生产和物质生产之间的联系，首先必须把这种物质生产本身不是

① 《马克思恩格斯选集》第 1 卷，人民出版社 1995 年版，第 292 页。
② 《马克思恩格斯选集》第 1 卷，人民出版社 1995 年版，第 276 页。
③ 《马克思恩格斯全集》第 46 卷（上册），人民出版社 1979 年版，第 173 页。
④ 《马克思恩格斯选集》第 1 卷，人民出版社 1995 年版，第 98 页。

当作一般范畴来考察，而是从一定的历史的形式来考察。例如，与资本主义生产方式相适应的精神生产，就和与中世纪生产方式相适应的精神生产不同。”“其次，从物质生产的一定形式产生：第一，一定的社会结构；第二，人对自然的一定关系。人们的国家制度和人们的精神方式由这两者决定，因而人们的精神生产的性质也由这两者决定。”①

物质生产和“非物质生产”的区分体现了生产方式的区别。当资本主义生产方式在物质生产领域处于支配地位的时候，非物质生产还没有从属于它。非物质生产的产品包括两类：一是具有独立形式的商品；二是不能同消费分离的服务。马克思说：“在非物质生产中，甚至当这种生产纯粹为交换而进行，因而纯粹生产商品的时候，也可能有两种情况：（1）生产的结果是商品，是使用价值，它们具有离开生产者和消费者而独立的形式，……如书、画以及一切脱离艺术家的艺术活动而单独存在的艺术作品。在这里，资本主义生产只是在很有限的规模上被应用，……这里的大多数情况，都还只局限于向资本主义生产过渡的形式，就是说，从事各种科学或艺术的生产的人，工匠或行家，为书商的总的商业资本家而劳动，这种关系同真正的资本主义生产方式无关，甚至在形式上也还没有从属于它。……（2）产品同生产行为不能分离，如一切表演艺术家、演说家、演员、教员、医生、牧师等等的情况。在这里，资本主义生产方式也只是在很小的范围内能够应用，并且就事物的本性来说，只能在某些领域中应用。……资本主义生产在这个领域中的所有这些表现，同整个生产比起来是微不足道的，因此可以完全置之不理。”② 可见，这里所说的“非物质生产”还不是资本主义的“精神生产”。

简单劳动和复杂劳动都包含一定的体力劳动和脑力劳动。马克思把创造价值的劳动区分为简单劳动和复杂劳动（或复合劳动，高级劳动，比重大的劳动）；把复杂劳动看作是倍加的（多倍的）简单劳动。简单劳动

① 《剩余价值理论》第1册，人民出版社1975年版，第295—296页。
② 《剩余价值理论》第1册，人民出版社1975年版，第442—443页。

是简单劳动力的耗费；复杂劳动则是经过教育和培训包含更多知识和技巧的劳动。马克思说："比较复杂的劳动只是自乘的或不如说多倍的简单劳动，因此，少量的复杂劳动等于多量的简单劳动。"① "对于价值的增殖过程来说，资本家占有的劳动是简单的、社会的平均劳动，还是较复杂的、比重较高的劳动，是毫无关系的。比社会的平均劳动较高级、较复杂的劳动，是这样一种劳动力的表现，这种劳动力比普通劳动力需要较高的教育费用，它的生产要花费较多的劳动时间，因此它具有较高的价值。既然这种劳动力的价值较高，它也就表现为较高级的劳动，也就在同样长的时间内对象化较多的价值。"② 在工场手工业中，"因为总体工人的各种职能有的比较简单，有的比较复杂，有的比较低级，有的比较高级，所以它的器官，即各个劳动力，需要极不相同的教育程度，从而具有极不相同的价值"。③ "劳动也有质的区别，这不仅因为劳动所处的生产部门不同，而且因为劳动强度有大有小，等等。……各种劳动的产品作为价值在一定比例上是等价物；较高级劳动本身是用简单劳动来估价的。……质的区别这样一来就消除了，一种较高级劳动的产品实际上化为一定量的简单劳动。可见，对不同质的劳动所作的这些计算，在这里是完全无关紧要的，这丝毫也不损害原理。"④ 恩格斯把复杂劳动又称为"复合劳动"，这种劳动"包含着需要耗费或多或少的辛劳、时间和金钱去获得的技巧和知识的运用"。⑤ 一般来说，简单劳动包含更多的体力劳动，复杂劳动包含更多的脑力劳动。但是，简单劳动不仅仅包含体力劳动；复杂劳动也不仅仅包含脑力劳动。任何简单劳动都包含一定的脑力劳动；任何复杂劳动都包含一定的体力劳动。差别在于，是包含的两种劳动的比例不同。在资本主义生产方式中，生产过程中的劳动以总体工人和总体结合劳动的形式表现出来，每个

---

① 《资本论》第 1 卷，人民出版社 2004 年版，第 57－58 页。
② 《资本论》第 1 卷，人民出版社 2004 年版，第 230 页。
③ 《资本论》第 1 卷，人民出版社 2004 年版，第 405 页。
④ 《马克思恩格斯全集》第 46 卷（下册），人民出版社 1980 年版，第 376 页。
⑤ 《马克思恩格斯选集》第 3 卷，人民出版社 1995 年版，第 541－542 页。

工人只从事某种职能的劳动，从清洁工和小工到加工工人和工程师，从工人到监工。在他们的劳动中，体力劳动和脑力劳动的比重各不相同，有的以体力劳动为主，有的以脑力劳动为主。但尽管是小工，也少不了脑力劳动；尽管是工程师，也少不了体力劳动。因此，马克思说："资本主义生产方式的特点，恰恰在于它把各种不同的劳动，因而也把脑力劳动和体力劳动，或者说，把以脑力劳动为主和以体力劳动为主的各种劳动分离开来，分配给不同的人。"[①]因此，体力劳动和脑力劳动的分离是相对的。这里应当指出的是，物质生产领域中体力劳动和脑力劳动的分离，不等于物质劳动和精神劳动的分离。

资本主义生产方式中劳动的简单化导致劳动贬值。"[由于使用机器]，从事各种不同形式活动的比较复杂的劳动被消灭了，代替它的是简单的机器劳动。所谓简单的机器劳动，我们指的是应由看管工作机的人来完成的辅助作业。""劳动力由于分工而达到的专业化被消灭了，于是劳动力贬值，因为工场手工业作为一个体系要求劳动力划分为等级，以便使一处的比较简单的劳动，有另一处的比较复杂的劳动来相配合。[由于使用机器]，更加简单的劳动代替了以前的简单劳动，尽管后者是专业化了的并在专业方面（即使它是多么微不足道）达到高超的程度。"[②]"由于机器使用同一的、简单的、最多不过在年龄和性别上有区别的劳动，去代替有手艺的独立的手工业者和由于分工而发展起来的劳动专业化，它就把一切劳动力都变为简单的劳动力，把一切劳动都变为简单劳动，结果，劳动力总量贬值了。"[③]

（二）体力劳动和脑力劳动的分离和对立根源于资本主义生产方式

资本主义生产方式中劳动过程的各种职能以总体工人器官的形式发挥作用。"就劳动过程是纯粹个人的劳动过程来说，同一劳动者是把后来

① 《剩余价值理论》第1册，人民出版社1975年版，第444页。
② 《马克思恩格斯全集》第47卷，人民出版社1979年版，第520－521页。
③ 《马克思恩格斯全集》第47卷，人民出版社1979年版，第560页。

彼此分离开来的一切职能结合在一起的。当他为了自己的生活目的对自然物实行个人占有时，他是自己支配自己的。后来他成为被支配者。单个人如果不在自己的头脑的支配下使自己的肌肉活动起来，就不能对自然发生作用。正如在自然机体中头和手组成一体一样，劳动过程把脑力劳动和体力劳动结合在一起了。后来它们分离开来，直到处于敌对的对立状态。产品从个体生产者的直接产品转化为社会产品，转化为总体工人即结合劳动人员的共同产品。总体工人的各个成员较直接地或者较间接地作用于劳动对象。因此，随着劳动过程的协作性质本身的发展，生产劳动和它的承担者即生产工人的概念也就必然扩大。为了从事生产劳动，现在不一定要亲自动手；只要成为总体工人的一个器官，完成他所属的某一种职能就够了。”①

资本主义生产过程具有不同价值的劳动能力的劳动者都是雇佣劳动者。“在特殊的资本主义生产方式中，许多工人共同生产同一个商品；随着这种生产方式的发展，这些或那些工人的劳动同生产对象之间直接存在的关系，自然是各种各样的。例如，前面提到过的那些工厂小工，同原料的加工毫无直接关系；监督直接进行原料加工的工人的那些监工，就更远一步；工程师［对生产的物品］又有另一种关系，他主要只是从事脑力劳动，如此等等。但是，所有这些具有不同价值的劳动能力（虽然使用的劳动量大致上在同一水平上）的劳动者的总体进行生产的结果——从单纯的劳动过程的结果来看——表现为商品或一个物质产品。所有这些劳动者合在一起，作为一个生产集体，是生产这种产品的活机器，就像从整个生产过程来看，他们用自己的劳动同资本交换，把资本家的货币作为资本再生产出来，就是说，作为自行增殖的价值，自行增大的价值再生产出来。资本主义生产方式的特点，恰恰在于它把各种不同的劳动，因而也把脑力劳动和体力劳动，或者说，把以脑力劳动为主和以体力劳动为主的各种劳动分离开来，分配给不同的人。但是，这一点并不妨碍物质产品是所

① 《资本论》第1卷，人民出版社2004年版，第581－582页。

有这些人的共同劳动的产品，或者说，并不妨碍他们的共同劳动的产品体现在物质财富中；另一方面，这一分离也丝毫不妨碍：这些人中的每一个人对资本家的关系是雇佣劳动者的关系，是在这个特定意义上的生产工人的关系。所有这些人不仅直接从事物质财富的生产，并且用自己的劳动直接同作为资本的货币交换，因而不仅把自己的工资再生产出来，并且还直接为资本家创造剩余价值。他们的劳动是由有酬劳动加无酬的剩余劳动组成的。”①这就是说，无论是小工还是工程师，无论是以体力劳动为主的劳动者还是以脑力劳动为主的劳动者，都是直接创造价值和剩余价值的雇佣劳动者——在这一点上，他们没有质的区别。

商品及其价值是包括脑力劳动在内的一切人员劳动的结果。“亚·斯密自然把直接耗费在物质生产中的各类脑力劳动，算作‘固定和物化在可以出卖或交换的商品中’的劳动。斯密在这里不仅指直接的手工工人或机器工人的劳动，而且指监工、工程师、经理、伙计等等的劳动，总之，指在一定物质生产领域内为生产某一商品所需要的一切人员的劳动，这些人员的共同劳动（协作）是制造商品所必需的。的确，他们把自己的全部劳动加到不变资本上，并使产品的价值提高这么多。”②不仅如此，“产业的向前发展所造成的不变资本的这种节约，具有这样的特征：在这里，一个产业部门利润率的提高，要归功于另一个产业部门劳动生产力的发展。在这里，资本家得到的好处，又是社会劳动的产物，虽然并不是他自己直接剥削的工人的产物。生产力的这种发展，最终总是归结为发挥着作用的劳动的社会性质，归结为社会内部的分工，归结为脑力劳动特别是自然科学的发展。在这里，资本家利用的，是整个社会分工制度的优点。在这里，劳动生产力在其他部门即为资本家提供生产资料的部门的发展，相对地降低资本家所使用的不变资本的价值，从而提高利润率”。③

体力劳动和脑力劳动分工和对立绝不是个人能力差别造成的。如果

① 《马克思恩格斯全集》第48卷，人民出版社1985年版，第62－63页。
② 《剩余价值理论》第1册，人民出版社1975年版，第155－156页。
③ 《资本论》第3卷，人民出版社2004年版，第96页。

说，个人才赋的差别是分工的结果而不是原因，从事各种职业的人们之间的鸿沟是分工掘成的，那么，脑体分工和对立同样不是个人能力差别造成的。在现阶段，个人能力的差别，主要不是体质和天赋的差别，而是历史上长期经历的对立的生产方式累积造成的，是所有者和劳动者、剥削者和被剥削者、富人和穷人、城市人和乡村人、发达地区和落后地区的差别造成的，是奴隶般的社会分工造成的。在过去的历史上，在农村，绝大多数人是世袭的农民；在城市，人们有更多的机会学习和进入非农产业，上升为有产阶级，乃至做官为宦。这种差别和个人天赋的差别毫无关系。实践证明，在消除城乡隔离的条件下，农民一旦有机会进入高等学校，进入城市，进入大企业或政府机构，这种差别很快就会消失。可以预料，如果处在共产主义社会条件下，这种个人能力的差别会降到最低程度。

（三）体力劳动和脑力劳动的分工表现了对立的生产方式的历史局限性

在资本主义的机器体系中智力转化为资本支配劳动的权力。“由于劳动资料转化为自动机，它就在劳动过程本身中作为资本，作为支配和吮吸活劳动力的死劳动同工人相对立。……生产过程的智力同体力劳动相分离，智力转化为资本支配劳动的权力，是在以机器为基础的大工业中完成的。变得空虚了的单个机器工人的局部技巧，在科学面前，在巨大的自然力面前，在社会的群众性劳动面前，作为微不足道的附属品而消失了；科学、巨大的自然力、社会的群众性劳动都体现在机器体系中，并同机器体系一道构成‘主人’的权力。”①

资本主义生产方式不仅造成脑体劳动的对立而且不断扩大食利者阶级。“劳动生产力越高，非工人和工人相比数量就越多，不从事必要生活资料生产或完全不从事物质生产的工人的数量就越多，或者最后，直接构成剩余产品所有者的人数的那些人，或者甚至构成既不从事体力劳动也不

① 《资本论》第1卷，人民出版社2004年版，第487页。

从事脑力劳动，而是提供‘服务’，由剩余产品所有者将剩余产品的一部分付给他们作为报酬的那些人的数量就越多。”[①] 这里所说的“服务”实际上指的是“仆役阶级”为资产阶级提供的服务，他们不仅不参与物质生产，而且不提供商品性服务，他们完全靠分享剩余价值生活。

只有共产主义社会才能够消除体力劳动和脑力劳动的对立。“当社会成为全部生产资料的主人，可以在社会范围内有计划地利用这些生产资料的时候，社会就消灭了迄今为止的人自己的生产资料对人的奴役。不言而喻，要不是每一个人都得到解放，社会也不能得到解放。因此，旧的生产方式必须彻底改革，特别是旧的分工必须消灭。代之而起的应该是这样的生产组织：在这个组织中，一方面，任何个人都不能把自己在生产劳动这个人类生存的自然条件中所应参加的部分推到别人身上；另一方面，生产劳动给每一个人提供全面发展和表现自己全部的即体力的和脑力的能力的机会，这样，生产劳动就不再是奴役人的手段，而成了解放人的手段，因此，生产劳动就从一种负担变成一种快乐。”[②] “在共产主义社会高级阶段，在迫使个人奴隶般地服从分工的情形已经消失，从而脑力劳动和体力劳动的对立也随之消失之后；在劳动已经不仅仅是谋生的手段，而且本身成了生活的第一需要之后；在随着个人的全面发展，他们的生产力也增长起来，而集体财富的一切源泉都充分涌流之后，——只有在那个时候，才能完全超出资产阶级权利的狭隘眼界，社会才能在自己的旗帜上写上：各尽所能，按需分配！”[③]

（四）马克思从来没有通过否定脑力劳动而摈弃资本

马克思从不否认脑力劳动创造价值。首先，任何商品的价值都既包含体力劳动也包含脑力劳动。“如果把生产活动的特定性质撇开，从而把劳动的有用性质撇开，劳动就只剩下一点：它是人类劳动力的耗费。尽管缝

---

① 《马克思恩格斯文集》第 8 卷，人民出版社 2009 年版，第 370—371 页。
② 《马克思恩格斯选集》第 3 卷，人民出版社 1995 年版，第 644 页。
③ 《马克思恩格斯选集》第 3 卷，人民出版社 1995 年版，第 305—306 页。

和织是不同质的生产活动，但二者都是人的脑、肌肉、神经、手等等的生产耗费，从这个意义上说，二者都是人类劳动。这只是耗费人类劳动力的两种不同的形式。……商品价值体现的是人类劳动本身，是一般人类劳动的耗费。正如在资产阶级社会里，将军和银行家扮演着重要的角色，而人本身则扮演极卑微的角色一样，人类劳动在这里也是这样。”[①]如前所述，资本主义生产方式的特点，恰恰在于它把各种不同的劳动，因而也把脑力劳动和体力劳动，或者说，把以脑力劳动为主和以体力劳动为主的各种劳动分离开来，分配给不同的人。但是，一方面，这一分离并不妨碍，物质产品是所有这些人的共同劳动的产品；另一方面，这一分离也不妨碍，这些人中的每一个人对资本家的关系是雇佣劳动者的关系，所有这些人不仅直接从事物质财富的生产，不仅把自己的工资再生产出来，而且还直接为资本家创造剩余价值。[②]其次，马克思充分肯定作为脑力劳动产物的科学的巨大价值。“对脑力劳动的产物——科学——的估价，总是比它的价值低得多，因为再生产科学所必要的劳动时间，同最初生产科学所需要的劳动时间是无法相比的，例如学生在一小时内就能学会二项式定理。”[③]

马克思充分肯定资本在人类历史上的巨大功绩。马克思说：“只有资本才创造出资产阶级社会，并创造出社会成员对自然界和社会联系本身的普遍占有。由此产生了资本的伟大的文明作用：它创造了这样一个社会阶段，与这个社会阶段相比，以前的一切社会阶段都只表现为人类的地方性发展和对自然的崇拜。只有在资本主义制度下自然界才不过是人的对象，不过是有用物；它不再被认为是自为的力量；而对自然界的独立规律的理论认识本身不过表现为狡猾，其目的是使自然界（不管是作为消费品，还是作为生产资料）服从于人的需要。资本按照自己的这种趋势，既要克服民族界限和民族偏见，又要克服把自然神化的现象，克服流传下来的、在一定界限内闭关自守地满足于现有需要和重复旧生活方式的状况。资本破

① 《资本论》第1卷，人民出版社2004年版，第57-58页。
② 《剩余价值理论》第1册，人民出版社1975年版，第444页。
③ 《剩余价值理论》第1册，人民出版社1975年版，第377页。

坏这一切并使之不断革命化，摧毁一切阻碍发展生产力、扩大需要、使生产多样化、利用和交换自然力量和精神力量的限制。”[①]“资本的文明面之一是，它榨取这种剩余劳动的方式和条件，同以前的奴隶制、农奴制等形式相比，都更有利于生产力的发展，有利于社会关系的发展，有利于更高级的新形态的各种要素的创造。因此，资本一方面会导致这样一个阶段，在这个阶段上，社会上的一部分人靠牺牲另一部分人来强制和垄断社会发展（包括这种发展的物质方面和精神方面的利益）的现象将会消灭；另一方面，这个阶段又会为这样一些关系创造出物质手段和萌芽，这些关系在一个更高级的社会形式中，使这种剩余劳动能够同物质劳动一般所占用的时间的更大的节制结合在一起。”[②]《共产党宣言》指出：“资产阶级在历史上曾经起过非常革命的作用。”“资产阶级在它已经取得了统治的地方把一切封建的、宗法的和田园诗般的关系都破坏了。”“资产阶级抹去了一切向来受人尊崇和令人敬畏的职业的神圣光环。”“资产阶级撕下了罩在家庭关系上的温情脉脉的面纱，把这种关系变成了纯粹的金钱关系。”“资产阶级揭示了，在中世纪深受反动派称许的那种人力的野蛮使用，是以极端怠惰作为相应补充的。”“资产阶级除非对生产工具，从而对生产关系，从而对全部社会关系不断地进行革命，否则就不能生存下去。”“资产阶级，由于开拓了世界市场，使一切国家的生产和消费都成为世界性的了。”“资产阶级，由于一切生产工具的迅速改进，由于交通的极其便利，把一切民族甚至最野蛮的民族都卷到文明中来了。”“资产阶级使农村屈服于城市的统治。它创立了巨大的城市，使城市人口比农村人口大大增加起来，因而使很大一部分居民脱离了农村生活的愚昧状态。”“资产阶级日甚一日地消灭生产资料、财产和人口的分散状态。它使人口密集起来，使生产资料集中起来，使财产聚集在少数人的手里。由此必然产生的结果就是政治的集中。”“资产阶级在它的不到一百年的阶级统治中所创造的生产力，比过去

---

① 《马克思恩格斯全集》第 46 卷（上册），人民出版社 1979 年版，第 393 页。

② 《资本论》第 3 卷，人民出版社 2004 年版，第 927-928 页。

一切世代创造的全部生产力还要多，还要大。”[①]“资产阶级历史时期负有为新世界创造物质基础的使命：一方面要造成以全人类互相依赖为基础的普遍交往，以及进行这种交往的工具，另一方面要发展人的生产力，把物质生产变成对自然力的科学统治。资产阶级的工业和商业正为新世界创造这些物质条件，正像地质变革创造了地球表层一样。”[②]正因为如此，马克思说，资本家对工人的统治，就是物对人的统治，死劳动对活劳动的统治，产品对生产者的统治，主体和客体是颠倒的。但是，“从历史上看，这种颠倒是靠牺牲多数来强制地创造财富本身，即创造无限的社会劳动生产力的必经之点，只有这种无限的社会劳动生产力才能构成自由人类社会的物质基础。这种对立的形式是必须经过的，正象人起初必须以宗教的形式把自己的精神力量作为一种独立的力量来与自己相对立完全一样。这是人本身的劳动的异化过程”。[③]可见，马克思从来没有贬低和摈弃资本；况且，当资本还没有完成自己的历史任务的时候，是不可能被人为地摈弃的。

六、关于按劳分配和按要素分配的质的区别

“重建”说，“马克思、恩格斯早就发现：资本主义商品经济体现了‘按能力计报酬，按功效定能力’即按劳分配原则”[④]，“马克思、恩格斯一直认为商品经济奉行按劳分配原则”[⑤]。“市场经济……所提供的平等法制环境使劳动者各尽所能，并经过市场竞争实现按劳分配”；二者共同体现

① 《马克思恩格斯选集》第 1 卷，人民出版社 1995 年版，第 274—277 页。
② 《马克思恩格斯选集》第 1 卷，人民出版社 1995 年版，第 773 页。
③ 《马克思恩格斯全集》第 49 卷，人民出版社 1982 年版，第 48—49 页。
④ 余金成：《社会主义改革的实质是重建劳动和资本的关系》，《中国浦东干部学院学报》2018 年第 5 期。
⑤ 余金成：《社会主义改革的实质是重建劳动和资本的关系》，《中国浦东干部学院学报》2018 年第 5 期。

“以劳动为尺度的平等关系”。[①]“按劳分配中劳动能力的差别”，使“那些劳动能力强者逐步积累更多的财富，一旦把后者转变为生产资料，就形成私有制”[②]。“资本是强者劳动——按劳分配带来财产权差别”，“既然资本源于劳动，私有制显然就属于劳动成果”，“人类通过竞争分离成为个体，是促进个人全面发展的唯一道路，而从所有制或经济领域层面来看，私有制正是因此而具有合理性”[③]，“该新提法（指十九大报告关于‘坚持按劳分配原则，完善按要素分配的体制机制’的提法）虽然并没有明言‘按要素分配’就是‘按劳分配’，但在一定程度认同了双方的一致性，并因此开启了按资分配即按劳分配的逻辑通道”[④]。“正确认识的按劳分配应该包含两个环节：首先是差别分配，让相关知识产权拥有这率先得利、较多得利；其次是平均分配，让所有参与生产过程的劳动者都能够获得系统利益。”[⑤]“社会主义市场经济在资源配置方面，通过市场决定性作用，解决了按劳分配中的差别分配问题，通过政府更好发挥作用，解决按劳分配中的平均分配问题。”[⑥]“社会主义市场经济在资源配置方面，通过市场决定性作用，解决了按劳分配中的差别分配问题，通过政府更好发挥作用，解决按劳分配中的平均分配问题。”[⑦]我们把这些话浓缩一下就是：资本主义商品经济（市场经济）体现了按劳分配和以劳动为尺度的平等关系；私有制和

① 余金成：《社会主义改革的实质是重建劳动和资本的关系》，《中国浦东干部学院学报》2018年第5期。

② 余金成：《社会主义改革的实质是重建劳动和资本的关系》，《中国浦东干部学院学报》2018年第5期。

③ 余金成：《社会主义改革的实质是重建劳动和资本的关系》，《中国浦东干部学院学报》2018年第5期。

④ 余金成：《社会主义改革的实质是重建劳动和资本的关系》，《中国浦东干部学院学报》2018年第5期。

⑤ 余金成：《社会主义改革的实质是重建劳动和资本的关系》，《中国浦东干部学院学报》2018年第5期。

⑥ 余金成：《社会主义改革的实质是重建劳动和资本的关系》，《中国浦东干部学院学报》2018年第5期。

⑦ 余金成：《社会主义改革的实质是重建劳动和资本的关系》，《中国浦东干部学院学报》2018年第5期。

资本是按劳分配中劳动能力的差别造成的；按要素分配或按资分配就是按劳分配；按劳分配包含差别分配和平均分配两个环节；社会主义市场经济中的按劳分配包含差别分配和平均分配。这些观点站得住脚吗？我们不得不跟着“重建”的观点作一番考察。

（一）分配方式和分配关系不过是生产方式和生产关系的背面和表现

谈论按劳分配、按资分配和按要素分配，涉及分配方式和分配关系，以及同生产方式和生产关系的关系。关于这个问题，马克思恩格斯有许多论述。他们指出：“分配关系本质上和这些生产关系是同一的，是生产关系的反面，所以二者共有同样的历史的暂时的性质。”“我们再来考察一下这种所谓的分配关系本身。工资以雇佣劳动为前提，利润以资本为前提。因此，这些一定的分配形式是以生产条件的一定的社会性质和生产当事人之间的一定的社会关系为前提的。因此，一定的分配关系只是历史规定的生产关系的表现。”“所谓的分配关系，是同生产过程的历史地规定的特殊社会形式，以及人们在他们的人类生活的再生产过程中相互所处的关系相适应的，并且是由这些形式和关系产生的。这些分配关系的历史性质就是生产关系的历史性质，分配关系不过表现生产关系的一个方面。资本主义的分配不同于各种由其他生产方式产生的分配形式，而每一种分配形式，都会随着它由以产生并且与之相适应的一定的生产形式的消失而消失。”[①] 分配关系和分配方式只是表现为生产要素的背面。分配的结构完全决定于生产的结构。分配本身是生产的产物，不仅就对象说是如此，而且就形式说也是如此。[②] 分配方式就是生产关系本身，不过是从分配角度来看罢了。财富生产的规律和条件与财富分配的规律是不同形式下的同一规律，而且两者都在变化，都经历同一历史过程，一般说来，两者不过是一个历史过程的两个要素。[③] “分配关系本身是由生产关系产生的，并且是从另一个角

① 《资本论》第 3 卷，人民出版社 2004 年版，第 994－1000 页。
② 《马克思恩格斯选集》第 2 卷，人民出版社 1995 年版，第 13 页。
③ 《马克思恩格斯全集》第 46 卷（下册），人民出版社 1980 年版，第 361－362 页。

度代表生产关系本身的。”[①]“消费资料的任何一种分配，都不过是生产条件本身分配的结果；而生产条件的分配，则表现生产方式本身的性质。例如，资本主义生产方式的基础是：生产的物质条件以资本和地产的形式掌握在非劳动者手中，而人民大众所有的只是生产的人身条件，即劳动力。既然生产的要素是这样分配的，那么自然就产生现在这样的消费资料的分配。如果生产的物质条件是劳动者自己的集体财产，那么同样要产生一种和现在不同的消费资料的分配。庸俗的社会主义仿效资产阶级经济学家（一部分民主派又仿效庸俗社会主义）把分配看成并解释成一种不依赖于生产方式的东西，从而把社会主义描写为主要是围绕着分配兜圈子。”[②]生产关系同时表现为分配关系。许多经济学家把资产阶级的生产关系和分配关系看作不同类的关系，把生产关系看作是自然的、永恒的规律，而把分配关系看作是人为的、历史上产生的和受人类社会控制等等的关系，这是荒谬的。[③]西斯蒙第不理解，分配关系只是从另一个角度来看的生产关系。[④]约·斯·穆勒等把资产阶级的生产形式看成绝对的，而把资产阶级的分配形式看成相对的、历史的，因而是暂时的，这种看法是多么愚蠢。其实，分配形式只不过是从另一个角度看的生产形式。[⑤]因此，分配方式和分配关系不过是生产方式和生产关系的背面（反面）、表现、一个方面、另一个角度，二者是完全同一的，分配方式就是生产关系本身。谈论市场经济的分配方式，不能离开市场经济借以形成的生产方式。

（二）按劳分配仅仅同共产主义社会第一阶段相联系

马克思论著中关于按劳分配的论述。主要有两处：一是《资本论》第一卷，二是《哥达纲领批判》。马克思说：“让我们……设想有一个自由

---

① 《马克思恩格斯全集》第46卷（下册），人民出版社1980年版，第279页。
② 《马克思恩格斯选集》第3卷，人民出版社1995年版，第306页。
③ 《马克思恩格斯全集》第47卷，人民出版社1979年版，第179页。
④ 《剩余价值理论》第3册，人民出版社1975年版，第55页。
⑤ 《剩余价值理论》第3册，人民出版社1975年版，第86页。

人联合体，他们用公共的生产资料进行劳动，并且自觉地把他们许多个人劳动力当作一个社会劳动力来使用。……这个联合体的总产品是一个社会产品。这个产品的一部分重新用作生产资料。这一部分依旧是社会的。而另一部分则作为生活资料由联合体成员消费。因此，这一部分要在他们之间进行分配。这种分配的方式会随着社会生产有机体本身的特殊方式和随着生产者的相应的历史发展程度而改变。仅仅为了同商品生产进行对比，我们假定，每个生产者在生活资料中得到的份额是由他的劳动时间决定的。这样，劳动时间就会起双重作用。劳动时间的社会的有计划的分配，调节着各种劳动职能同各种需要的适当的比例。另一方面，劳动时间又是计量生产者在共同劳动中个人所占份额的尺度，因而也是计量生产者在共同产品的个人可消费部分中所占份额的尺度。”[①] 他还说：“在一个集体的、以生产资料公有为基础的社会中，生产者不交换自己的产品；用在产品上的劳动，在这里也不表现为这些产品的价值，不表现为这些产品所具有的某种物的属性，因为这时，同资本主义社会相反，个人的劳动不再经过迂回曲折的道路，而是直接作为总劳动的组成部分存在着。”“我们这里所说的是这样的共产主义社会，它不是在它自身基础上已经发展了的，恰好相反，是刚刚从资本主义社会中产生出来的，因此它在各方面，在经济、道德和精神方面都还带着它脱胎出来的那个旧社会的痕迹。所以，每一个生产者，在作了各项扣除以后，从社会领回的，正好是他给予社会的。他给予社会的，就是他个人的劳动量。……他从社会领得一张凭证，证明他提供了多少劳动（扣除他为公共基金而进行的劳动），他根据这张凭证从社会储存中领得一份耗费同等劳动量的消费资料。他以一种形式给予社会的劳动量，又以另一种形式领回来。”“显然，这里通行的是调节商品交换（就它是等价的交换而言）的同一原则。内容和形式都改变了，因为在改变了的情况下，除了自己的劳动，谁都不能提供其他任何东西，另一方面，除了个人的消费资料，没有任何东西可以转为个人的财产。至于消费

① 《资本论》第1卷，人民出版社2004年版，第96页。

资料在各个生产者中间的分配，那么这里通行的是商品等价物的交换中通行的同一原则，即一种形式的一定量劳动同另一种形式的同量劳动相交换。”“所以，在这里平等的权利按照原则仍然是资产阶级权利，虽然原则和实践在这里已不再互相矛盾，而在商品交换中，等价物的交换只是平均来说才存在，不是存在于每个个别场合。”“虽然有这种进步，但这个平等的权利总还是被限制在一个资产阶级的框框里。生产者的权利是同他们提供的劳动呈比例的；平等就在于以同一尺度——劳动——来计量。……这种平等的权利，对不同等的劳动来说是不平等的权利。它不承认任何阶级差别，因为每个人都像其他人一样只是劳动者；但是它默认，劳动者的不同等的个人天赋，从而不同等的工作能力，是天然特权。所以就它的内容来讲，它像一切权利一样是一种不平等的权利。……要避免所有这些弊病，权利就不应当是平等的，而应当是不平等的。”“但是这些弊病，在经过长久阵痛刚刚从资本主义社会产生出来的共产主义社会第一阶段，是不可避免的。权利决不能超出社会的经济结构以及由经济结构制约的社会的文化发展。”“在共产主义社会高级阶段，在迫使个人奴隶般地服从分工的情形已经消失，从而脑力劳动和体力劳动的对立也随之消失之后；在劳动已经不仅仅是谋生的手段，而且本身成了生活的第一需要之后；在随着个人的全面发展，他们的生产力也增长起来，而集体财富的一切源泉都充分涌流之后，——只有在那个时候，才能完全超出资产阶级权利的狭隘眼界，社会才能在自己的旗帜上写上：各尽所能，按需分配！”①可见，按劳分配一方面同共产主义的经济基础相联系，另一方面又体现了商品等价交换原则。

必须准确理解按劳分配的含义和存在条件。在马克思的上述论述中，按劳分配是一个特定条件下的历史范畴。按劳分配不仅是以公有制为基础的，而且是建立在资本主义时代的成就之上的，是以社会所有制和社会规模的共同体为基础的，是以共同占有、共同生产、联合劳动为基础的。这

---

① 《马克思恩格斯选集》第 3 卷，人民出版社 1995 年版，第 303-306 页。

里没有商品、价值和货币，没有资本和雇佣劳动。按劳分配的对象是个人的消费资料，就其原则来说是等量劳动相交换，是调节商品交换的同一原则——只是内容和形式都改变了。就内容来说，被商品等价交换所掩盖的资本和劳动之间的不等价交换不存在了，真正实现了等量劳动相交换；就形式来说，劳动的直接交换代替了价值形式的交换——商品交换，这样，等量劳动相交换就不是仅仅存在于平均数中（即价格波动的平均数中），而是可以存在于每一个个别场合。马克思认为，按劳分配并不是共产主义者的最终目标，最终目标是按需分配。这种分配方式虽然已经消除了阶级差别，但完全不顾劳动能力和需求状况的差别，平等只是在于以劳动为唯一尺度，即默认劳动能力是一种天然特权。这种分配方式仅仅适合于共产主义社会第一阶段。按劳分配的确体现了差别分配，但是，第一，这种差别仅仅是劳动能力的差别，而不是劳动和资本、资本和资本的差别，不是阶级差别；在按劳分配的条件下，不可能存在按资分配和按要素分配。第二，按劳分配不包含平均分配。按劳分配体现的是等量劳动相交换的关系。在社会主义制度中不存在平均分配；平均分配是小生产者的要求。

（三）市场经济的分配方式不过是资本主义生产方式在分配上的表现

市场经济按要素所有权及其对资本增殖的贡献分配。市场经济是普遍化的商品生产，体现的是商品生产者之间的关系。但是，这种商品生产已经不是简单商品生产，而是采取了资本形式的商品生产。市场经济的微观基础是资本和雇佣劳动的关系，基本的生产方式是资本主义生产方式；生产的直接目的是资本增殖（剩余价值或利润）。因此，这种商品生产体现的不是以交换价值为目的的商品生产者之间的关系，而是资本之间的市场竞争关系。与这种生产方式相适应，其分配方式只能是按生产要素所有权及其对资本增殖的贡献进行分配。这里所谓“生产要素”，主要是资本、劳动、土地。至于技术、管理等等不构成独立的要素，它们分别从属于商品、资本和劳动。在这里，劳动是作为生产要素出现的，但和资本并不处于同等的地位，而是资本支配劳动。因此，劳动者凭借劳动得到的，即所谓“劳动者报酬”，并不是全部劳动的等价物，而仅仅是必要劳动的等价物，是作为劳动力价格的工资。所谓“按要素分配”是西方经济学的说法，是不科学的，掩盖了资本对雇佣劳动的剥削。

真正的市场经济中不存在按劳分配。现在，有些经济学家以“劳动收入”冒充按劳分配收入。如果不是缺乏知识就是有意混淆概念。按劳分配只存在于共同体经济之中，确切地说，只存在于共产主义社会第一阶段。在那里，生产资料是共同的劳动条件，不存在私人的或集团的所有权（包括股权），而且实行联合劳动。为了维持劳动力的再生产，任何生产方式中都存在劳动收入；但个体劳动、雇佣劳动、联合劳动等等的劳动收入，是性质完全不同的劳动收入，体现的是完全不同的生产方式。市场经济中的劳动收入，大都属于雇佣劳动的劳动收入。雇佣劳动者的劳动收入不属于按劳分配。在我国现阶段，虽然公有资产在法律所有权形式上占优势（即所谓“公有制为主体”），但在法律所有权和经济所有权分离的情况下，企业内部的生产方式已经变成资本和雇佣劳动的关系了，因此，分配方式也不表现为按劳分配。所谓“按劳分配为主体”，是从名不副实的“公有制为主体”推出来的，是不符合实际的。

（四）私有制和资本不是劳动能力的差别造成的

私有制产生于劳动生产率的提高和剩余产品的出现。这是私有制产生的物质基础。恩格斯说：“在旧大陆，家畜的驯养和畜群的繁殖，开发出前所未有的财富的来源，并创造了全新的社会关系。”“但是，这种新的财富……最初无疑是归氏族所有。然而，对畜群的私有制，一定是很早就已经发展起来了。很难说，亚伯拉罕族长被所谓摩西一经的作者看作畜群的占有者，究竟是由于他作为家庭公社首领所拥有的权利，还是由于他作为实际上世袭的氏族酋长的身分。只有一点没有疑问，那就是我们不应该把他设想为现代意义上的财产所有者。”[①] 在第二次大分工的基础上，“除了自

① 《马克思恩格斯选集》第 4 卷，人民出版社 1995 年版，第 50-51 页。

由民和奴隶的差别外，又出现了富人和穷人的差别，——随着新的分工，社会又有了新的阶级划分。各个家庭首长之间的财产差别，炸毁了各地迄今一直保存着的旧的共产制家庭公社；同时也炸毁了为这种公社而实行的土地的共同耕作。耕地起初是暂时地、后来便永久地分配给各个家庭使用，它向完全的私有财产的过渡，是逐渐进行的，是与对偶婚制向专偶制的过渡平行地发生的。个体家庭开始成为社会的经济单位了”。①

私有制是和分工同时产生和同步发展的。前面已经指出，“分工发展的各个不同阶段，同时也就是所有制的各种不同形式。这就是说，分工的每一个阶段还决定个人的与劳动材料、劳动工具和劳动产品有关的相互关系”。②“分工和私有制是相等的表达方式，对同一件事情，一个是就活动而言，另一个是就活动的产品而言。”③“分工从最初起就包含着劳动条件——劳动工具和材料——的分配，也包含着积累起来的资本在各个所有者之间的劈分，从而也包含着资本和劳动之间的分裂以及所有制本身的各种不同的形式。”④

只有在私有制基础上劳动能力的差别才进一步扩大财产占有的差别。私有制绝不是劳动能力的差别产生的。政治经济学所说的私有制，是就生产的物质条件来说的，而不是就生活资料来说的（不管生活资料是单纯地用于生存和劳动力的再生产，还是用于享受和发展），生活资料总是属于个人支配。这种生活资料不管多少，也不管多么高级，都不会用于支配他人劳动，并占有他人的剩余劳动。能够占有他人剩余劳动的是对劳动的客观条件（土地，生产资料）的垄断。真正的所有制是从少数人对生产资料的垄断开始的，而且起初往往借助超经济的强制。劳动能力的差别即使可以起作用，也不可能是决定性的作用。而且，只有在私有制基础上，劳动能力的差别才进一步扩大财产占有的差别。关于这一点马克思和恩格斯在

① 《马克思恩格斯选集》第 4 卷，人民出版社 1995 年版，第 164 页。
② 《马克思恩格斯选集》第 1 卷，人民出版社 1995 年版，第 68 页。
③ 《马克思恩格斯选集》第 1 卷，人民出版社 1995 年版，第 84 页。
④ 《马克思恩格斯选集》第 1 卷，人民出版社 1995 年版，第 127 页。

《共产党宣言》中讲得很清楚了。相反，在公有制基础上，劳动能力的差别固然可以造成生活资料多寡的差别，从而产生富裕程度的差别和生活水平的差别；但这不会形成新的私有制，也不会导致阶级差别。

资本不可能是劳动能力的差别形成的。资本不是物，而是一种特殊的经济关系。资本的形成总是和劳动和所有权的分离相联系的，总是随着雇佣劳动的出现而出现的。而所有这些，都是在私有制和商品生产的基础上产生的，都是随着价值形式的发展和货币的出现而产生的。至于资本的物质形式，绝不是在劳动能力差别的基础上积累起来的，而是伴随着超经济强制、剥夺和征服。如果单纯依靠劳动能力的差别，恐怕直到现在资本还难以产生。如果说劳动能力的差别更多地建立在脑力劳动和体力劳动差别的基础上，那么，脑力劳动和体力劳动的差别本身，恰恰是在对立的生产方式的基础上形成和发展的。进一步说，资本的形成同时就是资本主义生产方式的形成。按照马克思的论述，资本主义生产方式的形成和发展，大体经历了四个转变或过渡：一是从封建主义生产方式向资本主义生产方式的过渡，这是从自然经济及简单商品生产向普遍化的商品生产、从农奴劳动等等向雇佣劳动的根本性转变。这是总体的转变，不涉及资本主义生产方式本身的发展阶段。二是劳动对资本的关系从形式上的从属向实际上的从属转变，这是从工场手工业向大机器工业、从形式上的资本关系向实质上的资本关系、从主要依靠绝对剩余价值的生产向主要依靠相对剩余价值的生产的转变。这一转变是关键的一步，只有实现这一转变，资本主义生产才真正建立在自己特有的生产方式的基础上。三是从资本对独立生产者的剥夺向大资本对小资本的剥夺转变，这是从多种生产方式并存向趋向单一的资本主义生产方式、从分散的小资本向集中的大资本的转变。这是在资本主义生产方式范围内的转变，这一转变的意义在于，只有实现资本的高度积聚和集中，才能真正形成资本的生产力。四是从私人企业向股份公司和国有化的转变，这是从业主制的私人资本向公司制、国有制的社会资本的转变。这一转变主要是实现了资本和企业的高度社会化，使私人资本采取了社会资本（社会法人资本和国家资本）的形式，私人企业（业主制企业）采取了社会企业的形式，从而成为向社会所有制转变的过渡点。通过这一系列转变，资本主义生产方式便以更加典型和成熟的形态出现了，它的内在矛盾和自身限制也更加显著地表现出来了。

七、关于阶级的经济实质及其产生的根源

“重建”说，马克思和恩格斯“两人做出判断，认为大机器生产即可走出阶级社会”。其实，“阶级差别仅仅与劳动能力存在质差联系在一起”。[①] 他们“把脑体分工视为阶级分野基础，……并缘此建立阶级斗争理论”。[②] 马克思的结论是，“把脑力劳动者视为剥削阶级，从总体上否定了脑力劳动在人类物质生产活动中的积极意义，进而一般地把阶级斗争视为体力劳动者与脑力劳动者之间的斗争”。[③] 马克思认为，整个人类文明史都成为阶级斗争史。其实，“如果承认今天资产阶级可以与无产阶级进行常态社会合作，就会发现，阶级合作比阶级斗争更为经常地成为维系社会稳定、促进经济发展的基本形式”。[④] 按照“重建”的说法，马克思和恩格斯认为，大机器生产即可走出阶级社会；马克思把脑体分工视为阶级划分的基础，从而把脑力劳动者视为剥削阶级，进而把阶级斗争视为体力劳动者和脑力劳动者之间的斗争。而“重建”则认为，阶级仅仅同劳动能力存在质的差别相联系；阶级合作比阶级斗争更有利于社会稳定和经济发展；阶级合作是现代社会的基本形式，资产阶级和无产阶级的合作已经成为常

---

① 余金成：《社会主义改革的实质是重建劳动和资本的关系》，《中国浦东干部学院学报》2018年第5期。

② 余金成：《社会主义改革的实质是重建劳动和资本的关系》，《中国浦东干部学院学报》2018年第5期。

③ 余金成：《社会主义改革的实质是重建劳动和资本的关系》，《中国浦东干部学院学报》2018年第5期。

④ 余金成：《社会主义改革的实质是重建劳动和资本的关系》，《中国浦东干部学院学报》2018年第5期。

态。这些莫名其妙的说法，有事实根据吗？合乎规律吗？

（一）阶级的存在是同落后的生产力、私有制和分工相联系的

这里首先澄清，“重建”所说的马克思和恩格斯关于“阶级”问题的观点，都是无中生有的，至少是很不确切的。前面已经指出，私有制和资本都不是劳动能力的差别产生的；同样，阶级的存在也不是劳动能力的差别产生的。

阶级和阶级斗争的存在是历史的事实。而且，这一事实并不是马克思发现的。马克思指出：“无论是发现现代社会中有阶级存在或发现各阶级间的斗争，都不是我的功劳。在我以前很久，资产阶级历史编纂学家就已经叙述过阶级斗争的历史发展，资产阶级的经济学家也已经对各个阶级作过经济上的分析。我所加上的新内容就是证明了下列几点：（1）阶级的存在仅仅同生产发展的一定历史阶段相联系；（2）阶级斗争必然导致无产阶级专政；（3）这个专政不过是达到消灭一切阶级和进入无阶级社会的过渡……”① 马克思和恩格斯肯定了下述事实：“至今一切社会的历史都是阶级斗争的历史。”“自由民和奴隶、贵族和平民、领主和农奴、行会师傅和帮工，一句话，压迫者和被压迫者，始终处于相互对立的地位，进行不断的、有时隐蔽有时公开的斗争，而每一次斗争的结局都是整个社会受到革命改造或者斗争的各阶级同归于尽。”②

阶级存在的物质基础是落后的生产力。如果说，阶级的产生必须以剩余产品的存在为物质前提，那么，阶级的存在又是以落后的生产力为基础的。恩格斯说，只要社会生产力还没有发展到一定的程度，就总会有支配社会生产力的阶级和贫穷的被压迫阶级，而阶级的性质和特点则取决于生产的发展阶段。③ “社会分裂为剥削阶级和被剥削阶级、统治阶级和被压迫阶级，是以前生产不大发展的必然结果。只要社会总劳动所提供的产品除

① 《马克思恩格斯选集》第4卷，人民出版社1995年版，第547页。
② 《马克思恩格斯选集》第1卷，人民出版社1995年版，第272页。
③ 《马克思恩格斯选集》第1卷，人民出版社1995年版，第238页。

了满足社会全体成员最起码的生活需要以外只有少量剩余，就是说，只要劳动还占去社会大多数成员的全部或几乎全部时间，这个社会就必然划分为阶级。在这被迫专门从事劳动的大多数人之旁，形成了一个脱离直接生产劳动的阶级，它掌管社会的共同事务：劳动管理、国家事务、司法、科学、艺术等等。”“社会阶级的消灭是以生产高度发展的阶段为前提的，在这个阶段上，某一特殊的社会阶级对生产资料和产品的占有，从而对政治统治、教育垄断和精神领导的占有，不仅成为多余的，而且成为经济、政治和精神发展的障碍。”①

社会分工是阶级划分的基础。马克思、恩格斯指出：“分工起初只是性行为方面的分工，后来是由于天赋（例如体力）、需要、偶然性等等才自发地或‘自然形成’分工。分工只是从物质劳动和精神劳动分离的时候起才真正成为分工。……从这时候起，意识才能摆脱世界而去构造‘纯粹的’理论、神学、哲学、道德等等。”②恩格斯进一步指出，阶级的存在是由分工引起的。③分工的规律就是阶级划分的基础。④而真正的分工，既不是以机器体系为基础的生产过程的技术分工，也不是共同生产中的职能分工，而是物质生产和精神生产、物质劳动和精神劳动的分离。在这种分工中，大多数人被迫从事繁重的物质生产劳动，少数人从事脱离直接生产劳动的精神生产。这是一种“迫使个人奴隶般地服从分工的情形”，也包含着“脑力劳动和体力劳动的对立”。⑤这就必然形成统治阶级和被统治阶级、剥削阶级和被剥削阶级。诚然，体力劳动和脑力劳动的关系同物质劳动和精神劳动的关系有一定联系，但并不等同。如果说，精神生产和精神劳动更多的是脑力劳动，精神劳动者基本上是脑力劳动者，那么，第一，物质劳动绝不等于体力劳动，物质生产劳动总是

① 《马克思恩格斯选集》第3卷，人民出版社1995年版，第632页。
② 《马克思恩格斯选集》第1卷，人民出版社1995年版，第82页。
③ 《马克思恩格斯选集》第1卷，人民出版社1995年版，第242页。
④ 《马克思恩格斯选集》第3卷，人民出版社1995年版，第632页。
⑤ 《马克思恩格斯选集》第3卷，人民出版社1995年版，第305页。

体力劳动和脑力劳动的结合。第二，体力劳动和脑力劳动的分离和对立，并不直接成为阶级划分的基础。在资本主义生产过程中，无论是以体力劳动为主的真正的工人，还是以脑力劳动为主的工程师，都是雇佣劳动者，都属于雇佣劳动者阶级，充其量属于不同的阶层——蓝领阶层和白领阶层。第三，从事精神生产的脑力劳动者，并不一定成为统治阶级。事实上，在阶级社会，总有一批知识分子或脑力劳动者为统治阶级服务。在资本主义生产方式中，科学从属于资本，科学家服务于资本家。应当指出，马克思从来没有简单地把脑体分工视为阶级划分的基础，从来没有把脑力劳动者统统视为剥削阶级，从来没有把阶级斗争视为体力劳动者和脑力劳动者之间的斗争。真正的阶级关系是下述二者：一方面是，凭借对劳动的物质条件的垄断权无偿占有他人剩余劳动的人；另一方面是，由于失去这些物质条件而为了生存不得不为前者提供剩余劳动的人。在这一对立的关系中，以脑力劳动为主的人们，有可能更多地依附于和从属于剥削阶级或统治阶级。

私有制是阶级存在的制度条件。在公有制社会中，无论是原始共同体、农民村社，还是未来的共产主义社会，都不存在阶级。一言以蔽之，阶级不可能在公有制基础上产生。相反，在私有制基础上，一定会产生阶级。阶级本质上是对立的经济关系和经济制度在社会关系层面的表现。在奴隶制度基础上，产生了奴隶主和奴隶；在封建制度基础上，产生了封建主和农奴；在资本主义制度基础上，产生了资本家和雇佣工人。马克思主义创始人之所以把共产党人的理论概括为一句话“消灭私有制”[①]，就是因为，不消灭私有制，就不可能消灭资本主义生产方式，就不可能消灭阶级，无产阶级就不可能获得解放。

消灭阶级的本质是消灭阶级借以产生和存在的经济关系。就阶级社会已经发展到今天来说，消灭私有制主要不在于消灭小私有制，而是消灭私有制的现代形式——资本主义私有制（所有制），即资本，消灭

① 《马克思恩格斯选集》第1卷，人民出版社1995年版，第286页。

资本主义生产方式。而消灭资本主义生产方式，首先必须有必要的物质条件。必须肯定，大机器工业，从而高度发达的现代生产力，为消灭阶级创造了物质条件。但这绝不意味着，有了大机器工业，阶级就可以自然而然地被消灭了。马克思从来没有说过“大机器生产即可走出阶级社会”。其实，大机器工业首先是为资本主义生产方式服务的，真正的资本主义生产方式就是建立在大机器工业的基础之上的。消灭私有制需要有足够的物质条件，需要在这种物质条件的基础上从根本上改变生产目的。迄今为止的生产目的都是物质财富，要消灭私有制，生产的直接目的就不应当再是物质财富，而是自由时间。这不仅一般来说需要高度发达的生产力，而且必须是科学的生产力，必须使生产力的提高主要建立在“一般社会力”的基础上。其次，要消灭资本主义生产方式，还必须经过一定形式的无产阶级革命。

（二）无产阶级和资产阶级之间不是“合作”的关系

在所有阶级社会中，对立的阶级双方无疑共处于同一个社会形态中，他们互为前提，互相依存，为生产力的发展和社会进步各自发挥历史性作用。资产阶级和无产阶级也是如此。工人阶级构成这个时代的生产力大军，而资本家阶级则是这支大军的“工业司令官”。在这种生产方式仍然适合于生产力发展从而处于支配地位的阶段上，无产阶级的反抗和斗争必然主要局限于经济利益和短期利益方面，而且总是控制在现存的社会秩序以内，因此，无产阶级和资产阶级表面上保持着一种看上去相对“和谐”的关系。但是，就经济关系、利益关系和阶级关系来说，他们在本质上是对立的关系。其中，有产者无偿占有无产者的剩余劳动就是这种对立的最主要的标志。除此之外，他们在社会地位、政治地位等方面，也是有巨大差别的。因此，把现代社会的资本和劳动的关系说成是“阶级合作”的关系，完全是罔顾事实。科学社会主义的目标是消灭阶级，而不是“阶级合作”，甚至不是“阶级平等”。马克思和恩格斯指出，在不同的历史阶段劳动者解放的内容和条件各不相同，无产者只有通过消灭竞争、私有制和一切阶级差别才能获得解放。[①] 共产主义革命的最高目标是消灭阶级。[②] 劳动阶级解放的条件就是消灭一切阶级。劳动阶级将创造一个没有阶级的联合体来代替旧的市民社会。[③] 无产阶级平等要求的实际内容是消灭阶级。[④] 共产党人坚持用消灭阶级代替阶级平等。[⑤] 即使在中国特色社会主义道路的现阶段，"阶级合作"的口号也是不适当的，这种口号和中国共产党的党章相矛盾，和"不忘初心"相矛盾。

八、关于马克思经济理论的科学性和生命力

"重建"说，马克思所处的时代，"尚未褪去自然经济底色"[⑥]，马克思在《资本论》中揭示的是"幼年资本的面貌"，"此时资本正值从封建制度向资本主义制度转变期"[⑦]；"马克思、恩格斯唯一没有充分估计的是资本自我修正的潜力"[⑧]；马克思判断剩余价值来源的"预设条件"，"根本排除了资本在剩余价值形成方面的积极作用"；"从逻辑上排除了脑力劳动的主导地位"[⑨]。"重建"一文从头到尾隐隐约约但又明白无误地告诉读者，马克思的经济理论——这里所涉及的主要是劳动价值论，剩余价值论，分工和私有制，资本和劳动的关系，按劳分配，等等——已经过时了，不仅

① 《马克思恩格斯选集》第 1 卷，人民出版社 1995 年版，第 233 页。
② 《马克思恩格斯选集》第 2 卷，人民出版社 1995 年版，第 611 页。
③ 《马克思恩格斯选集》第 1 卷，人民出版社 1995 年版，第 194 页。
④ 《马克思恩格斯选集》第 3 卷，人民出版社 1995 年版，第 448 页。
⑤ 《马克思恩格斯选集》第 4 卷，人民出版社 1995 年版，第 596 页。
⑥ 余金成：《社会主义改革的实质是重建劳动和资本的关系》，《中国浦东干部学院学报》2018 年第 5 期。
⑦ 余金成：《社会主义改革的实质是重建劳动和资本的关系》，《中国浦东干部学院学报》2018 年第 5 期。
⑧ 余金成：《社会主义改革的实质是重建劳动和资本的关系》，《中国浦东干部学院学报》2018 年第 5 期。
⑨ 余金成：《社会主义改革的实质是重建劳动和资本的关系》，《中国浦东干部学院学报》2018 年第 5 期。

对于中国现阶段的市场经济过时了，而且，对于现代西方国家的市场经济也过时了。总之，马克思的经济理论只适合于资本主义生产方式产生的早期，而不适合于资本的技术构成大大提高了的现在。应当说，上述认识是毫无根据的和完全错误的。马克思在《资本论》等著作中，阐述的资本和雇佣劳动的关系，揭示的资本主义经济运动的规律，是就资本主义生产方式本身来说的，而不是仅仅就某个发展阶段来说的；按照原则，它适合于人类社会第二阶段的全部历史过程，适合于所有资本主义生产方式处于支配地位的社会形态——不管具体的发展道路如何。

（一）科学技术的发展和劳动生产力的提高并没有改变资本主义生产方式

马克思在《资本论》中已经充分考虑到“劳动的一般社会力”对提高生产力的巨大作用。所谓“一般社会力”主要是两个方面：一方面是通过劳动的社会结合创造单个人力所不及的社会生产力；另一方面是通过科学——物理的，化学的，生物的，数学的，地质地理的，天文的，等等——利用自然力。马克思甚至讲到，随着“一般社会力”的不断发展，可以最大限度地减少直接劳动（以劳动资料加工劳动对象的劳动），直至劳动者可以最大限度地离开直接生产过程，使生产变成真正意义的“科学生产”。关于劳动资料，马克思不仅讲到大机器工业，而且讲到“自动机器体系”；而劳动本身则从单个人完成多种职能的劳动（像工场手工业那样），发展到从小工到工程师、从真正的工人到工厂的组织者、管理者、指挥者——由社会化劳动体系产生的一切职能——构成的“总体结合劳动”。这样的理论认识，不仅适合于马克思那个时代，而且完全适合于现在和以后。但在资本主义生产方式中，这种劳动的社会生产力仍然表现为“资本的生产力”。这里既没有改变资本和雇佣劳动的关系，也没有改变生产的直接目的。

（二）马克思的经济理论同样适合于处于人类社会第二阶段的中国

就中国仍然处于人类社会第二阶段来说，马克思的经济理论仍然适合于中国特色社会主义道路的现阶段，适合于“社会主义市场经济”。在中国现阶段，除了一部分城乡个体劳动者（其国内生产总值所占比重很小）以外，都以资本和雇佣劳动的关系为基础，都以资本增殖为直接目的。在民营经济和外资经济领域，资本和雇佣劳动的关系是表里一致的，人们不会产生误解。在城镇，无论是制造业、建筑业还是商业服务业，都是资本和雇佣劳动的关系，都是老板和雇员（打工者）的关系。中国不仅有富士康那样的兵营式的工厂制度，而且有隐蔽的童工。劳资纠纷不断发生，就是这种对立的生产方式的突出表现。在农村，随着土地所有权、承包权、经营权“三权分立”的普遍化，农业生产方式将很快发生根本性的变化——要么重新走上多种形式的合作化道路，要么发展以雇佣劳动为基础的“种粮大户”或农场。而最有可能处于优势地位的是后者，或者是二者的混合物。如果说农村仍然是“公有制为主体”，那仅仅是就土地的法律所有权而言，经济所有权乃至各方面的经济关系早已经发生了根本性的变化。其实，即使在普遍实行“包干到户”以后保留下来的少数集体经济组织（例如河南的南街村和江苏的华西村等等），也包含着大量的雇佣劳动，集体所有的资金也已经资本化。有可能发生误解的是经过改革的国有企业。国有经济是我国“公有制为主体”的具有决定意义的部分。且不说国有经济本身并不等于“社会主义经济”，而只是未来社会所有制的基础和雏形，这里主要说明，经过“市场化改革”——国有资产管理制度改革，产权制度改革，企业制度改革，用工制度改革，分配制度改革，等等，国家和企业、企业和职工的经济关系均发生了实质性的变化。就国有资产的法律所有权来说，就国家有关部门可以任命企业主要的经营者（党委书记，董事长，总经理）来说，国有企业仍然保持着“国有”的形式；但就经济所有权和内部经济关系来说，企业不仅成为独立的经济实体，而且所经营的国有资产已经资本化了，每一个企业都成为独立的资本集团，并完全按照资本主义生产方式进行经营，企业的内部关系已经发生了根本性的变化。尽管劳动者在全民所有制法律所有权意义上仍然是所有者的一员，但在他所在的企业内部，他只是雇员（雇佣劳动者），他所得到的报酬只是作为劳动力价格的工资，而且，他完全有可能按照劳动合同被解雇而失业。高管的薪酬和普通员工劳动报酬之间的差别已经远远超出了劳动能力和劳动贡献的差别，而这种差别来自资本利润（剩余价值）和股权红利。

（三）马克思揭示的资本主义经济规律不以经济发展的程度为转移

在《资本论》出版一百五十年以后的今天，西方国家的科学技术又有了许多新的发展，生产方式进一步改进，社会化和全球化的程度进一步提高，企业的组织形式也有了一定的变化。但是，所有这些变化都没有改变资本和雇佣劳动的基本关系，都没有改变马克思揭示的资本主义经济运动的规律，而是进一步证实了这些规律的科学性。马克思在《资本论》序言中说："我要在本书研究的，是资本主义生产方式以及和它相适应的生产关系和交换关系。到现在为止，这种生产方式的典型地点是英国。因此，我在理论阐述上主要用英国作为例证。但是，如果德国读者看到英国工农业工人所处的境况而伪善地耸耸肩膀，或者以德国的情况远不是那样坏而乐观地自我安慰，那我就要大声地对他说：这正是说的阁下的事情！""问题本身并不在于资本主义生产的自然规律所引起的社会对抗的发展程度的高低。问题在于这些规律本身，在于这些以铁的必然性发生作用并且正在实现的趋势。工业较发达国家向工业较不发达的国家所显示的，只是后者未来的景象。""在资本主义生产已经在我们那里完全确立的地方，例如在真正的工厂里，由于没有起抗衡作用的工厂法，情况比英国要坏得多。在其他一切方面，我们也同欧洲大陆所有其他国家一样，不仅苦于资本主义生产的发展，而且苦于资本主义生产的不发展。除了现代的灾难而外，压迫着我们的还有许多遗留下来的灾难，这些灾难的产生，是由于古老的、陈旧的生产方式以及伴随着它们的过时的社会关系和政治关系还在苟延残喘。不仅活人使我们受苦，而且死人也使我们受苦。死人抓住活人！""一个社会即使探索到了本身运动的自然规律，——本书的最终目的就是揭示现代社会的经济运动规律，——它还是既不能跳过也不能用法令取消自然的发展阶段。但是它能缩短和减轻分娩的痛苦。”马克思当年对德国人所说的话，完全适合于今天的中国。他还说：“我决不用玫瑰色（有美好、愉快、乐观的意思——引者注）描绘资本家和地主的面貌。不过这里涉及的人，只是经济范畴的人格化，是一定的阶级关系和利益的承担者。我的观点是把经济的社会形态的发展理解为一种自然史的过程。不管个人在主观上怎样超脱各种关系，他在社会意义上总是这些关系的产物。同其他任何观点比起来，我的观点是更不能要个人对这些关系负责的。”① 那些动不动就以“新变化”否定马克思的经济理论乃至马克思主义基本理论的学者们，应该清醒了。

九、关于中国改革的实质和社会主义市场经济关系

“重建”说，“中国改革”是“对传统社会主义和现代资本主义的双重超越”。②“现代社会主义与原创社会主义理论最为显著的区别就是：前者通过实行社会主义市场经济，重新释放了资本的作用。”③“社会主义改革的核心命题是重新认识资本与劳动的关系。肯定资本与劳动的一致性；使一般劳动上升为资本性劳动。”“资本之所以是资本，之所以区别于一般劳动，是因为它是强者劳动的产物”。“资本劳动化强调了资本属于活劳动，……劳动资本化强调了劳动借助于死劳动”。④“中国的改革营造劳动

---

① 余金成：《社会主义改革的实质是重建劳动和资本的关系》，《中国浦东干部学院学报》2018年第5期。

② 余金成：《社会主义改革的实质是重建劳动和资本的关系》，《中国浦东干部学院学报》2018年第5期。

③ 余金成：《社会主义改革的实质是重建劳动和资本的关系》，《中国浦东干部学院学报》2018年第5期。

④ 余金成：《社会主义改革的实质是重建劳动和资本的关系》，《中国浦东干部学院学报》2018年第5期。

与资本并行不悖的经济环境”，使“资本作为生产要素，其作用有利于超过劳动”，并形成“劳动与资本的双重机制”。[①]“如果说，资本劳动化解决了资本属于劳动的问题，从而开启了社会主义市场经济中双方共同发展局面的话，那么，政府更好发挥作用所推动在劳动资本化将基本解决劳动脑力化问题，进而开启了向共产主义目标迈进的过程。”[②]“改革放开了资本，社会主义进入到一个崭新发展时期”，“社会主义改革重新认识了资本，重建了劳动与资本的关系，这是一次伟大转变”。[③]概括起来就是：中国的改革既超越了传统社会主义也超越了现代资本主义（双重超越）；现代社会主义通过“社会主义市场经济”重新释放了资本的作用；社会主义改革的核心是重新认识资本和劳动的关系，承认资本和劳动的一致性——资本是强者劳动的产物，资本属于活劳动；劳动和资本并行不悖，实现资本劳动化和劳动资本化；政府推动劳动资本化开启了向共产主义目标迈进的过程，放开资本是社会主义发展的崭新阶段。这些观点是正确的吗？我们必须加以分析和判断。

（一）中国的改革不可能超越自然的发展规律

所谓“中国的改革既超越传统社会主义也超越了现代资本主义（双重超越）”，纯粹是无知妄言和一厢情愿。

中国的改革本质上是使超前的经济关系向后退。“传统社会主义”这个概念指的是什么？如果指的是以苏联为代表的后发展国家社会主义，那是完全不正确的；事实上，我们不是“超越”这种已经超阶段的发展道路和经济关系，而是在原有的经济关系基础上向后退，退到同现实生产力相适应的程度。如果指的是马克思主义创始人提出的科学社会主义，那简直

---

① 余金成：《社会主义改革的实质是重建劳动和资本的关系》，《中国浦东干部学院学报》2018年第5期。

② 余金成：《社会主义改革的实质是重建劳动和资本的关系》，《中国浦东干部学院学报》2018年第5期。

③ 余金成：《社会主义改革的实质是重建劳动和资本的关系》，《中国浦东干部学院学报》2018年第5期。

就是荒谬了。中国现阶段距离这种社会形态还很远，何谈“超越”？中国的改革本质上是使超前的经济关系向后退，即战略退却——就像当年列宁领导的俄国从“战时共产主义”向后退一样。

中国的改革在于使中国完成资本主义国家已经完成的“四个化”的任务。所谓“超越了现代资本主义”是完全不切实际的，是超级大话。中国正在以一种特殊的方式——中国特色社会主义道路的方式——完成人类社会第二阶段的任务。我国现在正处于中国特色社会主义道路的初级阶段。正如十三大报告所说，正因为我们的社会主义是脱胎于半殖民地半封建社会，生产力水平远远落后于发达的资本主义国家，这就决定了我们必须经历一个很长的初级阶段，去实现别的许多国家在资本主义条件下实现的工业化和生产的商品化、社会化、现代化。我国社会主义的初级阶段，是一个什么样的历史阶段呢？它不是泛指任何国家进入社会主义都会经历的起始阶段，而是特指我国在生产力落后、商品经济不发达条件下建设社会主义必然要经历的特定阶段。我国社会主义初级阶段，是逐步摆脱贫穷、摆脱落后的阶段；是由农业人口占多数的手工劳动为基础的农业国，逐步变为非农产业人口占多数的现代化的工业国的阶段；是由自然经济半自然经济占很大比重，变为商品经济高度发达的阶段；是通过改革和探索，建立和发展充满活力的社会主义经济、政治、文化体制的阶段；是全民奋起，艰苦创业，实现中华民族伟大复兴的阶段。[①]可见，社会主义初级阶段要完成的任务，是西方国家以资本主义道路的方式完成的同一任务，就是工业化、商品化、社会化、现代化。西方国家走在了中国的前面，声称“超越现代资本主义”，就意味着超越社会主义初级阶段。这里所说的“社会主义初级阶段”，实际上是中国特色社会主义道路的初级阶段。按照马克思的说法，在人类社会历史上，资本主义生产方式是一个“必经阶段”，是“必须经过”，这是自然规律。区别仅仅在于，中国和西方国家所走的发展道路有所不同。

---

① 《十三大以来重要文献选编（上）》，人民出版社1991年版，第10－13页。

（二）现代市场经济中资本和劳动本质上是一种对立的关系

资本和劳动作为对立的经济关系不具有一致性。关于资本和劳动的关系，前面已经作了说明，就经济关系来说，资本和劳动是对立的关系，是资本统治和剥削劳动的关系；反映在阶级关系上，是对立的阶级关系。就基本方面来说，这种认识同样适合于中国现阶段资本和劳动的关系。差别主要在于，第一，资本的外部环境有所不同。这个外部环境就是中国特色社会主义道路创造的环境。主要包括：中国共产党的全面领导和执政地位；以工人阶级和劳动大众为阶级基础的人民政府；体现共同利益和共产主义前途的国有经济。在这种环境中，资本的活动范围和贪婪本性不能不受到一定的限制，并形成一种公私并存、社资兼有、劳资两利的经济关系。第二，资本的内部关系也有些差别。在以资本主义生产方式为基础的企业中，同样有党的组织和党领导下的工会组织，不能不影响到劳资关系，有利于形成劳资协调和劳资两利的关系。但是，在资本主义生产方式范围内，劳资关系本质上是资本和雇佣劳动的关系，是利润和工资的对立。在市场竞争中劳资双方互相依存，同舟共济，共同创造更高的劳动生产率和企业竞争优势；但在经济关系上和联合劳动关系有质的区别，在经济利益上不具有一致性。否则资本就不再是资本。

资本和劳动不可能是并行不悖的关系。“并行不悖”是同时进行、互不抵触的关系。资本和劳动绝不是这种关系。在资本主义生产方式处于支配地位的情况下，一定是资本支配劳动，资本剥削劳动。就资本的物质内容和物质载体来说 ，资本是积累起来的剩余劳动。仅仅在这个意义上，资本是劳动的产物。但是，资本不是物 ，而是一种特定的经济关系。就经济关系来说，资本不是劳动的产物，而是劳动和所有权分离的产物，是资本剥削劳动的产物。我们可以说，资本的物质内容是积累起来的死劳动，但绝不可以说资本是活劳动。把人格化的资本说成是脑力劳动，进而说成是更高级的活劳动，这是有意混淆是非。企业主或资本家执行的是资本的职能，不管他们多么辛苦，多么担风险，他们的劳动都是剥削雇佣劳动的劳动。如果他们也从事工人的劳动，那么，他们在这种场合就不是资本家，而是“总体工人”的一员。资本家执行指挥的职能，但这种职能具有两重性。如果执行的是由社会化生产产生的一般指挥职能，那么，这种劳动就是总体结合劳动的组成部分；如果是由资本产生的职能，那么，这种劳动就是剥削劳动。

资本劳动化和劳动资本化的说法完全是不科学的。按照字面的意思，这无非是说，资本可以化为劳动，劳动也可以化为资本。这简直像变戏法一样，完全是奇谈怪论，是不科学的。资本可以购买劳动力，并通过劳动力的使用生产剩余价值；但这不是购买劳动，因而资本也没有转化为劳动。如果资本化为劳动，资本就不再是资本。这时候，无非是资本在竞争中优胜劣汰，你死我活，因而企业倒闭，资本家破产，降低到工人的身份，从事工人的劳动。如果劳动化为资本，劳动也不再是劳动。这时候，总是以资本积累为前提（而不管这种资本由何而来）。但是，“重建”在这里所说的“劳动化”和“资本化”，指的是“资本属于活劳动”，“劳动借助于死劳动”。前者是根本不成立的，和全世界公认的资本没有关系。国际劳工组织就是工人阶级、劳动阶级的组织。资本根本不是劳动，更不用说活劳动了。但在“重建”看来，资本本来不过是脑力劳动，更高级的劳动，更富有竞争力的劳动。如果真的是这样，也就不存在“化”的问题了。所谓“劳动借助于死劳动”，无非是劳动者使用生产资料，这和资本化毫不相干。所谓劳动资本化，如果有意义的话，无非是把劳动者提升到资本家的地位，但这种机会是很小很小的，在一般情况下不过是天方夜谭。

（三）中国的改革和发展必须兼顾一般任务和特殊道路两个方面

中国的改革是一场前所未有的深刻的革命。中国的改革主要解决什么问题，党的十一届三中全会以来的重要文献已经说得很清楚，就是解决生产关系同现实的生产力、上层建筑同现实的经济基础不相适应的问题。前者称为“经济体制改革”，后者称为“政治体制改革”。从根本上来说，改革就是纠正传统社会主义发展道路及其体制（首先是经济体制）超阶段的问题。就任何革命归根结底都是为了解放和发展生产力来说，中国的改革也可以说是一场革命，邓小平将其称为中国的“第二次革命”。第二次革命是相对于第一次革命——新民主主义革命和社会主义革命——来说的。如果我们把性质不同的新民主主义革命和社会主义革命（改造）区别开来，分别视为第一次革命和第二次革命，那么，现在的改革也可以说是“第三次革命”（这里我们仍然使用“第二次革命”）。这种革命主要表现为：对中国现阶段重新定位，从和共产主义社会第一阶段对号入座（人类社会第三阶段），重新定位为后发展国家社会主义道路的初级阶段（人类社会第二阶段）；从以苏联为代表的传统社会主义道路，转向新型的中国特色社会主义道路；从后发展国家社会主义特有的所谓“计划经济”（实际上是特定条件下的统制经济或命令经济），转向“社会主义市场经济”（中国特色社会主义道路初级阶段条件下的市场经济）；从同传统计划经济相适应的经济关系（所有制关系，生产方式，分配关系），转向同“社会主义市场经济”相适应的经济关系。对私有制的社会主义改造过早而又彻底地革了新民主主义革命确立的经济关系——多种所有制形式并存和商品生产（市场经济）——的命，消灭了私有制，消灭了资本和雇佣劳动，也基本上消灭了本来意义的商品生产。因此，就经济体制改革——所有制关系、生产方式、经济形式、分配关系的变革——来说，改革作为第二次革命，可以看作是对第一次革命的否定之否定。但是，把中国改革的实质说成是“重建劳动和资本的关系”是不正确的。第一，中国改革开放以前根本不存在资本和劳动的关系，因而也就谈不上“重建”的问题；第二，如果“重建”的是一种“资本就是劳动”“资本创造价值”“阶级合作”“体现按劳分配”的市场经济等，那么，这种“重建”等于放弃社会主义道路。

中国的改革在于走一条新型的社会主义道路。中国的改革，直接地说，是为发展中国现阶段的生产力开辟道路的，是为了实现社会主义现代化和中华民族的伟大复兴提供制度保障的；进一步说，是探索社会主义道路在中国现阶段借以实现的新形式，把社会主义道路现阶段的经济关系和市场经济形式结合起来。但是，这种革命既不是革阶级敌人和反动政权的命，也不是革社会主义道路本身的命，更不是革马克思主义基本理论的命，而是革我们自己曾经激进地确立的传统社会主义道路和经济政治体制弊端的命，革我们对马克思主义基本理论存在的某些误解乃至歪曲的命。邓小平强调指出，改革开放必须始终“坚持‘四项基本原则中国特色’”，而最核心的是，必须坚持中国共产党的全面领导和执政地位，坚持走社会主义道路，坚持以马克思主义基本理论为指导，坚持共产主义的奋斗方向。正因为如此，我们党的重要文献都申明改革本身的“社会主义”导向性质；我们党把改革称为“社会主义制度的自我完善”，把经济体制改革的目标定位为“社会主义市场经济”。中国的改革，从半封建半殖民地社会的历史前提出发，从生产力曾经大大落后于发达国家的现状出发，着眼于解决现阶段的历史任务。正因为如此，我们党把科学社会主义理论在中国的实践归结为“中国特色社会主义”，把“中国特色社会主义道路”和传统社会主义道路区别开来，把中国现阶段定位于“社会主义初级阶段”。不仅如此，中国的改革始终是和马克思主义创始人指引的共产主义目标相联系的，我们绝不会把中国现阶段同市场经济相适应的经济关系乃至政治上层建筑和未来社会混为一谈。为此，我们把“社会主义初级阶段的基本经济制度”和“社会主义经济制度”区别开来了。关于中国现阶段和未来社会的关系，在中国共产党的党章中是讲得清清楚楚、明明白白的；党中央和习近平总书记在纪念《资本论》第一卷出版一百五十周年、《共产党宣言》发表一百七十周年、马克思诞辰二百周年的会议上，更反复地、进一步地和具有时代感地宣示过了。共产党人所谓“不忘初心”，就是不忘为共产主义的远大目标而不懈奋斗。

中国的改革绝不能仅仅归结为放开资本和释放资本的作用。在社会主义道路的初级阶段发展市场经济，确实需要放开资本，释放资本的作用，发展“资本的生产力”，放开和释放资本；为此要解放思想。但是，这种“放开”和“释放”是有条件、有限度的。条件就是维护工人阶级和劳动大众的合法权益；限度就是不偏离不放弃社会主义道路和共产主义前途。

只讲“放开”和“释放”资本，只讲市场的（也就是资本的）“决定性作用”，工人阶级和劳动大众的基本权益就达不到保障，社会主义道路就有名无实。党在社会主义初级阶段的基本路线是“一个中心，两个基本点”，在坚持改革开放的同时，必须毫不动摇地坚持“四项基本原则”。这种坚持绝不仅仅是喊喊口号，而是要落实到政治制度、经济制度和现实经济关系上。在讲市场经济的时候，不能只讲市场经济一般性，还必须讲市场经济的特殊性。

对我国经济风险的理论思考*

2019年1月，在中央党校举办的省部级主要领导干部专题研讨班开班式上，习近平总书记发表了重要讲话，主题是“坚持底线思维　着力防范化解重大风险”。这是党中央向全党和各级政府发出的一个重要信号，把防范应对和化解重大风险提到空前重要的议事日程上来。所谓“重大风险”，涉及政治、意识形态、经济、科技、社会、外部环境、党的建设等多个领域。[①] 本文着重考察其中经济领域的重大风险——经济风险。我们应当从理论上搞清楚，经济风险和其他领域风险的关系，经济风险的实质，经济风险借以形成的经济根源，如何防范应对和化解重大的经济风险。

一、中央关于防范和化解当前经济风险的重要论述

自从十年前发生国际金融危机以来，中央不仅着力应对来自外部的严峻挑战和造成的前所未有的困难，而且高度重视我国经济领域的各种风险和隐患。中央关于防范和应对经济风险的一系列论述，是我们应对经济领

---

* 载《中国延安干部学院学报》2019年第2期。

① 习近平在省部级主要领导干部坚持底线思维着力防范化解重大风险专题研讨班开班式上发表重要讲话，强调坚持底线思维，增强忧患意识，提高防控能力，着力防范化解重大风险，保持经济持续健康发展和社会大局稳定。参见《打好防范化解风险有准备之战》，《经济日报》2019年1月23日。

域重大风险的指导方针。

（一）中央关于应对当前重大经济风险的最新指导方针

习近平总书记在本次专题研讨班讲话中指出：当前我国经济形势总体是好的，但经济发展面临的国际环境和国内条件都在发生深刻而复杂的变化，推进供给侧结构性改革过程中不可避免会遇到一些困难和挑战，经济运行稳中有变、变中有忧，我们既要保持战略定力，推动我国经济发展沿着正确方向前进；又要增强忧患意识，未雨绸缪，精准研判、妥善应对经济领域可能出现的重大风险。各地区各部门要平衡好稳增长和防风险的关系，把握好节奏和力度。要稳妥实施房地产市场平稳健康发展长效机制方案。要加强市场心理分析，做好政策出台对金融市场影响的评估，善于引导预期。要加强市场监测，加强监管协调，及时消除隐患。要切实解决中小微企业融资难融资贵问题，加大援企稳岗力度，落实好就业优先政策。要加大力度妥善处理“僵尸企业”处置中启动难、实施难、人员安置难等问题，加快推动市场出清，释放大量沉淀资源。各地区各部门要采取有效措施，做好稳就业、稳金融、稳外贸、稳外资、稳投资、稳预期工作，保持经济运行在合理区间。① 在这里，总书记不仅指出了经济领域发生重大经济风险的可能性和主要风险点，而且提出了应对的指导方针。现在最重要的是充分认识到可能出现的重大风险，而绝不能掉以轻心、熟视无睹和麻木不仁。

（二）十八大以来中央关于防范经济风险的一系列重要论述

在我国，防范和应对经济风险已经不是一个新问题。党的十八大报告就提出了“抵御外部经济风险和国际经济风险”的问题。在此之后的历次中央经济工作会议上，都强调提出关于防范经济风险的问题，可谓是年年提醒，警钟长鸣。

---

① 《打好防范化解风险有准备之战》，《经济日报》2019 年 1 月 23 日。

2012年指出，我国发展仍面临不少风险和挑战，不平衡、不协调、不可持续问题依然突出，经济增长下行压力和产能相对过剩的矛盾有所加剧，企业生产经营成本上升和创新能力不足的问题并存，金融领域存在潜在风险，经济发展和资源环境的矛盾仍然突出。必须保持清醒头脑，增强忧患意识，深入分析问题背后的原因，采取有效举措加以解决。要适当扩大社会融资总规模，保持贷款适度增加，保持人民币汇率基本稳定，切实降低实体经济发展的融资成本。要继续坚持房地产市场调控政策不动摇。要高度重视财政金融领域存在的风险隐患，坚决守住不发生系统性和区域性金融风险的底线。可以看出，我国现在面对的经济风险，早在六年前就已经很明显了，而且把严重性提高到“系统性”的程度，并给金融风险画了“底线”。

2013年指出，着力防控债务风险。要把控制和化解地方政府性债务风险作为经济工作的重要任务，把短期应对措施和长期制度建设结合起来，做好化解地方政府性债务风险各项工作。加强源头规范，把地方政府性债务分门别类纳入全口径预算管理，严格政府举债程序。明确责任落实，省区市政府要对本地区地方政府性债务负责任。强化教育和考核，从思想上纠正不正确的政绩导向。这一年突出强调的是控制和化解地方政府性债务风险，足见这一问题的严重性。

2014年指出，我国经济运行仍面临不少困难和挑战，经济下行压力较大，结构调整阵痛显现，企业生产经营困难增多，部分经济风险显现。从经济风险积累和化解看，伴随着经济增速下调，各类隐性风险逐步显性化，风险总体可控，但化解以高杠杆和泡沫化为主要特征的各类风险将持续一段时间，必须标本兼治、对症下药，建立健全化解各类风险的体制机制。世界经济仍处在国际金融危机后的深度调整期，明年世界经济增速可能会略有回升，但总体复苏疲弱态势难有明显改观，国际金融市场波动加大，国际大宗商品价格波动，地缘政治等非经济因素影响加大。要趋利避害、顺势而为，防范各类风险。这一年经济增长速度和2010年相比已经下降了三个百分点，随着增长速度的下降，被掩盖着的经济风险开始浮出水面；而最大的经济风险是以“高杠杆和泡沫化”为主要特征的金融风险。

2015 年指出，妥善应对重大风险挑战。坚持稳增长、调结构、惠民生、防风险。明年经济社会发展特别是结构性改革任务十分繁重，战略上要坚持稳中求进、把握好节奏和力度，战术上要抓住关键点，主要是抓好去产能、去库存、去杠杆、降成本、补短板五大任务。防范化解金融风险。对信用违约要依法处置。要有效化解地方政府债务风险，做好地方政府存量债务置换工作，完善全口径政府债务管理，改进地方政府债券发行办法。要加强全方位监管，规范各类融资行为，抓紧开展金融风险专项整治，坚决遏制非法集资蔓延势头，加强风险监测预警，妥善处理风险案件，坚决守住不发生系统性和区域性风险的底线。这一年开始把经济风险的级别提高到“重大风险”的程度，其中最主要的风险是金融风险，尤其是地方政府债务风险，再次强调坚决守住不发生系统性风险的底线。

2016 年指出，我国经济运行仍存在不少突出矛盾和问题，产能过剩和需求结构升级矛盾突出，经济增长内生动力不足，金融风险有所积聚，部分地区困难增多等。对这些问题，我们要高度重视，继续努力加以解决。全面做好稳增长、促改革、调结构、惠民生、防风险各项工作。要把防控金融风险放到更加重要的位置，下决心处置一批风险点，着力防控资产泡沫，提高和改进监管能力，确保不发生系统性金融风险。这一年强调，要把防控金融风险放到更加重要的位置，着力防控资产泡沫。所谓“资产泡沫”自然主要是房地产泡沫。金融风险和房地产泡沫几乎是同一个问题的两个方面。

2017 年指出，坚持以供给侧结构性改革为主线，统筹推进稳增长、促改革、调结构、惠民生、防风险各项工作。稳健的货币政策要保持中性，管住货币供给总闸门，保持货币信贷和社会融资规模合理增长，保持人民币汇率在合理均衡水平上的基本稳定，促进多层次资本市场健康发展，更好为实体经济服务，守住不发生系统性金融风险的底线。按照党的十九大的要求，今后三年要重点抓好决胜全面建成小康社会的防范化解重大风险、精准脱贫、污染防治三大攻坚战。打好防范化解重大风险攻坚战，重点是防控金融风险，要服务于供给侧结构性改革这条主线，促进形成金融和实体经济、金融和房地产、金融体系内部的良性循环，做好重点领域风险防范和处置，坚决打击违法违规金融活动，加强薄弱环节监管制度建设。确保重大风险防范化解取得明显进展。这一年强调指出，打好防范化解重大风险攻坚战，重点是防控金融风险，足见金融风险的严重性和防控的难度。

2018年指出，统筹推进稳增长、促改革、调结构、惠民生、防风险工作，保持经济运行在合理区间，进一步稳就业、稳金融、稳外贸、稳外资、稳投资、稳预期。打好防范化解重大风险攻坚战，要坚持结构性去杠杆的基本思路，防范金融市场异常波动和共振，稳妥处理地方政府债务风险，做到坚定、可控、有序、适度。这一年之所以提出“六个稳”，是因为存在六个方面的风险和隐患，而重点仍然是金融风险，特别是金融市场异常波动风险和地方政府债务风险。

（三）中央对我国经济风险的认识逐步深化

自从中国开始建立市场经济体制，特别是加入世贸组织以来，国内经济关系发生了深刻变化，中国和国际社会的经济关系也发生了巨大变化。过去不曾发生的事情发生了，过去不曾遇到的困难出现了。在经济市场化和资本化的进程中，中央对我国有可能发生的经济风险的认识不断提升和不断深化。起始于2008年的百年一遇的国际金融危机，使我们开始认识到，在经济全球化的条件下，任何一个国家都不可能独善其身。不过，我们对经济风险的认识也有一个逐步深化的过程。起初，我们并没有充分估计到国内有可能发生的经济风险，而只是把我们遇到困难归结为“外部冲击”——由于我国外贸依存度过高（高达60%），国际市场的缩小对我国的出口产生巨大的压力。因而，提出的主要对策是，通过超常的扩张性的经济政策扩大投资，稳定经济增长。当时，我们还没有充分意识到，已经转向市场经济的我国自身，也存在发生各种经济风险的现实可能性。随着国际金融危机的深化，世界经济低迷状态的持续，对我国敲响了警钟，不仅中央对防范经济风险越来越有紧迫感，而且对我国内在的经济风险的认识也有了很大的变化。从十八大以来，中央关于防范经济风险的认识不断深化：从着重关注“外部经济风险和国际经济风险”，到着重关注国内经济风险；从指出潜在的“风险隐患”和“各类隐性风险”，到防范可能的、现实的经济风险；从普遍关注“财政金融领域存在的风险”，到明确指出地方政府性债务风险、房地产市场风险、金融市场风险，进而要求“化解以高杠杆和泡沫化为主要特征的各类风险”，“着力防控资产泡沫”；从提出防范金融风险的要求，到强调“坚决守住不发生系统性和区域性金融风险的底线”；从并列地指出各种经济风险，到要求“把防控金融风险放到更加重要的位置”；从一般地讲经济风险，到提出“重大风险挑战”，并把“防范化解重大风险”作为“三大攻坚战”的首要任务。这就说明，中央对于防控经济风险具有强烈的紧迫感和危机感。

二、我国面对的主要经济风险以及同其他风险的关系

在习近平总书记讲到的七类重大风险中，经济风险只是其中之一。但是，这并不意味着它们是完全平列、等量齐观的关系。一方面，各类风险并不是各自孤立的，而是具有内在联系的；另一方面，各类风险在其中的地位和影响不尽相同。因此，考察经济风险需要搞清楚经济风险和其他领域风险的关系。

（一）我国当前经济风险的主要方面和主要表现

市场经济条件下的经济风险不同于计划经济时代的风险。经济风险不是市场经济所独有的。我国计划经济时代也曾经面临经济风险，也发生过“经济危机”，主要表现为物资严重短缺，商品供不应求，物价大幅度上涨，人们到处排队（记得在天津上大学时，排队买生活必需品是一大景

观，我们也曾经为了买一个搪瓷饭盆而到处排队），甚至出现抢购风潮。这是传统社会主义在特殊条件下特有的经济危机。发生危机的基础是国力薄弱，生产力不发展，而方针政策方面的原因主要是实行了急躁冒进的经济计划。走出危机的办法无非是调整计划，压缩建设规模，项目下马。这种情况多出现在20世纪六七十年代，在极端的情况下（20世纪60年代初），曾遣送大批户口在农村的城市职工返乡。

这种类型的经济危机一直持续到改革开放以后，直到真正建立起市场经济体制。1988年所发生的危机已经算不得什么了，也是同类危机的最后一次。一般的规律是：首先是由于追求超高速度（例如限定时间超英赶美，或者实现经济增长翻番），要求大量投资、大量贷款，大规模建设，从而导致经济过热，首先导致投资品价格持续上涨，紧接着工业品价格上涨，然后是农产品价格随着农资品价格的上涨而上涨，最后是社会商品价格全面上涨，通货膨胀，货币贬值。在高速增长难以为继时，不得不进行调整；而速度下降到一定程度时，一方面，作为速度型经济，新的困难又出现了，以致威胁到企业生存、劳动就业、财政收入，乃至战略目标的实现。另一方面，片面追求高速度的旧病又复发了，于是，新一轮的经济过热又要来临了，并重复过去的过程。这是一种“膨胀—收缩—再膨胀—再收缩”的恶性循环。无论是经济危机的形成，还是经济危机的缓解，起决定作用的都不是市场（资本），而是国家政府的决策。

我国现在所面对的是具有中国特色的市场经济的经济风险。在市场经济条件下，可能的经济风险主要是：经济增长速度大幅度下降的风险；房地产市场泡沫破裂的风险；金融机构大面积违约和金融市场暴跌的风险，以及对异化投机外资过度开放的风险；地方政府债务大面积违约风险；较多企业破产倒闭和导致大批工人失业的风险；流通领域的货币过多（流动性过剩）导致通货膨胀和货币贬值的风险；等等。这些风险不仅关系到经济运行不能正常进行，而且关系到政府财政收支、企业生存和居民生活。经济风险的主要方面和主要表现是：

第一，关于经济增长速度下降的风险。我国的经济增长速度已经由过去最高时期的两位数（2007 年 14.2%），下降到一位数（2011 年 9.0%），进而下降到现在的 6.5% 左右。即使是这样的速度，也是实行名为“积极”实为扩张性的财政政策和名为“稳健”实为宽松的货币政策的结果。如果经济增长的政策拉动力有所减弱，增长速度还会进一步下降。在我国尚未根本改变速度型经济的情况下，6% 以下的经济增长率将对整个国家经济生活发生全方位的影响。

第二，关于房地产泡沫的风险。多年以来，我国的商品房（尤其是居民住房）价格持续上涨，京沪穗等大城市住房价格上涨得更快，和居民家庭收入严重不成比例，致使房地产业积累了前所未有的巨大泡沫。之所以没有破裂，主要是受国家有关经济政策支撑的结果。一旦支撑力度不足，或遇到偶发情况，泡沫破裂就是完全可能的。如果说房地产泡沫本身已经是很大的问题，对国民经济造成多方面的负面影响，那么，房地产泡沫的破裂则会造成很严重的后果，将严重影响到银行等金融机构、房地产开发商、地方政府和囤积房源的投机炒房者的利益和生存。

第三，关于金融市场的风险。我国的金融领域早已存在潜在的风险。风险一方面存在于金融机构内部和金融体系内部，另一方面存在于金融市场（主要是证券市场）。在整个金融链条中，一旦发生关系全局的支付困难和偿债困难，金融市场一旦发生突发性暴跌，潜在的风险就有可能转化为现实的金融危机，并由金融危机进一步发展为实业领域的经济危机。此外，实践证明，以美国为代表的西方国家的金融资本已经有相当程度的畸变和异化，如果我国不加鉴别地对外资过度开发，就有可能引狼入室，造成意想不到的金融危机。

第四，关于生产领域产能过剩的风险。产能过剩意味着相当一部分商品的使用价值和价值不能实现，资本循环受阻，从而导致信用危机和经济危机。而且，在广泛存在产能过剩的情况下，关系到一部分企业的生存和工人的就业。事实上已经存在为数不少的“僵尸企业”，它们一直依靠不断地“输血”过日子；在经济下行压力进一步加大的情况下，濒临破产和倒闭的中小企业定会进一步增加，连带发生的就是大批工人失业。我国现在统计的是城镇调查失业率，实际的城乡失业者应该会更多。劳动者一旦失业，马上失去生活来源，只能靠少量的失业救济金或者最低生活保障维持生计。

第五，关于通货膨胀的风险。在我国长期实施宽松的财政政策和货币政策的过程中，早已经存在流通中的货币过多、M2/GDP 偏大、流动性过剩的问题。2010—2014 年为 M2/GDP 为 1.8—1.9，2015—2018 年为 2.0 以上，相当于发达国家的 2 倍。按照马克思的经济理论，不管是什么原因造成的（比如新增贷款过多，资本循环周转缓慢，生产效率低，国内储蓄存款过多，外汇储备过多，等等），如果流通中的货币（这里的货币 M2 是西方经济学中的广义货币，不同于作为特殊商品的金属货币）相对于商品价值来说已经过多，和商品价值显著不成比例，就说明已经发生了通货膨胀。通货膨胀一般会从商品价格上表现出来，就是商品价格的普遍上涨。但是，商品价格上涨只是通货膨胀的外在表现，而不是通货膨胀本身。现在通货膨胀之所以没有从一般商品价格上突出地反映出来，是因为存在商品供过于求的问题。但是，过多的货币终究是要贬值的。这种贬值使劳动者的名义工资和名义储蓄利息大打折扣。货币币值的风险就是居民利益受损的风险。有的学者认为，通货膨胀有利于经济增长。其实，这种由通货膨胀造成的经济增长是完全虚假的，它不过是居民现有资产贬值的表现。从 1978 年到 2016 年 ，居民消费价格指数上升到原来的 6.3 倍；也就是说，2016 年的 1 元钱，只相当于 1978 年的 1 角 6 分。如果用商品房价格来衡量货币币值的程度，那就更不得了了。

此外，分配不公、贫富差距过大或两极分化也是一大经济风险，也是容易被忽视的风险。这种风险可以对我国改革发展的成就打一个不小的折扣，也可以被敌对势力所利用。

上述经济风险只是其中的主要方面和主要表现。如果说失业、金融风险、债务风险的直接受害者主要是局部的机构、劳动者和居民，那么，通货膨胀（货币贬值）和房地产泡沫则殃及所有的社会成员。通货膨胀是一种普遍的“征税”；而房地产泡沫导致的后果是，不仅使居无其屋者望房兴叹，而且，过高的房地产价格进入几乎所有的生产成本、服务成本和生活成本。随着居民住房、商业服务用房价格的大幅度上涨，所有商品价格和服务价格都必然相应地大幅度上涨。在一定意义上，房地产泡沫是降低居民实际收入和居民生活（尤其是城市居民生活）水平的重要因素。所有涉及广大人民群众利益的经济风险都会影响社会稳定。

（二）经济风险和其他领域风险的关系

中央所说的各种“重大风险”都不是各自孤立的，而是互相关联、互相影响的，并且构成一个风险体系。在这个风险体系中，政治风险无疑是关系国家生死存亡的，但经济风险处于基础地位，归根结底具有决定意义。其他领域的风险往往都是在经济风险的基础上产生的，并受到经济风险的制约。因此，如果经济繁荣稳定，就业充分，人民安居乐业，社会就会稳定，政治也就稳定，外部环境也会比较好。反之，就会是另外一番景象。历史的教训值得汲取。20 世纪 80 年代后期发生的事情充分说明了这一点。1988 年，我国固定资产投资增长 25.4%，各项贷款增长 16.8%，经济增长 11.2%，经济明显过热，致使物资供应紧张，居民消费价格指数上涨 18.8%，出现了严重的通货膨胀。这就导致了普遍性的抢购和挤兑现象，弄得人心惶惶，引起社会不稳定。当时我国上一年刚刚召开了党的十三大，改革进一步深化，进入了从计划经济转向市场经济的关键阶段，利益关系开始进行大幅度调整。加上当时开始出现了“官倒”之类的腐败现象，引起广大人民群众的不满。于是，国内的西化势力和国外的敌对势力互相利用和勾结，乘虚而入，煽风点火，制造政治动乱。这是一次很大的教训。现在中央提出防范和化解重大风险，在重视政治领域风险的同时，应当格外重视经济领域的风险。

三、我国经济风险对不同经济主体的影响需要统筹兼顾

防范应对和化解经济风险，需要统筹兼顾各种经济主体的利益，既不

能没有主次，也不能顾此失彼。

（一）经济风险对于不同的经济主体有不同的影响

我们现在所讲的经济风险，一般是就国家整体来说的。但是，国家内部有不同层次和不同方面的经济主体——微观，中观，宏观；资本和劳动；国企和民企；城市和乡村；政府机构和平民百姓，等等，同样一种经济风险和不同经济主体的关系是并不完全相同的，甚至是此长彼消的。正因为如此，各种经济主体对经济风险关注的侧重点和程度也各不相同。因此，我们在关注总体经济风险的同时，应分情况区别对待。

从资本和企业主体看风险。这里所说的“资本主体”，指的是具有独立产权、以资本和雇佣劳动为基础、以资本增殖为目的的各类企业。它们面对的可能的经济风险主要是：经济低迷，市场萎缩，订单减少，销售困难，资本循环受阻乃至中断，信用吃紧，融资困难，利润下降，企业亏损，企业经营困难，乃至资不抵债和企业面临倒闭。特别是那些缺乏竞争力的企业和资本规模小的一般中小企业。在竞争性市场经济中，这种风险经常存在；但在国际性经济危机仍在延续、国内经济下行压力较大的情况下，在存在普遍性产能过剩从而竞争十分激烈的情况下，个别企业和单个资本的风险概率就大得多。但这种风险是很不均衡的。

从劳动和居民主体看风险。这里所说的“劳动主体”，主要是受雇于企业的劳动者——雇佣劳动者。他们是资本的对立物。一方面，在所在企业陷入困境的情况下，必然殃及其中的劳动者，他们直接面临工资下降、减员、失业、生活贫困的风险。另一方面，在发生物价上涨、通货膨胀的情况下，他们的货币工资和现有资产随之贬值。此外，在商品房存在大量泡沫、房价居高不下的情况下，那些住房需求迫切的居民，要么无限期屈从于恶劣的居住条件，要么陷入极大的经济困境，承受巨大的债务压力。实际上，企业和资本遇到的风险，乃至整个经济的风险，最终会直接或者间接地转化为劳动和居民的风险。劳动和居民是所有经济风险的最终承担者。

从地方政府和部门看风险。在市场经济中，政府机构本来并不是真正的经济主体，它们是处在竞争性市场之外为市场、市场主体、居民和整个社会提供服务的。但是，在多种所有制形式并存、利益多元化的条件下，在我国目前尚处于过渡性经济体制的情况下，地方政府和经济部门（尤其是产业部门）实际上表现为准经济主体，它们更多地代表局部的和特殊的利益。从地方政府和经济部门的角度看问题，经济风险同它们的关系不同于前者，即不同于对资本和企业、劳动和居民的关系。同它们有直接关系的方面，主要是它们以国家（人民）局部代表身份管理支配的经济资源的价值，上缴给它们并主要由它们支配的利润和赋税，它们负担的债务以及偿还能力，以及同局部发展目标、经济增长和就业等相关的责任和政绩。当前，地方政府和产业部门面对的最大和最现实的经济风险，一是地方政府承担的巨额债务、处理“僵尸企业”和责任范围内的劳动就业；二是产能过剩、技术进步加快、国际竞争激烈情况下本产业的兴衰。

从国家整体利益和安全看风险。从国家主体来说，对经济风险的关注主要着眼于全局利益、共同利益、根本利益和长远利益。其中，首先关注的是经济风险对国家产业政策目标和宏观经济目标的影响。这些目标主要是:《中国制造 2025》的战略目标能否如期实现；货币是否稳定，是否能够实现充分就业，经济是否能够适度稳定增长，国际收支是否平衡。至于局部利益、个别利益、一般利益、眼前利益只能放在第二位或者次要地位。其次关注的是经济风险对国家财政收支的影响。财政是国家政权在经济上的存在，是国家政权的物质基础。再次关注的是经济风险对社会稳定的影响。所有对消费价格、货币币值、劳动就业发生重大影响的经济风险，都会直接影响社会稳定。

（二）经济风险对各种经济主体的影响应当统筹兼顾

对于有利益差别的经济主体必须全面兼顾。在我国的市场经济中，包含着利益有差别的不同经济主体，在一定意义上利益关系甚至是对立的。

首先是资本和劳动的利益关系。资本和雇佣劳动的关系是现代市场经济的现实基础，它们的利益分别体现在利润和工资上。虽然它们之间存在水涨船高的利益正相关性，但资本的本性决定了，二者在总体上是此消彼长的关系；在极端的情况下，资本总是会为了保全自身的利益而牺牲劳动的利益。其次是政府和民众的利益关系。在我国，从根本上来说，政府不应当有独立的利益，政府和民众的利益是一致的，但现实的利益并不是完全等同的，劳动者报酬和生产税净额、居民收入和政府收入的差别就说明了这一点。如果政府征收的赋税过多，或者使用不当，或者赋税用于政府自身的部分过多，或者不作为甚至乱作为，一定的“纳税人”和赋税养了过多的公务员，就会伤及民众的利益。再次是国家和经济单位（主要是企业）的关系。这种关系不具有对立性质，但存在利益上的矛盾。国家体现的是整体利益、长远利益和根本利益，而企业体现的是局部利益和个别利益。特别是作为资本主体的企业来说，体现的是个别资本的利益。利益上的矛盾不仅体现在赋税上，而且体现在国家的经济政策和行政管理上。对于所有利益有差别的经济主体必须兼顾。

对于各种经济主体面对的经济风险不能顾此失彼。既然不同的经济主体在利益方面存在差别，在认识和应对经济风险的时候，就不能顾此失彼。譬如，防范金融风险，必须兼顾金融机构、非金融机构、国家、地方政府、居民等多方面的利益。其中，国家的整体利益和广大居民的利益应当摆在更加重要的地位。防范房地产泡沫风险，必须兼顾房地产开发商、金融机构、地方政府、房屋权人、居民等各方面的利益。因此，既要估计到泡沫破裂的风险，又要估计到防止泡沫破裂的风险。不管是破裂还是不破裂，以及破裂到何种程度，都必须以住房的正确定位为依归——“房子是用来住的，而不是用来炒的”，都必须把“居者有其屋”和居者有能力购其屋，作为防范和应对房地产风险的出发点和落脚点。

对待各种经济主体面对的经济风险不能不分主次轻重。对于各种经济主体面对的经济风险必须统筹兼顾，只是一个重要方面，但还有另一个重要方面，就是对待各种经济主体面对的经济风险，一定要分清主次和轻重，有所侧重，突出重点。一般的原则应当是：第一，必须把科学发展的利益放在首位。我们可以这样认为：相对于协调平衡而言，“发展是硬道理”，不能片面强调协调和平衡而限制和阻碍发展；相对于其他各个方面的任务来说，“发展是第一要务”，其他方面的任务都是第二位的，都应当服从于和服务于发展。但是这里有一个重要前提，就是对“发展”本身的正确理解。发展必须是科学发展，必须是符合新发展理念的发展，必须是合乎规律的发展，尤其不能把 GDP 的增长速度等同于发展。如果防范和应对经济风险只是着眼于增长速度，为了保主观设定的速度目标而不惜一切代价，就不值得了。进一步说，如果防范和应对经济风险只是为了某些狭隘的片面的特殊利益，而且在保护这些特殊利益的同时，保护了不科学的传统发展方式，保护了落后的企业、资本、技术，那么，这种保护就是不正确的。我们曾经有过这样的教训：为了防止增长速度下降而采取“大水漫灌”式的财政政策和货币政策，结果收效有限（有的场合甚至是得不偿失）而代价昂贵，后患无穷。第二，必须把广大老百姓的利益摆在首位。作为走上社会主义道路的国家来说，在各种有差别的利益主体中，最重要的利益主体就是工人阶级和劳动大众，或者说，就是广大普通老百姓。这是市场经济条件下社会主义道路和资本主义道路最主要的区别。在应对经济风险的时候，采取什么样的经济政策，力度多大，都应当以广大百姓的利益为依归。资本的利益，其他各个阶层的利益，政府机构的某些特殊利益，等等，在法律范围内，在不损害共同利益的范围内，都应当保护。但是，当后者和前者有矛盾的时候，绝不可以牺牲前者利益为代价，侧重保护后者的利益。我们曾经有过为了保持表面的繁荣和某些片面利益而过度托市、救市的教训，不仅徒劳无益，而且浪费了大量资源。第三，必须把国家的共同利益和战略利益摆在首位。国家利益体现的是整体利益、共同利益、根本利益和战略利益。总体而言，国家利益和其他各方面的利益是一致的，但对于某一个方面或者局部的特殊利益来说，二者并不等同，是有矛盾的。例如，为了应对金融风险和债务风险所采取的政策措施，有可能影响到个别金融机构和地方政府的眼前利益；为了应对房地产风险所采取的政策措施——信贷政策，首付政策，限购政策，限炒政策，等等，有可能影响到一系列个别主体——房地产开发商，银行，地方政府，炒房者和囤房者——的利益。但是，我们必须把整个国家的利益摆在首位。这样做，归根结底对各个特殊利益主体也是有利的。在应对经济风险的时候，一定要防止和拒绝特殊利益集团对国家正确战略对策的干扰。

四、市场经济条件下经济风险的实质和产生的经济根源

到目前为止，不少学者多半是就事论事地谈论各种经济风险，而且往往自觉不自觉地离开现实的经济关系谈论经济风险，把经济风险看作自然的、超历史的现象。这就既不可能正确认识经济风险的性质，也不可能找到经济风险借以产生的经济根源，更不可能真正做到有效防范应对和化解经济风险。我们必须从经济理论上搞清楚经济风险的实质和产生的经济根源。

（一）市场经济中的经济风险本质上是经济危机的前兆和表现

经济风险是同一定的经济条件相联系的。经济风险是一个历史范畴，是在一定的经济条件下产生的。在有可能产生经济风险的时代，经济条件不同，经济风险性质和形式也不同。而一旦具备一定的经济条件，政治经济学意义上的经济风险就不可能存在了。在有可能发生经济风险的时代，风险的性质是同一定的、历史的经济关系相联系的。我们决不能离开历史的经济关系谈论经济风险。我们可以设想，在人的依赖关系条件下，在古代非市场经济条件下，仍然会有一定形式的经济风险——自然的或者社会的，但绝不会发生只有市场经济才有可能发生的经济风险。例如，在自然经济条件下，各个经济主体处于孤立分散的状态，彼此隔离，互不依赖，互不交往，自然也就不会发生我们现在面对的经济风险。可以预料，

在未来的共产主义社会中，在人们可以最大限度地支配全部生产力的条件下，在社会统一组织和有计划调节的共同体经济中，在不存在商品生产和价值形式的社会中，不可能发生现在各种形式的经济学意义的经济风险。

现代社会的经济风险是市场经济存在内在缺陷的表现。我们现在谈论的经济风险，是我们所处的经济时代的经济风险。我们所处的时代是人类社会第二阶段，是以物的依赖关系为基础的社会，是商品生产普遍化即资本主义商品生产时代，是西方经济学所说的所谓市场经济时代，是资本处于支配地位的时代，是以资本为纽带的经济全球化时代。因此，我们决不能离开市场经济形式和资本主义生产方式谈论经济风险，也不能仅仅就风险本身谈论经济风险，不能孤立地谈论不同领域的风险。现在，一切领域、一切形式的经济风险——金融机构的风险，资本市场的风险，房地产市场的风险，地方政府债务风险，等等，都是在市场经济条件下发生的，都是在市场经济借以存在的经济关系的基础上产生的，都是同价值形式和资本相联系的。因此，经济风险就其实质来说，是市场经济本身的风险；进一步说，是经济的资本主义形式的风险。这种风险表明，现代市场经济本身存在内在的、自身不可根本克服的缺陷，是一种历史的局限性；而经济风险带来的种种负效应、困难和灾祸，则是社会成员不得不付出的历史性代价。

以现代市场经济为基础的现实经济风险是经济危机的前兆和表现。在现代西方经济学中，往往把经济危机和金融危机区别开来，而且，好像是金融危机有可能导致经济危机。其实恰恰相反。金融危机不过是经济危机的一个方面的表现，是由经济危机造成的。在我国的经济理论界，现在一般不讲“经济危机”，而只讲经济风险（其中又主要是金融风险）。其实，在以资本主义生产方式为基础的现代市场经济条件下，现实的金融风险就是金融危机；现实的经济风险，尤其是重大的经济风险，就其基本经济内容和实质来说，不过是经济危机（或商业危机）的前兆和表现形式，甚至可以说是现实的经济危机的另一种说法。经济危机是马克思经济理论中的一个十分重要的范畴，在他们那个时代，经济危机所反映和表现的是如下经济现象：交易停顿，市场盈溢，产品大量滞销积压，银根奇紧，信用停止，工厂停工，工人群众因为他们生产的生活资料过多而缺乏生活资料，破产相继发生，拍卖纷至沓来。[①] 这些经济现象虽然是马克思和恩格斯一百五十年前描绘的，但基本内容至今没有过时。在没有超经济干预的情况下，经济危机一定是周期性的，当时主要资本主义国家的经济差不多每隔十年就要出轨一次。马克思概括地指出："资本主义的生产总是要经过一定的周期性循环。它要经过消沉、逐渐活跃、繁荣、生产过剩、危机和停滞等阶段。"[②] 这是马克思对从一个低谷到下一个低谷的周期性循环的概括，其中，经济危机是这种周期性循环的一个阶段。经济危机的核心内涵是，由于商品普遍难以出售（商品资本不能转化为货币资本）而导致社会再生产过程的中断，从而导致作为维持再生产过程连续进行的金融链条的中断。经济危机造成的消极的、破坏性的结果是：经济停滞、萎缩乃至倒退，工人大量失业，劳动阶级贫困化（绝对贫困或相对贫困），社会两极分化加剧。即使在生产力大大提高的今天，这些经济现象在大部分市场经济国家仍然表露无遗。我国的市场经济作为现代市场经济的一种特殊形式，经济危机的形成和表现也必然会有一定的特殊性，但马克思的危机理论——作为马克思主义基本理论的重要组成部分——同样是适用的。

（二）对经济理论界关于经济风险产生根源不同观点的评述

如果说经济理论界缺乏对经济风险本质的深刻认识，那么，对经济风险产生的根源的认识同样是很不深刻的，也缺乏足够的科学性。我国经济理论界对经济风险借以产生的原因的认识主要有以下几种观点：

需求（内需）不足论。这是改革开放以来经济理论界占支配地位的传统观点。每当经济增长速度有所下降时（就其原因来说，或者是国际市场因经济危机而萎缩，或者是国内实施紧缩性经济政策而使过热的经济降

---

① 《马克思恩格斯选集》第 3 卷，人民出版社 1995 年版，第 626-627 页。

② 《马克思恩格斯选集》第 2 卷，人民出版社 1995 年版，第 91 页。

温)，这种理论观点就有用武之地了。这种观点是从西方经济学的总供给和总需求的关系出发的。所谓“总需求”是同社会消费或储蓄倾向、货币供给相联系的。这种观点认为，之所以发生市场不景气和产品销售困难，主要是因为“有效需求”不足，潜在的需求没有转化为现实的需求。就消费需求来说，由于居民潜在的消费需求没有释放出来，必须促使居民把储蓄存款转化为消费需求，办法就是改善消费环境，促使消费结构升级；同时，扩大政府的购买。就投资需求来说，如果大量投资品、生产资料销售困难，一定是投资需求不足。“合乎逻辑”的办法就是扩大投资需求。如果民间不愿意投资或无力投资，那么，或者政府实施减税让利政策，或者扩大政府直接投资。在扩大政府购买和政府投资的情况下，实际上就是以政府需求代替民间需求。从经济政策方面来说，就是实行扩张性的财政政策。这种认识来源于凯恩斯理论。此外，为了降低投资成本和增加货币流动性，还往往同时实施扩张性的货币政策，实行宽松的信贷金融政策。总之，就是以扩张性的经济政策“创造需求”，刺激和拉动经济增长。这种理论观点从不思考：究竟是居民潜在的消费需求没有释放出来，还是居民缺乏消费能力？是投资需求真的不足，还是资本积累和生产能力过剩？这种理论把增长速度本身当作目的，而把投资、消费、出口并列起来，统统视为拉动经济增长的“三驾马车”，而且认为，在三者之间可以互相替代——在消费不足的情况下，以投资替代；在消费和出口都不足的情况下，完全以投资替代。这种理论是以庸俗经济学家萨伊的观点为理论前提的，即认为资本主义生产不存在过剩的问题，投资可以创造需求。显然，萨伊把简单商品生产的规律运用于资本主义商品生产中了。其实，市场经济的经济危机恰恰是资本主义生产方式造成的。这种生产方式中资本和雇佣劳动的对立关系，追求剩余价值的直接目的，资本过度积累，必然导致从总体上压低劳动者报酬，致使劳动者报酬在国内生产总值中的比重偏低，进而导致居民的消费能力大大低于资本积累和扩大再生产的能力。简单地说，就是资本和劳动、投资和消费不成比例，使再生产和资本循环难以为继。从马克思的经济理论看问题，这是一个表现于生产力和经济关系之间的基本矛盾。政府“创造需求”，政府需求代替居民消费需求和民间投资需求，有可能暂时掩盖危机，缓解危机，但实际上是饮鸩止渴，不仅不会解决由生产方式本身产生的危机，反而会使小的危机积累成为大的危机，使周期较短的危机变成周期较长的危机。当前这场百年一遇的经济危机就是如此。实践（包括我国的实践）一再证明，在反复采用投资拉动的扩张性经济政策的情况下，不仅投资效果系数越来越低，而且积累的风险、隐患和危机越来越大。这就说明，这种理论越来越没有说服力了。

周期波动理论。无论是资产阶级政治经济学还是马克思的经济理论，都认识到资本主义经济是有规律地周期性地波动的。就这一点来说，“周期波动理论”并没有错。但问题在于，不同的经济理论家对“周期波动”内涵和实质的解释是根本不同的。在资产阶级政治经济学那里，尤其是现代西方经济学那里，认为经济波动是同生产方式无关的自然规律，而且并不认为这种波动包含着经济危机。马克思的危机理论则认为，“经济周期”或“商业周期”是资本主义生产方式的产物，而且，周期性的经济危机是一种恶性循环，最终使资本主义生产方式难以为继，不得不退出历史舞台。面对经济的周期性变化，西方经济学有两种不同的政策主张。一种是弗里德曼的货币主义，主张在危机发生时应当由市场本身调节，政府不应当实施干预政策。认为干预不仅无效，而且往往适得其反和得不偿失。这种观点有一定道理，只不过，市场机制固然可以调节市场上的供求关系，但不可能解决资本主义生产方式本身造成的经济危机——经济危机绝不是供求不平衡问题。另一种是后凯恩斯主义的宏观调节理论。基本思路是所谓“逆周期调节”，针对过热或者低迷的不同情况，分别实施紧缩性的或者扩展性的经济政策。这是凯恩斯理论和政策的进一步完善和发展。这种理论实际上包含了前述的“需求不足论”。资本主义经济的一般特征是生产相对过剩，因此，在大多数情况下，所谓的宏观经济政策都不过是扩张性的经济政策；不言而喻，所谓“逆周期调节”也就变成了“逆速度下降调节”。随着这种经济政策的进一步发展，与此相联系的是，纵容虚拟资本泛滥和过度膨胀，为投机资本服务的金融衍生产品大行其道。这就必然造成大量经济泡沫或价值泡沫，而且导致政府主权债务的大量积累。从一个较短的阶段看，“逆周期调节”似有某些道理，可以起到所谓“熨平经济周期”的作用，但这种调节完全是在“生产相对过剩”的范围内进行的，其实质是透支未来的方式为过剩的产能和资本开辟道路。因此，总体而言，这纯粹是表面功夫，基本上是扬汤止沸和饮鸩止渴，完全不针对不合理的经济关系本身。这种“逆周期调节”掩盖了资本主义的基本矛盾，充其量是延缓了经济危机，使经济波动的幅度减小，但结果是酿成百年一遇的世界性的经济危机。可见，避开资本主义生产方式的周期性理论是不科学的。我们并不完全拒绝特殊情况下的“逆周期调节”，但一定要搞清楚：这种调节能够解决什么问题，不能解决什么问题；应当掌握多大的调节力度。

结构性矛盾理论。我国从计划经济转向市场经济以后，这种理论很流行，几乎所有的经济现象和经济问题都用结构性矛盾加以解释。所谓“结构性问题”有狭义和广义之分。狭义地说，指的主要是生产结构、产出结构、供给结构（产业结构和产品结构）和消费结构。广义地说，指的是内容广泛的经济结构，既包括生产结构，也包括技术结构、区域结构、劳动力结构和所有制结构，等等。更广义地说，还包括各种比例关系，主要是国民收入分配的比例关系，包括城市和乡村、投资和消费、国家、企业和个人收入的比例关系，等等。结构性矛盾理论也用于说明经济风险。这种理论认为，经济风险或经济危机主要是由产业结构、产品结构、技术结构、劳动力结构不合理造成的。因此，解决问题的办法，主要不是扩大总需求，而是调整结构，使生产结构同需求结构相适应，同不断发展、变化和升级的需求结构相适应。我国当前确实存在生产结构同需求结构不相适应、生产结构不合理的问题。就这一点来说，结构性矛盾理论有正确成分和可取之处。例如，我国钢铁产能巨大，产量很高，但有些品种供不应求，甚至国内不能生产。我国普通机床产量供过于求，但智能高效精密机床远远不能满足需要，如此等等。在这些场合，通过调整产业结构、产品结构、技术结构，压缩无效、低端产能，就是十分必要的了。但是，并不是所有的经济问题都是结构性的；甚至可以说，我国近些年来存在的产能严重过剩的问题，主要不是结构性的，而是体制性、机制性的；或者说，是一定经济形式和经济关系、发展思路和发展方式的产物。如果不是这样认识问题，就结构调结构，是不能解决问题的。其实，市场经济中真正的结构性问题，无论是生产结构还是消费结构，是可以通过市场机制（供求关系，市场竞争，价格变动，资源重新配置）来调节的。

多元因素理论。这种观点认为，我国的经济问题和经济风险是多种因素造成的，不能仅仅强调某一个方面的原因。就是说，既存在结构性原因，也存在周期性原因；结构性矛盾不仅存在于供给方面，也存在于需求方面。这种观点不无道理，经济风险产生的原因的确是多方面的。不过，第一，这种观点把不同的原因并列起来，没有区分主次，没有重点，很难制定有针对性的对策。第二，最重要的是，这种观点同样没有从经济关系和发展思路方面寻找原因。

（三）从现实的生产方式入手分析经济风险的根源

市场经济借以存在的资本主义生产方式是经济危机的一般根源。如前所说，我们所考察的现实的各类重大经济风险，本质上是市场经济条件下经济危机的前兆和表现形式。因此，我们首先从市场经济的一般形式出发分析经济危机的根源。市场经济借以存在的生产方式是资本主义生产方式，即资本和雇佣劳动的关系，而生产的直接目的是资本增殖（剩余价值或利润）。经济危机发生的周期性有其物质技术基础，这就是，每次危机过后，固定资本在新的技术基础上的大规模更新，而根本的经济根源是资本主义生产方式内在的基本矛盾。到目前为止，资产阶级经济学家除了少数人之外（例如西斯蒙第），大都不承认经济危机是资本主义生产方式造成的，而是，或者认为是产业发展和产品生产不平衡（即生产的比例失调，供求不平衡）造成的；或者认为是由信用危机造成的。这是不正确的。在资本主义经济中，供求不平衡是一种常态，而在价值规律和市场机制的作用下，又使供求关系趋向于平衡，也就是说，平衡寓于经常性的不平衡之中。因此，对于市场经济来说，比例失调和供求不平衡并不是一个致命的根本性问题，而是一个市场机制可以调节的问题。如果真的不能调节，那一定是出现了超经济的垄断，而自由竞争则可以打破这种垄断。至于信用危机或金融危机，不过是经济危机造成的结果，认为金融危机导致经济危机纯粹是倒因为果。

马克思的经济危机理论仍然具有生命力。马克思从对资本主义经济规律的揭示中得出结论：经济危机是资本主义生产方式的必然产物，是这种生产方式的基本矛盾和内在限制造成的，是不可避免的。马克思对资本主义生产方式的基本矛盾和内在限制的分析是非常精辟的。人们一般以为，资本主义的基本矛盾是生产社会化和资本主义占有方式（私人占有）的矛盾，个别工厂生产的组织性和整个社会生产的无政府状态的矛盾。这个观点来自恩格斯的《反杜林论》，但相对于马克思的危机理论来说，这个认识是不够全面和准确的。马克思阐明的资本主义生产方式的基本矛盾和内在限制是：以资本增殖为目的和利润率趋向下降的矛盾；生产剩余价值的条件和实现剩余价值的条件之间的矛盾，实现剩余价值和社会消费力受到限制的矛盾；以保存和增殖资本价值为目的和生产力的发展导致利润率下降、现有资本贬值的矛盾；生产力的绝对发展和资本主义生产关系的矛盾；生产力的无限扩张和消费能力受到分配方式限制的矛盾；资本主义生产的目的和实现这一目的的方法和手段的矛盾；资本作为社会权力和资本家的私人权力之间的矛盾；生产力越发展，资本主义生产中使用价值和交换价值、商品和货币、买和卖、生产和消费、资本和雇佣劳动等等之间的矛盾就愈扩大的矛盾；不断缩短劳动时间和以劳动时间作为财富唯一源泉和尺度的矛盾；等等。其中，最核心的矛盾是：生产力的无限扩张和消费能力受到分配方式限制的矛盾；资本主义生产的目的和实现这一目的的方法手段的矛盾；不断缩短劳动时间和以劳动时间作为财富唯一源泉和尺度的矛盾。这是致命性的矛盾。马克思的危机理论没有过时。恩格斯所讲的两个矛盾的确存在，但真正使资本主义生产方式难以为继和退出历史问题的，是上述矛盾。资本主义生产方式之所以能够在一次又一次的危机中起死回生，主要是因为，资本主义生产方式还没有在世界上大多数国家都完成发展“资本的生产力”的历史使命，而发展中国家和新兴工业化国家则为危机四伏的发达国家创造了缓解危机的外部条件。以美国为代表的发达国家逆全球化而动，在危机中强力实施贸易保护主义，阻止和打压后发展国家的科技进步，就足以说明，资本主义生产方式的基本矛盾在这些国家已经深入骨髓了，这些国家的所作所为已经违背资本竞争的本性，只能以超经济的霸道手段维持生命。

马克思的危机理论仍然适合于中国现阶段的市场经济。中国“社会主义市场经济”的特殊性，使一些经济学家以为，马克思揭示的关于资本主义经济规律的理论对中国不适用了；而另一些经济学家则认为，如果舍弃其经济制度的性质，视为社会化大生产或商品经济的一般规律，马克思的经济理论仍然适合于中国。这两种认识都是不正确的。马克思经济理论（政治经济学）的研究对象是生产方式（生产方式决定生产关系和交换关系），无论是揭示资本主义经济运动的规律，还是展望未来社会生产的规律性，都是从生产方式出发的。人类社会现阶段占支配地位的生产方式是资本主义生产方式（资本和雇佣劳动的关系），未来社会的生产关系是共同占有和联合劳动的生产方式。判断马克思的危机理论是否适合于现阶段中国的市场经济，关键是看基本的、占支配地位的生产方式是什么。私营经济和外资经济自不必说，是典型的资本主义生产方式。如果说整个民营经济的比重已经达到65%以上，那么，以雇佣劳动为基础的民营经济的比重不会低于50%。再看经过产权制度改革和企业制度改革的国有企业，生产资料的法律所有权是属于国家（即全民）的，但经济所有权已经和法律所有权相分离，经济所有权属于一个个、一层层资本集团，竞争性国有企业中国有资产已经资本化，企业的经营者同时是资本的经济所有者和准企业主。企业内部的劳动方式已经变为合同劳动（即雇佣劳动），企业内部的经济关系已经变成资本和雇佣劳动的关系。生产的直接目的是资本增殖，即盈利。企业和国家的关系已经不是单纯的国有经济内部的关系，而是法律所有者和经济所有者的关系，国家和资本的关系。正因为如此，企业才成为独立的经济实体和商品生产者。企业（通过国有资产管理机构）交给国家的利润只是全部利润的一小部分，而大部分利润仍然留在企业，其中一部分转化为经营者的收入（非工资收入）和资本股权，另一部分转化为新的资本，资本增殖的部分仍然按照上述的分配方式进行分配。这种情况和一般市场经济国家没有太大的区别。企业内部有党的组织和党的领导，但并不因此而改变生产方式和企业内部的经济关系。如果说和一般市场经济国家有区别，那么，区别主要不是表现在企业内部，而是表现在企业外部。“社会主义市场经济”的“社会主义因素”，主要不是从企业内部体现的，而是从人民政府的性质和职能、国有资产法律所有权的性质和权力体现的。既然如此，企业的经济行为和资本运动的规律就和一般市场经济没有质的区别。在一般市场经济基础上产生的那些基本矛盾——生产目的和手段的矛盾，剩余价值的生产条件和实现条件的矛盾，生产能力和消费能力的矛盾，价值形式和资本增殖的矛盾，等等，就一定会不同程度地存在和起作用。我国之所以会出现普遍的严重的产能过剩，之所以出现贫富悬殊现象，一般的经济原因就是这种生产方式和经济关系。考察中国当前的经济风险，必须从这种现实的生产方式出发。如果我们还是从“公有制为主体”“按劳分配为主体”这种抽象概念出发，很多问题是解释不了的，理论认识是脱离实际的。

（四）从传统发展方式及其经济政策方面分析经济风险的根源

以速度为中心的发展方式是发生经济风险的重要社会原因。如果说，资本主义生产方式是周期性经济危机借以产生的基础性原因的话，那么，在中国目前的过渡体制中，还有另外一个很重要的特殊原因，就是现实的发展方式以及为其服务的经济政策。长期以来，我国实行的是以速度为中心的发展方式，与此相适应，实施了一整套以速度为中心的经济政策。中央早已经意识到这个问题，而且提出，要走出一条以经济效益为中心的新路子，相继提出改变企业经营方式、经济增长方式、经济发展方式，进而提出以人为本的科学发展观和以人民为中心的新发展理念。现在，我国正在由传统发展方式向新的发展方式转变，但阻力很大，进展缓慢。特别是，一旦由于国内和外部的原因导致经济增长速度下降，不惜一切代价保速度、保增长就会重新提到首位。以速度为中心的发展方式是发生经济风险的重要原因。

第一，以速度为中心必然把投资作为推动经济增长的决定性力量。经济增长速度同多种因素有关，但最有力、最立竿见影的力量是投资。这样一来，必然把资本积累作为微观经济和宏观经济的重要目标。于是，提高利润率（剩余价值率）、提高积累率、提高投资率和资本形成率就是必然的了。这就要求，新价值（增加值，国内生产总值）的分配必须向资本倾斜。由此带来的结果是：一方面，必然相应压低劳动者报酬（工资）、居民收入、居民消费在增加值中的比重，相应提高营业盈余、固定资产折旧、生产税净额的比重，提高固定资产投资的比重。一些资本的代表们对《劳动合同法》中关于维护工人权益条款的抵制和反对，就充分说明了这一点。另一方面，过度的资本积累和规模不断超常扩大的再生产，必然导致普遍的和严重的生产过剩（产品过剩、产能过剩、资本过剩）。产出品越来越难以销售，资本（尤其是固定资本）利用率越来越低。由于资本循环受阻和资本利用率过低，反过来，必然导致增长速度下降的风险，以及相关的其他风险。在经济增长存在下行压力的时候，一些专家首先想到的是为企业减税让利，而不是增加居民的消费能力和提高社会保障的程度。这就充分说明，他们不是把消费而是把投资作为经济增长的决定性力量。

第二，以速度为中心导致的生产过剩必然使我国过度依赖国外市场。由于资本积累和生产能力大大超过居民收入和国内消费能力，企业不能不为过剩的产品、产能、资本寻找出路，而唯一的出路就是走出国门，向国际市场进军。因而，必须最大限度地向国外廉价倾销商品、大量投资建厂、大量投资开发，大量购买外国的企业和房地产。这就形成了对国外市场的过度依赖。本来，在现代市场经济条件下，发展对外贸易和对外经济关系是完全正常的，是经济全球化的表现。但这种互相依赖的经济关系，只有在优势互补、互通有无、互利互惠的范围内，才真正具有经济上的合理性。中央提出的“一带一路”的发展新思路，就是建立在优势互补、互通有无和互利互惠的国际分工的基础之上的。然而，现在我国的对外经贸关系，已经大大超出了经济合理的正常范围，在很多场合，是为国内吸收不了的过剩商品、产能、资本寻找出路，形成对国外市场的过度依赖，特别是形成对美国这样的国家和经济体的过度依赖。我们知道，当年的欧美发达国家就是为了一方面把资本主义生产方式推广到全世界，一方面转嫁国内危机，解决国内生产相对过剩的问题，而到世界各地开拓市场，输出商品和输出资本。如果我们也这样做，和当年的资本主义国家何异？这不仅表现为对国外市场的过度依赖，而且同我们所走的社会主义道路相背离；不仅会形成过度依赖国外市场本身的风险，而且还造成国际经贸关系紧张的风险，以及宏观经济政策难以独立的风险。就目前来说，对美国市场的过度依赖是最大的风险源。美国不仅在一般意义上实施贸易保护主义，而且置国际贸易规则于不顾，手执关税大棒，耀武扬威、横行霸道，甚至以种种借口，制造莫须有的罪名，妄图扼杀我国的新兴高科技产业和生产力的发展。实践证明，过度依赖国外市场是加剧国内经济风险的重要因素。即使在国内经济正常发展和运行的情况下，也会由于外国发生经济危机、金融危机、经济衰退、政策调整，而使国外市场迅速恶化，市场容量大大缩小，利益关系受到影响。这就使国外经济风险一下子转化为国内经济风险——首先是经济下滑的风险，进而是金融风险、汇率风险。不仅如此，在国际市场萎缩的情况下，各国必然纷纷推行贸易保护主义，这就使我国的对外经贸环境雪上加霜。

第三，以速度为中心必然忽视经济效益和社会效益。速度是国内生产总值（GDP）的增长率。在市场经济中，GDP是整个社会交易活动的价格总额，任何一种有代价的经济社会活动，任何一种有偿服务，任何一笔交易，都被计入增加值，形成GDP。至于质量和使用寿命如何，对人的健康和生态环境造成什么样的影响，经济效益和社会效益如何，成本和代价多高，是没有直接关系的。可见，GDP有很大的局限性，同样名义价值量的GDP可以有大不相同的含金量。事实上，提高产品质量、经济效益和社会效益未必有利于提高增长速度；在某些情况下，反而不利于提高增长速度。这就造成，以速度为中心必然鼓励外延式扩张和粗放式发展，必然偏重数量而忽视质量和效益——经济效益和社会效益，必然偏重产出结果而忽视代价，必然纵容和助长粗制滥造、假冒伪劣、浪费资源和破坏生态环境。由于增长速度表现为地方政府的重要政绩，竭力掩盖和保护这些不良行为也就不足为奇了。低效益的增长、虚假的增长和各种负面效应本身就是经济风险；特别是在国际竞争中，是更大的潜在风险。

第四，以速度为中心必然把消费仅仅作为拉动经济增长的手段。现在理论界、新闻界和有关经济部门有一种流行的说法，把“投资、消费、出口”并列起来，一同作为拉动经济增长的“三驾马车”，并分别计算它们各自的“贡献率”。本来，消费是社会生产的一般目的，而投资和生产是实现这一目的的手段。但在“三驾马车”这里，速度居然成了目的本身，而消费则成了经济增长的手段。这是一种颠倒。之所以如此，是因为在传统的发展方式中，经济活动以增长速度为中心。这种认识同“以人民为中心”相去甚远。即使从拉动经济增长的角度看问题，一旦消费能力大大低于生产能力，生产的产品卖不出去，使用价值和价值都不能实现，资本循环和社会再生产停滞，经济增长就不可能了。社会生产一旦忽视和脱离消费，必然只能在第二部类内部循环，只能依靠用来炒买炒卖的房地产业，只能依靠不断地追加投资维持资本循环和社会再生产。于是，社会生产趋向于重型化和钢筋水泥化，生产越来越多的投资品、建筑材料，修建更多的与其他方面发展不成比例的高速公路、高速铁路，建更多的世界一流的高楼大厦，开发更多的转化为库存积压的商品房。我国近些年来的情况就是如此。2016 年和 2017 年，我国社会消费品零售总额占当年国内生产总值的比重分别为 44.6% 和 44.3%，而全社会固定资产投资占当年国内生产总值的比重高达 81.8% 和 77.5%。

以速度为中心的经济政策是发生经济风险的另一重要原因。以速度为中心的发展方式，必然要求有相应的经济政策给予配合和支持。其中，主要是过度倾斜的经济政策和过度扩张性的调控政策。

第一，以速度为中心必然要求实施过度倾斜的经济政策。以速度为中心，必然要求把经济资源（财政资源，信贷资源，物质资源）集中于在短期内更加能够提高增长速度的方面和领域。这些方面和领域不是农业，而是工交产业；不是农村发展，而是城市建设；不是劳动者报酬和社会保障，而是资本积累；不是保护生态环境，而是产能建设；等等。这样，就必须制定过度倾斜的产业政策和经济政策，把大量的财政资金和信贷资金投入工交产业、城市建设、资本积累和基本建设。这种不合理的国民收入分配格局，必然导致国民经济比例失调和经济结构失衡，以致农村发展相对于城市建设显著滞后，居民生活和社会保障的提高赶不上 GDP 的增长速度（近两年有一些变化，但主要是 GDP 增速下降的反向表现），资本积累的增长远远高于消费基金的增长。中央早已经意识到这个问题的存在，十八大报告曾经提出了“调整国民收入分配格局”的指导方针，但并没有完全落实到位，特别是在经济增长存在下行压力的情况下，过度倾斜的经济政策很容易卷土重来。调整国民收入分配格局，不仅要解决初次分配和再分配中分配不公的问题，而且应当解决国民收入分配过度倾斜的问题，即在现有的基础上，重点向农村、农业、劳动者、居民倾斜。单纯地“做大蛋糕”可以增加绝对量，但不能改变不合理的分配格局。国民收入分配格局不合理，是孕育经济风险的温床，必须引起经济决策机构和咨询机构的高度重视。

第二，以速度为中心必然要求实施过度扩张性的调控政策。以速度为中心，不仅必然要求实施过度倾斜的经济政策，而且必然要求实行过度扩张性的调控政策。以速度为中心，总是要制定尽可能高的经济增长目标。为了实现高增长的目标，总是要实施扩张性的宏观调控政策——财政政策和货币政策。特别是在经济增长速度有所降低的情况下，更是实施过度扩张性的调控政策。我们经常使用的提法是“积极的财政政策”和“稳健的货币政策”，但“积极的”实际上是扩张性的，“稳健的”在多数情况下同样是扩张性的。从“八五”到“十二五”，一般公共预算支出增长分别为：17.2%，18.4%，16.4%，21.4%，13.9%。大大高于同期国内生产总值的增长。从 2008 年到 2016 年，人民币贷款余额增长分别为：18.8%，31.7%，19.9%，16.8%，15.0%，14.1%，13.6%，14.3%，13.5%。大大高于同期经济增长和消费价格指数上涨之和。近几年来，广义货币 M2 和 GDP 之比高达 200%，远远高于发达国家。这种扩张性的调控政策不仅收效越来越小，而且带来越来越多的财政风险和金融风险。现在，我们虽然没有实施十年前那种“大水漫灌”式的财政政策和货币政策，但力度已经足够大了。究竟实际效果如何，可能的风险有多大，尚有待观察和评估。

五、防范和化解我国重大经济风险的战略对策

防范和应对重大经济风险，既不能只着眼于眼前一时一地，也不能只是从技术层面入手，而必须针对经济风险形成的经济根源，制定相应的战略对策。这些对策不可能完全消除由市场经济形式本身产生的风险，但有可能把因不科学的发展方式产生的风险降低到最低限度。

（一）充分发挥社会主义道路特有的制度优势

如何防范和应对当前这类重大经济风险，是一个新课题。人们一般想到的是经济手段、技术手段和政策手段，这当然是少不了的。但是，在中国的条件下，还有一个最重要的特殊手段，就是中国特色社会主义道路的制度优势。

1. 制度优势的核心是坚持党的全面领导和全面从严治党

坚持党的全面领导是我国制度优势的核心。习近平新时代中国特色社会主义思想明确指出，中国特色社会主义最本质的特征是中国共产党领导，中国特色社会主义制度的最大优势是中国共产党领导，党是最高政治领导力量；由此出发，提出新时代党的建设总要求，突出政治建设在党的建设中的重要地位。强调指出，要坚持党对一切工作的领导。党政军民学，东西南北中，党是领导一切的。这就是说，坚持党的全面领导是我国

制度优势的核心。在中国特色社会主义道路的制度架构中，党的领导决不能是虚的，和各级政府的关系不是并列的，更不是和政府机构相脱离的。如果讲“中国特色”，这是中国特色社会主义最大的特色。我们应当重视人民政府和国有经济在社会主义道路中的作用；但是在市场经济条件下，只有在中国共产党的坚强领导之下，人民政府和国有经济才有可能具有社会主义性质。

坚持党的全面领导的前提是党自身必须健壮强大。在上述理论认识的基础上，中国共产党的领导地位和执政地位决定了必须全面从严治党；而全面从严治党必须有针对性，必须坚持问题导向。在中国道路的现阶段，在市场经济条件下，我们党面临长期而复杂的“四大考验”——执政考验，改革开放考验，市场经济考验，外部环境考验。“四大考验”的实质是，能否在绝大多数国家走一般道路（资本主义道路）的情况下，走一条符合中国国情的特殊道路（社会主义道路）；能否在商品交换、资本关系普遍化的条件下，保持共产党人的本色而不被侵蚀。而其核心是，共产党人经受资本的考验。实践证明，严峻复杂的经济政治环境必将影响党的先进性、弱化党的纯洁性，从而出现思想不纯、组织不纯、作风不纯等突出问题。这就使我们党面临尖锐和严峻的“四大危险”——精神懈怠危险，能力不足危险，脱离群众危险，消极腐败危险。为此，从严治党必须永远在路上。从严治党是实现党的全面领导的根本保障。

从严治党最重要的是加强党的政治建设和思想建设。党的十九大报告强调指出，首先，必须把党的政治建设摆在首位。旗帜鲜明讲政治是我们党作为马克思主义政党的根本要求。党的政治建设是党的根本性建设，决定党的建设方向和效果。保证全党服从中央，坚持党中央权威和集中统一领导，是党的政治建设的首要任务。全党要坚定执行党的政治路线，严格遵守政治纪律和政治规矩，在政治立场、政治方向、政治原则、政治道路上同党中央保持高度一致。要尊崇党章，严格执行新形势下党内政治生活若干准则，增强党内政治生活的政治性、时代性、原则性、战斗性，自觉抵制商品交换原则对党内生活的侵蚀，营造风清气正的良好政治生态。完善和落实民主集中制的各项制度，坚持民主基础上的集中和集中指导下的民主相结合，既充分发扬民主，又善于集中统一。弘扬忠诚老实、公道正派、实事求是、清正廉洁等价值观，坚决防止和反对个人主义、分散主义、自由主义、本位主义、好人主义，坚决防止和反对宗派主义、圈子文化、码头文化，坚决反对搞两面派、做两面人。中央要求，全党同志特别是高级干部要加强党性锻炼，不断提高政治觉悟和政治能力，把对党忠诚、为党分忧、为党尽职、为民造福作为根本政治担当，永葆共产党人政治本色。其次，必须以思想建设筑牢政治建设的思想基础。必须用新时代中国特色社会主义思想武装全党。思想建设是党的基础性建设。革命理想高于天。共产主义远大理想和中国特色社会主义共同理想，是中国共产党人的精神支柱和政治灵魂，也是保持党的团结统一的思想基础。要把坚定理想信念作为党的思想建设的首要任务，教育引导全党牢记党的宗旨，挺起共产党人的精神脊梁，解决好世界观、人生观、价值观这个“总开关”问题，自觉做共产主义远大理想和中国特色社会主义共同理想的坚定信仰者和忠实实践者。如果政治建设和思想建设都落实到位，真正做到从严治党，党的全面领导就可以实至名归。如果中国共产党真正成为一个坚强的领导核心，如果我们的共产党员真正是合格的优秀的共产党员，那么，我们面对的任何经济风险都是可以战胜的，而那些由改革和发展中的偏差和失误导致的风险，就可以避免了。

2. 必须夯实“社会主义道路”的经济基础和制度保障

对我国现阶段经济制度的认识应当避免两种片面性。在我国理论界，对我国现阶段经济制度的认识存在两种片面性。一种是，没有把两种不同历史形态的社会主义——作为资本主义直接对立物的社会主义和由落后国家产生的后发展国家社会主义——区别开来，没有把我国社会主义道路现阶段的经济制度同共产主义社会第一阶段的社会主义制度区别开来，以为现在就是科学社会主义在中国的直接实践，因而力图和科学社会主义的理论蓝图对号入座，力图把科学社会主义的一般原则和中国现阶段的具体实践结合起来。另一种是，没有把两条不同发展道路——资本主义道路和社会主义道路——借以形成的经济制度区别开来，没有把两种有质的差别的市场经济——“社会主义市场经济”和一般的市场经济——借以存在的制度基础区别开来。它们把我国市场经济条件下的人民政府和一般市场经济国家的政府等同起来，把我国的国有经济和一般市场经济中的国有经济等同起来，力图按照一般市场经济中政府和市场的关系作为我国改革的理论指导。显然，前者是脱离实际的和超阶段的，它们要么继续坚持传统社会主义及其计划经济，要么力图把市场经济作为纯粹的“方法和手段”嫁接在“两种公有制”的基础上。后者则混淆了两条道路的质的区别，力图通过“市场化改革”，根本改变社会主义道路借以存在的制度基础。

我国现阶段的经济制度具有双重属性和双重职能。在人类社会的现阶段，各国的历史任务和经济形式是大同小异的，只是发展道路不尽相同。主要有两条发展道路：一条是一般道路，即大多数国家所走的资本主义发展道路；另一条是特殊道路，即非资本主义道路或社会主义道路。社会主义道路和资本主义道路在政治上层建筑、意识形态领域存在重大质的区别；我国所坚持的“四项基本原则”，是同马克思主义基本理论和共产主义目标相联系的。但是，走上社会主义道路并不等于现在已经建立了共产主义社会第一阶段那样的社会主义制度。资本主义制度是社会主义制度的历史前提和母体，二者就经济关系来说是直接对立物。但是，中国是在半封建半殖民地社会基础上，通过新民主主义革命和社会主义改造走上社会主义道路的，中国道路现阶段的经济制度和资本主义国家的经济制度并不是直接对立物，虽然存在一定的非此即彼——质的区别，但同时也存在一定的相似性和共同点，存在某种亦此亦彼，具有社会形态演变过程中过渡形态的特征。在进入共产主义社会第一阶段以前的相当长的历史阶段内，我们不能不发展同现实生产力和市场经济形式相适应的私有制经济，不能不发展以资本和雇佣劳动关系为基础的生产方式，不能不实行基于多种生产方式和生产关系的多种分配方式。正因为如此，“社会主义因素”不可能像在共产主义社会第一阶段那样，完全从“公有制”（社会所有制）、联合劳动和“按劳分配”上体现出来。因此，中国现阶段的经济制度有一定的特殊性。这种特殊性不仅表现在多种所有制形式和多种分配方式并存上，也表现在人民政府和国有经济具有双重属性和双重职能。一种是同现代市场经济相适应的一般属性和一般职能，即共性，这就是，承担和解决市场和民间解决不了和解决不好的问题。另一种是同社会主义道路相适应的特殊属性和特殊职能，就是社会主义因素的承担者和实现形式。这种双重属性和双重职能就如同资本主义生产方式中的指挥劳动具有双重属性和双重职能一样。这种特殊属性和特殊职能构成我国社会主义道路现阶段的制度基础。

必须夯实和巩固社会主义道路的制度基础。中国现阶段经济制度的特殊性，主要不在于公有制的表面形式有多大比重，而在于，我们能不能找到市场经济条件下“社会主义因素”借以体现的新载体、新形式。现在，我们必须充分认识到，社会主义道路现阶段社会主义因素借以体现的新形式，主要是人民政府和国有经济。我国的政府之所以称为“人民政府”，就是因为它在中国共产党的领导下，直接代表工人阶级和劳动大众的权益。我国的国有经济之所以归结为“全民所有制”，就是因为国家是人民当家作主的国家，国有经济是未来社会所有制的基础和雏形，体现的是共同利益和根本利益。但是，我们必须注意到，市场经济借以存在的生产方式是资本和雇佣劳动的关系，直接目的是追求剩余价值（利润），企业内部的产权制度、企业制度、分配关系同一般市场经济没有质的区别。在公有资产（国有资产）的法律所有权和经济所有权已经分离的情况下，公有制只存在于法律所有权的形式上，而且只是存在于企业外部，只是从外部约束和影响企业的行为。因此，“社会主义因素”既不可能从企业内部直接体现出来，也不可能主要从“公有制”的表面形式上体现出来。社会主义道路的制度基础，主要从市场经济关系的外部体现出来。这就要求，人民政府必须直接代表和保护工人阶级和劳动大众的权益；国有经济必须直接代表全民的利益，必须把经济命脉掌握在国家手里。在现阶段，国有经济的职能不是在一般盈利性、竞争性领域同民营经济竞争夺利，而是在巩固社会主义道路的制度基础上下功夫。只有在真正具有国际竞争力的领域，才作为“国家资本”参与国际竞争。现在的问题是，为了夯实和巩固社会主义道路的制度基础，必须把人民政府和国有经济体现社会主义因素的属性和职能落到实处，做到名副其实。在此基础上，我们当然还必须处理好资本和劳动、国家和资本的关系，给民营经济留有足够的发展空间，充分发挥民营经济的比较优势，做到公私兼顾、社资兼有、劳资两利。如果社会主义道路的制度基础真正夯实了，有些人为的经济风险就不会发生了，应对已经形成的风险也就不在话下。

（二）根本转变以速度为中心的传统发展方式

转变发展方式的要义是科学理解发展的本质。转变发展方式对于避免发生新的经济风险至关重要。中央早已经提出，要实现经济增长方式或发展方式的根本性转变；进而提出要贯彻和落实科学发展观，坚持新的发展理念。指导思想和发展理念的根本性转变，虽然不能消除已经形成的经济风险，但可以做到不再积累越来越多的经济风险，可以最大限度地消除由传统发展方式造成的经济风险。转变发展方式的要义是科学理解发展的本质。发展本质上是人的发展，最高目标是人的自由全面发展。就人类社会现阶段来说，消除贫困（广义的贫困）仍然是发展的基本目标。就我国来说，全面建成小康社会是实现当前发展目标的基本任务。经济发展是全部发展的基础性内涵，但经济增长不等于经济发展；在正常情况下，经济增长充其量不过是经济发展的指数。因此，绝不能把提高增长速度和发展等同起来。

转变发展方式的核心内容是放弃以速度为中心。所谓转变发展方式，最核心的内容是，不以增长速度为目的，不以速度为中心，不以 GDP 论英雄，不以增长速度作为衡量政绩的决定性标准，不把速度和发展画等号。要真正从以速度为中心转向以人民为中心，特别是以工人阶级和劳动大众的利益为中心。在保障实实在在的经济质量和综合效益的前提下，当然应当力争较高的增长速度，但不应主观地设定速度底线，不追求不切实际、不惜代价、得不偿失的速度。我们有些综合经济部门喜欢算“三驾马车”——投资，消费，出口——对经济增长的贡献率（或者分别拉动了多少个百分点），其实，这是没有意义的。如果投资和出口减少了，即使消费的绝对水平没有变化，消费的相对贡献率也会提高。我们应当更多地算一算整个国家的投入产出率，算一算整个国家的有效产出代价（成本）率，算一算劳动者报酬和居民收入的含金量，深入地了解一下人民群众、特别是弱势群体的获得感、幸福感、安全感。在很多时候，速度提升了，企业（资本）的困难缓解了，但在很大程度上是财富的转移和再分配，是通过一定的经济政策和价值杠杆（价格的、利息的、赋税的杠杆），从劳动者和居民身上转移到企业（资本）和地方政府。在经济下行压力较大的情况下，减税让利政策有利于企业降低成本，减少亏损，增加盈利。如果前提是企业税赋过重，而企业的产品有销路，那么，这种政策就是正确的。但是，如果没有这个前提，而是单纯为了提高增长速度，这样做就不值得了。无论是政府还是银行，本身都不创造财富；所谓减税让利，不管中间经过了哪些环节，最终都不过是利益的转移。在经济下行压力较大的情况下，我们能不能坚持科学发展，是对我们有没有决心转变发展方式的重大考验。

居民住房的正确定位是转变发展方式的重要标志。居民住房的正确定位是，不再把居民住房作为拉动经济增长的手段，不再把以居民住房为主的房地产业作为实现经济增长的支柱产业。起初，房地产业是为了解决居民住房困难而发展起来的，但后来逐渐变味了，被几个利益主体利用了。在以速度为中心的情况下，人们发现，房地产业可以形成很长的产业链，因而对于拉动经济增长具有举足轻重的作用；商品房具有商品和资本双重属性，因而房地产业为投资者和投机者提供了很大的炒作空间；房地产以地产为基础，而地方政府是城市地产的所有制代表，因而也为地方政府获取土地财政提供了绝好的机会。于是，房地产业便成为实现高增长和拉动经济增长的首要手段，成为金融机构和炒房者投机赚钱的平台，同时也成为地方政府增加财政收入的重要途径。但是，一旦改变了居民住房的本来性质，一旦各方利益主体都希望借助房地产业获取自己的利益，一旦房地产价格连续疯狂上涨（1989 年 2 月 20 日某报曾惊呼：“房价猛涨”。上海市每平方米住房 2300 元，北京市是 1600 元—1900 元。但和近几年相比，已经是小巫见大巫了。即使在北京市的五环以外，有的区位的住房价格也达到了每平方米 10 万元了），弊端和风险就是无穷无尽的了。弊端不仅仅在于使大量有住房需求的居民买不起房，不仅会由于泡沫破裂带来严重的金融风险，而且使整个社会的生产成本和生活成本大幅度提高。中央已经充分认识到这一点，给居民住房以明确的定位：“房子是用来住的，而不是用来炒的”；并采取了一系列遏制房地产泡沫的政策措施。但是，一旦经济增长面临下行压力，方方面面就会把这个定位丢在脑后，再次打起房地产的主意，纷纷欲放弃对房地产的政策控制。这就说明，在一些人的意识中，增长速度和狭隘利益比科学发展更重要。如果这种做法不改变，转变发展方式就会落空。

转变发展方式需要创新增加就业的思路。转变发展方式的一个重要障碍是为就业设置速度底线。过去曾经认为，增长速度一旦低于 8%，失业率就会到达社会难以承受的地步。的确，充分就业是宏观经济的一个重要目标，也是政府应当承担的责任。问题是如何实现充分就业，是否一定要为就业设置速度底线。马克思的经济理论告诉我们，失业的根源是劳动和所有权的分离，是市场经济条件下特有的经济现象；无论是在古代，还是在未来社会，都不存在失业问题。在我国现阶段的市场经济条件下，一定的失业率是难以避免的。所谓“充分就业”不过是社会可以容忍和接受的失业率。我国失业的增加主要是基于下述原因：一是经济市场化程度的不断扩大，资本和雇佣劳动的关系普遍化，劳动就业越来越取决于资本的需要。二是科技进步的速度加快，各种产业技术构成和资本有机构成加快提高，一定的资本量吸收和使用的劳动量越来越少；随着人工智能的进一步发展和机器人的普遍使用，对活劳动的需求还会进一步减少。三是农业经营不能取得平均利润，种地不合算，甚至赔本，在城乡隔离政策逐步取消的情况下，大批农村青壮年劳动力涌向城市，加大了城市劳动力的供给。

在不少情况下，大批农民工进城不是农业劳动生产率提高的结果，而是农业收益率太低的结果。四是产业的技术结构不够合理，在产业发展的指导思想上存在一定的片面性，一个时期以来在一定程度上忽视了劳动密集型产业的扶持发展。五是城市商业服务业的发展存在片面性，许多为居民所需要的传统商业服务业——小百货，小卖店，小吃店，修理店，茶馆，酒吧等，在城市拆迁和街面结构根本改变的情况下，在高昂房地产价格的压迫下，在超级市场、快递等新形式的冲击下，都难以经营下去了。这样就大大减少了这些领域的就业。实施扩张性的经济政策的确可以暂时增加就业，但只是权宜之计；更何况，如果和其他负效应相比较得不偿失，代价过高，这种做法就不具有合理性。无论如何，提高增长速度绝不是增加就业的唯一出路。我们应当为增加就业而努力，但应当更多地发挥制度优势、政府作为和正确的经济政策。上述几个方面，除了前两个方面外，如果我们做一些政策性的调整，比如，振兴农村经济和提高农业比较效益，适度发展劳动密集型产业，调整城市商业服务结构，降低过高的房地产价格，就有可能增加就业。

（三）决心调整同传统发展方式相适应的宏观经济政策

我国经济风险的一般基础是市场经济形式（资本主义生产方式）以及由此相联系的经济全球化，而国内的经济原因则是经济增长对出口和投资的过度依赖。之所以如此是因为，劳动者报酬、居民收入、居民消费在国内生产总值中的比重偏低。有关研究资料显示，1980—2005 年，中国雇员劳动者报酬占 GDP 的份额平均仅为 38.9%，大大低于英、美等已经完成工业化的国家（60% 左右），中国比这些国家至少低 20 个百分点，而和墨西哥这样的中等收入国家相类似。[①] 这就造成，国内居民（尤其是雇佣劳动者）消费能力过低，国内市场无力吸收生产出来的堆积如山的

① 张本伟、张士斌：《中国劳动报酬份额的变动及其国际比较》，2013 年 6 月 18 日，见 http://guoqing.china.com.cn/2013-06/18/content_29156846.htm。

商品。2007 年到 2014 年，我国最终消费在国内生产总值中的比重一直在 50% 左右，其中，居民消费所占比重仅为 36% 左右；而资本形成总额（固定资本和存货）所占比重高达 41%~48%。2016 年消费所占比重略有提高，但不过是净出口减少的结果。消费能力和投资能力严重不成比例是问题的症结所在。因此，必须下决心调整同传统发展方式相适应的宏观经济政策。

首先是改变过度倾斜的经济政策。我国从计划经济转向市场经济以后，虽然资源配置方式有所改变，财政直接配置资源的比重有所下降，但银行在很大程度上执行了以前财政执行的职能，从而仍然延续了长期以来实施的过度倾斜的经济政策，国民收入分配很不合理。因此，问题的关键是调整国民收入分配格局，改变以往过度倾斜政策，适度向劳动、居民、农村、消费倾斜，其中，最重要的是提高劳动者报酬在国民收入分配中的比重，其次是提高社会保障的程度。为此，应当把劳动者报酬、居民收入、居民消费在国内生产总值中的比重，纳入统计和观察宏观经济是否平衡的重要指标。十八大报告指出：在新的历史条件下夺取中国特色社会主义新胜利，必须牢牢把握以下基本要求，并使之成为全党全国各族人民的共同信念。其中，重要的一条“基本要求”是：必须坚持走共同富裕道路。共同富裕是中国特色社会主义的根本原则。要坚持社会主义基本经济制度和分配制度，调整国民收入分配格局，加大再分配调节力度，着力解决收入分配差距较大问题，使发展成果更多更公平惠及全体人民，朝着共同富裕方向稳步前进。[①] 调整国民收入分配格局，不仅涉及不同阶级和不同阶层之间的关系，而且涉及资本和劳动、利润和工资、赋税和收入之间的关系；不仅涉及“共同富裕”，而且涉及平衡协调发展。不合理的国民收入分配格局能不能调整，是发展方式能不能转变的物质前提。而且必须明确，单纯“把蛋糕做大”，单纯使劳动者报酬、居民收入和国民经济同步增长，不可能解决不合理的分配格局。

① 《中国共产党第十八次全国代表大会文件汇编》，人民出版社 2012 年版，第 14 页。

其次是慎用过分扩张性的宏观经济政策。扩张性的财政政策实际上是透支未来，是以政府的开支和投资代替民间的开支和投资，从而使政府背上沉重的欲罢不能的债务负担；而扩张性的货币政策实际上是往经济体中注水，人为地创造购买力，以虚假的购买力代替真实的购买力。扩张性的宏观经济政策实际上是使不合理的国民收入分配格局进一步扭曲。在市场经济条件下，我们不能完全排除扩张性的宏观经济政策。但是必须明确，扩张性的宏观经济政策既不能解决由市场经济和资本主义生产方式本身产生的问题，也不能解决由以速度为中心的传统发展方式带来的问题。因此，即使在经济增长有较大下行压力的时候，也一定要权衡利弊，瞻前顾后。中外经济学界早已经形成共识：通货膨胀有百害而无一利；绝不能用制造通货膨胀的办法拉动名义上的经济增长。然而，现在仍有学者认为，中国最大的风险是增速下降，中国必须有更高的名义 GDP 增速和通货膨胀；因此，必须用过分扩张性的经济政策刺激经济增长。这种认识同中央关于防范和化解重大经济风险的方针是背道而驰的。在经济合理、合乎规律的范围内，保持一定的增长速度是正确的，但必须在总体上有利于我国的经济社会发展。如果增长速度是由过高的代价、更多的负效应、更大的风险、牺牲未来的发展换来的，肯定是得不偿失的。如果我们不下决心改变这种宏观调控政策，就会一直陷在“膨胀—收缩—再膨胀—再收缩”的恶性循环之中。到一定时候，可控的风险就变成不可控的了。

（四）贯彻落实中央关于着力防范化解重大风险的指导方针

坚决贯彻落实近期中央关于防范化解重大经济风险的指导方针。根据习近平总书记重要讲话精神：第一，各地区各部门要平衡好稳增长和防风险的关系，把握好节奏和力度。当前，稳增长确有必要，在一定意义上，稳增长也是为了防风险。但问题是应当和能够“稳”到什么程度。2018 年我国的经济总量已经突破 90 万亿元，每增长 1% 就是 0.9 万亿元，增长 5% 就是 4.5 万亿元。在世界经济仍然比较低迷、外部环境不利的情况下，如果稳增长以加大经济风险为代价，就必须十分慎重，不能顾此失彼。第二，要稳妥实施房地产市场平稳健康发展长效机制方案。就是说，既不能促使过高的房价一下子落地，又不能令房地产业永久处于不健康的泡沫状态。我们的目标是：必须回归住房的本性，奇高的房价必须着陆，但应当软着陆，不要急于求成。但绝不能以“稳增长”的名义重新用制造房地产泡沫的方法拉动经济增长。第三，要加强市场心理分析，做好政策出台对金融市场影响的评估，善于引导预期。要加强市场监测，加强监管协调，及时消除隐患。我们的确应当重视市场（尤其是金融市场）心理预期的合力。但是，市场毕竟是生产活动的表现。更重要的是，金融市场的职能是服务于市场经济，而不是单纯成为圈钱之地，更不应当成为投机赌博之地。问题的关键是正确、积极和有效的监管。不要把金融市场变成为了实现某种片面目的而随意操纵的政策工具。第四，要切实解决中小微企业融资难融资贵问题，加大援企稳岗力度，落实好就业优先政策。在这里，把援助微小企业和稳就业联系起来，具有重要意义。但被援助的企业，一定是有活力、有需求、有市场的企业。第五，要加大力度妥善处理“僵尸企业”处置中启动难、实施难、人员安置难等问题，加快推动市场出清，释放大量沉淀资源。这就要求，对于认定的“僵尸企业”，一定不能再用输血的办法延缓生命，关键是对其中的劳动者作出妥善安置，使他们有出路，有生活来源。总之，中央要求，各地区各部门要采取有效措施，做好稳就业、稳金融、稳外贸、稳外资、稳投资、稳预期工作，保持经济运行在合理区间。这“六个稳”是相辅相成的，但它们之间也是有矛盾的。因此，必须服从发展大局，服从防范重大风险大局。按照先前中央经济工作会议的提法，今年经济工作最重要的就是：促进形成金融和实体经济、金融和房地产、金融体系内部这“三个良性循环”。这是对今年金融工作、防范金融风险、促进金融改革的定调。为此，要把降低企业杠杆率作为重中之重，加快处置“僵尸企业”，要严控地方政府债务增量，终身问责，倒查责任。要继续坚持“住有所居”的目标定位，坚持“房住不炒”的行业定位，坚持“因城施策”的调控方式，严控新增房贷规模、严查信贷资金变相流入房地产领域。如果中央的一系列指导方针得到认真贯彻落实，就有可能最大限度地化解经济风险，避免发生大的经济风险。

坚持以供给侧结构性改革为主线巩固“三去一降一补”成果。“供给侧结构性改革”是2015年11月习近平总书记在中央财经领导小组第十一次会议提出来的。2016年1月召开的中央财经领导小组第十二次会议，专门研究了供给侧结构性改革方案。习近平总书记再次指出：供给侧结构性改革的根本目的是提高社会生产力水平，落实好以人民为中心的发展思想。要在适度扩大总需求的同时，去产能、去库存、去杠杆、降成本、补短板，从生产领域加强优质供给，减少无效供给，扩大有效供给，提高供给结构适应性和灵活性，提高全要素生产率，使供给体系更好适应需求结构变化。2018年12月召开的中央经济工作会议认为，我国经济运行主要矛盾仍然是供给侧结构性的，必须坚持以供给侧结构性改革为主线不动摇，更多采取改革的办法，更多运用市场化、法治化手段，在“巩固、增强、提升、畅通”八个字上下功夫。要巩固“三去一降一补”成果，推动更多产能过剩行业加快出清，降低全社会各类营商成本，加大基础设施等领域补短板力度。由上可见，供给侧结构性改革并不是一项权宜之计，而是一个重大的战略性方针。在仍然存在经济下行压力的时候，这个“主线”一定不能动摇，已有的成果一定要巩固住，绝不能走回头路。我们对“供给侧结构性改革”这一概念不能望文生义。这一概念和西方经济学中供给学派的观点不是一回事，和单纯的结构主义理论也不同，这是在中国现阶段条件下提出的一个新概念，是从我国经济运行的主要矛盾出发的。它要求，在总供给和总需求的关系中，把调整结构的重点放在供给方面，但不排斥必要合理的需求调节，更不排斥国民收入分配格局的调整；要通过改革即经济关系的调整为结构调整创造制度条件，促进供给结构的调整；这一方针的出发点和落脚点是促使产业结构升级，提高劳动生产力，适应消费需求的变化。